Tutorielles Lernen im naturwissenschaftlichen
Sachunterricht der Grundschule

Empirische Erziehungswissenschaft

herausgegeben von

Rolf Becker, Sigrid Blömeke, Wilfried Bos,
Hartmut Ditton, Cornelia Gräsel, Eckhard Klieme,
Thomas Rauschenbach, Hans-Günther Roßbach,
Knut Schwippert, Ludwig Stecher, Christian Tarnai,
Rudolf Tippelt, Rainer Watermann, Horst Weishaupt

Band 66

Katja Adl-Amini

Tutorielles Lernen im naturwissenschaftlichen Sachunterricht der Grundschule

Umsetzung und Wirkung

Waxmann 2018
Münster · New York

Erstgutachterin Prof. Dr. Ilonca Hardy
Zweitgutachter Prof. Dr. Michael Fingerle
Tag der mündlichen Prüfung 10. November 2015

D30

Bibliografische Informationen der Deutschen Nationalbibliothek
Die Deutsche Nationalbibliothek verzeichnet diese Publikation in
der Deutschen Nationalbibliografie; detaillierte bibliografische
Daten sind im Internet über http://dnb.d-nb.de abrufbar.

Empirische Erziehungswissenschaft, Band 66

ISSN 1862-2127
Print-ISBN   978-3-8309-3761-6
E-Book-ISBN 978-3-8309-8761-1

© Waxmann Verlag GmbH, 2018
Steinfurter Straße 555, 48159 Münster

www.waxmann.com
info@waxmann.com

Umschlaggestaltung: Pleßmann Design, Ascheberg
Satz: Stoddart Satz- und Layoutservice, Münster
Druck: CPI books GmbH, Leck

Gedruckt auf alterungsbeständigem Papier,
säurefrei gemäß ISO 9706

Printed in Germany

Alle Rechte vorbehalten.
Nachdruck, auch auszugsweise, verboten.
Kein Teil dieses Werkes darf ohne schriftliche Genehmigung des
Verlages in irgendeiner Form reproduziert oder unter Verwendung
elektronischer Systeme verarbeitet, vervielfältigt oder verbreitet werden.

Inhalt

Zusammenfassung 9

Abstract 11

1.   Einleitung 13

2.   Theoretischer Hintergrund 18
2.1   Tutorielles Lernen als kooperative Unterrichtsmethode 18
2.1.1   Kooperatives Lernen als Oberbegriff 19
2.1.2   Definition, Entwicklung und Lernwirksamkeit tutoriellen Lernens 28
2.1.3   Basistheorien und Wirkmechanismen tutoriellen Lernens 32
2.1.3.1   Die Perspektive der kognitiven Elaboration 33
2.1.3.2   Die Entwicklungsperspektive 37
2.1.4   Praxiskonzepte tutoriellen Lernens: Classwide Peer Tutoring
          und Peer-Assisted Learning Strategies 44
2.1.5   Fazit: Kernelemente tutoriellen Lernens 47
2.2   Umsetzung tutoriellen Lernens im Unterricht 51
2.2.1   Umsetzung von Interventionen 52
2.2.2   Umsetzung der Praxiskonzepte tutoriellen Lernens 63
2.3   Tutorielles Lernen im naturwissenschaftlichen Sachunterricht 70
2.3.1   Naturwissenschaftliche Kompetenzen und Lernziele
          in der Grundschule 70
2.3.2   Naturwissenschaftliches Verständnis als Lernziel 72
2.3.3   Konzeptwechsel als Lernbegriff 76
2.3.4   Unterrichtsgestaltung zur Förderung des konzeptuellen
          Verständnisses 79
2.3.5   Förderung von Konzeptwechsel durch Peer-Interaktionen in
          kooperativen Lernsettings 84
2.3.6   Zusammenfassung und Fazit 95

3.   Fragestellungen und Hypothesen 97

4.   Methode 104
4.1   Design und Datenerhebung 104
4.2   Stichprobe 106
4.3   Fortbildung der Lehrkräfte 109
4.3.1   Unterrichtseinheiten zum Inhaltsgebiet Schwimmen und Sinken 111
4.3.2   Praxiskonzept des tutoriellen Lernens für den
          naturwissenschaftlichen Sachunterricht 112

| 4.4 | Instrumente 116
| 4.4.1 | Setting der Unterrichtsvideos und -beobachtungen 116
| 4.4.2 | Erfassung der Umsetzungsgenauigkeit 119
| 4.4.2.1 | Beobachtungscheckliste zur Umsetzungsgenauigkeit
tutoriellen Lernens 120
| 4.4.2.2 | Beobachtungscheckliste zur Umsetzung der
Unterrichtseinheiten 122
| 4.4.3 | Transkriptanalysen 123
| 4.4.4 | Analysevorgehen und Kodierschemata zur Bewertung
der Peer-Interaktion 125
| 4.4.4.1 | Analyseeinheiten 126
| 4.4.4.2 | Kodierschemata zur Beschreibung der Äußerungen 127
| 4.4.4.3 | Kodierschemata zur Beschreibung von Sequenzen 132
| 4.4.5 | Tests und Fragebögen 137
| 4.5 | Statistische Auswertungsverfahren 142
| 4.5.1 | Fragestellung 1 zur Umsetzungsgenauigkeit in den Klassen 143
| 4.5.2 | Fragestellung 2 zur Peer-Interaktion in den Lernpaaren 144
| 4.5.3 | Fragestellung 3 zur Wirkung auf das konzeptuelle Verständnis 145

| 5. | Ergebnisse 150
| 5.1 | Umsetzungsgenauigkeit der Kernelemente tutoriellen Lernens 150
| 5.1.1 | Umsetzung tutoriellen Lernens im Vergleich zu einer
Kontrollgruppe 150
| 5.1.2 | Umsetzung der Kernelemente tutoriellen Lernens bei
Anwendung und Transfer 151
| 5.1.3 | Zusammenhang der Umsetzung mit Kontextfaktoren
der Klasse 153
| 5.2 | Qualitätsmerkmale der Peer-Interaktion beim gegenseitigen
Unterrichten 154
| 5.2.1 | Aufgabenbezogene Beiträge in der Peer-Interaktion 154
| 5.2.2 | Lernförderliche Äußerungen und Interaktionsmuster 157
| 5.2.3 | Verbesserung der Erklärungen in der Peer-Interaktion 167
| 5.3 | Zusammenhang von Umsetzungsgenauigkeit und
Wirkung tutoriellen Lernens 171
| 5.3.1 | Wirkung tutoriellen Lernens auf das konzeptuelle Verständnis 171
| 5.3.2 | Wirkung der Umsetzungsgenauigkeit tutoriellen Lernens auf das
konzeptuelle Verständnis 174

| 6. | Diskussion 177
| 6.1 | Zusammenfassung und Diskussion der Ergebnisse 178
| 6.1.1 | Umsetzungsgenauigkeit der Kernelemente tutoriellen Lernens 178
| 6.1.2 | Umsetzung lernförderlicher Merkmale in der Peer-Interaktion 182
| 6.1.3 | Umsetzung und Wirksamkeit tutoriellen Lernens 186
| 6.2 | Implikationen für Theorie, Forschung und Praxis 189

6.3	Grenzen der Studie und anschließende Forschungsfragen	192
6.3.1	Stichprobengröße und Modellierung	192
6.3.2	Erhebungsmethoden	193
6.4	Ausblick	195
7.	Literatur	197
8.	Anhang	213
8.1	Beschreibung der Beobachtungsindikatoren der Items zu den Kernelementen tutoriellen Lernens	213
8.2	Teamarbeitsblatt der tutoriellen Lernphase mit Experiment	215
8.3	Teamarbeitsblatt der tutoriellen Lernphase mit Arbeitsblatt	216
8.4	Transkriptionsregeln nach Kuckartz, Dresing, Stefer und Rädiker	217
8.5	Äußerungskategorien zur Beschreibung der kommunikativen Funktion	219
8.6	Kodierschema zur Beschreibung der Interaktionsmuster in der Peer-Interaktion	222
8.7	Gesamte Transkripte der Beispielausschnitte zu den Interaktionsmustern	227

Abbildungsverzeichnis ... 241

Tabellenverzeichnis ... 242

Zusammenfassung

Tutorielles Lernen ist eine Unterrichtsmethode, bei der Schülerinnen und Schüler (1) in heterogenen Lernpaaren zusammenarbeiten, (2) wechselnd die Rollen als „Tutor" und „Tutand" einnehmen, (3) sich gegenseitig beim Lernen helfen und dafür (4) eine gemeinsame Belohnung erhalten, für die die Leistungen jedes Einzelnen bedeutsam sind. Diese vier Kernelemente der Methode lassen sich anhand konstruktivistischer sowie sozialkonstruktivistischer Lerntheorien begründen, welche die Weiterentwicklung durch Peer-Interaktion erklären. Tutorielles Lernen hat sich als wirksame Methode zur Förderung des Lernens von Grundschulkindern im naturwissenschaftlichen Sachunterricht erwiesen. Lernen in den Naturwissenschaften wird beschrieben als Konzeptwechsel, ein Prozess der graduellen Umstrukturierung von vorhandenen Vorstellungen hin zu wissenschaftlichen Konzepten von Naturphänomenen. Da dieser Prozess schwer zu fördern ist, sind lernwirksame Methoden von hoher Bedeutung. Die Wirksamkeit tutoriellen Lernens für die Lernerfolge von Schülerinnen und Schülern hängt jedoch wesentlich von der Umsetzung der Methode im Unterricht ab. Die genaue Umsetzung der Kernelemente ist dabei von Bedeutung. Zudem ist eine lernförderliche Peer-Interaktion ein wichtiges Merkmal der Prozessqualität tutoriellen Lernens. Die Umsetzung tutoriellen Lernens wurde bisher jedoch zumeist anhand von konzeptspezifischen Checklisten erhoben, bei denen sich fachliche und methodische Aspekte mischten, so dass kaum Rückschlüsse auf die Umsetzung und Wirkung der Kernelemente möglich waren. Zudem mangelt es an Untersuchungen der Umsetzung tutoriellen Lernens im naturwissenschaftlichen Sachunterricht, ihrer Einflussfaktoren und Wirkung.

Die vorliegende Studie untersucht die Umsetzung tutoriellen Lernens im naturwissenschaftlichen Sachunterricht der dritten Klasse beim Thema „Schwimmen und Sinken" nach einer entsprechenden Fortbildung der Lehrkräfte. Dabei wird neben der Anwendung eines Manuals auch der Transfer der Methode auf einen inhaltsnahen Bereich betrachtet. Anhand von Unterrichtsbeobachtungen und -videos wurde die Umsetzungsgenauigkeit der Kernelemente tutoriellen Lernens in der Untersuchungsgruppe ($N = 14$) erfasst und mit einer Kontrollgruppe ($N = 11$) verglichen. Zudem wurde innerhalb der Untersuchungsgruppe die Umsetzung bei Anwendung und Transfer der Methode betrachtet sowie mit kognitiven, sozialen und strukturell-organisatorischen Kontextmerkmalen der Klasse in Zusammenhang gebracht. Als Merkmal für die Prozessqualität tutoriellen Lernens wurde das Vorkommen lernförderlicher Merkmale anhand transkribierter Peer-Interaktionen einer Teilstichprobe von 20 Lernpaaren aus zehn Klassen der Untersuchungsgruppe analysiert. Abschließend wurde die Wirksamkeit tutoriellen Lernens für den Lernerfolg bei Anwendung und Transfer überprüft. Hierfür wurden Klassen mit einer Umsetzungsgenauigkeit der Kernelemente von über 70% mit den Klassen der Kontrollgruppe verglichen. Innerhalb der Untersuchungsgruppe wurden zusätzlich Zusammenhänge der Umsetzungsgenauigkeit mit dem Lernerfolg evaluiert.

Die Ergebnisse zeigen, dass ein Manual mit Materialien zu einer genaueren Umsetzung tutoriellen Lernen führte als der selbstständige Transfer. Die Kontrollgruppe setzte in beiden Unterrichtseinheiten kaum Kernelemente tutoriellen Lernens ein, während beide Gruppen die fachlichen Inhalte ähnlich genau vermittelten. Die Umsetzung tutoriellen Lernens hing nur beim Transfer mit kognitiven und sozialen Kontextmerkmalen der Klasse zusammen, nicht jedoch mit der Klassengröße als strukturell organisatorischem Merkmal. Die Ergebnisse zur Qualität der Peer-Interaktion zeigen, dass sich der Großteil der Interaktion zwischen den Lernpartnern auf die Aufgabe bezog und gegenseitige Erklärungen sowie elaborierte Interaktionsmuster in fast allen Lernpaaren vorkamen. Zudem verbesserten sich durchschnittlich die Erklärungen der Kinder im Rahmen der Peer-Interaktion im Hinblick auf ihr konzeptuelles Verständnisniveau. Die Ergebnisse zum Zusammenhang von Umsetzung und Wirksamkeit zeigen, dass sich tutorielles Lernen bei mehr als 70% Umsetzung der Kernelemente im Vergleich zur Kontrollgruppe nur zum zweiten Umsetzungszeitpunkt, beim Transfer der Methode, als wirksam zur Förderung des naturwissenschaftlichen Lernens erweist. Auch die Genauigkeit der Umsetzung innerhalb der Untersuchungsgruppe hing nur zum Zeitpunkt des Transfers positiv mit dem Lernen zusammen.

Insgesamt weisen die Ergebnisse auf die hohe Bedeutung von Fortbildungen hin, welche die Umsetzung tutoriellen Lernens durch Unterrichtsmaterialien und Handbücher unterstützen – insbesondere in Klassen mit weniger günstigen Lernvoraussetzungen. Die Ergebnisse zur Peer-Interaktion deuten darauf hin, dass Kinder bereits in der Grundschule beim tutoriellen Lernen lernförderliche Gespräche zu anspruchsvollen naturwissenschaftlichen Themen führen können. Eine genaue und langfristige Umsetzung der methodischen Kernelemente scheint für die Wirksamkeit tutoriellen Lernens im naturwissenschaftlichen Sachunterricht von Bedeutung zu sein.

Abstract
Peer Tutoring in Primary science Education: Implementation fidelity and Effects on learning

In the domain of science education, learning processes are frequently described as conceptual change (CC), a slow and gradual process that allows students to reconstruct their current naïve understanding for a more scientific conception, which is difficult to achieve (Vosniadou, 2007). Peer Tutoring (PT) has successfully been used for science teaching in primary school (Rohrbeck, Fantuzzo, Ginsburg-Block, & Miller, 2003). In PT settings, students teach each other in dyads to provide individualized instruction. Based on constructivist and socio-constructivist accounts of learning and development, it is assumed that mechanisms like cognitive conflict (Piaget) and partners' co-construction of knowledge (Vygotsky) can trigger CC during PT (Mercer, 1996; Osborne, 2010; Webb, 1989). But PT does not foster CC automatically. Essential elements of PT that foster a constructive peer discourse and support learning can be deduced from theory and research. Accordingly, PT is most effective when PT partners have different achievement levels (Webb, 1989), take the roles of tutor and tutee alternately (Robinson, Schofield, & Steers-Wentzell, 2005), interact productively according to structuring interaction rules (O'Donnell, 2006) and get a team reward for their work (Slavin, 2003). Teachers have to apply these elements in their classes to ensure the effectivity of PT (Greenwood, Terry, Arreaga-Mayer & Finney, 1992). Knowledge about the successful implementation of PT in classrooms is a prerequisite for determining the practicality of PT. So far, implementation fidelity of PT, influencing factors and effects on learning outcomes in primary science education has hardly been the focus of research.

The present study investigates the implementation fidelity of PT elements, quality characteristics of peer discourse and effects on CC in primary school science classes. It was part of a larger design evaluating different teaching strategies in a cluster randomized, controlled trial in Germany (IGEL project; Hardy, Hertel, Kunter, Klieme, Warwas, Büttner, & Lühken, 2011). Teachers participated in professional development workshops and applied the learned teaching methods in their third grade classrooms during two lesson units on floating and sinking (adapted from Jonen & Möller, 2005). For unit one, teachers in the experimental group ($N = 14$) received a manual with worksheets for PT implementation; for unit two, teachers only received a manual for content instruction. The control group ($N = 11$) received a manual for content implementation in both units. We used checklists during classroom observation or videography to assess the implementation fidelity (inter-rater reliability >85%) during one lesson in each unit. Furthermore, we analyzed the connection of implementation fidelity with the cognitive, social and structural variables of the classes. Multilevel regression models were used to calculate effects on learning outcomes, including classes with 70% or more implementation fidelity compared to control group classes. In addition, we analyzed the connection of implementation fidelity and learning within the experimental group. Audio recordings of 20 student dyads attending ten classes provided the setting for the evaluation of the peer discourse during PT. Using coding schemes, we analyzed on-task interactions, elaborative patterns and the improvement of explanations on content ($\kappa > .75$).

Results show that implementation fidelity of PT was higher when teachers applied the PT manual compared to the unit that required independent transfer of PT. Implementation fidelity was positively linked to cognitive classroom composition and a social variable in the transfer unit, but not in the manual unit. No differences in content implementation fidelity were found between the experimental and control group but very few PT elements were observed in the control group. After the second unit, PT classes with more than 70% implementation fidelity showed higher achievement than control classes; after the first unit, this effect was non-existent. Implementation fidelity within PT classes was also connected with learning outcomes after the transfer unit, but not after the first unit. The peer discourse was mostly on task; we found explanations on content and elaborative discourse patterns within interactions of almost every dyad. Peers significantly improved their explanations on floating and sinking during their discourse.

Results suggest the importance of long-term implementation fidelity of PT elements for learning outcomes in primary science education. They also indicate that a manual can support high implementation fidelity of PT within *all* classes in primary science education. The results on peer discourse demonstrate that even primary school students can engage in high-quality discourse on science topics, and support each other's learning.

1. Einleitung

Lehrkräfte stehen täglich vor der Herausforderung, den heterogenen Lernvoraussetzungen ihrer Schülerinnen und Schüler gerecht zu werden und gleichzeitig bestimmte Bildungsziele mit allen Kindern der Klasse zu erreichen. Besonders in der Grundschule als frühe Schulform mit geringer vorangehender Selektion werden in einer Klasse Kinder unterschiedlicher sozialer und kultureller Herkunft sowie mit verschiedenen kognitiven und sozialen Fähigkeiten zusammen unterrichtet. Mit der Umsetzung der 2008 in Kraft getretenen UN-Konvention über die Rechte von Menschen mit Behinderungen ergibt sich zudem die Forderung nach einem gemeinsamen Unterricht für nicht behinderte und behinderte Kinder, dessen Gestaltung sich an den individuellen Lernvoraussetzungen *aller* Schülerinnen und Schüler orientiert (UN-Konvention, 2008, §24). Die Unterschiede von Kindern im Unterricht produktiv zu nutzen, ist daher eine pädagogische Aufgabe für Grundschullehrkräfte (Prengel, 2006). Die Ergebnisse von Bildungsevaluationen, wie Trends in International Mathematics and Science Study (TIMSS), zeigen jedoch, dass der Heterogenität der Schülerinnen und Schüler in deutschen Grundschulen oft nicht angemessen begegnet werden kann: Obwohl im Bereich der Naturwissenschaften die Kompetenzen der Kinder in Deutschland dem durchschnittlichen Niveau der übrigen teilnehmenden OECD-Staaten entsprachen, erreichten 4% der Kinder nicht die unterste der fünf Kompetenzstufen und waren demnach nicht in der Lage, einfache Aufgaben zu elementarem naturwissenschaftlichem Faktenwissen sicher zu lösen (Wendt et al., 2012). Sowohl in der Erhebung 2007 als auch 2011 konnten mit einem Migrationshintergrund verbundene Bildungsdisparitäten von in Deutschland lebenden Kindern aus zugewanderten Familien im Bereich der mathematischen und naturwissenschaftlichen Kompetenzen festgestellt werden. Weiterhin konnte ein Zusammenhang zwischen sozioökonomischem Status und erreichten Kompetenzen nachgewiesen werden, dem durch eine individuelle Förderung begegnet werden sollte (Wendt et al., 2012).[1] Daraus ergibt sich die Frage nach geeigneten Unterrichtsmethoden, welche eine produktive Nutzung von individuellen Lernvoraussetzungen

---

[1] Ähnliche Ergebnisse zeigen sich in der PISA-Studie (Programme for International Student Assessment) auch für andere Fächer und spätere Schulstufen (Ehmke & Jude, 2010); Stanat, Rauch & Segeritz, 2010).

ermöglichen und Schülerinnen und Schüler mit ungünstigen Lernvoraussetzungen besonders fördern.[2]

Diese Frage ist auch und in besonderem Maße für den Bereich naturwissenschaftlicher Lernziele bedeutsam. In der Didaktik des naturwissenschaftlichen Sachunterrichts werden Lernprozesse häufig als Konzeptwechsel bezeichnet. Dieser wird als langsamer und gradueller Prozess beschrieben, bei dem die Schülerinnen und Schüler ihre naiven Erklärungen für Naturphänomene, welche sie in den Unterricht mitbringen, zu einem wissenschaftlicheren Konzept hin entwickeln (Vosniadou, 2008). Eine Förderung des Konzeptwechsels kann bereits in der Grundschule erfolgreich gelingen (Hardy et al., 2006), wenn der Unterricht am individuellen Lernstand der Schülerinnen und Schüler ansetzt. Dazu müssen die Lehrkräfte die vorhandenen Erklärungen erfassen und entsprechende didaktische und methodische Entscheidungen zur Förderung treffen (Duit, 1995). Das Vorwissen von Kindern, welches im Unterricht aufgegriffen werden muss, ist jedoch im Bereich des naturwissenschaftlichen Sachunterrichts durch individuelle Alltagserfahrungen geprägt und daher besonders heterogen (Carey, 2000). Die Förderung im Unterricht stellt zudem eine Herausforderung für Grundschullehrkräfte dar, da deren Ausbildung selten naturwissenschaftliche Themenschwerpunkte beinhaltet und sie daher über unzureichendes fachliches sowie fachdidaktisches Wissen verfügen (Appleton, 2007). Konkrete Unterrichtskonzepte effektiver Methoden zur Förderung des Konzeptwissens in heterogenen Lerngruppen sind daher von großer Bedeutung für Grundschullehrkräfte, um den Herausforderungen im naturwissenschaftlichen Sachunterricht begegnen zu können.

Tutorielles Lernen hat sich zur Förderung des Lernens im Sachunterricht der Grundschule als besonders geeignet erwiesen; Kinder mit weniger guten Lernvoraussetzungen profitieren dabei am meisten (Rohrbeck et al., 2003). Tutorielles Lernen ist eine Unterrichtsmethode, bei der sich Schülerinnen und Schüler mit unterschiedlichem Vorwissen in Zweierteams gegenseitig unterrichten. Dabei arbeiten sie mit abwechselnden Rollen und lernen sowohl in der Rolle des Tutors als auch in der des Tutanden (Cohen, Kulik & Kulik, 1982). Somit können die Schülerinnen und Schüler in der Peer-Interaktion individuelle Lernstände berücksichtigen und gleichzeitig von ihren Unterschieden profitieren. Wenn sie dabei ihre Erklärungen zu Naturphänomenen diskutieren, kann dies einen Konzeptwechsel fördern (Howe et al., 2007). Die Ergebnisse aus Evaluationsstudien konkreter Praxiskonzepte tutoriellen Lernens weisen

---

2 Die Eignung von individualisierenden Unterrichtsmethoden zur Förderung von heterogenen Lerngruppen bedeutet jedoch nicht, dass gesellschaftliche und soziale Probleme lediglich von Schule und Unterricht anhand solcher Methoden zu lösen sind (Gerber & Kauffman, 1981). Solche Probleme müssen auf politischer Ebene angegangen werden und nicht allein im Unterricht.

auf deren Lernwirksamkeit hin (Maheady, Mallette & Harper, 2006) und würden somit eine häufige und gute Umsetzung in der Unterrichtspraxis erwarten lassen. Dies ist jedoch nicht der Fall: Es wird von einer Diskrepanz zwischen Forschung (empirisch belegte Wirksamkeit) und Praxis (mangelndem Einsatz entsprechender Lernformen) gesprochen (McMaster et al., 2013). Es ist daher Aufgabe der unterrichtswissenschaftlichen Forschung, Wissen darüber bereitzustellen, wie die positiv evaluierten Inhalte und Methoden in der Unterrichtspraxis verbreitet werden können, d. h. wie die Umsetzung gelingt und welche Faktoren diese beeinflussen (Gräsel & Parchmann, 2004). Obwohl Praxisrelevanz ein wichtiges Ziel ist und viele Studien sogar explizit durchgeführt werden, um Ergebnisse zur Optimierung der Praxis zu liefern (Fuchs et al., 1997), mangelt es bisher an Untersuchungen der Umsetzung tutoriellen Lernens im naturwissenschaftlichen Sachunterricht.

Die Umsetzung von Interventionen in die Praxis ist weiterhin von Bedeutung, da die Wirksamkeit von ihr abhängt (Lendrum & Humphrey, 2012). Dies lässt sich theoretisch anhand von Angebots-Nutzungs-Modellen[3] und empirisch anhand der Forschung zur Wirksamkeit von Lehrerfortbildungen begründen (Lipowsky, 2006; Lipowsky & Rzejak, 2015). Demnach sollte die Umsetzung auch erhoben werden, um die Lernergebnisse auf die Methode zurückführen zu können. In Evaluationsstudien im Bildungsbereich wird zwischen intendiertem Curriculum (geplante fachliche Inhalte oder methodische Konzepte), implementiertem Curriculum (tatsächlich umgesetzte Elemente und Prozesse) und erreichtem Curriculum (Lernerfolg der Schülerinnen und Schüler) unterschieden (Furtak et al., 2008; Wendt et al., 2012). Um die Umsetzung einer Methode zu evaluieren, muss das implementierte Curriculum erhoben und mit dem intendierten Curriculum verglichen bzw. mit dem erreichten Curriculum in Verbindung gebracht werden (Mowbray et al., 2003). Nach wie vor besteht jedoch ein deutliches Defizit an solcher Implementationsforschung (Gresham, 2009). Hier setzt die vorliegende Arbeit an und fokussiert tutorielles Lernen im naturwissenschaftlichen Sachunterricht der Grundschule. Sie beschäftigt sich mit der Frage, inwiefern die Umsetzung tutoriellen Lernens in der Praxis gelingt. Dazu werden wirksamkeitsrelevante Kernelemente der Methode als intendiertes Curriculum beschrieben und auf Basis theoretischer und empirischer Ergebnisse untermauert. Die Beschreibung des implementierten Curriculums, dessen Einflussfaktoren sowie Zusammenhänge mit dem erreichten Curriculum sind Ziele der Arbeit.

Die vorliegende Untersuchung wurde im Rahmen der IGEL-Studie (Individuelle Förderung und adaptive Lern-Gelegenheiten in der Grundschule) des

---

[3] Die Darstellung des Angebots-Nutzungs-Modells und die Verortung der Umsetzung erfolgt in Kapitel 2.

IDeA-Forschungszentrums in Frankfurt a.M. durchgeführt, bei der verschiedene Unterrichtsmethoden im Rahmen einer Unterrichtseinheit im naturwissenschaftlichen Sachunterricht der dritten Klasse evaluiert wurden (Hardy et al., 2011). Eine der untersuchten Unterrichtsmethoden der Studie war das tutorielle Lernen, welches im Fokus dieser Arbeit steht. Dabei wurden Lehrkräfte zur Durchführung tutoriellen Lernens im Rahmen zweier Unterrichtseinheiten zum Schwimmen und Sinken fortgebildet, wobei sie für die erste Einheit ein Handbuch mit Instruktionen und Materialien erhielten und die Methode auf die zweite Einheit selbstständig transferieren sollten.

Im theoretischen Hintergrund der Arbeit, Kapitel 2, werden wirksamkeitsrelevante Kernelemente tutoriellen Lernens definiert und begründet, Bewertungskriterien der Umsetzung sowie Möglichkeiten der Erhebung herausgearbeitet und schließlich fachspezifische Lernziele des tutoriellen Lernens im naturwissenschaftlichen Sachunterrichts genannt. Dazu wird in Kapitel 2.1 zunächst das tutorielle Lernen genauer beschrieben. Es wird dem Oberbegriff des kooperativen Lernens zugeordnet. Ferner werden eine Definition, die geschichtliche Entwicklung und erklärende Basistheorien vorgestellt. Empirische Befunde zur Lernwirksamkeit der Methode und den Wirkmechanismen werden aufgearbeitet und Praxiskonzepte skizziert, deren Wirksamkeit für das Lernen in der Grundschule positiv evaluiert wurden. Schließlich werden aus dem Vorangegangenen wirksamkeitsrelevante Kernelemente des tutoriellen Lernens abgeleitet, deren Umsetzung in der Praxis untersucht werden soll. In Kapitel 2.2 wird die Bewertung der Umsetzung genauer beschrieben. Dabei werden zunächst wichtige Kriterien zur Bewertung der Umsetzung von Interventionen aus der Literatur abgeleitet und die Bedeutung dieser für die Wirksamkeit von Methoden begründet. Schließlich werden die Erhebungen und die Ergebnisse der Umsetzung tutoriellen Lernens aus bisherigen Studien beschrieben. Vor diesem Hintergrund wird der Bedarf für weitere Forschung beschrieben. In Kapitel 2.3 werden wichtige Aspekte der Umsetzung und des Lernens im naturwissenschaftlichen Sachunterricht zusammengetragen. Dazu wird zunächst das Lernen naturwissenschaftlicher Konzepte genauer betrachtet und in den Lernzielen des Sachunterrichts der Grundschule verortet. Anschließend werden lernförderliche Unterrichtsbedingungen sowie Merkmale einer lernförderlichen Peer-Interaktion herausgearbeitet.

Kapitel 3 enthält eine Hinführung zu den drei Fragestellungen der Arbeit. Die erste Fragestellung beschäftigt sich mit der Umsetzung der Kernelemente tutoriellen Lernens sowie deren Einflussfaktoren. Die zweite Fragestellung zielt auf lernförderliche Merkmale in der Peer-Interaktion als Hinweis auf die Prozessqualität beim tutoriellen Lernen. Die dritte Fragestellung behandelt Zusammenhänge der Umsetzung tutoriellen Lernens mit der Lernwirksamkeit der Methode. Entsprechende Hypothesen werden dargestellt.

Einleitung 17

In Kapitel 4 wird das methodische Vorgehen erläutert. Dazu wird zunächst das Untersuchungsdesign vorgestellt und die Stichprobe beschrieben. Das Vorgehen bei der Erhebung der Umsetzung anhand von Unterrichtsbeobachtungen und -videos und die Kodierung lernförderlicher Anteile in der transkribierten Peer-Interaktion werden dargestellt. Schließlich werden eingesetzte Testverfahren vorgestellt und das Vorgehen bei der Datenauswertung aufgeführt und begründet.

In Kapitel 5 werden die Ergebnisse zu den drei Forschungsfragen getrennt dargestellt. Dabei wird zunächst die Umsetzung der Kernelemente tutoriellen Lernens auf Klassenebene anhand eines Umsetzungsindexes in Prozent beschrieben, mit einer Kontrollgruppe verglichen und mit Kontextmerkmalen der Klasse in Verbindung gebracht. Anschließend werden die Peer-Interaktionen einer Teilstichprobe in Bezug auf lernförderliche Äußerungen und Interaktionsmuster ausgewertet und durch Beispiele aus den Transkripten veranschaulicht. Schließlich werden Ergebnisse zur Wirksamkeit der Methode zur Förderung des konzeptuellen Verständnisses aus einer Mehrebenen-Regressionsanalyse im Vergleich zu einer Kontrollgruppe berichtet, dabei wird ebenfalls die Umsetzung berücksichtigt.

In Kapitel 6 werden die Ergebnisse dieser Arbeit schließlich zusammenfassend bewertet und Beschränkungen der Untersuchung diskutiert. Es werden mögliche Konsequenzen für die Gestaltung von tutoriellen Lernsituationen sowie entsprechende Lehrerfortbildungen genannt. Abschließend werden einige offene Forschungsfragen und möglicherweise lohnenswerte Untersuchungsansätze zur Umsetzung tutoriellen Lernens skizziert.

2. Theoretischer Hintergrund

Die Evaluation von Unterrichtsmethoden hat die Verbesserung von Bildungssituationen und -erfolgen zum Ziel. Aber was kommt davon in der schulischen Praxis an? Werden die evaluierten Methoden dort überhaupt so gut umgesetzt, dass von der erwarteten Lernwirksamkeit ausgegangen werden kann? Um dies untersuchen zu können, müssen zunächst die wirksamkeitsrelevanten Methodenelemente beschrieben und deren Umsetzung anschließend im Unterricht evaluiert werden kann. Diese sollen daher im theoretischen Hintergrund der Arbeit aus der Theorie und Empirie zum tutoriellen Lernen abgeleitet und für die Umsetzung im naturwissenschaftlichen Sachunterricht spezifiziert werden. Im Kapitel 2.1 stehen Merkmale, Theorien und Praxiskonzepte tutoriellen Lernens im Zentrum. Das Kapitel 2.2 beschäftigt sich mit der Umsetzungsgenauigkeit tutoriellen Lernens im Unterricht und deren Bedeutung für die Lernwirksamkeit der Methode. Das Kapitel 2.3 hat die Förderung naturwissenschaftlichen Lernens im Sachunterricht mithilfe tutoriellen Lernens zum Thema. Dabei steht die lernförderliche Peer-Interaktion zu Naturphänomenen im Fokus.

2.1 Tutorielles Lernen als kooperative Unterrichtsmethode

Tutorielles Lernen[4] wurde zunächst vorwiegend im englischen Sprachraum verwendet und wird dort als „Peer Tutoring" bezeichnet. Es wird wie folgt definiert: „Peer tutoring represents a class of practices and strategies that employ peers as one-to-one teachers to provide individualized instruction, practice, repetition, and clarification of concepts" (Utley & Mortweet, 1997, S. 9). Es handelt sich demnach um eine kooperative Unterrichtsmethode mit spezifischen Merkmalen (Lerndyaden, gegenseitiges Unterrichten) und Zielen (individuelle Förderung, Übung, Wiederholung und Erarbeitung von Konzepten).

In der Literatur finden sich eine Vielzahl von Studien und Konzepten zum tutoriellen Lernen. Dort wird die Methode zwar zumeist einheitlich definiert, jedoch werden selten wirksamkeitsrelevante Kernelemente der Methode genannt. Deren Herleitung ist daher das Ziel dieses ersten Kapitels des theoretischen Hintergrundes der Arbeit. Im Folgenden wird tutorielles Lernen genauer beschrieben. Dazu wird es zunächst dem Oberbegriff des kooperativen

---

4 Es finden sich für tutorielles Lernen auch andere Bezeichnungen, wie Tutorenmodell, Lernen durch Lehren etc., welche sich inhaltlich wenig unterscheiden. Tutorielles Lernen wird häufig als Übersetzung von Peer Tutoring vorgeschlagen, z. B. von Haag und Streber (2011), und daher hier verwendet.

Lernens zugeordnet, das hier ebenfalls vorgestellt werden soll, da es Anhaltspunkte für die Elemente tutoriellen Lernens bietet. Anschließend wird tutorielles Lernen definiert und die historische Entwicklung dargestellt. Empirische Befunde zur Lernwirksamkeit und Theorien zur Erklärung dieser Wirkung werden genannt sowie Praxiskonzepte für die Umsetzung im Unterricht beschrieben. Dabei liegt der Fokus auf der Anwendung in der Grundschule. Aus Theorie sowie Empirie werden schließlich wirksamkeitsrelevante Kernelemente tutoriellen Lernens abgeleitet, welche in der Praxis umgesetzt werden müssen.

2.1.1 Kooperatives Lernen als Oberbegriff

Kooperatives Lernen wird hier als Oberbegriff eingeführt und im Folgenden genauer beschrieben, da Theorien und Merkmale für das tutorielle Lernen – als eine Unterform dessen – ebenfalls gelten. Auf spezifische Theorien und Befunde zum tutoriellen Lernen wird im anschließenden Abschnitt eingegangen.

Begriffsbestimmung. Als kooperatives Lernen werden Lernarrangements bezeichnet, bei denen sich Schülerinnen und Schüler in Kleingruppen gegenseitig helfen, schulische Inhalte zu lernen (Slavin, 1996). Kooperatives Lernen kann gemäß Johnson und Johnson (1999) als soziale Unterrichtsform in Abgrenzung zu kompetitivem und individuellem Lernen eingeordnet werden. Zumeist wird kooperatives Lernen dem klassischen Frontalunterricht oder der Einzelarbeit gegenüber gesetzt und mit diesen Unterrichtsformen verglichen, z. B. in Studien zur Wirksamkeit kooperativen Lernens (Cohen, 1994; Lou et al., 1996).

Kooperatives Lernen fasst als Oberbegriff verschiedene solcher Unterrichtsmethoden zusammen. Die Methoden weisen gemeinsame Merkmale auf, setzen jedoch unterschiedliche Schwerpunkte bezüglich der Wirkmechanismen und Theoriebezüge (Slavin, 1995b; Slavin, Hurley & Chamberlain, 2003). Es findet sich in der Literatur eine Vielfalt von weiteren Oberbegriffen, welche nicht immer klar voneinander abzugrenzen sind.[5] Angesichts der unter-

---

5   Es wird teilweise auch von „kollaborativem Lernen" oder „Kleingruppenarbeit" gesprochen (Cohen, 1994), wohingegen andere Autoren die Begriffe „Peer Learning" oder „Peer-assisted Learning" als übergeordnet verwenden (Rohrbeck et al., 2003; Topping, 2005). Teilweise werden dieselben Begriffe einander anders zugeordnet: Manche Autoren verwenden kooperatives Lernen als Oberbegriff (Johnson & Johnson, 1999; Slavin, 1995), wohingegen dieses an anderer Stelle als eine Unterform des Peer Learning oder Peer-assisted Learning definiert wird (Rohrbeck et al., 2003; Topping, 2005). Da in deutschsprachiger Literatur ist der Begriff des kooperativen Lernens als Oberbegriff am geläufigsten ist (Renkl, 2008), wird dieser hier ver-

schiedlichen Bezeichnungen und Methoden kann eine genaue und einheitliche Definition von kooperativem Lernen bis heute nicht gefunden werden. Es besteht jedoch Einigkeit darüber, dass darunter mehr zu verstehen ist als nur die Zusammenstellung von Lerngruppen. „In students' team learning the students' tasks are not to *do* something as a team, but to *learn* something as a team." (Slavin, 1995, S. 5). Dies wird im Folgenden anhand von organisatorischen Besonderheiten sowie wirksamkeitsrelevanten Basiselementen kooperativen Lernens, welche auch für tutorielles Lernen bedeutsam sind, genauer beschrieben.

Organisatorische Besonderheiten. Organisatorische Besonderheiten aller Methoden des kooperativen Lernens sind die Einteilung der Klasse in Lerngruppen, eine gemeinsame Gruppenaufgabe sowie eine veränderte Rolle der Lehrkraft: In der Regel bestehen Lerngruppen aus zwei, meist aber drei bis fünf Schülerinnen und Schülern, die über einen längeren Zeitraum zusammen als Lerngruppe an einem gemeinsamen Ziel arbeiten (Hasselhorn & Gold, 2009). Die Anzahl der Gruppenmitglieder kann sich auf die Beteiligung auswirken, da in kleineren Gruppen eine höhere Verantwortung beim einzelnen Mitglied liegt. Andererseits bringen mehr Gruppenmitglieder auch mehr Ressourcen für die Aufgabenbewältigung mit (Johnson & Johnson, 1999). Eine ideale Gruppengröße lässt sich aus der Theorie daher nicht für jede Situation ableiten, empirische Befunde sprechen jedoch für einen maximalen Lernerfolg bei kleinen Lerngruppen von zwei bis drei Personen (Lou, Abrami & d'Appolonia, 2001; Lou et al., 1996). Die Gruppen können weiterhin nach bestimmten Kriterien zusammengesetzt werden, z. B. können die Mitglieder in Bezug auf Geschlecht, Vorwissen oder Alter heterogen oder homogen sein. Heterogene Gruppen haben den Vorteil, dass die Wahrscheinlichkeit unterschiedlicher Ideen, Fähigkeiten, Erfahrungen und Interessen der Mitglieder erhöht ist (Johnson & Johnson, 1999). Statusunterschiede können in solchen leistungsheterogenen Gruppen jedoch auch zu unterschiedlicher Beteiligung führen (Cohen, 1994). Weiterhin können Gruppen auch selbstbestimmt oder zufällig zusammengesetzt werden (Johnson & Johnson, 1999).

Die Gruppenmitglieder erhalten eine gemeinsame Aufgabe. Im Vergleich zum Klassen- und Einzelunterricht, wo Gespräche mit Mitschülerinnen und Mitschülern meist untersagt sind, ist kooperatives Lernen durch Peer-Interaktion geprägt. Die Gruppenmitglieder lösen interaktiv ein Problem oder konstruieren ein gemeinsames Verständnis (Pauli & Reusser, 2000). Dazu folgen

---

wendet. In der vorliegenden Arbeit werden Merkmale, empirische Ergebnisse und Theorien verschiedener Oberbegriffsbeschreibungen zusammengetragen, welche sich zum Großteil auf Literatur zum kooperativen Lernen beziehen.

sie häufig bestimmten vorgegebenen Routinen und Strukturen (Johnson & Johnson, 1999).

Die Lehrkraft tritt als Informationsvermittlerin in den Hintergrund, sie übernimmt jedoch als „guide by the side" eine bedeutsame und komplexe Rolle (Johnson & Johnson, 1999; Pauli & Reusser, 2000). Sie muss notwendige fachliche sowie interaktive Strategien modellieren, instruieren, moderieren und überwachen, was häufig als bedeutsam für die Wirksamkeit der Methode betont wird (Pauli & Reusser, 2000; Philipp, 2010). Zudem muss die Lehrkraft entsprechende organisatorische Rahmenbedingungen, wie Raumgestaltung und Zeitvorgaben, sicherstellen. Das Bereitstellen der organisatorischen Rahmenbedingungen kooperativen Lernens ist im Vergleich zu anderen Unterrichtsformen in einem üblichen Stundenplan mit 45-Minuten-Abschnitten erschwert (Philipp, 2010).

Anhand der organisatorischen Besonderheiten lassen sich kooperative Lernformen im Unterricht erkennen, jedoch ist aus diesen noch nicht abzuleiten, ob dabei eine produktive Auseinandersetzung mit dem Unterrichtsinhalt gelingt.

Basiselemente kooperativen Lernens. Nicht in jeder Unterrichtsphase, welche entsprechend der o. g. Besonderheiten organisiert ist, findet kooperatives Lernen statt. Aus der Theorie und Empirie kooperativen Lernens wurden Basiselemente abgeleitet, welche sowohl als Definitions- als auch als Qualitätsmerkmale für die Umsetzung gelten, so dass ohne diese streng genommen nicht von kooperativem Lernen gesprochen werden kann (Johnson & Johnson, 1999). Diese Basiselemente gelten für alle kooperativen Lernmethoden – also auch für tutorielles Lernen. Sie wurden als bedeutsam für die Wirksamkeit kooperativen Lernens evaluiert (Johnson & Johnson, 1999; Slavin, 1995; Veenman et al., 2002). Ihre Beschreibungen weisen bei verschiedenen Autoren zwar teilweise unterschiedliche Akzentuierungen auf, sind in ihren Grundzügen jedoch ähnlich (Johnson & Johnson, 1999; Rohrbeck et al., 2003; Slavin, 1995; Topping, 2005). Am häufigsten werden die fünf Basiselemente kooperativen Lernens nach Johnson & Johnson (1999) zitiert (z. B. Büttner, Warwas & Adl-Amini, 2012; Borsch, 2005; Hasselhorn & Gold, 2009):

- *Positive Interdependenz.* Dieses Element zeichnet sich durch eine wechselseitige Abhängigkeit aus: Das Ziel kann nur gemeinsam erreicht werden. Die Gruppenmitglieder werden dadurch zu einer Kooperation motiviert, wobei diese wiederum motivierend auf das Lernen wirkt (Cohen, 1994; Johnson & Johnson, 1999). Positive Interdependenz kann auf verschiedene Weise unterstützt werden, z.B. durch ein gemeinsames Ziel (Zielinterdependenz), welches häufig als lernwirksames Merkmal kooperativen Lernens evaluiert wurde (Johnson & Johnson, 1999; Slavin, 1995; Slavin et al., 2003). Weiterhin kann positive Interdependenz durch die Verteilung von

Rollen an die Gruppenmitglieder unterstützt werden (Rolleninterdependenz). Die Strukturierung von kooperativen Lernsituationen durch Rollen hat sich in vielen Studien als förderlich für das Lernen und die Beteiligung aller Gruppenmitglieder herausgestellt (z. B. Cohen, 1994; Ginsburg-Block, Rohrbeck & Fantuzzo, 2006; Robinson, Schofield & Steers-Wentzell, 2005; Topping, 2005). Eine weitere Möglichkeit sind Belohnungen, welche für Gruppenergebnisse in Aussicht gestellt werden (Belohnungsinterdependenz). Bei Slavin (1995; Slavin et al., 2003) stehen Gruppenbelohnungen im Vordergrund, welche sich auch in der Meta-Analyse von Rohrbeck et al. (2003) als bedeutsam für die Leistungsentwicklung erwiesen. Schließlich können auch sich ergänzende Aufgaben und Materialien an die Gruppenmitglieder verteilt werden (Aufgaben- und Ressourceninterdependenz), so dass eine einzelne Bearbeitung bzw. einfache Verteilung von Aufgabenteilen nicht möglich ist. Die Spezialisierung auf bestimmte, sich ergänzende Aufgaben wird bei Slavin (1995) sogar als eigenes Merkmal beschrieben. Johnson und Johnson (1999) nennen weitere Möglichkeiten, den Zusammenhalt zu stärken, z. B. Identitätsinterdependenz durch einen Gruppennamen oder -song.
- *Individuelle Verantwortlichkeit.* Die Leistung jedes einzelnen Gruppenmitgliedes sollte zum Erreichen des gemeinsamen Ziels notwendig sein (Hasselhorn & Gold, 2009; Slavin, 1995). Somit können unerwünschte Effekte einer Gruppenarbeit, z. B. Trittbrettfahren, vermieden werden. Slavin (1995) schlägt dazu das Herausstellen von individuellen Aufgabenanteilen (task responsibility) oder die Verknüpfung von individueller und Gruppenbelohnung (reward accountability) vor. Die Ergebnisse der Einzelleistungen werden dann in der Gruppe ausgewertet und rückgemeldet bzw. fließen ins Gruppenergebnis ein (Johnson, Johnson & Holubec, 1996). Auch wenn die individuelle Verantwortlichkeit als Element kooperativen Lernens unbestritten ist, gibt es unterschiedliche Meinungen zu Gruppenbelohnungen von Einzelleistungen, welche im Widerspruch zur Gruppenkohäsion wirken können. Cohen (1994) sowie Johnson und Johnson (1999) halten daher gemeinsame Aufgaben für ausreichend; durch Teambildungsmaßnahmen und Selbstmanagement der Gruppen wird der Gruppenprozess selbst zur Belohnung und wirkt motivierend. Damit kann die Motivation hier als eher intrinsisch beschrieben werden, so dass extrinsische Belohnungen sogar als hinderlich angesehen werden. Aufgrund der o. g. Befunde zur Belohnungsinterdependenz werden dennoch in vielen Lernformen z. B. Punkte für individuelle Leistungen vergeben, zu Gruppenergebnissen addiert und belohnt oder ein Quiz in Einzelarbeit am Ende der Teamarbeit durchgeführt, das ein gemeinsames Verständnis aller Gruppenmitglieder notwendig macht (McMaster, Fuchs & Fuchs, 2006; Slavin, 1995).

Das Merkmal der individuellen Verantwortlichkeit wird somit häufig mit dem Merkmal der positiven Interdependenz verbunden (Rohrbeck et al., 2003; Slavin et al., 2003).
- *Förderliche Interaktion.* Der Auseinandersetzung mit der Aufgabe in gemeinsamer Interaktion wird besonders viel Bedeutung für das Lernen eingeräumt (Johnson & Johnson, 1999; Rohrbeck et al., 2003; Thurston et al., 2007; Topping, 2005). Als besonders bedeutsam und konsistentester Prädiktor für das Lernen wird dabei das gegenseitige Erklären genannt, da es beim Zuhörer eine Integration neuer Aspekte angeregt und beim Erklärenden eine Reflexion eigener Denkweisen notwendig macht (Cohen, 1994; O'Donnell, 2006; Webb, 1982, 2009). Jedoch können durch fehlerhafte Erklärungen auch falsche Erkenntnisse aus der Interaktion hervorgehen (Ross, 2008). Um mithilfe von Peer-Interaktion durchdachtere Schlussfolgerungen ziehen zu können, ist daher die Qualität der Interaktion entscheidend (Mercer, 1996; O'Donnell, 2006; van Boxtel, van der Linden & Kanselaar, 2000). Auf die besondere fachspezifische Bedeutung der lernförderlichen Interaktion im naturwissenschaftlichen Sachunterricht wird in Kapitel 832.3.5 eingegangen.
- *Soziale bzw. kommunikative Kompetenzen.* Beim kooperativen Lernen übernehmen die Gruppenmitglieder füreinander wichtige motivierende und lernfördernde Funktionen (Slavin, 1995). Entsprechende Basiskompetenzen können nicht bei allen Schülerinnen und Schülern vorausgesetzt werden. Möglichkeiten der Unterstützung bieten Strukturierungshilfen, ein Basistraining, bestimmte Aufgabenstellungen sowie ein positives Klassenklima (Ross, 2008). Strukturierungshilfen, z. B. durch die Verteilung von *Rollen*, können eine wechselseitige Interaktion unterstützen (Cohen, 1994; O'Donnell, 2006). Gemäß der Rollentheorie beinhaltet eine Rolle ein bestimmtes Spektrum an Haltungen oder Verhalten, welches gesellschaftlich mit einer Person, z. B. Lehrer oder Schüler, verbunden wird. Das Einnehmen einer Rolle bewirkt ggf. eine Verhaltensveränderung, welche in Wechselwirkung mit der eigenen Wahrnehmung treten kann (Robinson et al., 2005). Durch die Einnahme von Rollen in Gruppen werden die Handlungserwartungen an das einzelne Mitglied klarer und somit eine Zusammenarbeit unterstützt (Johnson & Johnson, 1999). Zusätzlich wird häufig ein *Basistraining* empfohlen, bei dem entsprechende Kompetenzen, z. B. Erklären und Rückmelden, vermittelt werden (Cohen, 1994; Lou et al., 2001; Pauli & Reusser, 2000; Philipp, 2010). Die Interaktionsqualität kann auch durch *Aufgabenstellungen* positiv beeinflusst werden, welche z. B. eine gemeinsame Erklärung notwendig machen (Tolmie, Howe, Mackenzie & Greer, 1993; Webb, 2009; 2010). Es sollte in der Klasse eine *kooperative Haltung* etabliert werden, welche gegenseitige Unterstützung und Zusammenarbeit fördert, wie

z. B. Akzeptanz und ein wertschätzender Umgang miteinander, gegenseitige Unterstützung sowie konstruktives Konfliktlösen (Johnson & Johnson, 1999; O'Donnell, 2006; Ross, 2008). Beim kooperativen Lernen werden somit, zusätzlich zum inhaltlichen Lernstoff, wichtige soziale Kompetenzen erworben (Cohen, 1994; Ginsburg-Block et al., 2006; Lou et al., 1996).
- *Reflexive Prozesse.* Eine lernwirksame Reflexion der Zusammenarbeit beinhaltet die Evaluation sowohl der Zusammenarbeit als auch der Leistung in der Gruppe (Veenman et al., 2002). Dazu gehören Rückmeldungen z. B. zum Einhalten von Verhaltensregeln, Erreichen von Zielen sowie notwendige Veränderungen von Strategien. Förderliche und hinderliche Verhaltensweisen innerhalb und außerhalb der Gruppe sollten besprochen und Ziele für die weitere Zusammenarbeit abgeleitet werden (Hasselhorn & Gold, 2009; Johnson & Johnson, 1999).

Theoretische Perspektiven kooperativen Lernens. Lange Zeit galt der Bereich kooperativen Lernens als „unter-theoretisiert" (Topping, 2005). Seit den 1980er Jahren wurden zunehmend auch theoretische Erklärungen für kooperative Lernformen gesucht. Es entstand eine Fülle von Erklärungsansätzen, welche für ein einheitliches Verständnis wenig hilfreich erschienen (Topping, 2005). Um einen Überblick über theoretischen Ansätze kooperativen Lernens zu bekommen, wird häufig eine Einteilung in vier theoretische Perspektiven[6] vor-

---

6 Die Einteilung der Theorie kooperativen Lernens in vier Perspektiven erscheint an manchen Stellen etwas künstlich. So lassen sich z. B. die zwei kognitiven Perspektiven nicht ganz trennen, da sich beide auf die Veränderung von Denkstrukturen beziehen. Auch die motivationale und die Perspektive der sozialen Kohäsion haben Überschneidungen im Bereich des Gruppenziels, welches sich motivational auswirkt und somit für das Lernen förderlich ist. Sie werden daher von Webb (2010) als sozial-behavioristische Theorien zusammengefasst. Slavin betont in seiner neueren Publikation ebenfalls die Überschneidungen und merkt an, dass sich die Theorien nicht widersprechen, sondern gegenseitig ergänzen (Slavin, Hurley & Chamberlain, 2003). Einige Theorien, welche die Wirksamkeit kooperativen Lernens erklären können, sind in der Einteilung nicht enthalten. Da laut Metaanalysen ein hoher Anteil an Autonomie und Schüler-Management beim kooperativen Lernen als bedeutsam für die Wirkung beschrieben wird (Rohrbeck et al., 2003), könnte die Selbstbestimmungstheorie nach Deci und Ryan (1993) in die motivationale Theorieperspektive mit einbezogen werden. Auch das „Lernen am Modell", welches in vielen Praxiskonzepten als Wirkmechanismus genannt wird, wird in den Theorieperspektiven nur am Rande erwähnt (Slavin, 1996; Slavin et al., 2003). Zudem werden einige unterrichtsbezogene Begründungsansätze, wie die „opportunity to respond" (Delquadri, Greenwood, Whorton, Carta & Hall, 1986, 535) bei der Einteilung in die vier Perspektiven nicht berücksichtigt. Zusätzlich zu der genannten Einteilung in theoretische Perspektiven wurden auch übergreifende Theoriemodelle kooperativen Lernens entwickelt (Slavin, 1996; Slavin et al., 2003; Topping & Ehly, 1998). Dabei wurden die verschiedenen theoretischen Ansätze in einem Wirkmodell verbunden und grafisch dargestellt. Die Modelle sind jedoch

genommen, welchen die einzelnen Methoden zugeordnet werden: eine motivationale, eine soziale, eine Elaborations- und eine Entwicklungsperspektive (Hasselhorn & Gold, 2009; O'Donnell, 2006; Slavin, 1995; Slavin et al., 2003; Webb, 2010). Die motivationale Perspektive ist in die Tradition behavioraler Lerntheorien einzuordnen (Hasselhorn & Gold, 2009). Motivation zur Zusammenarbeit wird vorwiegend extrinsisch durch Belohnung und gemeinsame Zielstrukturen der Gruppen aufgebaut und als bedeutsam für das Lernen beschrieben, z. B. beim Gruppenturnier (O'Donnell, 2006; Slavin et al., 2003). Die Perspektive der sozialen Kohäsion sieht die Motivation zur Zusammenarbeit in der sozialen Interdependenz begründet, welche in einer Gruppe durch Zusammengehörigkeitsgefühl und eine gemeinsame spannende Aufgabe intrinsisch entsteht, z. B. beim Gruppenpuzzle (Cohen, 1994). Es werden weiterhin zwei kognitive Perspektiven unterschieden: eine Perspektive der kognitiven Elaboration und eine Entwicklungsperspektive. Beide Perspektiven sehen die Gründe für die Wirksamkeit kooperativen Lernens in der Peer-Interaktion, welche kognitive Prozesse anregt, z. B. beim tutoriellen Lernen (Slavin, 1996). Auf diese beiden kognitiven Perspektiven wird in Kapitel 2.1.3 ausführlich eingegangen, da diese als Basistheorien tutoriellen Lernens für diese Arbeit besonders von Bedeutung sind.

Wirksamkeit kooperativen Lernens. Die Lernwirksamkeit kooperativen Lernens ist vielfach belegt. Hier soll dies lediglich anhand einiger relevanter Studien und Reviews dargestellt werden. Da spezifische Befunde zum tutoriellen Lernen für die vorliegende Arbeit zentraler sind, werden diese in Kapitel 2.1.2 ausführlicher behandelt.

Slavin et al. (2003) bezeichnen die Forschung zu kooperativem Lernen allgemein als eine der größten Erfolgsgeschichten in der Evaluation von Methoden, da sich kooperative Lernformen seit Beginn der 1970er Jahre bis heute in zahlreichen Studien in allen Hauptfächern, Altersstufen und pädagogischen Settings in vielen Ländern als wirksam zur Förderung des Lernens erwiesen hat. Cohen (1994) beschreibt in seinem Review die positiven Effekte von kooperativem Lernen auf Lernen und Denken, soziale Fähigkeiten, interkulturelle Akzeptanz und den Umgang mit Heterogenität als gut erforscht. In einer Metaanalyse mit 66 Studien werden kleine, aber positive Effekte von Kleingruppenarbeitsformen im Vergleich zu Klassenunterricht oder Einzelarbeit berichtet, besonders deutlich zeigt sich die Wirkung kooperativen Lernens in großen Klassen. Zudem werden positive Effekte auf die Lernbereitschaft und das Selbstkonzept der Schülerinnen und Schüler beschrieben (Lou et al., 1996).

---

zum Teil sehr komplex bieten zur Ableitung von Kernelementen tutoriellen Lernens zudem keinen zusätzlichen Erklärungswert. Daher wird auf diese Modelle nicht weiter eingegangen.

Johnson und Johnson (1999) belegen auf Basis von fast 400 Studien die Wirksamkeit des kooperativen Lernens im Vergleich zu kompetitiven und individuellen Lernsituationen. Sie führen zudem an, dass kritisches Denken, Einstellung zum Fachinhalt und die Aufmerksamkeit auf die Aufgabe im Vergleich zu den anderen Lernformen positiv beeinflusst werden. Die positiven Effekte kooperativen Lernens auf die „time on task" der Schülerinnen und Schüler bestätigen auch Veenman et al. (2002). Weiterhin wird die besondere Bedeutung der positiven Interdependenz für die sozialen Beziehungen und die psychische Gesundheit betont (Johnson & Johnson, 1981; 1999).

Umsetzung kooperativen Lernens im Unterricht. Die vielversprechenden empirischen Ergebnisse zur Wirksamkeit kooperativen Lernens sowie zu dessen Basismerkmalen würden eine entsprechende Umsetzung und Nutzung in der Praxis vermuten lassen. Dies ist jedoch nicht im erwarteten Ausmaß der Fall: Es wird von einer Diskrepanz zwischen Forschung (empirisch belegte Wirksamkeit) und Praxis (mangelndem Einsatz entsprechender Lernformen) gesprochen (McMaster et al., 2013; Renkl & Mandl, 1995; Rohrbeck et al., 2003). Bei Umfragen teilen Lehrkräfte zwar mit, kooperative Lernformen im Schulalltag einzusetzen, jedoch setzen sie dabei nicht die als besonders wirksam evaluierten Basiselemente um: In einer amerikanischen Studie beispielsweise berichteten 86% der 3994 Lehrkräfte, dass sie wöchentlich Kleingruppenarbeit durchzuführen (Henke, Chen & Goldman, 1999). Zwei Drittel gaben an wöchentliche Lernphasen durchzuführen, bei denen die Peer-Interaktion im Vordergrund steht. Im Kontrast dazu setzten jedoch nur ein Fünftel der Lehrkräfte empirisch belegte Strategien kooperativer Lernformen, wie die o. g. Basiselemente, um (Henke et al., 1999). Veenman, Kenter & Post (2000) bestätigen ähnliches für den europäischen Raum: Die befragten Grundschullehrkräfte gaben an, im Durchschnitt viermal wöchentlich kooperative Lernformen anzuwenden. Beobachtungen einer Teilstichprobe zeigten jedoch, dass die empirisch begründeten Basiselemente nur teilweise realisiert wurden. Die Gruppen wurden heterogen zusammengesetzt und zumeist ein gemeinsames Gruppenziel definiert, in einigen wenigen Fällen wurde zudem die soziale Interdependenz durch Rollen- oder Ressourceninterdependenz unterstützt. Die individuelle Verantwortlichkeit und das gegenseitige Erklären wurden jedoch nicht anhand von Belohnungen der Gruppen für Einzelleistungen bestärkt und soziale bzw. kommunikative Basiskompetenzen kaum vermittelt und reflektiert. Auch wenn die Schülerinnen und Schüler offenbar eine hohe Aufmerksamkeit auf die Aufgabenbearbeitung richteten, wurde die Kooperation in den Gruppen als eher ineffektiv und wenig lernförderlich eingestuft (Veenman et al., 2000). Schwierigkeiten bei der Umsetzung einer lernförderlichen Peer-Interaktion werden auch in anderen Studien berichtet. Es wird häufig beobachtet, dass ein Austausch zu Unterrichtsthemen nur in geringem Ausmaß stattfindet oder sich eher auf organisatorische Aspekte, z. B. das Verteilen von Teilaufgaben bezog, und keine inhaltliche Diskussionen entstand (Littleton & Mercer, 2010; Thurston et al., 2007). Teilweise wurden individuelle oder sogar kompetitive Ziele verfolgt (Hertz-Lazarowitz, Baird, Webb & Lazarowitz, 1984). Somit kann von den o. g. Effekten auf das Lernen nicht ausgegangen werden.

In der Literatur werden typische Probleme bzw. Hindernisse kooperativer Lernsituationen beschrieben (Renkl, 2008), welche eine fehlenden Umsetzung der Basiselemente mit sich bringen kann, wie z. B. das *Der-Hans-machts-danneh*-Phänomen. Dieses beschreibt die Möglichkeit, sich bei der Gruppenarbeit hinter den Leistungen anderer Gruppenmitglieder zu verstecken und diese für sich arbeiten zu lassen. Das Risiko besteht vor allem, wenn die Mitglieder das Gefühl haben, dass der Erfolg der Gruppe wenig von ihrer eigenen Leistung abhängt, z. B. bei größeren Gruppen. Von einem Lerneffekt kann jedoch nur bei Mitarbeit ausgegangen werden. Das Phänomen wird auch als „Trittbrettfahren" oder „soziales Faulenzen" beschrieben (Johnson & Johnson, 1999). Das *Ja-bin-ich-denn-der-Depp*-Phänomen beschreibt die Sichtweise der arbeitenden Mitglieder der Gruppe, wenn andere Trittbrett fahren. Die Mitglieder haben das Gefühl, die ganze Arbeit alleine zu tragen und verlieren daher die Motivation (Renkl, 2008). Das Phänomen wird auch als „sucker effect" bezeichnet (Johnson & Johnson, 1999). Wenn ein besonders dominantes oder motiviertes Gruppenmitglied die eigene Meinung ohne weitere Diskussion durchsetzt, so bezeichnet Renkl (2008) dies als *Da-mach-ichs-doch-gleich-selbst*-Phänomen. Dies ist abträglich für das Lernen aller Beteiligten. *Das Ich-habe-meinen-Teil-erledigt*-Phänomen tritt häufig bei Aufgabenstellungen auf, die sich gut aufteilen lassen. Solche Aufgaben sind ungeeignet, da daraus keine Kooperation entsteht. Die Gruppenmitglieder bearbeiten nur einzelne Teile, welche sie meist danach auswählen, was ihnen besonders liegt oder sie bereits können, so dass wenig Neues gelernt wird (Renkl, 2008). Ein weiteres Phänomen wird als *Ich-erzähl-dir-was-was-du-schon-weißt* bezeichnet. Gruppenmitglieder neigen dazu, vor allem Informationen einzubringen und zu beachten, welche bereits jeder hat. Dadurch werden die individuellen Ressourcen und Ideen der einzelnen Mitglieder nicht genutzt. Dies kann z. B. auch bei mangelnder Heterogenität der Gruppenmitglieder auftreten (Renkl, 2008). Aus den oben genannten Phänomenen entwickelt sich die Auffassung, dass Gruppenarbeit unproduktiv und mühsam ist, was bei der nächsten Gruppenarbeit wiederum die Kooperation erschwert. Dieses Phänomen bezeichnet Renkl (2008) als *Gruppenarbeit-nein-danke*-Phänomen. Johnson & Johnson (1999) nennen als weitere Hindernisse für eine gelungene Kooperation mangelnde soziale Kompetenzen, unpassende Gruppengröße sowie zu geringe Zeit für einen Austausch.

Solche Gruppenarbeit fällt nach Johnson und Johnson (1999) nicht unter den Begriff des kooperativen Lernens, da keine positive Interdependenz besteht. Es ist daher notwendig, den hinderlichen Phänomenen in der Praxis zu begegnen und die Umsetzung der Basiselemente kooperativen Lernens sicherzustellen.

Fazit. Im vorausgegangenen Abschnitt wurde kooperatives Lernen als Oberbegriff tutoriellen Lernens anhand organisatorischer Besonderheiten und wirksamkeitsrelevanter Basismerkmale beschrieben. Zudem wurden vier theoretische Perspektiven genannt sowie empirische Befunde zur Wirksamkeit kooperativen Lernens zusammengefasst. Schließlich wurde problematisiert, dass die Umsetzung der Basismerkmale in der Unterrichtspraxis häufig nicht beobachtet wird, was zu den umschriebenen typischen Problemen führt und die Lernwirksamkeit beeinträchtigt. Vor dem Hintergrund dieser Ergebnisse zur Umsetzung kooperativen Lernens in der Praxis könnten für tutorielles Lernen ähnliche Probleme vermutet werden. Empirische Befunde dazu werden in Kapitel 2.2.2 angeführt. Im Folgenden sollen zunächst Theorien, empirische Befunde sowie Kernelemente für tutorielles Lernen ausgeführt werden.

2.1.2 Definition, Entwicklung und Lernwirksamkeit tutoriellen Lernens

Als eine Unterform des kooperativen Lernens sind die genannten Basiselemente auch für die Lernwirksamkeit tutoriellen Lernens relevant. Tutorielles Lernen hat jedoch aufgrund seiner praktischen Besonderheiten bestimmte Schwerpunkte in Bezug auf einzelne Elemente. Auf Basis der theoretischen Bezüge und empirischen Befunde können spezifische Kernelemente tutoriellen Lernens definiert werden, welche einer eindeutigen Erfassung der Umsetzung in der Praxis dienen. Da es bislang an einer Beschreibung der Kernelemente tutoriellen Lernens in der Literatur mangelt, ist deren Herleitung das Ziel des folgenden Abschnitts. Zunächst soll jedoch tutorielles Lernen als Unterrichtsmethode genauer beschrieben werden.

Definition. Beim tutoriellen Lernen unterrichten sich zwei heterogene Lernpartner nach einem strukturierten Vorgehen in wechselnden Rollen als Tutor und Tutand in Bezug auf ein gemeinsames Lernziel. Die Zielsetzung besteht hier darin, sowohl Lernstoff, der im Unterricht von der Lehrkraft bereits thematisiert wurde, als auch Basisfertigkeiten einzuüben. Das tutorielle Lernen wird zumeist im Grundschulalter in den Bereichen Mathematik, Lesen und Schreiben eingesetzt (Cohen et al., 1982; Rohrbeck et al., 2003). Das Spezifische am tutoriellen Lernen besteht zum einen in der Größe der Gruppen (Topping, 2005): Es werden alle Schülerinnen und Schüler der Klasse in *Dyaden* eingeteilt, welche über einen gewissen Zeitraum regelmäßig zusammenarbeiten. Die Zusammensetzung der Lernpaare kann dabei variieren, z. B. auch klassenübergreifend (cross-aged tutoring) oder gezielt für einzelne lernschwache Schülerinnen und Schüler (one-to-one tutoring) bestimmt werden. Meist wird tutorielles Lernen jedoch als Unterrichtsmethode der ganzen Klasse alternativ zu lehrerzentriertem oder individuellem Lernen angewendet (Utley & Mortweet, 1997). Zum anderen ist ein zentrales Merkmal tutoriellen Lernens die Strukturierung der Peer-Interaktion mithilfe der *Rollenverteilung* als Tutor und Tutand. Eine der beiden Personen übernimmt die Rolle der Lehrkraft (Tutor), von der die andere Person (Tutand) unterrichtet wird. Es besteht die Möglichkeit die Rollen fest vorzugeben. Üblicherweise werden jedoch in jeder Sitzung die Rollen des Tutors und des Tutanden von den beiden Teammitgliedern abwechselnd eingenommen (reziproke Rollen), da diese in beiden Rollen günstige Lernbedingungen vorfinden. Zudem ist durch den Rollenwechsel sichergestellt, dass beide Lernpartner sich in die Interaktion einbringen, unabhängig von ihren Statusmerkmalen oder ihrem Vorwissen. Ein weiteres besonderes Merkmal tutoriellen Lernens ist das strukturierte Vorgehen beim *gegenseitigen Unterrichten*. Dieses unterscheidet sich je nach Konzept und Inhalt etwas, kann jedoch grob in fünf Schritten beschrieben werden: (1) Der Tutor stellt eine Aufgabe oder Frage. (2) Der Tutand antwortet oder löst die Aufgabe laut. (3) Der Tutor gibt ein Feedback. (4) Gemeinsam (oder später mithilfe der Lehrkraft) wird die Qualität der Antwort oder Lösung geprüft und verbessert. (5) Das Verständnis des Lerninhalts wird evaluiert (O'Donnell, 2006; Person & Graesser, 1999). Die strukturierte Vorgehensweisen soll besonders das Lernen leistungsschwächerer Schülerinnen und Schüler unterstützen und dabei helfen, eine konstruktive Interaktion zum Lerninhalt zu führen (O'Donnell, 2006). Die meisten Konzepte zum tutoriellen Lernen zeichnen sich zudem durch eine *Gruppenbelohnung* aus. Für gute kognitive und soziale Leistungen werden Punkte vergeben und der Punktestand regelmäßig in der Klasse ausgewertet, um die individuelle Verantwortlichkeit und die Motivation zur Zusammenarbeit sicherzustellen (Fuchs, Fuchs, Karnes & Phillips, 2009; Slavin, 1995).

Tutorielles Lernen ist demnach eine Unterrichtsmethode, bei der sich Schülerinnen und Schüler in Lernpaaren mit den Rollen Tutor und Tutand gegenseitig unterrichten, wofür sie zumeist eine Belohnung erhalten. Obwohl sich die Definitionen tutoriellen Lernens in der Literatur stark ähneln, ist tutorielles Lernen keine einheitliche Methode. Es gibt eine Vielzahl von Praxiskonzepten zur Umsetzung von tutoriellem Lernen im Unterricht verschiedener Fächer (Maheady et al., 2006). Daher wurden wirksamkeitsrelevante Kernelemente der Methode selten konzeptübergreifend beschrieben. Die Aufspaltung in verschiedene Praxiskonzepte lässt sich aus der Geschichte des tutoriellen Lernens besser verstehen.

Historische Entwicklung und aktuelle Bedeutung. Tutorielles Lernen, hat eine lange Geschichte und dennoch eine hohe Aktualität. Eine Zusammenarbeit oder gegenseitige Hilfe beim Lernen in indirekter oder direkter Form hat es immer schon gegeben. Sowohl zu Zeiten in der Antike als auch in der Grammar School des elisabethanischen Zeitalters wurden bestimmte Schüler mit besonderen Pflichten versehen, um die Lehrkraft zu unterstützen (Topping, 2000). Auch im Mittelalter (14./15 Jahrhundert), gab es den Gedanken, einzelnen Schülern zeitweise Lehrtätigkeiten zuzuweisen, indem z. B. ältere „Lokaten" jüngere Kinder unterrichteten und sogenannte Monitore als Aufseher eingesetzt wurden (Krüger, 1975). Die systematische Gruppierung von Schülerinnen und Schülern zu Unterrichtszwecken hing jedoch eng zusammen mit der sich durchsetzenden Schulpflicht und der Einführung von Altersklassen in der zweiten Hälfte des achtzehnten Jahrhunderts (Topping, 2000). Als erste geplante, systematische Unterrichtsform wird das Bell-Lancaster-System genannt (Johnson & Johnson, 1999; Krüger, 1975; Topping, 2000). Andrew Bell entwarf 1789 in Madras eine Form des tutoriellen Lernens, bei der die Klasse nach Leistung in Paare (Tutor und Tutand) eingeteilt waren. Das System wurde 1801 von Joseph Lancaster in London in einer Schule für Kinder der Arbeiterklasse angewendet und durch die Publikation des „Bell-Lancaster-Systems" in Europa verbreitet (Gerber & Kauffman, 1981). Es konnte sich jedoch nicht durchsetzen, da Unterricht aufgrund der Entwicklung von Schule professionalisiert wurde, so dass die geringe Qualifikation der Tutoren zum Unterrichten nicht mehr ausreichend erschien (Topping, 2000). Erst als Bildung zunehmend für alle Kinder zugänglicher wurde, machten die großen Schülermengen, welche aus Ersparnisgründen von wenigen Lehrkräften unterrichtet wurden, es notwendig, zumindest einige Kinder als Tutoren einzusetzen (Krüger, 1975). Eine klassenweite, systematische Anwendung fand sich Ende des achtzehnten Jahrhunderts jedoch eher selten. Im Zuge der reformpädagogischen Bemühungen um aktives und soziales Lernen wurden Ansätze des kooperativen Lernens wieder ins Gespräch gebracht (Krüger, 1975). Der wirkliche Durchbruch tutorieller Lernmethoden erfolgte jedoch erst in den 1960/70er Jahren: In den USA wurden Peer-Tutoren eingesetzt, um der Bildungsungleichheit der Public Schools entgegenzuwirken bzw. Schülerinnen und Schüler aus Minderheitengruppen zu unterstützen (Gerber & Kauffman, 1981). Es entstand eine Vielzahl von tutoriellen Lernformen, welche jedoch noch wenig bekannt waren. Verschiedene Institutionen beschäftigten sich unabhängig voneinander mit dem Thema, nahmen sich gegenseitig jedoch nicht ausreichend wahr, was bis heute zu einer Vielzahl theoretischer Perspektiven und Praxiskonzepte führt (Gerber & Kauffman, 1981; Topping, 2000). Die Publikation und Evaluation der Konzepte tutoriellen Lernens wurde vor allem im englischen Sprachraum vorangetrieben (u. a. Johnson & Johnson, 1999; Slavin & Cooper, 1999; Topping & Ehly, 1998). Es wurde nun nicht mehr nur als Unterstützungsmethode für lernschwache Kinder gesehen, sondern als eine Form der aktiven und gemeinsamen Wissensaneignung und -konstruktion beider Lernpartner (Gerber & Kauffman, 1981; Topping, 2005). Auch in Deutschland wurden kooperative Unterrichtsmethoden zunehmend in das didaktische Repertoire aufgenommen. Im Zuge der kommunikativen Wende rückte das Sprechen der Schülerinnen und Schüler in den Vordergrund, vor allem im Fremdsprachenunterricht, für welchen 1981 Jean-Martin Pol die Methode „Lernen durch Lehren" prägte (Krüger, 1975). Weiter vorangetrieben wurde diese Entwicklung durch die Erweiterung des schulischen Bildungsauftrags auf soziale bzw. kommunikative Kompetenzen als sogenannte Schlüsselqualifikationen. Zudem führte die evidenzbasierte Bildung zur Evaluation vieler Konzepte tutoriellen Lernens und lieferte empirische Hinweise für die Lernwirksamkeit tutoriellen Lernens (u. a. Ginsburg-Block et al., 2006; Rohrbeck et al., 2003, 2003). Neue Formen binden auch Informations- und Kommunikationstechnologien ein und verändern damit das Bild von der Lehrkraft als Informationsvermittlerin hin zur Managerin einer aktiven Lernsituation (Lou et al., 2001; Topping, 2005).

Zusammenfassend lässt sich feststellen, dass sich tutorielles Lernen von einer Unterstützungsform für die Lehrkraft über eine Unterstützungsform für benachteiligte Schülerinnen und Schüler zu einer allgemeinen Unterrichtsform entwickelte, von der beide Interaktionspartner profitieren und die klassenweit zur individualisierten Vermittlung von Unterrichtsinhalten und sozialen Kompetenzen genutzt wird (Gerber & Kauffman, 1981; Topping, 2000, 2005). Es existiert bis heute eine Vielzahl von Praxiskonzepten, wobei wirksamkeitsrelevante Kernelemente der Methode selten konzeptübergreifend in der Literatur beschrieben wurden. Die Wirksamkeit von Konzepten tutoriellen Lernens soll im folgenden Abschnitt beschrieben werden.

Empirische Befunde zur Wirksamkeit tutoriellen Lernens. Die Lernwirksamkeit tutoriellen Lernens konnte empirisch vielfach belegt werden. Es gilt als eine der effektivsten Methoden zur Förderung des Lernens (Hattie, 2009). In einer Metaanalyse mit 65 Studien konnte der positive Effekt von Peer Tutoring auf das Lernen und die Einstellung zum fachlichen Inhalt sowohl für die Tutoren- als auch für die Tutandenrolle nachgewiesen werden (Cohen et al., 1982). Rohrbeck et al. (2003) berichten in ihrer Metaanalyse mit 90 Studien zu peer-gestütztem Lernen mit Fokus auf Peer Tutoring in der Grundschule moderate Effekte für das Lernen in verschiedenen Unterrichtsfächern. Zudem beschreiben die Autoren in ihrer Metaanalyse mit 36 Grundschulstudien kleine bis moderate Effektgrößen für soziale und Verhaltensmaße sowie Selbstkonzept (Ginsburg-Block et al., 2006). Beide Metaanalysen beschreiben die Methode als besonders wirksam für Kinder aus Familien mit niedrigem Einkommen sowie aus Minderheitengruppen, aus städtischem Kontext und in den unteren Jahrgangsstufen eins bis drei. Ähnliches bestätigen Bowman-Perrot, Davis, Vannest und Williams (2013) in ihrem Review zu Einzelfallstudien für Kinder mit Behinderungen und Lernschwächen. Die meisten Studien beziehen sich auf das Lernen zu Inhalten der Fächer Mathematik und Lesen, größere Effekte werden in den Fächern Mathematik und vor allem Sachunterricht berichtet (Lou et al., 1996; Rohrbeck et al., 2003).

In vielen Studien finden sich Hinweise darauf, welche Bedingungen die Wirkung für das Lernen besonders begünstigen: leistungsheterogene Gruppenzusammensetzung, Belohnungssysteme, Basistraining für sozial-interaktive Fähigkeiten, Strukturierung der Vorgehensweise sowie die Interaktionsqualität werden als bedeutsam für das gemeinsame Lernen beschrieben (Cohen et al., 1982; Lou et al., 1996; Rohrbeck et al., 2003; Saleh, Lazonder & Jong, 2005; Webb, 2009). Es wird jedoch kritisiert, dass Studien oft wenig theoriebasiert vorgehen und lernförderliche Bedingungen tutoriellen Lernens eher bruchstückhaft oder auf Basis von Ad-hoc-Hypothesen evaluieren (Devin-Sheehan, Feldman & Allen, 1976; Rohrbeck et al., 2003). Für diese Arbeit relevante Ergebnisse dazu werden daher im folgenden Abschnitt in Zusammenhang mit den Theorien tutoriellen Lernens dargestellt.

Auch wenn sich die Effektgrößen[7] zum Teil unterscheiden (u. a. Cohen et al., 1982), lässt sich insgesamt aus den zahlreichen Ergebnissen ableiten, dass tutorielles Lernen eine wirksame Methode zur Förderung von Schülerinnen und Schülern in Bezug auf kognitive, motivationale und soziale Lernziele ist und sich besonders für den Einsatz in heterogenen Lerngruppen eignet.

2.1.3 Basistheorien und Wirkmechanismen tutoriellen Lernens

Lange Zeit galt tutorielles Lernen – so wie der ganze Bereich kooperativen Lernens – als „unter-theoretisiert" und stützte sich lediglich auf allgemeine Annahmen und Redewendungen wie „to teach is to learn twice" (Topping, 2005). Nachträglich gefundene Erklärungsansätze zu den o. g. Effekten beziehen sich daher bis heute auf sehr unterschiedliche Theorien. Häufig werden allgemeine Lerntheorien mit tutoriellem Lernen in Verbindung gebracht. Die Autoren beziehen sich zum Teil auf entwicklungspsychologische Ansätze (Thurston et al., 2007), sozial-behavioristische Lerntheorien (Slavin, 1995) oder motivationspsychologische Ansätze (Rohrbeck et al., 2003). Aber auch Unterrichtstheorien auf der Basis empirischer Ergebnisse zum schülerzentrierten Lernen werden zur Begründung von Praxiskonzepten herangezogen. Hierzu gehört z. B. die

---

7 Die unterschiedlichen Effektgrößen könnten u. a. an den unterschiedlichen Definitionen von tutoriellem Lernen liegen, welche den Studien zugrunde lagen. Zudem führten durch Lehrkräfte entwickelte Tests bei der Evaluation der Ergebnisse zu höheren Effektstärken als standardisierte Tests der Forschergruppen (Lou et al., 1996).

Theorie der „opportunity to respond", welche davon ausgeht, dass durch tutorielles Lernen eine höhere aktive Beteiligungen aller Schülerinnen und Schüler ermöglicht wird und dadurch mehr und besser gelernt werden kann (Delquadri, Greenwood, Whorton, Carta & Hall, 1986).

Am häufigsten wird tutorielles Lernen in den vier Theorieperspektiven kooperativen Lernens verortet (motivationale Perspektive, Perspektive der sozialen Kohäsion, Perspektive der kognitiven Elaboration, Entwicklungsperspektive, vgl. Kapitel 2.1.1). Auch wenn tutorielles Lernen durch alle theoretischen Perspektiven kooperativen Lernens geprägt ist, wird es in der Regel den beiden zuletzt genannten kognitiven Perspektiven zugeordnet und aus diesen Wirkmechanismen tutoriellen Lernens abgeleitet (O'Donnell, 2006; Slavin, 1996; Slavin et al., 2003; Topping, 2005). Im Folgenden werden daher die Theorieansätze der kognitiven Elaboration sowie der Entwicklungsperspektive beschrieben.[8] Es werden aus jeder Theorie Wirkmechanismen sowie Gestaltungshinweise tutoriellen Lernens herausgearbeitet, welche anhand empirischer Befunde untermauert werden. Diese erheben keinen Anspruch auf Vollständigkeit, es wurden jedoch zentrale Aspekte tutoriellen Lernens aus der Literatur zusammengetragen. Die Theorieansätze sollen in einem anschließenden Fazit des Kapitels aufeinander bezogen und daraus wichtige Kernelemente für die Umsetzung der Methode in der Unterrichtspraxis abgeleitet werden.

2.1.3.1 Die Perspektive der kognitiven Elaboration

Theorie. Die Perspektive der kognitiven Elaboration bezieht sich auf die Umstrukturierung vorhandener Konzepte durch die Interaktionen beim tutoriellen Lernen. Kognitive Modelle der Informationsverarbeitung bilden die Basis für diesen Ansatz (O'Donnell, 2006). Der Informationsverarbeitungsansatz ist keine abgeschlossene Theorie, sondern eher ein Rahmen einer Anzahl von Forschungsergebnissen. Daher sind die Modelle und Beschreibungen von Prozessen nicht ganz einheitlich (O'Donnell, 2006). Der Ansatz entstand mit dem technologischen Fortschritt, weshalb kognitive Verarbeitung auch am Modell von Computerprogrammen dargestellt wird (Miller, 1993). Der Mensch wird als aktives, organisiertes und selbstmodifizierendes System beschrieben, welches Informationen von außen verarbeitet, speichert und nutzt. Die Informationen durchlaufen verschiedene Speicherstellen: Das Kurzzeitgedächtnis be-

---

8 Auch wenn sich aus der motivationalen und der sozialen Perspektive ebenfalls bedeutsame theoretische Begründungen für das tutorielle Lernen ableiten lassen, welche gut fundiert und empirisch untermauert sind, soll hier auf die kognitiven Perspektiven fokussiert werden, da der Schwerpunkt der Auswertung dieser Studie auf dem kognitiven Aspekt liegt.

wahrt Informationen vorübergehend auf, so dass sie der Person zur Verfügung stehen – dieser Kontrollprozess wird als „maintenance rehearsal"[9] bezeichnet (Jorczak, 2011, S. 209). Das Langzeitgedächtnis speichert Informationen hingegen langfristig, indem es sie in einem weiteren Kontrollprozess („elaborative rehearsal") mit bestehender Information in Verbindung setzt. Die gespeicherte Information wird als elaborierte Information bezeichnet – sie entspricht weder der alten gespeicherten noch der neu hinzugekommenen Information genau, sondern ist etwas Neues, Weiterentwickeltes. Die Speicherung geschieht am ehesten, wenn die neue Information an vorhandene anschließt, mit dieser jedoch nicht übereinstimmt. Da die Speicherkapazitäten begrenzt sind, werden zudem effiziente Strategien zur Verarbeitung benötigt, welche generalisiert, automatisiert und ständig verbessert werden müssen. Entwicklungsbedingte Veränderungen zeigen sich vor allem darin, wie Kinder Informationen beachten, repräsentieren, speichern und kombinieren, was durch systematische Anleitung und Feedback modifiziert werden kann (Miller, 1993). In Interaktionen mit anderen Menschen werden meist symbolisch (Sprache, Zeichen) repräsentierte Informationen von außen internalisiert, d. h. mithilfe der o. g. Prozesse verarbeitet, oder externalisiert, dazu müssen die internalen Informationen in externale Repräsentationen umgearbeitet werden (Miller, 1993).

Wirkmechanismen und Gestaltung tutoriellen Lernens. Elaboration wird in der lernpsychologischen Forschung verstanden als aktiver Prozess der Vertiefung des Verständnisses oder Anreicherung von Bedeutungswissen durch bewusste, absichtliche und zielgerichtete Anstrengung (Jorczak, 2011; O'Donnell, 2006; Slavin, 1996). Aus der Perspektive der kognitiven Elaboration wird diese als Wirkmechanismus tutoriellen Lernens betrachtet, welcher in der Peer-Interaktion entsteht. Dabei werden vorhandene Informationen externalisiert und in der Gruppe weiterentwickelt. Die Gruppenmitglieder verarbeiten diese externalen Informationen potentiell zu internalen Repräsentationen um und speichern sie anhand der o. g. elaborativen Prozesse. Beide Vorgänge werden als lernwirksam beschrieben, sind jedoch in ihrer Wirksamkeit begrenzt durch die individuellen und gruppenspezifischen Fähigkeiten (Jorczak, 2011). Es lassen sich zudem folgende Schlussfolgerungen für die Gestaltung tutoriellen Lernens aus dem Informationsverarbeitungsansatz ableiten: strukturiertes Vorgehen, elaborative Verknüpfung neuer und alter bzw. anknüpfungsfähiger und divergierender Informationen sowie die Begrenzung durch individuelle Voraussetzungen. Eine starke *Strukturierung* des Vorgehens und

---

9 Die Kontrollprozesse sind nicht ganz einheitlich benannt, andere Autoren sprechen von „primary and deep processing", die Bedeutung ist jedoch ähnlich(Jorczak, 2011). Zum Teil wird noch ein vorgeschaltetes sensorisches Gedächtnis beschrieben (Miller, 1993). Hier wird die für tutorielles Lernen anschlussfähigste Beschreibung der Prozesse gewählt.

der Interaktion beim tutoriellen Lernen wurden häufig mit dem Informationsverarbeitungsansatz begründet. Sie unterstützt die Speicherprozesse, indem sie die begrenzten Kapazitäten um organisatorische Aufgaben entlastet und jene somit effizient für die inhaltliche Auseinandersetzung genutzt werden können. So können die Lernpartner z. B. durch Rollen oder Skripte für die Interaktion um die Koordination der Sprecherwechsel entlastet werden (O'Donnell, 2006). Weiterhin sind *elaborierte Vorgehensweisen* von Bedeutung für das Lernen. Vorgehensweisen werden als elaborativ beschrieben, wenn diese Anknüpfungspunkte zwischen vorhandener und neuer Information explizit machen. Beim tutoriellen Lernen kann dies z. B. geschehen, indem Erklärungen gesucht, Fragen gestellt und Feedback gegeben wird (Hasselhorn & Gold, 2009; O'Donnell, 2006). Das Aufzeigen anschlussfähiger, aber *widersprüchlicher Informationen* wird als besonders förderlich für die Elaboration beschrieben. Dies kann beim tutoriellen Lernen z. B. durch divergierende Meinungen der Lernpartner erreicht werden. Die Lernerfolge aus der Interaktion werden jedoch durch die *Fähigkeiten der Lernpartner begrenzt*. Da nur bereits internalisierte Informationen externalisiert werden können und die Verarbeitung in eine äußere Repräsentation sprachliche Kompetenzen erfordert, hängt das Gruppenergebnis davon ab, welche Informationen von dem Einzelnen eingebracht (z. B. Vorwissen) und wie diese repräsentiert werden können (z. B. Sprachkompetenz).

Empirische Befunde. Es finden sich viele Studien, welche o. g. Gestaltungshinweise für tutorielles Lernen mit oder ohne Bezug zur Perspektive der kognitiven Elaboration evaluieren. Im Folgenden soll auf Studien zu den oben genannten Hinweisen eingegangen werden.

Ein strukturiertes Vorgehen kann aus dem Informationsverarbeitungsansatz als Gestaltungshinweis für das tutorielle Lernen abgeleitet werden (Miller, 1993). Aspekte der Strukturierung tutoriellen Lernens wurden mit Bezug auf die Perspektive der kognitiven Elaboration untersucht. Die Strukturierung der Peer-Interaktion, z. B. durch Rollen (Cohen, 1994; Ginsburg-Block et al., 2006; Robinson et al., 2005; Topping, 2005) oder Skripte (O'Donnell, 2006), hat sich in vielen Studien als förderlich für das Lernen und die Beteiligung aller Gruppenmitglieder herausgestellt – besonders für Kinder mit weniger guten Lernvoraussetzungen.

Weitere empirische Studien finden sich zu elaborierten Vorgehensweisen. Sie untersuchen häufig gegenseitige Erklärungen in der Peer-Interaktion, welche beim Zuhörer eine Internalisierung neuer Informationen anregen und beim Erklärenden eine Externalisierung eigener Denkweisen notwendig machen. Sowohl das Erklären als auch das Erhalten von Erklärungen haben sich als Prädiktor für das Lernen gezeigt (O'Donnell, 2006; Webb, 1982, 2010). Auch weitere elaborierte Interaktionsstrategien, wie Fragen und kritisches Feedback zu Hypothesen, haben sich bereits als lernförderlich erwiesen

– besonders dann, wenn diese ein elaboriertes Niveau haben, d. h. bestehende Denkweisen darstellen und begründen (King, 1999; Littleton & Mercer, 2010, 2010).

Als besonders förderlich werden nach dem Informationsverarbeitungsansatz Informationen beschrieben, welche anschlussfähig sind, jedoch von den vorhandenen Informationen divergieren und somit eine Umstrukturierung begünstigen. Hinweise darauf finden sich indirekt, ohne direkte Bezugnahme zur Elaborationsperspektive, in empirischen Befunden zu Peer-Interaktionen in naturwissenschaftlichen Fächern: Eine konstruktive Diskussion zu Gegenpositionen hat sich als lernförderlich erwiesen (Asterhan & Schwarz, 2007; Howe, 2010). Unterschiedliches Vorwissen bzw. verschiedene Ausgangskonzepte der Kinder begünstigen das Zustandekommen solcher Diskussionen (Howe, 2010; Jorczak, 2011), wobei zu große Unterschiede auch einschränkend wirken können, da die Anschlussfähigkeit der Information dann nicht gewährleistet werden kann (Thurston et al., 2007; Webb, 1982). Untersuchungen von tutoriellen Praxiskonzepten beschreiben einen mittleren Lernabstand der Lernpartner als besonders günstig (z. B. McMaster et al., 2006).

Begrenzt wird die Lernleistung nach dem Informationsverarbeitungsansatz durch die Fähigkeiten, internale Repräsentationen zu externalisieren und umgekehrt (Jorczak, 2011). Auch hierzu finden sich Untersuchungen, welche nicht direkt zur Evaluation des Informationsverarbeitungsansatzes konzipiert wurden, diesen Aspekt jedoch für den Bereich tutoriellen Lernens bestätigen. Es wird z. B. problematisiert, dass nicht alle Kinder in der Lage sind, elaborierte Erklärungen zum Unterrichtsinhalt in die Peer-Interaktion einzubringen (O'Donnell, 2006). Empirische Befunde bestätigen, dass leistungsstarke Kinder häufiger und elaboriertere Erklärungen äußern, was wiederum zu einem stärkeren Wissenszuwachs führt (Cohen, 1994; O'Donnell, 2006). Um eine Benachteiligung von leistungsschwächeren Kindern zu vermeiden, werden zumeist die o. g. Strukturierungshilfen sowie ein Basistraining kommunikativer Fertigkeiten empfohlen (O'Donnell, 2006).

Aus der Theorieperspektive der kognitiven Elaboration können bereits Wirkmechanismen tutoriellen Lernens abgeleitet werden, welchen sich wichtige Gestaltungshinweise für das tutorielle Lernen entnehmen lassen. Wie im vorangegangenen Abschnitt gezeigt wurde, haben sich die hier genannten Aspekte, strukturiertes Vorgehen, elaborative Vorgehensweisen und divergierende Informationen, in Studien zum tutoriellen Lernen bereits als bedeutsam für die Wirksamkeit erwiesen. Es wurde ebenfalls beschrieben, dass der Begrenzung der Lernerfolge durch individuelle Voraussetzungen Rechnung getragen werden muss.

2.1.3.2 Die Entwicklungsperspektive

Die Entwicklungsperspektive enthält die verbreitetsten Basistheorien tutoriellen Lernens (Slavin, 1995). Mithilfe der konstruktivistischen bzw. sozialkonstruktivistischen Theorien zur kognitiven Entwicklung von Piaget und Wygotski können die Effekte des tutoriellen Lernens erklärt werden. Durch die Interaktion mit Peers wird nach diesen Theorien ein Prozess der Umstrukturierung vorhandener Denkansätze angeregt und unterstützt, indem z. b. neue Perspektiven einfließen und integriert werden (O'Donnell, 2006). Der Lerner gestaltet dabei seinen Lernprozess aktiv, indem er auf der Basis von Vorwissen und Erfahrung ein neues, tieferes Verständnis entwickelt.

Die konstruktivistische Entwicklungstheorie Piagets[10] Nach Jean Piagets konstruktivistischer Entwicklungstheorie entstehen kognitive Veränderungsprozesse durch Adaptation (Anpassung) vorhandener Schemata des Kindes in der Interaktion mit der objektiven Umwelt (Piaget & Inhelder, 1972). An der Adaptation sind zwei Prozesse beteiligt: Bei der Assimilation wird ein neues Objekt bzw. eine neue Erfahrung verstanden, indem diese in bereits vorhandene Wissensstrukturen und Theorien eingepasst oder integriert werden. Ist dies nicht möglich, so wird durch Akkomodation die Veränderung der kognitiven Strukturen vorgenommen, um die neue Erfahrung einordnen und verstehen zu können. Bcide Prozesse sind in jedem kognitiven Vorgang eng verflochten, da auch bei der Assimilation eine Anpassung an das Neue geleistet werden muss (Miller, 1993). Um die Sinnhaftigkeit der Umwelt erhalten zu können, strebt der Mensch ein Gleichgewicht von Assimilation und Akkomodation an. Diese Gleichgewichtszustände[11] werden als Äquilibration bezeichnet und sind somit quasi der Motor der Entwicklung (Miller, 1993). Besonders förderlich für das Lernen ist demnach die Störung des Gleichgewichts durch neue Informationen, welche sich nicht einfach in die vorhandenen Konzepte einpassen lassen und somit einen kognitiven Konflikt bzw. ein Ungleichgewicht erzeugen – dies erfordert Re-Äquilibration durch Umstrukturierung und Weiterentwicklung (Lisi & Golbeck, 1999). Nicht jede den eigenen Konzepten widersprechende Information ruft jedoch einen solchen Prozess hervor. Häufig

---

10 Jean Piaget (1896–1980) war ein Schweizer Entwicklungspsychologe. Er studierte Naturwissenschaften und Psychologie und arbeitete ab 1940 als Professor für experimentelle Psychologie an der Universität in Genf. Mit seinen über Jahrzehnte hinweg fortgeführten empirischen Untersuchungen legte er die Basis für eine umfassende Theorie der geistigen und kognitiven Entwicklung des Menschen in der Kindheit und Jugend (Piaget & Inhelder, 1972).

11 Verschiedene Stadien dieser Gleichgewichtszustände wurden von Piaget als Entwicklungsstadien beschrieben (Piaget & Inhelder, 1972). Auf diese soll hier jedoch nicht näher eingegangen werden, da sie im Zusammenhang mit tutoriellem Lernen wenig Erklärungswert aufweisen.

werden diese Diskrepanzen ignoriert, so dass kein Konflikt empfunden wird (O'Donnell, 2006).

Auch wenn die kognitive Entwicklung nach der Theorie Piagets auf individueller Ebene geschieht, werden interaktive Auseinandersetzungen als förderlich beschrieben. Argumentative Auseinandersetzungen zu logischen Denkprozessen können demnach eine Weiterentwicklung kognitiver Schemata anregen. Piaget erwähnt in seinen frühen Arbeiten (1920-1930), dass Erfahrungen mit Peers ein wichtiger Faktor der kindlichen Entwicklung sind. Er erklärt darin u. a. die Bedeutsamkeit dessen, wie sich Kinder im Gespräch aufeinander beziehen, Widersprüche erkennen und Erklärungen geben, für die kognitive Entwicklung. Andererseits betont er ebenfalls die Bedeutung der kognitiven Entwicklung für die Dialogqualität (Piaget, 1952, 1954). Es kann somit von einer gegenseitigen Beeinflussung von Dialog und Entwicklung ausgegangen werden (Howe, 2010; Lisi & Golbeck, 1999).

Wirkmechanismen und Gestaltung tutoriellen Lernens. Piagets Theorie ist der kognitive Konflikt als Wirkmechanismus tutoriellen Lernens zu entnehmen. Interaktionen mit Gleichaltrigen können einen solchen auslösen und somit eine individuelle Weiterentwicklung anregen (O'Donnell, 2006). Teilweise wird sogar angenommen, dass eine Umstrukturierung von Wissen bei Interaktionen statusgleicher Personen wahrscheinlicher ist, da Kinder bei Informationen von Erwachsenen aufgrund deren Autorität zu einer einfachen Übernahme neigen (O'Donnell, 2006; Thurston et al., 2007).[12] Als Gestaltungshinweis für tutorielles Lernen werden aus der Theorie Piagets vor allem die *unterschiedlichen Meinungen* der Lernpartner zur Unterstützung eines kognitiven Konflikts abgeleitet (Howe, 2010; Lisi & Golbeck, 1999; Thurston et al., 2007). Hier zeigt sich eine Parallele zur Theorie des Informationsverarbeitungsansatzes, wo divergierende Informationen ebenfalls als besonders entwicklungsfördernd beschrieben werden. Zudem wird eine *Einigung* der Interaktionspartner in Bezug auf ein gemeinsames Thema oder Lernziel mit Piagets Theorie begründet, welche einem neuen Gleichgewichtszustand auf einem höheren Verständnisniveau entspricht (Howe, 2010; Lisi & Golbeck, 1999). Die Bedeutung der *Interaktionsqualität* für das Lernen lässt sich aus der Theorie Piagets zu Peer-Gesprächen entnehmen (Lisi & Golbeck, 1999; Piaget, 1952). Es wird zudem die Bedeutung der kognitiven Entwicklung für die Fähigkeit zu Argumentieren betont – auch hier findet sich eine Parallele zum Informationsverarbeitungsansatz, wo die Lernmöglichkeiten im Dialog als begrenzt durch die individuellen Fähigkeiten beschrieben werden.

---

12 Entsprechend können sich auch Statusunterschiede zwischen Kindern hinderlich auf das Lernen in der Interaktion auswirken (Cohen, 1994; O'Donnell, 2006; Webb, 2010).

Empirische Befunde. Insgesamt finden sich in der Literatur immer wieder empirische Belege zu Gestaltungshinweisen tutoriellen Lernens, die sich aus der Theorie Piagets zum kognitiven Konflikt und einer dadurch bewirkten Weiterentwicklung ableiten lassen, auch wenn nur einige der genannten Autoren ihre Befunde direkt zur Theorie Piagets in Bezug setzen (Howe, 2010; Lisi & Golbeck, 1999).

Howe (2010) beschreibt mit Bezugnahme auf Piaget den Austausch unterschiedlicher Meinungen als sichere Möglichkeit zur Förderung des Lernens und nennt dazu zahlreiche Studien zu verschiedenen Themen und Altersstufen bezogen auf naturwissenschaftliches Lernen. Nach Piagets Theorie muss jedoch davon ausgegangen werden, dass divergierende Meinungen nicht immer zu einem kognitiven Konflikt führen. Das bestätigen Untersuchungen zu Peer-Interaktionen indirekt, da dort eine Gegenargumentation auch bei unterschiedlichen Ansichten nicht häufig beobachtet wurde (Chi, 2009; Littleton & Mercer, 2010). Dennoch zeigte sich zum Teil eine verspätete Wirkung unterschiedlicher Meinungen in Post-Tests zum Wissenserwerb, selbst wenn diese nur geäußert und aufgelöst wurden (Howe, 2009a).

Durch Lösung eines kognitiven Konflikts wird gemäß Piagets Theorie ein neues, weiterentwickeltes Verständnisniveau erreicht. Dieses kann beim tutoriellen Lernen durch Aushandeln einer Einigung auf eine gemeinsame Lösung bei unterschiedlichen Meinungen gefördert werden. Die lernförderliche Wirkung einer Einigung der Lernpartner ist vielfach empirisch belegt (Howe, 2009b, 2010).

Interaktionsqualität und kognitive Entwicklung werden in Piagets Theorien als sich gegenseitig beeinflussend beschrieben. Der Einfluss individueller Fähigkeiten auf die Interaktion wurde im Zusammenhang mit dem Informationsverarbeitungsansatz bereits belegt und soll daher hier nicht nochmals thematisiert werden. Der Einfluss der Interaktionsqualität für das Lernen wird ebenfalls in vielen Studien zur Peer-Interaktion im Rahmen kooperativer Lernsituationen bestätigt (u. a. Azmitia, 1988; Mercer, 1996). Littleton und Mercer (2010) betonen, dass sich einfache differierende Behauptungen ebenso wenig als förderlich erwiesen haben wie unkritisches zustimmen. Mit Bezugnahme auf Piagets Theorie werden Hypothesen, Fragen und Erklärungen als Qualitätsmerkmale von Peer-Interaktionen genannt, welche sich lernförderlich auswirken und durch eine entsprechende Aufgabenstellung unterstützt werden können (Lisi & Golbeck, 1999). Als Aufgabenformen, die eine hohe Interaktionsqualität unterstützen, werden offene Problemlöseaufgaben vorgeschlagen, da diese einen Konflikt enthalten oder offen legen und damit den Austausch logischer Denkprozesse anregen (Cohen, 1994; Webb, 2009). Die genannten Interaktionsqualitätsmerkmale überschneiden sich zwar mit denen, welche als elaborative Vorgehensweisen zum Informationsverarbeitungsansatz genannt wurden, jedoch findet sich ein Widerspruch dazu, was eine lernförderliche Aufgabenstellung ist. Mit Bezug auf den Informationsverarbeitungsansatz wurden stark strukturierte Aufgaben mit Skripten zur Bearbeitung empfohlen. Hingegen empfehlen Untersuchungen zu kooperativen Aufgaben mit Bezug auf Piaget eher offene Problemlöseaufgaben. Bisher ist unklar, ob stark strukturierte Vorgehensweisen auch auf offene Problemlöseaufgaben übertragbar sind (Maheady & Gard, 2010; Pauli & Reusser, 2000). Flexible Strategien scheinen daher sinnvoller zu sein als zu starre Vorgaben (King, 1999; Pauli & Reusser, 2000). Die Frage nach einer lernförderlichen Aufgabenstellung scheint jedoch noch nicht abschließend geklärt. Da eine hohe Interaktionsqualität beim tutoriellen Lernen nicht immer vorausgesetzt werden kann, wird zudem darauf hingewiesen, dass inhaltliche Ergebnisse sowie soziale Prozesse einer Evaluation und Reflektion durch die Lehrkraft bedürfen (Lisi & Golbeck, 1999).

Die hier aus der Theorie Piagets abgeleiteten Hinweise für die Gestaltung tutoriellen Lernens, nämlich unterschiedliche Meinungen der Lernpartner, eine gemeinsame Einigung sowie Qualitätsmerkmale in der Peer-Interaktion, haben sich demnach in empirischen Studien als lernförderlich gezeigt und sollten daher bei der Umsetzung in die Praxis berücksichtigt werden.

Die sozialkonstruktivistische Entwicklungstheorie Wygotskis.[13] Lev Semyonovich Wygotski beschreibt in seiner sozialkonstruktivistischen Entwicklungstheorie Lernen als Ergebnis der Interaktion zwischen dem Kind und seiner sozialen und kulturellen Umwelt. Neues Wissen oder Verstehen wird dabei durch Interaktion mit anderen Personen entwickelt (Miller, 1993; Vygotskiĭ & Cole, 1978; Wygotski, 1964).

Der Sprache wird eine zentrale Rolle für das Denken zugesprochen. Der Gebrauch von Wörtern bzw. Begriffen führt zu einer kategorisierten Reflexion der Realität. Das Denken in diesen Kategorien ist untrennbar mit der sozialen Interaktion verbunden, bei der diese gebildet und genutzt werden und ist daher kulturell bzw. kontextuell geprägt: Über Sprache kann Wissen, das zunächst intramental, also dem Individuum eigen ist, mit anderen Personen geteilt werden (Wertsch & Stone, 1985). Die dazu genutzten Wörter können als psychologische Werkzeuge oder Symbole verstanden werden, die das eigene Wissen darstellen. Sie sind jedoch immer eine Abstraktion und müssen von anderen Personen nicht identisch verstanden werden. Daher wird in einem *intermentalen* Prozess mit einem Gesprächspartner ein neues, gemeinsames Verständnis entwickelt. Dieser Prozess wird als Kokonstruktion bezeichnet. Es

---

13 Lev Semyonovich Wygotski (1896–1934) arbeitete als Lehrer in seiner Heimatstadt Gomel in Russland und später an der Universität Moskau, wo er sich verstärkt der Psychologie widmete. Er lieferte entscheidende Beiträge u. a. zum Verhältnis von Sprachentwicklung und Denken sowie zur allgemeinen Entwicklungspsychologie des Kindes (Vygotskiĭ & Cole, 1978; Wygotski, 1964).

Theoretischer Hintergrund

entsteht dabei etwas Neues, das beide Perspektiven vereint. Um eine Veränderung des individuellen Verständnisses zu bewirken, muss das Kokonstruierte in einem zweiten Schritt durch einen *intramentalen* Prozess internalisiert werden. Es wird dabei jedoch nicht als Abbild des gemeinsamen, sondern als Umstrukturierung bestehender Denkweisen aufgenommen und kann als Verständnis „höherer Ordnung" angesehen werden (Hogan & Tudge, 1999; Thurston et al., 2007). Dieses kann in zukünftigen Interaktionen genutzt werden und ermöglicht somit ein zunehmend differenzierteres Verständnis (Cole, 1985).

Die vorangegangenen Ausführungen beschreiben, wie in der Interaktion nach Wygotskis Theorie ein neues Verständnis entwickelt werden kann. Dabei ist das Ergebnis zu Beginn der Interaktion noch völlig offen. Insbesondere im Unterricht soll jedoch ein vorab feststehendes, meist wissenschaftliches Verständnis eines Sachverhalts entwickelt werden, welches auf Basis des vorhandenen Wissens vermittelt werden muss. Wygotski unterscheidet zwischen spontanen und wissenschaftlichen Begriffen. Letzteren schreibt er eine besondere Bedeutung zu, da sie im Unterrichtsprozess auf Basis anderer Begriffe gebildet werden und eine Veränderung von diesen bewirken (Wygotski, 1964). Hierfür spielt das Konzept der „Zone der nächsten Entwicklung" eine zentrale Rolle. Diese ist definiert als „the distance between the actual developmental level as determined by independent problem solving and the level of potential development as determined through problem solving under adult guidance or in collaboration with a more capable peer" (Vygotskiĭ & Cole, 1978, S. 86). Demnach sollte einer der beiden Interaktionspartner bereits ein komplexeres Verständnis entwickelt haben und den anderen im Dialog bei der Weiterentwicklung unterstützen. Der kompetentere Partner adaptiert dabei die Interaktion an die Fähigkeiten des anderen, solange, bis dieser den Zielbegriff selbstständig verwenden kann (Cole, 1985; Miller, 1993). In einer solchen Interaktion können die Lernpartner ein neues Verständnis kokonstruieren, was beiden einen Lernfortschritt ermöglichen sollte (Cole, 1985).

Wirkmechanismen und Gestaltung tutoriellen Lernens. Die Theorie Wygotskis hat insofern besonderen Erklärungswert, als sie die Interaktion als Lerngelegenheit unterstreicht (Hogan & Tudge, 1999). Die Kokonstruktion von Verständnis bzw. Begriffen zur anschließenden individuellen Nutzung lässt sich als Wirkmechanismus tutoriellen Lernens aus der Theorie ableiten. Die Theorie Wygotskis legt als Gestaltungshinweis für tutorielles Lernen die Bildung von *heterogenen Lernpaaren* nahe. Auch wenn sich die Entwicklungszonen der Kinder einer Klasse vermutlich überlappen, so kann eine Lehrkraft die individuellen Bedürfnisse in der Interaktion mit allen Kindern vermutlich schwerer berücksichtigen als dies in einem Zwiegespräch möglich ist (Forman & Cazden, 1985). Dass auch kompetentere Peers die unterstützende Rolle einnehmen können, ist dem o. g. Zitat zu entnehmen – obwohl Wygotski vorwiegend

Gespräche von Kindern und Erwachsenen untersuchte. Gleichaltrigen könnte es eventuell sogar leichter fallen, Hilfen zu geben, da sie die entsprechende Entwicklungszone noch nicht so weit überwunden haben (Hasselhorn & Gold, 2009). Eine heterogene Zusammensetzung der Lernpartner beim tutoriellen Lernen wird häufig in Anlehnung an Wygotskis Theorie empfohlen, damit die kompetentere Person ihren Lernpartner in der Zone der nächsten Entwicklung unterstützen kann (Hogan & Tudge, 1999; Thurston et al., 2007; Topping, 2005). Nach der Theorie Wygotskys interagieren die Peers als Tutor und Tutand, indem ein kompetenterer Interaktionspartner den anderen bei dem Schritt in die nächste Entwicklungszone unterstützt. Die Verteilung der *Rollen* als anleitende (Tutor) bzw. zu unterstützende (Tutand) Person werden daher ebenfalls aus der Theorie Wygotskis als Empfehlung für tutorielles Lernen abgeleitet (Forman & Cazden, 1985). Als weiteren Gestaltungshinweis lassen sich bestimmte *sprachliche Hilfen* ableiten, welche zur individuellen Entwicklung passen und immer wieder an die Bedürfnisse angepasst werden, so dass eine zunehmende Selbstständigkeit des zu fördernden Kindes erzielt wird. Solche Hilfen werden häufig als Scaffolding bezeichnet (Forman & Cazden, 1985; Hogan & Tudge, 1999). Hier findet sich eine Parallele zu den Gestaltungshinweisen aus der Theorie Piagets, wo ebenfalls auf die Bedeutung bestimmter Interaktionsmerkmale hingewiesen wird. Das Lernziel ist in Wygotskis Theorie durch die Zone der nächsten Entwicklung individuell definiert – auch hier werden, wie bei den anderen beiden vorgestellten Basistheorien, somit individuelle Voraussetzungen als Bedingungen der interaktiven Lernerfolge beschrieben (Hogan & Tudge, 1999).

Empirische Befunde. Hogan und Tudge (1999) beschreiben in ihrem Review zur Anwendung der Theorie Wygotskis auf Peer Learning den Hauptaspekt der Theorie, Interaktion als Lerngelegenheit, als empirisch gut belegt. Wie in Kapitel 2.1.1 bereits ausgeführt wurde, hat sich die Überlegenheit interaktiver Lernsituationen gegenüber dem individuellen Arbeiten in vielen Studien gezeigt. Der Theorie nach wird das in Interaktion kokonstruierte neue Verständnis internalisiert, d.h. individuell weiter verwendet. In Studien zum tutoriellen Lernen wurden für beide Lernpartner, Tutor und Tutand, positive Effekte gefunden, was auf eine Weiterentwicklung beider Interaktionspartner durch Kokonstruktion gemäß Wygotskis Theorie hinweisen könnte (Cohen et al., 1982; Saleh et al., 2005).

Entsprechend der Theorie Wygotskis kann sich empirischen Befunden zufolge ein weniger leistungsstarkes Kind mithilfe eines leistungsstärkeren weiterentwickeln. Ohne konkrete Bezugnahme zur Theorie Wygotskis wurde der Effekt von heterogenen versus homogenen Lernpartnerschaften beim tutoriellen Lernen häufig untersucht, wobei auch hier unterschiedliche Ergebnisse vorliegen: Gemäß Lou et al. (1996) lernen Kinder mit durchschnittlicher Leistung am ehesten in leistungshomogenen Gruppen, leistungsschwächere Kinder profitieren in leistungsheterogenen Gruppen und leistungsstarke Schülerinnen und Schüler sowohl in leistungshomogenen als auch -heterogenen Gruppen. In weiteren Analysen ergaben sich jedoch aufgrund der Fähigkeitszusammensetzung keine Unterschiede (Lou et al., 2001). Saleh et al. (2005) konnten zeigen, dass sich in leistungsheterogenen Gruppen die Leistungsmotivation von lernschwachen Kindern positiv veränderte. Sowohl Cohen (1994) als auch Philipp (2010) schlussfolgern in ihren Reviews, dass die Befunde eine heterogene Zusammensetzung zur Förderung lernschwächerer Schülerinnen und Schüler nahelegen.

Aus der Theorie Wygotskis wurde die Verteilung von Rollen als Tutor und Tutand als Gestaltungshinweis für tutorielles Lernen abgeleitet. Um die Wechselseitigkeit in der Interaktion bei der Kokonstruktion zu erreichen, wird die abwechselnde Einnahme der Rollen empfohlen. Somit können beide Partner das Anleiten durch Sprache ausüben und erfahren (Forman & Cazden, 1985). Die Einnahme der Rollen Tutor und Tutand, besonders deren abwechselnde Einnahme, haben sich in Reviews und Metaanalysen als wirksam für das gemeinsame Lernen erwiesen (Cohen, 1994; Ginsburg-Block et al., 2006; Robinson et al., 2005). Die Bedeutung eines Basistrainings sowie der Modellfunktion der Lehrkraft für die angemessene Ausübung der Rollen wird jedoch häufig betont, da es sich beim gegenseitigen Unterrichten um eine komplexe Aufgabe handelt (Cohen, 1994; Pauli & Reusser, 2000).

Eine Weiterentwicklung geschieht nach Wygotskis Theorie in der Zone der nächsten Entwicklung durch individuell angepasste Unterstützung des Interaktionspartners bis zur selbstständigen Übernahme. Eine solche sprachliche Unterstützung kognitiver Verständnisprozesse, häufig „Scaffolding" genannt, enthält Hilfestellungen, wie Rückfragen, Hinweise und Feedback (Chi, Siler, Jeong, Yamauchi & Hausmann, 2001). Untersuchungen von Peer-Interaktion in tutoriellen Lernsettings haben ergeben, dass solche Hilfestellungen Lerneffekte hervorbringen können (Chi et al., 2001; Hogan & Tudge, 1999; van de Pol, Volman & Beishuizen, 2010). Hogan & Tudge (1999) weisen darauf hin, dass im Sinne einer Kokonstruktion eine gemeinsame Einsicht (joint understanding) erarbeitet werden sollte – die Einsicht muss demnach von beiden Lernpartnern mitgestaltet und angenommen werden, um anschließend anwendbar zu sein. Dies bestätigte sich auch in Studien zum gegenseitigen Erklären, welche Zusammenhänge der eigenen Nutzung von erhaltenen Erklärungen und dem Lernerfolg feststellen und somit die Bedeutung der aktiven Beteiligung beider Interaktionspartner für das Lernen belegen (Webb & Farivar, 1999). Um ein gemeinsames Ergebnis in der Interaktion zu erzielen, werden daher Aufgaben vorgeschlagen, welche die Entwicklung eines gemeinsamen Verständnisses unterstützen, z. B. indem eine Einigung auf eine Lösung eingefordert wird. Eine solche Einigung bzw. kollaborative Peer-Erklärung hat sich in Untersuchungen als lernwirksam erwiesen (Hogan & Tudge, 1999; Howe, 2010; van Boxtel et al., 2000).

Insgesamt lässt sich festhalten, dass die sozialkonstruktivistische Theorie Wygotskis für tutorielles Lernen besonderen Erklärungswert hat, da sie die Interaktion als Lerngelegenheit unterstreicht. Als Wirkmechanismus tutoriellen Lernens wird die Kokonstruktion abgeleitet. Entsprechende Gestaltungshinweise – heterogene Lernpaare, Rollen und sprachliche Hilfen – lassen sich anhand empirischer Ergebnisse untermauern.

Im vorangegangenen Abschnitt wurden die Theorien Piagets und Wygotskis sowie die Informationsverarbeitungstheorie als Basistheorien tutoriellen Lernens vorgestellt. Die Darstellung wurde dabei auf für das tutorielle Lernen bzw. für die vorliegende Arbeit wesentliche Aspekte beschränkt. Unterschiede der Theorien finden sich vor allem im Lernbegriff: Obwohl bei Piaget die unterstützende Funktion des sozialen Kontexts erwähnt wird, finden die Prozesse doch auf individueller Ebene statt (Hogan & Tudge, 1999). Hingegen definiert Wygotski die Interaktion an sich als Lernen (Miller, 1993). Der Informationsverarbeitungsansatz beschreibt Lernen anhand der Speicherprozesse von Informationen (Jorczak, 2011). In ihrer erklärenden Funktion für das tutorielle Lernen haben die drei Theorien jedoch viele Gemeinsamkeiten, aus welchen sich bestimmte Wirkmechanismen und Gestaltungshinweise für die Umsetzung im Unterricht ableiten lassen. Diese lassen sich als Kernelemente tutoriellen Lernens zusammenfassen (vgl. Kapitel 2.1.5). Sie finden sich auch in positiv evaluierten Praxiskonzepten tutoriellen Lernens wieder, welche im folgenden Abschnitt vorgestellt werden sollen.

2.1.4 Praxiskonzepte tutoriellen Lernens: Classwide Peer Tutoring und Peer-Assisted Learning Strategies

Zum tutoriellen Lernen in der Grundschule wurden Praxiskonzepte entwickelt, welche mit Lehrermanualen und Unterrichtsmaterialien ein genaues Vorgehen zur Umsetzung im Unterricht beschreiben und in zahlreichen Studien als lernwirksam in der Grundschule evaluiert wurden. Auf zwei Praxiskonzepte soll nun genauer eingegangen werden. Das älteste, im angloamerikanischen Raum weit verbreitete Konzept ist das Classwide Peer Tutoring (CWPT; Delquadri et al., 1986), welches zu Peer-Assisted Learning Strategies (PALS; Fuchs, Fuchs & Burish, 2000), und ähnlichen Konzepten weiterentwickelt wurde.

Classwide Peer Tutoring. CWPT wurde im Rahmen des Jupiter Gardens Projekts in Kansas City, Kansas, vor ca. 30 Jahren in Zusammenarbeit von Bildungsforschern und Grundschullehrkräften von Integrationsklassen mit Kindern mit Lernbehinderung entwickelt. Ziel war die Entwicklung eines Lernkonzepts für zentrale Lerninhalte (Lesen, Schreiben, Rechnen), welches (a) keine Zusatzarbeit für Lehrkräfte bedeutet, (b) für alle Kinder förderlich ist, (c) an bestehende Lehrmittel anknüpft, (d) bestehende Instruktionsmethoden ergänzt anstatt ersetzt und (e) im Rahmen der bestehenden Zeiteinheiten der Schule umsetzbar ist (Maheady & Gard, 2010). Das Manual für die Umsetzung in den Klassen eins bis sechs ist unter dem Titel „Together We Can" erhältlich (Greenwood, Delquadri & Carta, 1997). CWPT ist charakterisiert durch hochstrukturierte reziproke Tutoring-Aktivitäten, Zugehörigkeit der Lernpaare zu einem von zwei kompetitiven Teams und Belohnungspunkte für gute Leistungen (Maheady & Gard, 2010). Die Lehrkraft übernimmt eine Unterstützungs- und Monitoring-Funktion, während sich die Schülerinnen und Schüler gegenseitig unterrichten. Wie alle Tutoring-Methoden wird es als Alternative zur Einzelarbeit und Ergänzung zum Frontalunterricht zur Übung und Festigung erarbeiteter Lerninhalte eingesetzt (Maheady et al., 2006). Das CWPT hat sich in vielen Grundschulstudien mit moderaten Effektstärken als wirksam für das Lernen verschiedener Fachinhalte (z.B. Mathematik, Lesen) erwiesen (Delquadri et al., 1986; Greenwood, Delquadri & Hall, 1989; Maheady et al., 2006), zudem konnten positive Effekte auf die Entwicklung des Sozialverhaltens festgestellt werden (Greenwood, 1997). Das Konzept eignet sich gemäß dieser Studien auch für die Förderung von lernschwachen Kindern sowie Kindern mit Lernbehinderungen. Eine Langzeitstudie über Klasse eins bis vier zeigt, dass sich die Lernwirksamkeit des CWPT über diesen längeren Zeitraum von mittleren zu guten Effektgrößen verbesserte (Greenwood et al., 1989).

Peer-Assisted Learning Strategies. Das PALS- Konzept wurde über 15 Jahre hinweg von der Forschungsgruppe von Fuchs und Fuchs der Vanderbilt University in Zusammenarbeit mit lokalen Schulbezirken entwickelt. Dabei wurden evidenzbasierte Förderstrategien zum Lesen, Schreiben und Rechnen sowie fachspezifische Konzepte in den Ablauf des CWPT eingebettet (Fuchs et al., 2000; Maheady et al., 2006). Bei PALS werden zunächst heterogene Lernpartnerschaften mit mittlerem Lernabstand gebildet (McMaster et al., 2006). Dazu werden die Lernenden von der Lehrkraft in einer Liste ihrer Leistung nach aufgereiht, dann wird die Liste in der Mitte geteilt und das oberste Kind der ersten Hälfte mit dem obersten Kind der zweiten Hälfte der Liste kombiniert usw. Während der Zusammenarbeit nehmen die Lernpartner abwechselnd die Rollen Tutor (trainer) und Tutand (player) ein (McMaster et al., 2006). Somit hat jedes Kind die Möglichkeit, die Vorteile der Rollen zu erfahren und Stigmatisierungen durch feste Rollenzuweisungen werden vermieden. In einem vorausgehenden Training werden Strategien vermittelt, wie gegenseitiges Erklären und Feedback (Fuchs et al., 2000). Dafür werden die Strategien in sechs bis zehn Lektionen für 30–60 Minuten eingeübt, danach wird die Methode dreimal wöchentlich für ca. 35 Minuten eingesetzt (Maheady et al., 2006). Die Kinder sollen somit häufig die Möglichkeit zum Austausch und zur Antwort erhalten, um ihre Auseinandersetzung mit dem Inhalt zu fördern. Die Zusammenarbeit und Interaktion über den Inhalt wird dabei so vorstrukturiert, dass alle Lernpaare selbstständig arbeiten können. Als Motivation werden ein Gruppenwettkampf und eine Belohnung eingesetzt. Alle Lernpaare besitzen eine Punktestand-Karte. Für richtige Antworten werden Punkte vom Tutor, für besonders gutes kooperatives Verhalten Zusatzpunkte durch die Lehrperson vergeben. Die Lernpaare werden, wie beim CWPT, in zwei Teams aufgeteilt, welche wöchentlich im Wettstreit in Bezug auf den Punktestand miteinander stehen. Alle vier Wochen werden Paare und Teams neu kombiniert (McMaster et al., 2006).

Die PALS-Manuale zur Anwendung im Unterricht wurden zunächst für die Bereiche Lesen und Rechnen in den Schuljahren zwei bis sechs konzipiert (Fuchs et al., 2000) und wurden dann auf das erste Schuljahr und Kindergartenalter sowie auf die Sekundarstufe erweitert. Eine entsprechende Umsetzung im Unterricht hat sich in zahlreichen Studien als lernwirksam erwiesen (Fuchs et al., 2000; Fuchs, Fuchs & Karns, 2001; McMaster et al., 2013). Auch für den Einsatz in heterogenen Klassen sowie für Kinder mit Lernschwierigkeiten hat sich das PALS-Konzept als geeignet erwiesen (Fuchs et al., 1997; McMaster et al., 2006). Einschränkend wird erwähnt, dass PALS auf die Leistung von 9–20% der Schülerinnen und Schüler keine positive Wirkung hatte (Fuchs et al., 2000; McMaster et al., 2006). Zudem zeigte sich die Wirkung nur bei einer ausreichend genauen Implementation durch die Lehrkraft (Fuchs et al., 2000; Stein et al., 2008), worauf in Kapitel 2.2.2 genauer eingegangen werden soll.

Die beiden vorgestellten Praxiskonzepte weisen viele Gemeinsamkeiten auf, es gibt jedoch auch einige geringe Unterschiede, z. B. beginnt bei PALS immer das leistungsstärkere Kind und fungiert somit als Modell, das Aufgabenmaterial der Teams entspricht bei PALS dem Niveau des leistungsschwächeren Kindes und die Punktevergabe ist nicht ganz parallel (Maheady et al., 2006). PALS bindet im Vergleich zum CWPT auch komplexere Aktivitäten und Lernstrategien als die Festigung von Fertigkeiten ein und beinhaltet Strategien des Konzepts der „elaborierten gegenseitigen Hilfe" im Training der Schülerinnen und Schüler: „'Elaborated help' refers to one child's encouragement of another to construct his or her own correct responses rather than simply to provide an answer." (Fuchs et al., 2000, S. 89). Da die Vermittlung komplexer Lerninhalte im naturwissenschaftlichen Sachunterricht Ziel dieser Arbeit war und empirische Befunde für die besondere Lernförderlichkeit des Konzepts der elaborierten Hilfe sprechen (Webb & Farivar, 1994), wurde das Manual zum tutoriellen Lernen in dieser Arbeit in Orientierung an PALS konzipiert.

CWPT und PALS bieten Manuale zu Lernphasen in leistungsheterogenen Dyaden mit strukturierten Lernvorgängen in den Rollen Tutor und Tutand. Diese enthalten eine Anleitung zur Umsetzung tutoriellen Lernens im Unterricht und zeigen positive Effekte auf das Lernen in der Grundschule. In den Beschreibungen der Konzepte mischen sich fachspezifische Lernaktivitäten, wie Lesestrategien, und methodische Elemente, wie Rollenverteilung (Fuchs et al., 1997; Greenwood et al., 1989; Maheady & Gard, 2010). Konzeptübergreifende Kernelemente tutoriellen Lernens werden selten benannt. Daher sollen solche im Folgenden beschrieben werden.

2.1.5 Fazit: Kernelemente tutoriellen Lernens

Methodische Kernelemente sind als Merkmale für eine Abgrenzung zu anderen Methoden sowie als Qualitätsmerkmale, welche für die Wirksamkeit bedeutsam sind, zu verstehen. Sie sind zudem als Kriterien für die Umsetzung in der Unterrichtspraxis zu sehen. Da tutorielles Lernen dem Oberbegriff des kooperativen Lernens zugeordnet wird, überschneiden sich dessen Kernelemente mit denen kooperativen Lernens (soziale Interdependenz, individuelle Verantwortlichkeit, lernförderliche Interaktion, soziale Kompetenzen und Reflexion). Sie können jedoch anhand der Besonderheiten und Theorien tutoriellen Lernens für diese Methode spezifiziert und konkretisiert werden, um klarere Kriterien für die praktische Umsetzung zu erhalten.

Die Forschung zum tutoriellen Lernen zeigt, dass Studien zur Evaluation der Wirksamkeit zum Teil wenig theoriebasiert vorgehen. Auch wenn sich die Definitionen und Praxiskonzepte tutoriellen Lernens ähneln, werden Kernelemente häufig nicht klar definiert oder aus der Theorie und empirischen Befunden abgeleitet (Delquadri et al., 1986; Fuchs et al., 2000). Daher soll im Folgenden eine Beschreibung von Kernelementen tutoriellen Lernens vorgenommen werden, welche mit verschiedenen Praxiskonzepten kompatibel ist. Die Herleitung der Kernelemente tutoriellen Lernens soll anhand der zuvor beschriebenen spezifischen Merkmale aus der Definition, den theoretisch begründeten Wirkmechanismen und empirisch belegten Gestaltungshinweisen erfolgen. Da auch positiv evaluierte Praxiskonzepte zur Herleitung von Methodenelementen genutzt werden können (Mowbray et al., 2003), werden diese hier ebenfalls berücksichtigt.

Es wird eine Einteilung in vier Elemente vorgeschlagen:
1) *Heterogene Lernpartner*. Tutorielles Lernen wurde definiert als Konzepte und Strategien, welche Peers in Eins-zu-eins-Betreuung als Tutoren zum gegenseitigen Unterrichten einsetzen (Utley & Mortweet, 1997). Ein Defini-

tionsmerkmal tutoriellen Lernens ist demnach die Zuteilung der Schülerinnen und Schüler zu Dyaden. Eine leistungsheterogene Zusammensetzung von Lernpartnern ist nach allen drei genannten Basistheorien zu befürworten: Nach der Theorie Piagets wird durch unterschiedliche Konzepte ein kognitiver Konflikt angeregt, der eine Weiterentwicklung bestehender Konzepte notwendig macht. Eine ähnliche Argumentation findet sich beim Informationsverarbeitungsansatz, nachdem divergierende Informationen eine Weiterentwicklung anregen, wobei die Informationen noch an vorhandene anschlussfähig sein sollten. Gemäß Wygotskis Theorie ermöglicht die Heterogenität der Lernpartner eine Kokonstruktion in der Zone der nächsten Entwicklung, wobei auch hier die Nähe zur Entwicklungsstufe des Lernpartners als positiv beschrieben wurde (vgl. Kapitel 2.1.3). Die Lernförderlichkeit einer heterogenen Zusammensetzung spiegelt sich auch in den empirischen Ergebnissen wider (Cohen, 1994). Ein mittlerer Lernabstand zwischen den beiden Lernpartnern scheint demnach empfehlenswert (McMaster et al., 2006; Webb, 1982). Das Element der heterogenen Lernpartnerschaften mit mittlerem Lernabstand wird häufig in Praxiskonzepten tutoriellen Lernens eingesetzt (Fuchs et al., 1997; Greenwood et al., 1989; Maheady & Gard, 2010) und teilweise sogar explizit als Methodenelement herausgestellt (McMaster et al., 2006).

2) *Reziproke Rollen.* Ein weiteres Merkmal tutoriellen Lernens ist die Einnahme der Rolle der Lehrkraft durch jeweils ein Kind in jedem Lernpaar (Utley & Mortweet, 1997). Die Einnahme von Rollen wurde im Zusammenhang mit den Basistheorien als bedeutsam beschrieben. Rollenvorgaben können Interaktionsabläufe strukturieren, was nach dem Informationsverarbeitungsansatz die Entwicklung effektiver Speicherstrategien sowie die Externalisierung und Internalisierung von Informationen unterstützt. Durch die Einnahme der Tutorenrolle ist gemäß Wygotskis Theorie jeweils ein Kind für das Scaffolding zuständig, während das andere als Tutand in der Zone der nächsten Entwicklung gefördert wird. Um die Wechselseitigkeit in der Interaktion bei der Kokonstruktion zu erreichen, wird die abwechselnde Einnahme der Rollen empfohlen. Die abwechselnde Rolleneinnahme könnte zudem das Äußern von unterschiedlichen Meinungen fördern, welches gemäß der Theorie Piagets zum Provozieren eines kognitiven Konflikts und somit zur Weiterentwicklung führen kann (vgl. Kapitel 2.1.3). Reziproke Rollen unterstützen gemäß der Theorie kooperativen Lernens die soziale Interdependenz der Lernpartner (Rolleninterdependenz; Johnson & Johnson, 1999). Durch die Einnahme von Rollen werden zudem Handlungserwartungen klarer. Sie bieten somit eine strukturierende Hilfe für die Zusammenarbeit, deren Lernwirksamkeit sich in vielen Studien gezeigt hat (Cohen, 1994; Ginsburg-Block et al., 2006;

Johnson & Johnson, 1999; Robinson et al., 2005; Topping, 2005). In vielen positiv evaluierten Praxiskonzepten ist eine abwechselnde Einnahme der Rollen Tutor und Tutand vorgesehen (z. B. McMaster et al., 2006). Häufig werden, zusätzlich zu reziproken Rollen noch weitere strukturierende Hilfen im tutoriellen Lernen eingesetzt, z. B. visuelle Hinweise zur Aufgabenbearbeitung im Aufgabenmaterial, Skripte für die Interaktion. Bei McMaster et al. (2006) werden daher bestimmte strukturierte Lernaktivitäten sogar als eigenes Element bezeichnet. Auch wenn verschiedene strukturierte Vorgehensweisen in vielen Konzepten tutoriellen Lernens vorkommen, so lassen sich diese doch nicht so verallgemeinern, dass sie hier als eigenes Kernelement beschrieben werden können.

3) *Gegenseitiges Unterrichten.* Per Definitionem unterrichten sich die Lernpartner beim tutoriellen Lernen gegenseitig (Utley & Mortweet, 1997). Nach allen drei genannten Basistheorien ist dieser Interaktionsprozess der Peers als Auslöser für die Umstrukturierung vorhandenen Wissens zu sehen und erklärt somit Effekte tutoriellen Lernens auf individueller Ebene (Hogan & Tudge, 1999; Jorczak, 2011; Lisi & Golbeck, 1999). Die in den Theorien beschriebenen Wirkmechanismen (Elaboration, kognitiver Konflikt, Kokonstruktion) werden durch die Interaktion jedoch nur ausgelöst, wenn bestimmte Qualitätsmerkmale vorhanden sind. Fragen, Hinweise und Feedback, vor allem aber gegenseitige Erklärungen werden dafür als bedeutsam angesehen. Mithilfe dieser Interaktionsmerkmale erarbeiten die Lernpartner eine gemeinsame Lösung, welche ein vertieftes Verständnis auf individueller Ebene bewirkt und somit anschließend vom Einzelnen genutzt werden kann. Jedoch wird die Lernwirkung der Peer-Interaktion begrenzt durch die individuellen Lernvoraussetzungen der Lernpartner (vgl. Kapitel 2.1.3). Um die Interaktionsqualität zu unterstützen, werden in Untersuchungen im Zusammenhang mit allen drei Theorien vorausgehende Trainings, unterstützende Aufgabenstellungen[14] sowie ein Modellverhalten der Lehrkraft als hilfreich beschrieben (Hogan & Tudge, 1999; O'Donnell, 2006). Zudem sollten die inhaltlichen Ergebnisse und sozialen Prozesse der Interaktion regelmäßig evaluiert und zu reflektieren werden (Lisi & Golbeck, 1999). Das gegenseitige Unterrichten wird in Praxiskonzepten tutoriellen Lernens als besonders bedeutsam betont und durch entsprechende fachliche Inhalte sowie Aktivitäten gestaltet (u. a. Fuchs et al.,

---

14 Es gibt unterschiedliche Hinweise dazu, wie eine Aufgabenstellung gestaltet sein sollte: Einige Studien weisen darauf hin, dass ein sehr strukturiertes Vorgehen das Lernen in der Peer-Interaktion unterstützt (O'Donnell, 2006), andere Befunde legen eine offene Problemlöseaufgabe nahe (Webb, 2009). Die Frage nach einer lernförderlichen Aufgabenform für tutorielles Lernen kann daher nicht abschließend beantwortet werden.

1997; Greenwood et al., 1989). Ein Training von sozialen sowie kommunikativen Kompetenzen, z. B. hilfreiches Erklären, wird bei Mc Master et al. (2006) als eigenes Element dargestellt. Hier wurde es jedoch der lernförderlichen Interaktion zugeordnet, da es als Voraussetzung für diese gesehen werden kann.

4) *Belohnung von Einzelleistungen im Team.* Die Belohnung von Einzelleistungen im Team knüpft an das Merkmal kooperativen Lernens „individuelle Verantwortlichkeit" bzw. an die motivationale Theorieperspektive kooperativen Lernens an (Slavin, 1995). Sie lässt sich nicht aus den genannten Basistheorien ableiten, da die Wirkmechanismen von Peer-Interaktion eher unabhängig von der Motivation zur Zusammenarbeit oder dem Interesse am Austausch zu sehen sind. Eine solche Motivation kann jedoch im Unterricht nicht immer vorausgesetzt werden. Die individuelle Verantwortlichkeit ist von hoher Bedeutung, um typische Probleme der Zusammenarbeit im Unterricht, z. B. Trittbrettfahren oder gegenseitiges Vorsagen statt Erklären, zu vermeiden. Belohnungen haben sich empirisch als bedeutsam für die Lernwirksamkeit tutoriellen Lernens erwiesen (Bowman-Perrott et al., 2013; Rohrbeck et al., 2003; Slavin, 1995, 1996; Slavin et al., 2003). Die Gruppenbelohnung auf Basis von Leistungen des Einzelnen wird fast immer in Praxiskonzepte tutoriellen Lernens einbezogen (Delquadri et al., 1986; Fuchs et al., 2000; McMaster et al., 2006). Daher wird diese hier als weiteres Kernelement angeführt.

Die hier aufgezählten Kernelemente tutoriellen Lernens – heterogene Lernpartnerschaften, reziproke Rollen, gegenseitiges Unterrichten, sowie Belohnung – erheben keinen Anspruch auf Vollständigkeit. Vermutlich könnten weitere Aspekte, welche sich ebenfalls als bedeutsam erwiesen haben, mit aufgenommen werden, wie z. B. Autonomie und Selbstmanagement (Rohrbeck et al., 2003). In dieser Arbeit wurde jedoch versucht, umsetzbare bzw. beobachtbare Kernelemente zu beschreiben, welche für die Vielzahl der Konzepte tutoriellen Lernens allgemein gültig sind. Die genannten Kernelemente wurden zudem aus der Theorie und aus empirischen Befunden zum tutoriellen Lernen hergeleitet. Da häufig eine eher unsystematische, wenig theoriebasierte Evaluation tutorieller Lernformen kritisiert wurde (Devin-Sheehan et al., 1976; Rohrbeck et al., 2003), sollen in der vorliegenden Arbeit diese vier Kernelemente tutoriellen Lernens in Bezug auf ihre Umsetzung im Unterricht und ihre Wirkung auf das Lernen betrachtet werden. Die Umsetzung der Kernelemente ist eine anspruchsvolle Aufgabe für die Lehrkraft, welche wichtige Basiskompetenzen modellieren, vermitteln und reflektieren muss, selbst wenn sie dafür Hilfen in einem Manual erhält. An die Schülerinnen und Schüler stellt bspw. die erforderliche Interaktionsqualität beim gegenseitigen Unterrichten

Theoretischer Hintergrund 51

ebenfalls hohe Anforderungen, auch wenn dieser Prozess durch Rollenwechsel strukturiert wird. Daher stellt sich die Frage, ob und wie gut die Kernelemente in der Praxis umgesetzt werden. Diese Frage wird im folgenden Kapitel behandelt.

2.2 Umsetzung tutoriellen Lernens im Unterricht

Studien zum tutoriellen Lernen wurden häufig mit dem Ziel durchgeführt, Ergebnisse zu gewinnen, die für eine Optimierung der pädagogischen Praxis nützlich sein können, z. B. die Förderung von Kindern mit unterschiedlichen Lernvoraussetzungen in der Grundschule. Daher wurde die Entwicklung von Praxiskonzepten häufig in Zusammenarbeit von Forschern und Lehrkräften durchgeführt (vgl. Kapitel 2.1.4). Viele Studien bestätigen, dass tutorielles Lernen zur Förderung des Lernens in der Grundschule geeignet ist (vgl. Kapitel 2.1.2). Für eine Evaluation der tatsächlichen Bedeutsamkeit für die Praxis müssen jedoch auch notwendige Fragen der „Implementation – allgemein definiert als die Umsetzung bzw. Verbreitung wissenschaftlicher Erkenntnisse in die Praxis" (Gräsel & Parchmann, 2004, S. 197) – beantwortet werden.

In Evaluationsstudien im Bildungsbereich wird daher allgemein zwischen intendiertem Curriculum (geplante Inhalte oder Konzepte), implementiertem Curriculum (tatsächlich umgesetzte Elemente) und erreichtem Curriculum (Lernerfolg der Schülerinnen und Schüler) unterschieden (Furtak et al., 2008).[15] Im vorangegangenen Kapitel wurden wirksamkeitsrelevante Kernelemente tutoriellen Lernens aus Definition, Theorie, empirischen Ergebnissen sowie praktischen Konzepten abgeleitet (intendiertes Curriculum). Im folgenden Kapitel soll dargestellt werden, inwiefern diese in der Praxis umgesetzt werden (implementiertes Curriculum), und die Zusammenhänge dessen mit den Lernergebnissen (erreichtes Curriculum) dargestellt. Dazu werden zunächst wichtige Aspekte und Erhebungsmöglichkeiten der Umsetzung von Interventionen auf allgemeiner Ebene zusammengefasst. Dann werden Ergebnisse zur Umsetzung tutoriellen Lernens genannt und entsprechende Einflussfaktoren herausgearbeitet.

---

15 Der Begriff „Curriculum" wird hier nicht nur in Bezug auf Unterrichtsinhalte, sondern auch auf Methodenelemente bezogen, ebenso wie bei Furtak et al. (2008), wo die genannte Einteilung auch in Bezug auf die Umsetzung von Methoden genutzt wird.

2.2.1 Umsetzung von Interventionen

Die Implementation bzw. Umsetzung von Interventionen wurde zunächst besonders stark in der Literatur klinischer Interventionen behandelt, wo die Genauigkeit und Menge, z. B. der Einnahme von Medikamenten oder Ausübung therapeutischer Sitzungen, im Vordergrund stand. Dadurch wurde der Begriff „Umsetzungsgenauigkeit" (implementation fidelity) geprägt und für Interventionen in der Unterrichtsforschung übernommen. Die Unterrichtspraxis ist jedoch ein sehr heterogenes Feld, so dass Anpassungen von Konzepten an vorliegende Bedingungen notwendig sein können. Da der Anspruch der „Genauigkeit" dieser Situation kaum Rechnung trägt, sondern das Ziel einer Eins-zu-eins-Verwirklichung von Konzepten in der Praxis nahelegt, wurde der Begriff Umsetzungsgenauigkeit häufig als zu hierarchisch kritisiert (Gräsel & Parchmann, 2004). Auch wenn weitere Begriffe aus unterschiedlichen Forschungstraditionen zu finden sind, wird der Begriff der Umsetzungsgenauigkeit in der englischsprachigen Literatur der Interventionsforschung, auch im Bildungsbereich, bis heute besonders häufig verwendet. Zumeist werden in der deutschsprachigen Literatur die Begriffe „Umsetzung" und „Implementation" synonym dafür verwendet (Gräsel & Parchmann, 2004).[16] Der Begriff umfasst heute auch prozessbezogene und qualitative Aspekte, und zielt somit auf ein umfassendes Bild einer Umsetzung bzw. Verbreitung wissenschaftlicher Erkenntnisse in die Praxis im o. g. Sinne. Er soll daher im folgenden Abschnitt genauer dargestellt werden.

Definition von Umsetzung bzw. Umsetzungsgenauigkeit. Umsetzungsgenauigkeit wird in der Literatur als implementation fidelity, treatment integrity, procedual reliability, program implementation oder treatment adherence bezeichnet (Arkoosh et al., 2007; Gresham, 2009). Sie beschreibt, inwiefern eine Intervention oder ein Praxiskonzept umgesetzt wurde wie geplant bzw. beabsichtigt (u. a. Domitrovich & Greenberg, 2000; Dusenbury, Brannigan, Falco & Hansen, 2003; Gresham, 1989). In zahlreichen Studien zeigte die Genauigkeit der Umsetzung deutliche Zusammenhänge mit der Wirkung: In klinischen (u. a. Dane & Schneider, 1998; Gresham, 2009) sowie in schulischen Settings (Lendrum & Humphrey, 2012; Ruiz-Primo, 2006) wurde, bis auf wenige Ausnahmen, eine genauere Umsetzung mit besseren Effekten assoziiert (Mowbray et al., 2003). Umsetzungsgenauigkeit ist ein komplexes, mehrdimensionales Konstrukt, eine einheitliche Definition findet sich nicht (Gresham, 2009).

---

16 Hier wird der Begriff Umsetzung aufgrund seiner besseren Verständlichkeit bevorzugt. Auch wenn die zumeist englischsprachige Literatur zur Umsetzungsgenauigkeit zitiert wird, wird dieser im Deutschen eher unübliche Begriff aufgrund der oben beschriebenen missverständlichen Wirkung vermieden. Er wird lediglich verwendet, wenn er sich auf ein Maß der Umsetzung, z. B. einen Prozentwert, bezieht.

Theoretischer Hintergrund

In der Literatur besteht jedoch Einigkeit über fünf Aspekte, welche zur Bestimmung von Umsetzungsgenauigkeit notwendig sind (Carroll et al., 2007; Domitrovich & Greenberg, 2000; Dusenbury et al., 2003; Ruiz-Primo, 2006):
1) Adhärenz (adherence): Diese betrifft die Genauigkeit der Umsetzung der einzelnen Elemente eines Konzepts. Dabei wird die Anzahl der durchgeführten Elemente mit der geplanten Anzahl ins Verhältnis gesetzt und zumeist als Prozentwert dargestellt. Auch wenn eine genaue Adhärenz in der Praxis selten ist, so besteht Einigkeit darüber, dass die Umsetzung der entscheidenden oder Kernelemente (critical components), welche für die Wirkmechanismen von Bedeutung sind, als notwenige Voraussetzung für die Wirksamkeit eines Konzepts zu sehen ist (Gresham, 2009; Mowbray et al., 2003; Ruiz-Primo, 2006). Häufig wird betont, dass die Messung der Adhärenz sowohl die geplanten Struktur- (z. B. Gruppengröße) als auch die notwendigen Prozesselemente (z. B. Schüler-Interaktion) des Konzepts enthalten sollte (Crawford, Carpenter, Wilson, Schmeister & McDonald, 2012; O'Donnell, 2008). Die Umsetzung von Prozesselementen hat sich in Studien der Unterrichtsforschung als besonders bedeutsam für die Wirkung erwiesen (O'Donnell, 2008).
2) Ausmaß/Menge (exposure/dosage): Damit wird die Umsetzung der geplanten Menge der Elemente gemessen, z. B. Häufigkeit oder Länge der Durchführung. Das Ausmaß der Umsetzung hat sich in Präventionskonzepten als besonders bedeutsam für die Wirkung gezeigt (Dane & Schneider, 1998).
3) Prozessqualität (quality of delivery): Dabei handelt es sich um die Bewertung der Art und Weise, in der das Konzept vermittelt wird. Dies kann z. B. anhand bestimmter Merkmale der Unterrichts- oder Interaktionsqualität bestimmt werden. Besonders bei Interventionen im Bildungsbereich wird die Qualität als bedeutsamer Aspekt der Umsetzung betont (O'Donnell, 2008), auch wenn diese aufgrund aufwendiger Messverfahren selten erfasst wird (Mowbray et al., 2003).
4) Responsivität (participant responsiveness): Diese misst, inwiefern die Teilnehmenden auf das Konzept reagieren oder sich darauf einlassen, es befürworten oder davon lernen. Die genauen Merkmale der Responsivität sind anhand der Ziele der Intervention zu definieren. Bei einer Intervention zum kooperativen Lernen könnte z. B. gemessen werden, inwiefern die Teilnehmenden bemerken, dass häufiger in Kleingruppen gearbeitet wird, oder ob die Teilnehmer sich auf die Gruppeninteraktion einlassen (Dusenbury et al., 2003). Häufig wird im Bildungsbereich von einer Wechselwirkung ausgegangen: Die Responsivität wirkt sich auf die Umsetzung aus (Desimone, 2009), jedoch ist diese ebenso als ein Aspekt von Umsetzungsgenauigkeit und somit Ergebnis der Umsetzung zu sehen (Dusenbury et al., 2003).

5) Abgrenzbarkeit (program differentiation): Damit ist die Unterscheidbarkeit der Elemente des Konzepts von anderen Konzepten oder der Situation ohne ein Konzept gemeint, z. B. Unterschiede zwischen Experimental- und Kontrollgruppe (Domitrovich & Greenberg, 2000; Dusenbury et al., 2003).

Auch wenn die fünf Aspekte in der Literatur übereinstimmend benannt werden, wird kritisch bemerkt, dass sich zum Teil Unterschiede in den Definitionen finden. Der Aspekt der Prozessqualität wird z. B. als Adhärenz der Qualitätsmerkmale eines geplanten Förderprozesses oder als Engagement der Teilnehmenden definiert, so dass sich zum Teil Überschneidungen mit dem Aspekt der Responsivität finden (Lendrum & Humphrey, 2012). Diese beiden Aspekte scheinen demnach schwerer zu definieren und zu operationalisieren zu sein. Jedoch auch die Aspekte der Adhärenz und des Ausmaßes werden in Erhebungen der Umsetzung selten klar getrennt. Daher werden diese nach dem Modell von Gesham (2009) zusammengefasst: Er schlägt ein Modell mit drei Dimensionen zur Erfassung der Umsetzung vor: 1. Adhärenz (treatment adherence), welche die Anzahl der umgesetzten wirksamen Elemente betrifft und somit die quantitative Dimension von Umsetzungsgenauigkeit darstellt, 2. Umsetzungskompetenz (interventionist competence), welche widerspiegelt, wie gut die Prozesse umgesetzt wurden und damit als qualitative Dimension der Umsetzungsgenauigkeit fungiert und 3. Abgrenzung (program differentiation), welche die Unterscheidung der Merkmale des Konzepts von anderen beschreibt und damit die theoretische Dimension von Umsetzung ist. Sein Modell wird hier als Zusammenfassung der o. g. fünf Elemente interpretiert, welche sich ebenfalls den drei Dimensionen zuteilen lassen, wie Abbildung 1 zeigt. Adhärenz und Ausmaß werden als quantitative Kriterien der Umsetzung bewertet, wohingegen Prozessqualität und Responsivität qualitative Merkmale darstellen. Der Aspekt der Abgrenzung wird von Gresham (2009) der theoretischen Dimension zugeordnet, da sich die Elemente aus der Konzepttheorie ableiten lassen. Da sich sowohl die Aspekte der quantitativen als auch der qualitativen Dimensionen als bedeutsam für die Wirksamkeit beschrieben werden, wird eine Erhebung aller Aspekte empfohlen (Gresham, 2009). Ähnliche Einteilungen finden sich auch in anderen Umsetzungsstudien zu Unterrichtsmethoden, wo sowohl die Quantität der umgesetzten Kernelemente als auch die Qualität der geplanten Prozesse (hier: wichtige Merkmale der Interaktionsqualität) als bedeutsam beschrieben werden, um die Umsetzung beurteilen zu können (Furtak et al., 2008).

Theoretischer Hintergrund 55

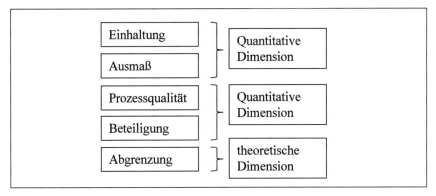

Abbildung 1: Zuordnung der Aspekte zu Dimensionen von Umsetzungsgenauigkeit

Zusammenfassend lässt sich demnach festhalten, dass die Umsetzung von Interventionen nur anhand quantitativer und qualitativer Merkmale der Elemente und Prozesse bewertet werden kann. Zudem erscheint es notwendig, eine Unterscheidung von anderen Interventionen anhand der Umsetzung zu belegen. Wie die erhobenen Aspekte der Umsetzung anschließend zu bewerten sind, wird im Folgenden thematisiert.

Die Debatte um Genauigkeit und Anpassung. Bis Mitte der 70er Jahre wurde angenommen, dass Konzepte so umgesetzt werden, wie sie geplant waren (Dusenbury et al., 2003). Damit wurde ein eher passives Bild von der Umsetzungssituation gezeichnet. Erste Studien zu Umsetzungsgenauigkeit stellten jedoch in den USA die angenommene genaue Umsetzung von Interventionen im Bildungsbereich in Frage und zeigten Zusammenhänge mit der Wirksamkeit auf (Lendrum & Humphrey, 2012). Seit Ende der 80er Jahre öffnet sich der Blick für die Umsetzungsgenauigkeit durch die umsetzenden Personen und deren Bedeutung für die Wirksamkeit von Interventionen (Dusenbury et al., 2003). Studien zur Implementation von Innovationen im Bildungsbereich stellten fest, dass langfristige Veränderungen von Unterricht selten sind (Gräsel & Parchmann, 2004). Grund für das Misslingen wurde in der Trennung von Konzeptions- und Anwendungsebene gesehen, welche mangelnde Passung der Interventionen zur Folge hat (Gräsel & Parchmann, 2004). Es begann eine bis heute währende Debatte um die Bedeutung von Umsetzungsgenauigkeit versus Anpassung: Während Vertreter von Umsetzungsgenauigkeit die Veränderung von Interventionen durch Lehrkräfte als misslungene Implementation sahen, welche zu verminderter Wirksamkeit führt, wurde die Anpassung der Konzepte an den Umsetzungskontext von Vertretern der Gegenposition als notwendig angesehen, um eine Passung und somit positivere Effekte und langfristige Umsetzung erzielen zu können (Dusenbury et al., 2003; Lendrum & Humphrey, 2012). Diese Debatte führte zu einer Veränderung der Implementationsforschung (Gräsel & Parchmann, 2004). In der Literatur wird nun unterschieden zwischen ungenauer Umsetzung und Anpassung: Ungenaue Umsetzung bezeichnet die Modifikation oder das Fehlen entscheidender Kernelemente eines Konzepts, was sich negativ auf die Wirksamkeit auswirkt. Die Anpassung von Konzepten an den Kontext kann einen Zusatz zum bestehenden Konzept oder lokale Veränderungen von zugehörigen, jedoch nicht entscheidenden Konzeptelementen bedeuten, welche Passung und Motivation der Beteiligten erhöhen und somit die Wirkung sogar verbessern können (Dusenbury et al., 2003; Lendrum & Humphrey, 2012; O'Donnell, 2008; Ruiz-Primo, 2006). Obwohl die Bedeutung von Anpassung bis heute nicht hinreichend geklärt ist, besteht Einigkeit darüber, dass die für die Wirksamkeit entscheidenden Elemente eines Konzepts möglichst genau umgesetzt werden und Veränderungen mit der Theorie des Konzept vereinbar sein müssen (Dusenbury et al., 2003; Lendrum & Humphrey, 2012; Mowbray et al., 2003). Offen ist hingegen die Frage, welcher Grad an Umsetzungsgenauigkeit notwendig ist, um die Wirksamkeit eines Konzepts zu erreichen. Eine positive Wirkung wird bei einer Umsetzungsgenauigkeit ab 60% berichtet (Mowbray et al., 2003), wohingegen an anderer Stelle 80% Umsetzungsgenauigkeit empfohlen wird (Arkoosh et al., 2007; Gresham, 2009). Beides kann jedoch eher als willkürliche Grenze bezeichnet werden. Aufgrund von Unterschieden in den Kernelementen von Konzepten, in den Definitionen der Aspekte von Umsetzungsgenauigkeit sowie deren Erfassung lassen sich nur schwer Vergleiche ziehen und Generalisierungen ableiten, wie Lendrum & Humphrey (2012) in ihrem Review kritisieren. Die Autoren schlussfolgern, dass die notwendige Umsetzungsgenauigkeit von Interventions- und Kontextmerkmalen abhängt. Empfohlen wird eine Kooperation von Interventionsverantwortlichen, welche Kernelemente sowie Flexibilität des Konzepts vermitteln, und Lehrkräften, welche die Kontextbedingungen kennen, um der Spannung zwischen Umsetzungsgenauigkeit und Anpassung bestmöglich begegnen und das Ziel einer langfristigen Umsetzung von Konzepten in der Praxis erreichen zu können (Gräsel & Parchmann, 2004; Lendrum & Humphrey, 2012). Obwohl kein einheitliches Maß von Umsetzungsgenauigkeit definiert werden kann, wird deren Erfassung große Bedeutung beigemessen, wie im Folgenden erläutert werden soll.

Gründe und Barrieren zur Erfassung von Umsetzung. Bei Interventionen in ökologisch validen Settings ist mit Anpassungen und Veränderungen von Konzepten bei der Umsetzung zu rechnen (Lendrum & Humphrey, 2012). Besonders im Bereich der Bildung besteht aufgrund unterschiedlicher Förderbedürfnisse, Ressourcenmangel oder der Komplexität von Unterrichtsmethoden die Gefahr einer ungenauen Umsetzung (Mowbray et al., 2003). In der Unterrichtsforschung wird der Aspekt dennoch häufig vernachlässigt. Die meisten

Studien zur Umsetzungsgenauigkeit beziehen sich auf die Bereiche Gesundheitsprävention oder Verhaltenstherapie (Ruiz-Primo, 2006). Die Notwendigkeit der Erfassung der Umsetzung wird in vielen Reviews betont. Es werden sowohl summative als auch formative Gründe beschrieben (Lendrum & Humphrey, 2012): Als bedeutendster summativer Grund wird genannt, dass diese notwendig ist, um die Ergebnisse auf die Intervention zurückführen zu können. Wird ein Konzept ungenau umgesetzt, dies jedoch nicht erfasst, könnte fälschlicherweise geschlossen werden, dass das Konzept keine Wirkung zeigt[17] (Domitrovich & Greenberg, 2000; Dusenbury et al., 2003; Gresham, 2009). Weiterhin bieten die Daten einen Einblick in die Umsetzung eines Konzepts in die Praxis und lassen Rückschlüsse auf die Praxiskompatibilität zu (Dusenbury et al., 2003). Da die Eignung für die Praxis ein wichtiges Ziel von Unterrichtsforschung ist, wird als formatives Ziel der Erfassung der Umsetzung die Weiterentwicklung des Konzepts genannt (Lendrum & Humphrey, 2012). Die Daten zur Umsetzungsgenauigkeit können zudem Anhaltspunkte zur empirischen Überprüfung theoretischer Annahmen zum Konzept bieten, indem die Wirkung der Kernelemente und mögliche Flexibilität des Konzepts zur Anpassung evaluiert werden. Zudem können sie für Feedback und Unterstützung von Teilnehmenden genutzt werden (Domitrovich & Greenberg, 2000).

Trotz der hohen Bedeutsamkeit der Erfassung von Umsetzung für die Evaluation von Interventionen wird diese bis heute selten berichtet (Gresham, 2009). Dane & Schneider (1998) finden nur in 11–25% der Studien verschiedener Zeitschriften Daten zur Umsetzung; ähnliche Angaben finden sich bei Gresham (2009) mit der Bemerkung, dass sich seit über zwanzig Jahren wenig Veränderung ergeben habe. In den Studien, welche Daten zur Umsetzung erheben, werden zumeist nur ein oder maximal zwei Aspekte, meist Adhärenz und Ausmaß, erhoben und in Form von Prozentangaben quantifiziert. Die qualitativen Aspekte werden seltener und zudem auf verschiedene Art evaluiert, da sie schwerer zu operationalisieren und objektiv zu messen sind (Lendrum & Humphrey, 2012). Hagermoser Sanetti und Kratochwill (2009) schlussfolgern aus einer Fragebogenstudie typische Barrieren der Erhebung der Umsetzung von Interventionen: Ihre Bedeutsamkeit ist nicht bekannt, es fehlen Theorie und Leitfäden sowie Ressourcen zur Erfassung oder Herausgeber fordern bislang den Bericht von Daten zur Umsetzung selten ein.

---

17 Diese Art von falscher Schlussfolgerung wird am häufigsten als Begründung für die Notwendigkeit der Erfassung von Umsetzung genannt und als „Type III error" (Domitrovich & Greenberg, 2000, S. 196; Lendrum & Humphrey, 2012, S. 639) bezeichnet, welcher allgemein eine falsche Schlussfolgerung eines Grundes bestimmter Ergebnisse beschreibt.

Insgesamt wird das Defizit an Implementationsforschung von vielen Autoren kritisiert. In der Praxis ist von Unterschieden in der Umsetzung von Interventionen auszugehen, welche anhand verschiedener Faktoren erklärt werden können. Häufig umschriebene Einflussfaktoren sollen im Folgenden zusammengefasst werden.

Einflussfaktoren. Bezüglich begünstigender und hinderlicher Faktoren für die Umsetzung von Konzepten ergibt sich aus der Literatur ein relativ klares Bild, auch wenn die Autoren zum Teil unterschiedliche Einteilungen wählen. Es werden Einflussfaktoren in allen Phasen des Implementationsprozesses beschrieben, vor, während und nach der Umsetzung (Lendrum & Humphrey, 2012). Einflussfaktoren sind auf verschiedenen Ebenen anzusiedeln: die Ebene des Trainings bzw. des Konzepts, die Ebene der Lehrkraft bzw. Klasse und die Ebene der Schule bzw. Organisation (Domitrovich & Greenberg, 2000; Dusenbury et al., 2003; Ruiz-Primo, 2006). Auf die Einflussfaktoren auf den verschiedenen Ebenen soll hier genauer eingegangen werden.

Auf der Ebene des Konzepts werden Komplexität, benötigte Zeit und Material sowie das Manual als bedeutsam für die Umsetzung in die Praxis beschrieben (Ruiz-Primo, 2006). Eine höhere Komplexität eines Konzepts wurde mit einer reduzierten Umsetzung in Verbindung gebracht (Dusenbury et al., 2003), zudem hing der zeitliche Aufwand und zusätzlich benötigtes Material negativ mit der Umsetzungsgenauigkeit zusammen (Gresham, 1989). Ein detailliertes Manual mit genauen Anwendungshilfen und -materialien, welches die Kernelemente explizit macht, wurde als besonders förderlich für die Genauigkeit der Umsetzung beschrieben, da es den Zeitaufwand und die notwendige Fachkompetenz bei der Vorbereitung reduziert (Dusenbury et al., 2003; Gresham, 1989; O'Donnell, 2008; Ruiz-Primo, 2006). Ein Feedback zur Verbesserung der eigenen praktischen Umsetzung wurde ebenfalls als förderlich evaluiert (Mowbray et al., 2003).

Auf der Ebene der Klasse haben sich Charakteristika der Lehrkraft wie Wissen bzw. Erfahrung, theoretische Überzeugungen und erwartete Wirksamkeit des Konzepts sowie Offenheit, Zufriedenheit und Unterstützung durch die Schule als bedeutsam für die Umsetzung herausgestellt (Dusenbury et al., 2003; Ruiz-Primo, 2006). Auch der Klassenkontext, z. B. soziale und kognitive Merkmale der Schülerinnen und Schüler, wirken sich auf die Umsetzung von Konzepten aus, da von der Lehrkraft gegebenenfalls Anpassungen zu erwarten sind (Domitrovich & Greenberg, 2000; Lipowsky, 2006). Auf der Ebene der Schule bzw. Organisation werden schließlich Faktoren wie die Schulkultur und das Ausmaß der gegenseitigen Unterstützung als bedeutsam für Umsetzung benannt (Dusenbury et al., 2003).

Lendrum und Humphey (2012) weisen darauf hin, dass die Faktoren nicht einzeln eine gute Umsetzung garantieren, sondern vielmehr additiv miteinander verbunden sind bzw. interagieren. Sie plädieren für eine Analyse von Faktoren mehrerer Ebenen, um dem komplexen Bedingungsgefüge gerecht zu werden. Hierzu lassen sich ebenfalls Ergebnisse aus der Forschung zur Wirksamkeit von Lehrerfortbildungen anführen, welche im Folgenden in einem Exkurs kurz skizziert und mit den zuvor genannten Einflussfaktoren aus der Implementationsforschung in Beziehung gesetzt werden sollen.

Exkurs: Wirksamkeit von Lehrerfortbildungen
Auch die Forschung zur Wirksamkeit von Lehrerfortbildungen hat sich mit der Frage befasst, wie das Lehrerhandeln beeinflusst werden kann und welche Bedeutung dies wiederum für das Lernen der Schülerinnen und Schüler hat. Ohne, dass hier ein bestimmtes Konzept im Vordergrund steht, wird der Wirkungspfad von Lipowsky & Rzejak (2015) als Angebots-Nutzungs-Modell beschrieben (vgl. Abbildung 2).

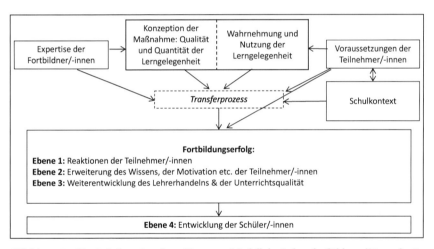

Abbildung 2: Vereinfachtes Angebots-Nutzungs-Modell der Lehrerfortbildung (Lipowsky & Rzejak, 2015)

In diesem empirisch begründeten Modell werden Merkmale erfolgreicher Lehrerfortbildungen zusammengefasst und ihre Bedeutung für vier Ebenen beschrieben, die Reaktion, die Wissenserweiterung, das Lehrerhandeln (hierbei handelt es sich Ebene der Umsetzung) und schließlich, der Lernerfolg der Schülerinnen und Schüler. Auch in diesem Modell werden Einflussfaktoren auf Ebene der Maßnahme (hier der jeweiligen Fortbildung, nicht eines spezifischen Konzepts) aufgeführt. Häufig genannte Faktoren sollen hier kurz skizziert werden. Entsprechende Studien unterschieden meist zwischen quantitativen und qualitativen bzw. strukturellen und didaktischen Aspekten der

Fortbildung unterschieden (Garet, Porter, Desimone, Birman & Yoon, 2001; Lipowsky, 2011): Als struktureller Aspekt wurde die Dauer und Zeitspanne der durchgeführten Fortbildung häufig als bedeutsam evaluiert (Garet, Porter, Desimone, Birman & Yoon, 2001; Lipowsky, 2011). Dabei kann nicht von einem „je länger desto besser" ausgegangen werden. Längere Fortbildungen, die sich über mehr als 20 Stunden ziehen und zwischendrin die Möglichkeit zur aktiven Erprobung bieten können jedoch die Wahrscheinlichkeit einer langfristigen Umsetzung neuer Strategien im Unterricht und Wirkung auf Schülerebene erhöhen (Desimone, 2009). Als didaktische Aspekte effektiver Fortbildungsmaßnahmen werden z.b. ein inhaltlicher Fokus und aktives Lernen, angeführt (Desimone, 2009; Garet, Porter, Desimone, Birman & Yoon, 2001; Lipowsky, 2011; Timperley, 2008): Die Vermittlung von fachlichem und fachdidaktischem Wissen wird besonders betont, z. B. die Vermittlung von Inhalten, Lernwegen sowie Lehrpraktiken. Aktive Lernformen und ein hoher Anteil an Selbstbestimmung werden ebenfalls mit der Wirksamkeit von Lehrerfortbildungen in Verbindung gebracht. Durch die aktive Auseinandersetzung kann ein tieferes Verständnis und eine höhere Motivation erreicht werden, so dass eine effektive Umsetzung eher gelingt (Garet, Porter, Desimone, Birman & Yoon, 2001; Lipowsky, 2011). Auf Ebene der Lehrkräfte und des Umsetzungskontextes werden im o.g. Modell, ähnlich wie in den berichteten Ergebnissen aus der Implementationsforschung, Wahrnehmungen und Voraussetzungen der Lehrkräfte und der Schulkontext als bedeutsam beschrieben: Eine Kohärenz des Vermittelten mit dem Wissen und den Einstellungen der Lehrkräfte sowie mit Rahmenrichtlinien und Lehrplänen werden als förderlich für die Umsetzung und Wirkung beschrieben (Desimone, 2009; Garet, Porter, Desimone, Birman & Yoon, 2001). Ebenso wird eine gemeinsame Teilnahme des Fach-, Stufen- oder Schulkollegiums empfohlen, so dass die Möglichkeit zum gegenseitigen Austausch und Feedback sowie der Einbindung in die Schulkultur besteht (; Lipowsky, 2015; Timperley, 2008).

Studien zur Effektivität von Lehrerfortbildungen evaluieren Bedingungen für die Wirkung auf das Lehrerhandeln und den Lernerfolg der Schülerinnen und Schüler. Insgesamt finden sich dort ähnliche Wirkungspfade und Einflussfaktoren wie in der Forschung zur Umsetzungsgenauigkeit.

Vorgehensweise und Messmethoden zur Erfassung der Umsetzung von Interventionen. Auch wenn bereits seit längerem versucht wird, ein systematisches Messmodell für die Umsetzung zu entwickeln (Dusenbury et al., 2003), so sind einheitliche Messinstrumente aufgrund der Unterschiedlichkeit von Interventionen und ihren Theorien nicht möglich (O'Donnell, 2008). Es wurden jedoch verschiedene Richtlinien für die Messung definiert.[18] Mowbray et al. (2003) beschreiben aus der Literatur drei Schritte der Messung der Umsetzung: 1. Definition von Messkriterien, 2. Sammlung von Daten und 3. Prüfung der Gütekriterien der Messkriterien.

1) Definition von Messkriterien. Als erster Schritt der Messung müssen die Kernelemente des Konzepts definiert und in Indikatoren sowie messbare Items operationalisiert werden, so dass eine passende Datenquelle bestimmt werden kann (Mowbray et al., 2003). Vor allem der Definition der Kernelemente (Strukturen sowie Prozesse), welche für die Wirkung des Konzepts essentiell sind, wird in der Literatur große Bedeutung beigemessen (Dusenbury et al., 2003; Mowbray et al., 2003; O'Donnell, 2008; Ruiz-Primo, 2006). Kernelemente können aus der Theorie des Konzepts oder aus ähnlichen bereits evaluierten Konzepten abgeleitet werden und sind auf Basis empirischer Evidenz zu belegen oder anhand von Expertenmeinung bzw. Entwicklermeinung zu begründen (Mowbray et al., 2003; Ruiz-Primo, 2006). Zusätzlich zu den Kernelemente können auch flexible Elemente (adaptive or related components) definiert werden, welche die Möglichkeit zur Anpassung an den Kontext bieten (O'Donnell, 2008; Ruiz-Primo, 2006). Die Erfassung der Anpassung und der Umsetzung der Kernelemente sollte jedoch aufgrund deren Unterschiedlichkeit methodisch getrennt werden (O'Donnell, 2008).

Um Schlussfolgerungen zur Umsetzung ziehen zu können, wird die Entwicklung von Items zu jedem Kernelement empfohlen (Dusenbury et al., 2003). Interventionsspezifisch muss ein Genauigkeitskriterium festgelegt werden, d.h. ein Grenzwert, welcher eine Einteilung in genaue und ungenaue Umsetzung zulässt (Gresham, 2009; O'Donnell, 2008). Wie die Kernelemente in messbare Indikatoren und Items operationalisiert werden sollten, ist bisher noch nicht hinreichend geklärt, da eine zu genaue Spezifizierung wenig praxiskompatibel ist, jedoch eine zu offene Beschreibung die genaue Messung erschwert (Gresham, 2009; O'Donnell, 2008). Mowbray et al. (2003) sowie Dusenbury et al. (2003) kritisieren jedoch, dass Studien zur Umsetzung häufig den geplanten Ablauf anhand genauer Protokolle erheben, anstatt Kernelemente zu begründen und zu operationalisieren. Meist werden konzeptspezifische Checklisten erstellt, deren Items als umgesetzt bzw. nicht umgesetzt bewertet und aus denen ein Umsetzungsindex in Prozent berechnet wird (Gresham, 1989, 2009; Lendrum & Humphrey, 2012; Ruiz-Primo, 2006). Die Items der Checklisten in schulischen

---

18 In Anlehnung an diese Richtlinien wurden in der vorliegenden Arbeit die Kernelemente tutoriellen Lernens hergeleitet, operationalisiert und erhoben.

Settings fokussieren dabei häufig das Verhalten der Lehrkräfte, weniger das der Schülerinnen und Schüler (Ruiz-Primo, 2006).
2) Sammlung von Daten. Es gibt unterschiedliche Messmethoden, welche zur Erfassung der verschiedenen Aspekte der Umsetzung angewendet werden können. Vor allem zur Erfassung der quantitativen Aspekte (Adhärenz und Ausmaß) werden häufig Beobachtungen bzw. Ratings durch unabhängige, geschulte Beobachter als messgenauer im Vergleich zu Angaben aus Selbstberichten beschrieben. Die qualitativen Aspekte (Prozessqualität und Responsivität) werden zumeist durch Fragebögen oder Interviews erfasst, jedoch sind auch andere Methoden möglich, z. B. Beobachtungen zur Interaktionsqualität (Dusenbury et al., 2003; Mowbray et al., 2003). Da die Quantität und Qualität der Umsetzung sich über die Zeit verändern können, werden mehrere Messzeitpunkte empfohlen (Mowbray et al., 2003).
3) Prüfung der Gütekriterien: Mowbray et al. (2003) nennen in ihrem Review fünf Möglichkeiten zur Prüfung von Gütekriterien, von denen zumeist eine in den Studien zur Umsetzung von Interventionen verwendet wurde: 1. Interrater-Übereinstimmung in Form von Prozent, Cohens Kappa oder ICC bieten Anhaltspunkte zur Objektivität und Genauigkeit der Messung. 2. Analysen zur Struktur der Daten mithilfe von Cronbach's Alpha oder Konfirmatorischen Faktorenanalysen (CFA) können Hinweise darauf geben, ob sich die angenommenen Konzepte bzw. Elemente empirisch bestätigen. Gresham (2009) stellt jedoch in Frage, ob Elemente eines Konzepts korrelativ zusammenhängen. 3. Gruppenvergleiche, z. B. mit einer Kontrollgruppe, können Informationen zur erfassten Abgrenzbarkeit des Konzepts geben und bestätigen insofern die Validität der Messung. 4. Vergleiche verschiedener Datenquellen, z. B. der Korrelation von Befragungs- und Beobachtungsergebnissen, können als konvergente Validitätshinweise gedeutet werden. 5. Evaluation des Verhältnisses von Umsetzung und Wirkung einer Intervention bestätigen die Messung insofern, als ein positiver Zusammenhang von Umsetzung und Wirkung zu erwarten ist.

Trotz der o. g. Empfehlungen zeigt sich in Studien zur Umsetzung von Interventionen eine eher uneinheitliche Vorgehensweise, welche in der Unterschiedlichkeit der Konzepte begründet liegt und wenig Generalisierbarkeit zulässt (Lendrum & Humphrey, 2012).

Fazit. Zusammenfassend kann festgehalten werden, dass die Umsetzung von Interventionen anhand quantitativer (Adhärenz und Ausmaß), qualitativer (Prozessqualität und Responsivität) sowie theoretischer (Definition von Kernelementen bzw. Abgrenzbarkeit) Aspekte erhoben werden muss, um ausreichend beurteilt werden zu können. Dabei hat Umsetzungsgenauigkeit kein allgemein definiertes Mindestmaß. In Unterrichtssettings ist mit Anpassungen der geplanten Konzepte an den Kontext zu rechnen, dennoch müssen wirksamkeitsrelevante Kernelemente (Prozesse und Strukturen) von Lehrkräften sowie Schülerinnen und Schülern umgesetzt werden. Ergebnisse zur Umsetzung von Interventionen werden selten berichtet, obwohl dies zur Interpretation der Ergebnisse sowie der Praxiskomptabilität notwendig ist. Wird die Umsetzung beschrieben, so werden zumeist nur quantitative Merkmale mithilfe von Checklisten erfasst, welche in einen Umsetzungsindex in Prozent überführt wurden – selten werden jedoch Kernelemente begründet und operationalisiert oder qualitative Merkmale erhoben. Die Bedeutsamkeit der Prüfung von Gütekriterien der Messmethoden wird betont. Faktoren auf Konzept-, Lehrer- bzw. Klassen- sowie Schul- bzw. Organisationsebene beeinflussen die Umsetzung von Unterrichtskonzepten, wobei Manuale mit unterstützenden Materialien eine besonders große Rolle spielen.

2.2.2 Umsetzung der Praxiskonzepte tutoriellen Lernens

Im Folgenden sollen bisherige Erkenntnisse zur Umsetzung tutoriellen Lernens dargestellt werden. Diese werden für die o. g. theoretischen, quantitativen und qualitativen Aspekte der Umsetzung, wie sie im vorangehenden Abschnitt aus der Literatur zur Umsetzungsgenauigkeit abgeleitet wurden, berichtet. Als bedeutsamster theoretischer Aspekt wird die Beschreibung von Kernelementen angesehen. Als quantitative Aspekte werden die Adhärenz und Häufigkeit der Umsetzung von Methodenelementen beschrieben. Als qualitative Aspekte werden die Qualität der Peer-Interaktion, der Materialien oder der Instruktion betrachtet. Es werden Informationen zu Messung, Anpassung, Einflussfaktoren sowie zum Zusammenhang von Umsetzung und Wirkung aus Implementationsstudien und -ergebnissen zu CWPT und PALS zusammengetragen.

Erfassung der Umsetzung tutoriellen Lernens. Die Umsetzung wird im Bereich kooperativer Lernformen häufiger erfasst und berichtet als bei anderen Interventionen. Dennoch fehlen in einer Metaanalyse entsprechende Daten trotz deren Bedeutung für die interne Validität von Wirksamkeitsevaluationen bei etwa einem Drittel der einbezogenen Studien (Rohrbeck et al., 2003). Zu den tutoriellen Praxiskonzepten CWPT und PALS finden sich einige Studien, die deren Umsetzung in der Grundschule, in integrativen Settings sowie im Kindergarten erfassen und in Bezug zu den Lernergebnissen der Schülerinnen und Schüler setzen (Fuchs et al., 2001; Greenwood, Terry, Arreaga-Mayer & Finney, 1992; Stein et al., 2008). Die Umsetzung wurde in diesen Studien zumeist in Unterrichtsbeobachtungen mithilfe von Checklisten erfasst, welche mit 30 bis 190 Items sehr detailliert am jeweiligen Ablaufplan des Konzepts orientiert waren (Baker, Gersten, Dimino & Griffiths, 2004; Greenwood et al., 1989; Greenwood et al., 1992; Maheady, Harper, Mallette & Winstanley, 1991; McMaster et al., 2013; Stein et al., 2008; Topping, Miller, Murray & Conlin, 2011; Vadasy, Jenkins, Antil, Phillips & Pool, 1997). Die erhobenen Aspekte sollen im Folgenden anhand von Beispielen aus den Checklisten genauer beschrieben werden.

Die Items der Checklisten bezogen sich auf die Lehrerinstruktion sowie die Schülerinteraktion, wobei die Items zur Schülerinteraktion entweder an einzelnen Lernpaaren beispielhaft erhoben oder in Bezug auf die Mehrheit in der Klasse eingeschätzt wurden. Die Items auf Lehrerebene fokussierten auf die Instruktion fachlicher Strategien, z. B. „Teacher introduces the *new* sound." (Stein et al., 2008, S. 377) und auf Schülerebene auf die Umsetzung der Regeln in der Interaktion, wie „Tutor asks ‚what number?' tutee says number name and shows appropriate number of fingers" (Fuchs et al., 2001, S. 502).[19]

Die Checklisten schlossen Strukturelemente, wie die heterogene Zusammensetzung der Lernpaare und die reziproken Rollen, ein, z. B. „Were the pairings decided according to ability? Are the terms ‚tutor' and ‚tutee' used?" (Topping et al., 2011, S. 583). Sie enthielten aber auch Prozesselemente (meist bezeichnet als Prozesse oder Aktivitäten) der Aufgabenbearbeitung und Auswertung der Teamarbeit, wie „Coaches provide help appropriately. Students cooperate." (Baker et al., 2004, S. 23) oder „End of lesson: Is there a plenary session?" (Topping et al., 2011, S. 584). Wie an diesen Beispielen deutlich wird, erfassten Items sowohl die quantitative Umsetzung, z. B. Vorkommen der Lernpaare und Rollen, als auch qualitative Aspekte, wie die Interaktionsqualität.

Die mithilfe der Checklisten gemessene Umsetzungsgenauigkeit wurde in Prozent umgerechnet und als Wert für die „Qualität der Implementation" (Baker et al., 2004, S. 10) beschrieben. Die Erhebungen fanden in den meisten Studien mehrfach statt, teilweise über den Zeitraum von einem (Greenwood et al., 1992) oder mehreren Schuljahren (Topping et al., 2011). Ein Transfer auf andere Unterrichtsinhalte oder Fächer wurde selten berichtet, da die Konzeptelemente sehr eng am Inhalt definiert sind. Die Untersuchungen wurden in den Fächern Mathematik und Sprache, jedoch nicht im Sachunterricht durchgeführt (Stein et al., 2008). Zusätzlich zu den Checklisten wurden bei einigen Studien noch Fragebogen- oder Interviewdaten erhoben, um weitere Informationen zur Umsetzung, der Anpassung von Elementen und Gründe für diese

---

19 Bei den Studien zum CWPT gibt es teilweise eine zusätzliche Ebene des eingesetzten Materials (Greenwood, Delquadri & Hall, 1989; Greenwood, Terry, Arreaga-Mayer & Finney, 1992; Maheady, Harper, Mallette & Winstanley, 1991).

Theoretischer Hintergrund 65

zu erhalten (McMaster et al., 2013; Stein et al., 2008; Topping et al., 2011; Vadasy et al., 1997). Die Ergebnisse dieser Erhebungen werden im übernächsten Abschnitt zusammengefasst.

Insgesamt lässt sich zunächst festhalten, dass die Umsetzung tutoriellen Lernens in Studien zu PALS und CWPT häufig erfasst und berichtet wird. Dazu werden Items zu Struktur- und Prozesselementen auf Lehrer- und Schülerebene in Checklisten anhand von Unterrichtsbeobachtungen erhoben. Zudem sind Items sowohl zu quantitativen Aspekten (Adhärenz von geplanten Elementen oder Häufigkeit von tutoriellen Lernsequenzen) als auch zu qualitativen Aspekten (Qualität der Interaktion, Materialien oder des Arbeitsklimas) enthalten. Diese Vorgehensweise bei der Messung entspricht nicht ganz den zuvor genannten Empfehlungen und Aspekten. Der theoretische Aspekt der Umsetzung fehlt häufig: Kernelemente werden selten theoretisch begründet und operationalisiert. Vor allem bei den Studien zur Umsetzung von PALS werden zwar die Elemente, auf welche sich die Items der Checklisten beziehen, genannt und beschrieben, jedoch wird dabei nicht zwischen fachlichen und methodischen sowie quantitativen und qualitativen Aspekten getrennt, Aspekte allgemeiner Unterrichtsqualität werden ebenfalls einbezogen. Somit vermischen sich in den Checklisten fachbezogene Items, z. B. „The reader says the word." (McMaster et al., 2013, S. 311) mit Items zu methodenspezifischen Aspekten, wie „Students reverse roles appropriately" (Topping et al., 2011, S. 583) sowie mit Aspekten allgemeiner Unterrichtsqualität: „Ethos of the classroom: warm and lively?" (Topping et al., 2011, S. 583) oder „Students stay on task" (Baker et al., 2004, S. 23). Dadurch, dass die Items sehr konzeptspezifisch formuliert sind und eine Mischung von fachlichen und methodischen Elementen in den Checklisten vorliegt, lässt sich die Wirksamkeit für das Lernen jedoch schwer auf konzept- oder fachübergreifende Kernelemente tutoriellen Lernens zurückführen. Beim methodischen Vorgehen wäre zudem zu kritisieren, dass nicht immer ganz klar zwischen gut beobachtbaren Items, wie „Students write their names and the date on top of the coaching sheet." (Baker et al., 2004, S. 23), und hoch-inferenten Items, wie die genannten Items zur Kooperation oder zur Aufmerksamkeit, getrennt wird. Gütekriterien der Messung werden in wenigen Fällen berichtet, wobei es sich in der Regel um Werte der Interrater-Übereinstimmung handelt (z. B. McMaster et al., 2013; Stein et al., 2008).

Umsetzungsgenauigkeit und Anpassung tutoriellen Lernens. Meist wird eine hohe Umsetzungsgenauigkeit tutoriellen Lernens von durchschnittlich über 80% berichtet. Trotz zum Teil aufwendiger Trainingsverfahren konnte eine vollständige Implementation jedoch kaum erreicht werden (Baker et al., 2004; Greenwood et al., 1989; Greenwood et al., 1992; McMaster et al., 2013; Stein et al., 2008). Der Transfer auf einen anderen Unterrichtsinhalt bzw. ein anderes Fach gelang bei Maheady et al. (1991) der Hälfte der Lehrkräfte. Partielle Implementationen bzw. Modifikationen einzelner Elemente auf Lehrer- wie auf Schülerseite werden fast immer berichtet, auch nach zwei Schuljahren (Topping et al., 2011; Vadasy et al., 1997). Diese betreffen sowohl quantitative als auch qualitative Aspekte der Umsetzung. Im quantitativen Bereich wurden Reduktionen von Sequenzen tutoriellen Lernens oder Modifikationen von Konzeptelementen beobachtet (Greenwood et al., 1992). Besonders häufig wurde das Punktesystem weggelassen oder verändert, welches als Gruppenbelohnung von Einzelleistungen eine bedeutsame Konzeptkomponente darstellt (Topping et al., 2011; Vadasy et al., 1997). Auch wichtige Prozesselemente, wie Plenumsreflexionen und Problembesprechungen, wurden häufig reduziert umgesetzt, wohingegen Strukturelemente, wie die Sitzposition in Lernpaaren oder reziproke Rollen als Tutor und Tutand, zumeist implementiert wurden (Topping et al., 2011; Veenman et al., 2000). Auf qualitativer Ebene mangelnder Umsetzungsgenauigkeit tutoriellen Lernens wurden unpassende bzw. nicht optimale Materialien eingesetzt oder eine reduzierte, wenig förderliche Peer-Interaktion beobachtet (Greenwood et al., 1992).

Einflussfaktoren der Umsetzung tutoriellen Lernens. Als Einflussfaktoren der Umsetzung von Interventionen wurden zuvor Bedingungen auf Ebene der Intervention (Konzept und Fortbildung), auf Ebene der Lehrperson bzw. Klasse sowie auf Ebene der Schule bzw. Organisation genannt. Diese betreffen auch die Umsetzung tutoriellen Lernens.

Konzepte zum tutoriellen Lernen werden in der Regel anhand von Lehrerfortbildungen und einem detaillierten Manual vermittelt, dabei wird das strukturierte Vorgehen beschrieben und die Implementation zumeist mit Unterrichtsmaterialien unterstützt (z. B. Fuchs et al., 1997; Greenwood et al., 1989; McMaster et al., 2013; Vadasy et al., 1997). Studien geben Hinweise darauf, dass die hohe Strukturiertheit und detaillierte Beschreibung tutoriellen Lernens sich positiv auf die Umsetzung im Unterricht auswirkt (Baker et al., 2004; Stein et al., 2008). Von besonderer Bedeutung scheint dabei die Unterstützung der Umsetzung anhand von Unterrichtsmaterialien zu sein. In Interviews kritisierten Lehrkräfte, dass es ihnen schwerfällt, passendes Unterrichtsmaterial für tutorielles Lernen zu finden, und begründeten damit ihre mangelnde Implementation (Greenwood et al., 1989; Vadasy et al., 1997). Die Trainings zur Vermittlung unterschieden sich in der Länge und dem Coaching, teilweise wurde nur eine Präsentation zu den Konzeptelementen und der Wirksamkeit gehalten (Vadasy et al., 1997), teilweise wurden die Lehrkräfte trainiert und ihre Umsetzung geprüft, bis sie eine Umsetzungsgenauigkeit von über 85% erreichten (Greenwood et al., 1989). Studien zu PALS zeigen, dass sich das Level an Fortbildung und Unterstützung auf die Genauigkeit der Umsetzung tutoriellen Lernens auswirken kann: Je umfangreicher die Fortbildung und je intensiver die Unterstützung, desto genauer wurden das Konzept umgesetzt (Baker et al., 2004; Stein et al., 2008).

Auf der Ebene der Lehrperson bzw. der Klasse geben Interviewstudien Hinweise auf mögliche Einflussfaktoren der Umsetzung tutoriellen Lernens. Modifikationen der Elemente wurden häufig mit einer Anpassung an die individuellen Lernstände und -bedürfnisse der Schülerinnen und Schüler sowie an lokale Gegebenheiten begründet, z. B. wurden in leistungsschwächeren Klassen Inhalte reduziert, um die Passung zu verbessern, oder die heterogene Zusammensetzung der Lernpartner nicht umgesetzt, um die Frustration lernschwacher Kinder zu vermeiden (Vadasy et al., 1997). Stein et al. (2008) fanden Hinweise darauf, dass sich die Einschätzung der Lehrkraft vom Verhalten der Schülerinnen und Schüler ebenfalls auf die Umsetzung auswirkt. Auch wenn diese Ergebnisse die Vermutung nahelegen, dass die Umsetzung tutoriellen Lernens mit den kognitiven und sozialen Lernvoraussetzungen der Klasse zusammenhängt, steht eine Prüfung dieses Zusammenhangs noch aus, da die genannten Ergebnisse bisher zumeist auf Einschätzungen der Lehrkraft beruhen (Vadasy et al., 1997). Konzeptelemente wurden ebenfalls verändert, wenn sie der Einstellung der Lehrperson oder den allgemeinen Lernzielen der Klasse nicht entsprachen. So wurde das Belohnungssystem mit Punkten besonders häufig weggelassen, da dessen kompetitive Wirkung von den Lehrkräften nicht befürwortet wurde (Maheady et al., 1991; Vadasy et al., 1997). Baker et al. (2004) bringen zudem ein besseres Verständnis tutoriellen Lernens durch die Lehrkräfte mit einer besseren Umsetzung in Verbindung. Schließlich wurden auch die Anforderungen beim Monitoring der Partnerarbeit sowie der erhöhte Geräuschpegel beim tutoriellen Lernen von manchen Lehrkräften als störend empfunden und als Begründungen für die ungenaue Umsetzung genannt (Greenwood et al., 1989). Insgesamt gibt es zu den Einflussfaktoren auf Ebene der Klasse eher Hinweise aus Interviews mit zum Teil widersprüchlichen Ergebnissen, z. B. in Bezug auf den Einfluss von Klassenklima, Berufserfahrung oder Einstellung der Lehrperson zum tutoriellem Lernen (Maheady et al., 1991; Stein et al., 2008).

Auf Ebene der Schule bzw. Organisation nennen Lehrkräfte Zeitmangel als häufigsten Grund für eine reduzierte Umsetzung (Greenwood et al., 1989; Vadasy et al., 1997). Auch Renkl & Mandl (1995) schlussfolgern, dass organisatorische Strukturen von Schule, wie Einzelstunden von 45 Minuten, Fachlehrkräfte und ein Stundenplan mit getrennten Fächern statt übergreifenden Themen, für die Implementation kooperativer Lernformen allgemein eher hinderlich sind. Dabei handelt es sich um einen organisatorisch-strukturellen Einflussfaktor. Die häufig genannte Bedeutung des Schulklimas für Umsetzung wurde in der Studie von Stein et al. (2008) nicht bestätigt.

Zusammenhang von Umsetzung und Wirkung auf die Lernleistung. Die Umsetzung tutoriellen Lernens wird grundsätzlich als Basisvoraussetzung für die Wirksamkeit genannt (Renkl & Mandl, 1995; Rohrbeck et al., 2003; Topping, 2005; Veenman et al., 2000). Wenige Studien evaluieren den Zusammenhang von Umsetzung und Wirkung explizit, diese geben jedoch Hinweise darauf, dass sich die Genauigkeit der Umsetzung auf die Lernergebnisse tutoriellen Lernens auswirkt (Fuchs et al., 2001; Greenwood et al., 1992; Stein et al., 2008). Reduzierte Sequenzen tutoriellen Lernens, mangelnde Passung des Unterrichtsmaterials (zu leichte Aufgaben) sowie ein geringes Ausmaß und niedrige Qualität inhaltlicher Peer-Interaktion werden als quantitative sowie qualitative Aspekte von Umsetzung mit vermindertem Lernzuwachs in Verbindung gebracht (Greenwood et al., 1992). Welches Maß an Umsetzungsgenauigkeit insgesamt für die Wirksamkeit tutoriellen Lernens notwendig ist, kann zwar nicht aus den Ergebnissen geschlossen werden. Es wird jedoch häufig von positiven Effekten tutoriellen Lernens berichtet, obwohl die Umsetzungsgenauigkeit nur partiell gegeben ist, d. h. im Durchschnitt etwas über 80% beträgt und individuell variiert (Greenwood et al., 1992).

Fazit. Studien zu tutoriellem Lernen berichten häufig die Umsetzung in den Fächern Mathematik und Sprache, die mithilfe von Unterrichtsbeobachtungen sowie Lehrerbefragungen oder Interviews evaluiert wurde. In der Regel wird die Genauigkeit der Umsetzung der Konzepte CWPT und PALS anhand von Checklisten gemessen und in einem Index in Prozent angegeben. Nicht in allen Studien sind die Items klar als Operationalisierung theoretisch oder empirisch begründeter Kernelemente erkennbar. Dennoch enthalten die Checklisten Items zu wichtigen Strukturen der Methode, wie heterogene Lernpartnerschaften, Rollen und Belohnung, sowie zu Prozessen der Peer-Interaktion beim gegenseitigen Unterrichten. Es sind Items zu Adhärenz und Menge der Umsetzung dieser Strukturen und Prozesse enthalten, welche als quantitative Merkmale der Umsetzung interpretiert werden können. Auch qualitative Merkmale, welche beim tutoriellen Lernen vor allem im Bereich der Interaktions- und Prozessqualität liegen, werden häufig erhoben. Die Items beziehen sich jedoch auf fachliche sowie methodische Konzeptelemente, sowie auf allgemeine Unterrichtsmerkmale. Dadurch mischen sich in den errechneten Umsetzungsindizes unterschiedliche Faktoren, so dass die Interpretation erschwert erscheint. Insgesamt gelingt die Implementation der tutoriellen Praxiskonzepte CWPT und PALS zumeist mit durchschnittlich über 80% Genauigkeit auch langfristig. Dennoch variiert die Umsetzungsgenauigkeit tutoriellen Lernens in allen Studien. Zum einen variiert die Umsetzung zwischen den Elementen der Methode: Strukturelemente wurden insgesamt genauer umgesetzt als Prozesselemente. Zum anderen variiert die Umsetzung zwischen den teilnehmenden Klassen in Anhängigkeit von Einflussfaktoren auf Ebene der Intervention, der Klasse sowie der Organisation. Ein praxisnahes Training und Manual mit entsprechendem Unterrichtsmaterial kann sich positiv auf die Umsetzung auswirken. Zudem gibt es Hinweise auf die Bedeutung von Wissen und Einstellung der Lehrkraft sowie den zeitlichen Rahmenbedingungen. Ein Zusammenhang der Umsetzung mit kognitiven und sozialen Fähigkeiten der Klasse ist zu vermuten, jedoch bisher nicht hinreichend belegt. Wird die Umsetzungsgenauigkeit mit der Leistungsentwicklung der Schülerinnen und Schüler in Verbindung gebracht, so finden sich meist Hinweise darauf, dass eine genauere Umsetzung zu besseren Lernergebnissen führt.

Insgesamt wird deutlich, dass die Umsetzung beim tutoriellen Lernen zwar erhoben wird, jedoch selten eine klare Darstellung aller drei Dimensionen (quantitativ, qualitativ, theoretisch) erfolgt. In dieser Arbeit wurden in Kapitel 2.1.5, als theoretische Dimension, Kernelemente (Strukturen und Prozesse) tutoriellen Lernens anhand von Basistheorien, empirischen Befunden sowie bestehenden Praxiskonzepten abgeleitet, deren Adhärenz und Häufigkeit der Umsetzung Aufschluss über quantitative Aspekte der Umsetzung geben kann. Als qualitatives Merkmal der Umsetzung steht beim tutoriellen Lernen die Peer-Interaktion beim Prozess des gegenseitigen Unterrichtens im Fokus, da dort gemäß den Basistheorien das Lernen stattfindet. Entsprechende Qualitätsmerkmale müssen definiert und ihr Vorkommen in der Praxis untersucht werden. Die Definition solcher Qualitätsmerkmale kann letztlich vor allem in Bezug auf fachliche Lernziele durchgeführt werden. Bisher wurde die Umsetzung von tutoriellem Lernen vor allem in Mathematik und Sprachunterricht untersucht. Weniger Beachtung fanden naturwissenschaftliche Fächer, wie der Sachunterricht. Da tutorielles Lernen als Unterrichtsmethode eng an fachliche Strategien und Inhalte geknüpft ist, können die Ergebnisse anderer Fächer jedoch nicht unbedingt übertragen werden – zumal Grundschullehrkräfte häufig über unzureichendes fachliches sowie fachdidaktisches Wissen zu naturwissenschaftlichen Themen verfügen (Appleton, 2007), was als ein Einflussfaktor für die Umsetzung beschrieben wurde. Diese Arbeit untersucht daher die Umsetzung tutoriellen Lernens im naturwissenschaftlichen Sachunterricht und versucht somit die Forschungslücke in diesem Bereich zu schließen. Daher sollen im folgenden Kapitel Lernziele und Lernwege im naturwissenschaftlichen Sachunterricht vorgestellt und wichtige Merkmale lernförderlicher Peer-Interaktion abgeleitet werden, welche als qualitative Aspekte der Umsetzung tutoriellen Lernens erhoben werden können.

2.3 Tutorielles Lernen im naturwissenschaftlichen Sachunterricht

Praxiskonzepte tutoriellen Lernens, wie z. B. PALS, setzen methodische Kernelemente zur Förderung fachlicher Lernziele ein und verwenden dazu zumeist positiv evaluierte Lernstrategien. Welche Lernziele und Förderstrategien im naturwissenschaftlichen Sachunterricht der Grundschule relevant sind, soll im folgenden Kapitel dargestellt werden. Daraus lassen sich wichtige Hinweise für die Umsetzung tutoriellen Lernens im naturwissenschaftlichen Sachunterricht ableiten.

2.3.1 Naturwissenschaftliche Kompetenzen und Lernziele in der Grundschule

Der Sachunterricht[20] ist als Kernfach in der Grundschule gemeinsam mit den Kernfächern Deutsch, Mathematik wesentlich an der Erfüllung des Bildungsauftrages der Grundschule beteiligt. Ziel ist es, die Grundschulkinder dazu zu befähigen, sich in ihrer Umwelt zu orientieren, diese zu verstehen und aktiv mit zu gestalten (Möller, Hardy & Lange, 2012). Im Sachunterricht werden sowohl naturwissenschaftlich-technische als auch sozial- und kulturwissenschaftliche Kompetenzen grundgelegt. Er schafft entscheidende Voraussetzungen für erfolgreiches Lernen in den natur- und gesellschaftswissenschaftlichen Fächern der Sekundarstufe (Gesellschaft für Didaktik des Sachunterrichts, 2013). Als Bezugspunkt für die naturwissenschaftlichen Lernziele im Sachunterricht können in den Naturwissenschaften erarbeitete Erkenntnisse gesehen werden. Da der täglich wachsende Erkenntnisstand jedoch nicht erreicht werden kann, sind Ziele und Kriterien für den naturwissenschaftlichen Sachunterricht aufzustellen (Prenzel & Seidel, 2008).

Nachdem längere Zeit unklar war, welche Zielsetzung und Inhalte im naturwissenschaftlichen Unterricht anzustreben sind, fand in den 1990er Jahren eine intensive Debatte um diese unter dem Oberbegriff „scientific literacy" statt (Duit & Treagust, 2003). Scientific literacy ist in der Literatur nicht ganz einheitlich definiert, beschreibt jedoch gemeinhin Kompetenzen, welche als Dispositionen zur Bewältigung von Anforderungssituationen verstanden werden und damit über bloßes Faktenwissen hinausgehen. Kompetenzen in diesem Sinne setzen ein umfassendes bzw. tiefes Verständnis voraus und schließen prozedurale, metakognitive und motivationale Aspekte mit ein (Prenzel

---

20 Aufgrund der Bildungshoheit der Bundesländer existieren in Deutschland unterschiedliche Lehrpläne. Selbst die Bezeichnung für das Fach Sachunterricht ist in den Bundesländern nicht einheitlich.

& Seidel, 2008). Es werden meist bestimmte Dimensionen von Kompetenzen in Bezug auf scientific literacy beschrieben. Beispielsweise nennt Bybee (1997) dazu verschiedene Stufen (nominelle, funktionelle, konzeptuelle und prozedurale sowie multidimensionale Stufe). Die theoretische Rahmenkonzeption naturwissenschaftlicher Grundbildung bei PISA 2006 definiert scientific literacy als die Fähigkeit zur Identifikation von Fragen und zum Ziehen von evidenzbasierten Schlussfolgerungen zur Unterstützung von Verständnis und Umgang mit der Umwelt. Sie rückt drei Bereiche in den Blickpunkt: naturwissenschaftliches Wissen, Wissen über Naturwissenschaften sowie Motivation und Einstellungen (Duit & Treagust, 2003; Prenzel & Seidel, 2008; Rönnebeck, Schöps, Prenzel, Mildner & Hochweber, 2010). Zusammenfassend lässt sich feststellen, dass die verschiedenen Literacy-Ansätze ähnliche Kompetenzdimensionen[21] definieren, welche als bedeutsam für die verständliche und verantwortungsvolle Teilhabe am gesellschaftlichen Leben definiert werden (Kleickmann, 2008). Meist unterscheiden sie „*Konzeptwissen* (zentrale naturwissenschaftliche Begriffe und Prinzipien), *Prozesswissen* (Verständnis naturwissenschaftlicher Denk- und Arbeitsweisen) sowie *Meta-Wissen* (Verständnis der Besonderheit der Naturwissenschaften und der Beziehung zwischen Naturwissenschaft, Technologie und Gesellschaft)" (Prenzel & Seidel, 2008, S. 610). Derzeit besteht demnach ein weitgehender internationaler Konsens über wesentliche Aspekte naturwissenschaftlicher Schulbildung.

Diese Lernziele werden in ähnlicher Weise für den Grundschulbereich genannt. Die Debatte um curriculare Inhalte im Bereich naturwissenschaftlicher Themen wurde auch in Bezug auf die Grundschule geführt. Sie wurde geschürt durch die Ergebnisse internationaler Schulleistungsvergleiche, wie TIMSS (Third International Mathematics and Science Studies) und PISA (Programm for International Student Assessment), welche zeigten, dass die naturwissenschaftlichen Kompetenzen der Schülerinnen und Schüler in vielen Ländern hinter den Erwartungen zurückblieben (Kleickmann, Brehl, Saß & Prenzel, 2012; Rönnebeck et al., 2010). Weiterhin belegen neue empirische Studien, dass Kinder bereits im Grundschulalter naturwissenschaftliche Konzepte und Arbeitsweisen verstehen können, und stellten somit die weitverbreitete Überzeugung vom konkreten Denken in dieser Altersstufe aus der Rezeption der Entwicklungsstufen Piagets in Frage (Möller, Jonen, Hardy & Stern, 2002). Diese Ergebnisse unterstrichen die Bedeutung früher schulischer Bildung im Bereich naturwissenschaftlicher Themen und führten zu einer Veränderung von Empfehlungen und Zielkatalogen der Grundschule im Sinne

---

21 Zur Dimensionalität naturwissenschaftlicher Kompetenz liegen kaum empirische Ergebnisse vor. Die Modelle waren überwiegend theoretisch bzw. wurden anhand von post-hoc ermittelten Kompetenzstufen postuliert (Hardy, Kloetzer, Möller & Sodian, 2010; Prenzel & Seidel, 2008).

des o.g. scientific-literacy-Begriffs. Auch wenn in den letzten zehn Jahren nahezu alle Lehrpläne erneuert und naturwissenschaftliche Themen dabei stärker berücksichtigt wurden, existieren für das Fach Sachunterricht und damit auch für das naturwissenschaftliche Lernen in der Grundschule keine länderübergreifenden Bildungsstandards. Der „Perspektivrahmen Sachunterricht", herausgegeben von der Gesellschaft für Didaktik des Sachunterrichts (GDSU, 2013), hatte jedoch einen Einfluss auf die Revision der Lehrpläne. Dieser beschreibt Lernziele auf zwei Dimensionen: Eine Dimension der Konzepte/Themenbereiche sowie eine der Denk-, Arbeits- und Handlungsweisen. Um die Anschlussfähigkeit an die Lebenswelt der Kinder sowie an die Fächer der Sekundarstufe zu sichern, enthalten beide Dimensionen eine naturwissenschaftliche, eine sozialwissenschaftliche, eine geografische, eine technische und eine historische Perspektive. Diese finden sich z.B. im hessischen Rahmenplan Grundschule in ähnlicher Weise wieder (Hessisches Kultusministerium, 1995).

Zusammenfassend lassen sich als Lernziele des naturwissenschaftlichen Sachunterrichts in der Grundschule grundlegende Themen bzw. Konzepte sowie typische Denk-, Arbeits- und Handlungsweisen nennen. Auf naturwissenschaftliche Konzepte bzw. deren Entwicklung soll im Folgenden genauer eingegangen werden. Typische Denk-, Arbeits- und Handlungsweisen werden in Abschnitt 2.3.4 in Verbindung mit einer förderlichen Unterrichtsgestaltung thematisiert.

2.3.2 Naturwissenschaftliches Verständnis als Lernziel

Naturphänomene veranlassen Kinder bereits im Grundschulalter dazu, eigene Vorstellungen zu entwickeln, welche sie im Alltag zur Erklärung für die beobachteten Geschehnisse heranziehen. Sie erklären sich z.B. die zunehmende Helligkeit am Morgen mit dem „Aufgehen" der Sonne über der Erde. Solche Vorstellungen davon, wie die Dinge sind, werden als *Konzepte* bezeichnet. Zumeist stimmen diese vorhandenen Konzepte wenig mit wissenschaftlichen Konzepten überein, z.B. veranlasst das Konzept der aufgehenden Sonne zu der Vorstellung, dass die Sonne sich bewegt (Vosniadou, Ioannides, Dimitrakopoulou & Papademetriou, 2001). Dennoch erweisen sich vorhandene Konzepte als veränderungsresistent, da sie sich im Alltag zur Erklärung bewährt haben (Carey, 2000). Eine spezifische Erkenntnis ist notwendig, um sie zu überwinden, welche durch schulische Förderung erreicht werden kann (Vosniadou, 2007).

Für den naturwissenschaftlichen Sachunterricht der Grundschule wird daher die Vermittlung von Konzepten zu alltäglichen Phänomenen, wie Mag-

Theoretischer Hintergrund 73

netismus, Elektrizität oder Verdrängung, als wichtiges Lernziel beschrieben (Möller, Hardy & Lange, 2012). Dieses Lernziel bedeutet nicht, dass im Unterricht ein umfassendes Faktenwissen vermittelt werden soll. Wie aus dem oben genannten Kompetenzbegriff abzuleiten ist, wird als Ziel ein *konzeptuelles Verständnis* beschrieben, welches zur Begründung von zentralen Naturphänomenen des Alltags herangezogen werden kann.

Das Lernziel des konzeptuellen Verständnisses lässt sich anhand bestimmter Kompetenzniveaus besser beschreiben. Kleickmann et al. (2010) leiten drei Kompetenzniveaus aus Untersuchungen zu Lernentwicklungen des konzeptuellen Verständnisses[22] ab:

1) Als naive Vorstellungen gelten solche, die nur sehr eingeschränkt tragfähig und daher in unterschiedlichen Kontexten nicht als Erklärung anwendbar sind. Solche Vorstellungen werden häufig auch als Fehlkonzepte (misconceptions) bezeichnet.[23]
2) Zwischenvorstellungen sind Vorstellungen, welche viele Phänomene erklären, aber nicht uneingeschränkt gültig sind und durch entsprechende Evidenzen widerlegt werden können. Zwischenvorstellungen werden häufig auch als Alltagsvorstellungen bezeichnet.
3) Wissenschaftliche Vorstellungen beruhen auf von der Wissenschaft geteilten Konzepten bzw. sind mit diesen kompatibel.
3+) Teilweise wird noch ein zusätzliches, höheres Kompetenzniveau (integriertes Verständnis) unterschieden, bei dem mehrere Aspekte integriert sind. Dieses Niveau geht meist mit einer Ablehnung von naiven Vorstellungen und der aktiven Verwendung von wissenschaftlichen Vorstellungen einher (Hardy et al., 2006).

Die Kompetenzniveaus beschreiben somit eine Progression von einer naiven zu einer wissenschaftlichen Vorstellung der Schülerinnen und Schüler. Die ge-

---

22 Entwicklungen von vorhandenen Vorstellungen zu einem wissenschaftlichen Verständnis bestimmter Naturphänomene wurden auf unterschiedliche Art und Weise erhoben und beschrieben. Es wurden Interviews, Multiple-Choice-Testaufgaben oder Dialoganalysen durchgeführt und ausgewertet, mithilfe derer verschiedene Verständnisniveaus oder -modelle beschrieben wurden (Mercer, 1996; Vosniadou, 2007; Vosniadou, Ioannides, Dimitrakopoulou & Papademetriou, 2001). In Anlehnung an die Ergebnisse dieser Forschung wurden die drei Kompetenzniveaus abgeleitet.
23 Die Bezeichnung der „Fehlvorstellung" wird häufig aufgrund ihrer abwertenden Wirkung kritisiert, welche der Alltagstauglichkeit dieser Konzepte nicht gerecht wird. Alternativ werden wertneutralere Begriffe, wie „vorwissenschaftliche" (preconceptions) oder „Lernervorstellungen", vorgeschlagen (Krüger, 2007, S. 82). Hier wird in Anlehnung an Kleickmann et al. (2010), welche eine Beschreibung der drei Kompetenzniveaus beim Thema „Schwimmen und Sinken" vornehmen, der Begriff „naive Vorstellungen" verwendet.

nannten Niveaustufen sind vermutlich nicht in jeder Anforderungssituation konstant. Aufgrund situativer Bedingungen können z. B. naive Vorstellungen auch nach einer bereits genutzten Begründung der nächsten Niveaustufe wieder auftreten. Sie können sich auch zu neuen naiven Vorstellungen entwickeln, so dass zwar ein anderes Konzept zur Erklärung verwendet wird, welches jedoch nicht auf einer höheren Kompetenzstufe einzuordnen ist (Vosniadou, 2007). Untersuchungen ergaben jedoch Hinweise auf eine Entwicklung im Sinne des beschriebenen Kontinuums von zunehmend belastbaren Vorstellungen in Bezug auf das Thema „Schwimmen und Sinken" im Grundschulalter (Hardy et al., 2006; Schneider & Hardy, 2013).

Insgesamt lässt sich festhalten, dass das Verständnis naturwissenschaftlicher Konzepte, welches eine möglichst tragfähige Erklärung von alltäglichen Phänomenen ermöglicht, ein wichtiges Lernziel in der Grundschule darstellt. Das Thema „Schwimmen und Sinken" soll im Folgenden als ein Beispiel für alltagsrelevante Naturphänomene genauer dargestellt und als Thema für den Grundschulsachunterricht begründet werden, da dieses den Unterrichtsinhalt der vorliegenden Untersuchung darstellt.

Naturwissenschaftliches Verständnis des Themas „Schwimmen und Sinken"

Das Phänomen des Schwimmens oder Sinkens von Dingen im Wasser kann mithilfe der naturwissenschaftlichen Konzepte der Dichte sowie mit den Konzepten Verdrängung und Auftrieb erklärt werden. Das Dichtekonzept erfordert den Vergleich der Verhältnisse von Masse und Volumen von Gegenstand und Flüssigkeit. Bei den Konzepten Verdrängung und Auftrieb wird ein Vergleich von Kräften durchgeführt und als Begründung herangezogen (Hardy et al., 2006). Es handelt sich dabei um zentrale naturwissenschaftliche Konzepte, welche im Alltag angewendet werden können.

Das Phänomen, dass manche Dinge im Wasser schwimmen und andere sinken, begegnet Grundschulkindern in ihrem Alltag und veranlasst sie zum Entwickeln eigener Vorstellungen und Begründungen. Somit kommen Kinder bereits mit Konzepten zum Naturphänomen in den Sachunterricht, welche jedoch meist nicht mit den wissenschaftlichen Erklärungen vereinbar sind: Häufig fokussieren sie in ihren Begründungen auf einen Aspekt der Dichte, Masse oder Volumen, z. B. „Dinge, die groß sind, gehen unter" oder, „Dinge, die schwer sind, gehen unter" oder sie verstehen die Luft als aktive Kraft, welche Dinge nach oben zieht. Sie vernachlässigen die umgebende Flüssigkeit in ihren Begründungen meist ganz (Hardy, Jonen, Möller & Stern, 2004; Janke, 1995; Möller, 1999). Probleme bereitet offensichtlich das für das Dichtekonzept erforderliche proportionale Verständnis. Solche vorhandenen Vorstellungen haben nur einen eingeschränkten Erklärungswert und wären entsprechend der o. g. Kompetenzniveaus als naive Vorstellungen einzuordnen. Die Vorstellung, dass Dinge aufgrund ihrer Größe untergehen, kann z. b. das Schwimmen eines großen Baumstamms nicht erklären. Ein Beispiel für die nächste Kompetenzstufe der Zwischenvorstellungen wäre die Erklärung des Schwimmens bzw. Sinkens eines Objekts mithilfe des Materialkonzepts. Dieses beinhaltet die Vorstellung, dass dasselbe Material (z. B. Holz) sich im Wasser gleich verhält. Dieses Konzept hat bereits einen hohen Erklärungswert im Vergleich zu den naiven Konzepten, kann jedoch das Sinken von Tropenhölzern nicht erklären. Wissenschaftliche Vorstellungen zum Schwimmen und Sinken hingegen, wie das relative Dichtekonzept, bieten eine umfassende Erklärung, z. B. die Theorie, dass alle Gegenstände schwimmen, die leichter sind als genauso viel Wasser. Auf der höchsten Kompetenzstufe werden dabei sogar mehrere wissenschaftliche Konzepte integriert, z. B. sowohl die mittlere Dichte als auch Verdrängung oder Auftrieb zur Erklärung herangezogen oder naive Vorstellungen explizit abgelehnt. Auch in Bezug auf das konzeptuelle Verständnis zum Thema Schwimmen und Sinken konnte eine Entwicklung anhand der genannten Kompetenzniveaus beschrieben werden (Hardy et al., 2006, Kleickmann et al., 2010; Pollmeier et al.). Untersuchungen geben Hinweise darauf, das Grundschulkinder bei entsprechender Förderung eine konzeptuelle Verständnisentwicklung zeigen (Hardy et al., 2006, 2002). Es wird daher eine frühe Förderung des konzeptuellen Verständnisses empfohlen (Möller et al., 2002), was als gute Vorbereitung für das Lernen im Sekundarschulalter gesehen werden kann.

Das Thema „Schwimmen und Sinken" wird häufig als Lernziel für den Bereich des Konzeptuellen Verständisses im Grundschulalter vorgeschlagen. So wird im Perspektivrahmen Sachunterricht unter der Überschrift „Physikalische Vorgänge" das Schwimmen und Sinken als wichtiger Themenbereich genannt (Gesellschaft für Didaktik des Sachunterrichts, 2013, S. 44). Auch landesspezifische Curricula beziehen das Thema ein, z. B. nennt der hessische Rahmenplan Grundschule „Erfahrungen und Versuche mit Wasser" zum Thema „Schwimmen und Sinken" als Lernziel im Sachunterricht (Hessisches Kultusministerium, 1995, S. 137).

Bis hierher lässt sich schlussfolgern, dass das Schwimmen und Sinken von Gegenständen im Wasser ein alltägliches Naturphänomen für Grundschulkinder ist, welches anhand naturwissenschaftlicher Konzepte erklärt werden kann. Viele Kinder bringen jedoch naive Konzepte in den Unterricht mit. Notwenige Maßnahmen zur Förderung in Bezug auf tragfähigere Konzepte lassen sich anhand wichtiger Erkenntnisse zum Lernprozess besser verstehen. Mit der Beschreibung dieses Lernprozesses beschäftigen sich Theorien und Untersuchungen zum Konzeptwechsel, welche im folgenden Abschnitt zusammengefasst werden sollen.

2.3.3 Konzeptwechsel als Lernbegriff

Lernen in den Naturwissenschaften wird häufig als Konzeptwechsel (conceptual change) beschrieben. Damit ist die Entwicklung eines wissenschaftlichen Verständnisses von Naturphänomenen gemeint, welche sich auf Basis vorhandener, meist naiver Alltagsvorstellungen vollzieht (Kleickmann, 2008; Krüger, 2007; Treagust & Duit, 2008; Vosniadou, 2007). Es liegen zahlreiche Theorieansätze vor, die mit Bezug auf unterschiedliche Rahmentheorien in den Beschreibungen, was bei einem Konzeptwechsel verändert wird und wie ein Konzeptwechsel verläuft differieren (Mayer, 2002). Diese sollen hier zum Überblick kurz skizziert werden:

In der „klassischen" Definition von Posner, Strike, Hewson, Gertzog (1982) werden in Anlehnung an Piagets Lerntheorie[24] zwei Arten von Konzeptwechsel unterschieden: Geringfügige Veränderungen vorhandenen Wissens werden als Assimilation beschrieben, wohingegen starke Veränderungen, welche mit der Aufgabe nicht belastbarer Vorstellungen sowie dem Aufbau neuer Konzepte einhergehen, als Akkomodation bezeichnet werden. Als Bedingungen für eine bedeutungsvolle, nachhaltige Konzeptentwicklung im Sinne einer Akkomodation wird eine *Unzufriedenheit* mit den vorhandenen Vorstellungen gesehen, z. B. eine Beobachtung, welche diesen widerspricht oder mit diesen nicht vereinbar ist und somit einen Konflikt hervorrufen kann. Gleichzeitig muss ein alternatives Konzept angeboten werden, welches gut *verständlich* ist und *plausibel* erscheint bzw. sich als *fruchtbar* zur Erklärung erweist (Duit & Treagust, 2003; Kleickmann, 2008; Krüger, 2007). Unter diesen Bedingungen wird von einer neuen Einsicht und dem Ersatz der alten Vorstellungen ausgegangen. Studien zeigen jedoch, dass trotz dieser ein Konzeptwechsel nicht garantiert ist, da ein Konflikt auch ignoriert oder eine neue Information synthetisch mit bisherigen Vorstellungen verbunden werden kann (Vosniadou, 2007). Konzeptwechsel wird heute daher als langsamer und gradueller Prozess der Umstrukturierung vorhandener zu wissenschaftlicheren Vorstellungen beschrieben und nicht als Ersatz oder Austausch, was das Wort „Konzeptwechsel" fälschlicherweise suggeriert (Duit & Treagust, 2003; Kleickmann, 2008; Krüger, 2007; Vosniadou, 2007).

---

24 Piagets Theorie wurde bereits in Kapitel 2.1.3 als Basistheorie tutoriellen Lernens genauer beschrieben.

Kritik erfuhr diese klassische Definition von Konzeptwechsel zudem aufgrund des Fehlens weiterer beteiligter kognitiver sowie affektiver und sozialer Aspekte: Kognitive Ansätze von Konzeptwechsel kritisieren die Fokussierung von einzelnen bereichsspezifischen Konzepten beim klassischen Ansatz. Diese Theorien hingegen beschreiben die Entwicklung einzelner Konzepte in Zusammenhängen mit allgemeinen Theorien zu naturwissenschaftlichen Phänomenen. Dabei werden unterschiedliche Modelle dazu entworfen, wie diese Zusammenhänge aussehen: Vosniadou (1994) beschreibt Konzepte als eingebettet in erklärende Rahmentheorien (mentale Modelle), welche reorganisiert werden müssen, um neue Konzepte aufnehmen zu können. Bei Chi (1994) werden Konzepte Kategorien zugeordnet, so dass Konzeptwechsel als eine neue Zuordnung bei vorherigem Kategorisierungsfehler verstanden wird (Mayer, 2002; Stark, 2003). DiSessa geht von fragmentarisch vorhandenen Wissensaspekten aus, welche beim Konzeptwechsel zueinander in Beziehung gesetzt und zu einer Struktur miteinander verbunden werden ((diSessa, 1988; Mayer, 2002). Diese verschiedenen Ansätze des Konzeptwechsels konnten anhand empirischer Ergebnisse untermauert werden (Mayer, 2002). Es scheint individuelle Unterschiede in den Lernwegen zu geben, welche sich mit jeweils anderen Ansätzen besser beschreiben lassen (Schneider & Hardy, 2013). Bei allen kognitiven Theorien werden Konzepte als eingebettet in übergreifende Verstehensstrukturen dargestellt, welche durch Konzeptwechsel beeinflusst werden oder diese beeinflussen, so dass Einsichten in verschiedenen Bereichen miteinander verknüpft und nicht isoliert zu betrachten sind (Duit & Treagust, 2003). Somit stützen diese Theorien die Sichtweise von Konzeptwechsel als kontinuierliche Umstrukturierung und Bereicherung von Wissen anstatt plötzlicher Einsicht. Zudem wird der Aspekt der Bewusstheit der eigenen Konzepte (metakonzeptionelles Wissen) als bedeutsam genannt (Duit & Treagust, 2003).

Ein weiterer Kritikpunkt an der klassischen Konzeptwechseltheorie bezieht sich auf die Vernachlässigung affektiver Aspekte, wie Motivation und Interesse, als Einflussfaktoren (Treagust & Duit, 2008). Zwar werden dort mithilfe der Aspekte „Unzufriedenheit, Verständlichkeit, Plausibilität und Fruchtbarkeit" auch affektive Bedingungen für Konzeptwechsel angesprochen, jedoch stehen kognitive Erklärungsansätze im Vordergrund, was von Kritikern als „kalter" oder „rationaler" Konzeptwechsel bezeichnet wird. So kann, gemäß der affektiven Perspektive auf Konzeptwechsel, ein Konflikt nicht zu nachhaltigem Lernen führen, wenn er Unbehagen auslöst (Krüger, 2007). Auch motivationale Aspekte werden als Bedingungen von Konzeptwechsel beschrieben, z.B. Zielorientierungen, Interesse und Selbstwirksamkeit (Pintrich, Marx & Boyle, 1993).

Ein weiterer Ansatz von Konzeptwechsel bezieht den Aspekt des sozialen Kontextes mit ein und kritisiert den klassischen Ansatz als zu individuumzentriert (Stark, 2003). Mit Bezugnahme auf Wygotskis sozialkonstruktivistische Theorie[25] wird der situative und kulturelle Wert eines Konzepts als bedeutsam betont (Mayer, 2002; Stark, 2003). Lernende eignen sich demnach Werkzeuge an, indem sie diese in verschiedenen sozialen Kontexten benutzen. Es wird zwischen intellektuellen Werkzeugen, z. B. Konzepte und Begriffe, sowie physischen Werkzeugen, d. h. Repräsentationen wie Modelle, unterschieden. Konzeptwechsel ist demnach eine Entwicklung der Benutzung von Werkzeugen von einer ineffektiven Nutzung bis hin zum Beherrschen der vermittelnden Bedeutung. Dies geschieht in Interaktion mit anderen Personen in verschiedenen Nutzungssituationen (Säljö, 1999). Somit steht die interaktive Entwicklung von Konzepten im sozialen Kontext im Fokus. Empirische Belege finden sich z. B. aus strukturierten Interviews, bei denen Kinder Fragen zur Erdanziehungskraft mithilfe einer Weltkarte elaborierter beantworteten, was die Bedeutung von Repräsentationsformen (physical tools) für das Verständnis unterstützt (Mayer, 2002). Zudem finden sich Belege für die Bedeutung von sprachlichen Bezeichnungen bzw. einer Sprachfokussierung, z. B. auf Vergleichsbegriffe, für das konzeptuelle Verständnis (Hong & Diamond, 2012; Leuchter, Saalbach & Hardy, 2011), was die Bedeutsamkeit der Nutzung von intellektuellen Werkzeugen, wie sprachliche Begriffe, für das Lernen unterstreicht. Eine systematische empirische Untermauerung steht jedoch bislang noch aus (Stark, 2003).

Zusammenfassend lässt sich feststellen, dass Konzeptwechsel auf Basis konstruktivistischer bzw. sozialkonstruktivistischer Theorien als ein gradueller Prozess der Umstrukturierung vorhandener Vorstellungen hin zu wissenschaftlicheren Konzepten beschrieben wird, der verschiedene Wege beschreiten kann (Carey, 2000; Schneider & Hardy, 2013). Dabei wird davon ausgegangen, dass vorhandene Vorstellungen nicht sofort ersetzt werden, sondern ggf. neben neuen ko-existieren (Stark, 2003; Vosniadou, 2007). Auch wenn unterschiedliche theoretische Erklärungsansätze zum Konzeptwechsel bestehen, werden heute kognitive bzw. metakognitive, affektive sowie soziale Aspekte als bedeutsame Bedingungsfaktoren von Konzeptwechsel einbezogen (Krüger, 2007) und sogar zusammenfassende Ansätze, wie z. B. der multidimensionale Ansatz von Treagust und Duit (2008), vorgeschlagen.

Die Entwicklung eines anwendungsfähigen, tiefen Verständnisses im Sinne des Konzeptwechsels kann durch eine angemessene Förderung unterstützt werden. Auf Merkmale einer förderlichen Unterrichtsgestaltung soll im Folgenden eingegangen werden.

---

25 Wygotskis Theorie wurde bereits in Kapitel 2.1.3 als Basistheorie tutoriellen Lernens dargestellt. Er betont die Bedeutung wissenschaftlicher Begriffe, die sich auf Basis vorhandener Begriffe im Unterrichtsgespräch entwickeln, was sich gut auf die Entwicklung naturwissenschaftlicher Konzepte beziehen lässt (Wygotski, 1964).

2.3.4 Unterrichtsgestaltung zur Förderung des konzeptuellen Verständnisses

Konstruktivistisch orientierte Unterrichtsgestaltung. Konstruktivistisch orientierte Lernumgebungen werden häufig zur Förderung des Konzeptwechsels im Unterricht empfohlen und traditionellen Unterrichtsformen gegenübergestellt (Duit, 1995). Entsprechend der Vielzahl an Ansätzen zum Konzeptwechsel findet sich eine Bandbreite von Konzepten zur Unterrichtsgestaltung, so dass weniger von einem konstruktivistischen Konzept naturwissenschaftlichen Unterrichts als von einer konstruktivistischen Perspektive gesprochen werden kann (Duit, 1995). Diese beinhaltet heute sowohl eine Sichtweise vom Lernen als aktive Entwicklung eines Individuums durch einen kognitiven Konflikt und darauf folgender Weiterentwicklung vorhandener Vorstellungen, wie sie aus der konstruktivistischen Theorie Piagets abgeleitet wurde. Sie berücksichtigt aber auch die Bedeutung situativer, sozial-interaktiver und kultureller Kontexte, innerhalb derer diese Vorstellungen zur Anwendung kommen und schließt damit Aspekte des sozialkonstruktivistischen Lernbegriffs aus der Theorie Wygotskis ein (Bliss, 1996; Cobb, 1994).[26] So können vorhandene Vorstellungen z. B. durch widersprechende Ergebnisse eines Experiments oder andere Meinungen der Mitschülerinnen und Mitschüler in Frage gestellt werden (Duit, 1995). Konstruktivistisch orientierte Unterrichtsbedingungen haben sich metaanalytisch als lernförderlich erwiesen (Guzzetti, Glass & Gamas, 1993).

Auch wenn unterschiedliche Ansätze konstruktivistischer Lernumgebungen in der Literatur zu finden sind, so lassen sich doch einige gemeinsame Prinzipien beschreiben, die auf einer in der naturwissenschaftsdidaktischen Forschung weitgehend konsensfähigen Position beruhen, z. B. forschungsorientiertes Unterrichten, strukturierende Hilfen sowie eine argumentative Auseinandersetzung. Sie knüpfen an die klassische Sichtweise von Konzeptwechsel als Überwindung eines kognitiven Konflikts an, beziehen aber auch affektive, kontextuelle sowie metakognitive Aspekte ein. Zudem werden die genannten Lernziele des naturwissenschaftlichen Sachunterrichts der Grundschule, Konzeptwissen sowie Denk-, Arbeits- und Handlungsweisen, aufgegriffen. Die drei o. g. Prinzipien sollen hier genauer beschrieben werden.

Forschungsorientiertes Unterrichten. Da es sich bei der Umstrukturierung von Wissen um einen aktiven Prozess handelt, wird die Bedeutung von aktiver Auseinandersetzung anstatt bloßer Wissensvermittlung für den Konzeptwechsel besonders betont (Carey, 2000; Hardy et al., 2006; Vosniadou, 2007; Vos-

---

26 Auf die Widersprüche und Gemeinsamkeiten konstruktivistischer und sozialkonstruktivistischer Lerntheorien wurde bereits im Kapitel 2.1.3 im Zusammenhang mit tutoriellem Lernen eingegangen, daher soll dies hier nicht wiederholt werden.

niadou et al., 2001). Der Begriff „inquiry-based science teaching" umschreibt Unterrichtsformen, die eine aktive Konstruktion eines naturwissenschaftlichen Verständnisses mithilfe von Experimenten und empirischer Evidenz fördern – angelehnt an die Erkenntnisgewinnung, wie sie in der naturwissenschaftlichen Forschung geschieht (Duschl, 2008). Forschungsorientiertes Unterrichten beinhaltet demnach für die Naturwissenschaft typische Denk-, Arbeits- und Handlungsweisen. Es wird meist traditionellen Unterrichtsformen der schrittweisen Vermittlung von Wissen gegenübergestellt (Anderson, 2002; Furtak, Seidel, Iverson & Briggs, 2012). „Traditionally, science curriculum has focused on what one needs to know to do science. (…) The new perspective of science education focuses on what students need to do to learn science." (Duschl, 2008, S. 269). Ein forschungsorientiertes Vorgehen beinhaltet z. B. das Aufstellen wissenschaftlicher Fragen und Formulieren von Hypothesen, die Planung, Durchführung und Auswertung von Experimenten, die Entwicklung, Diskussion und Veröffentlichung von Begründungen für Naturphänomene sowie die Anwendung und Darstellung von neuen Konzepten in verschiedenen Repräsentationsformen und Modellen (Furtak et al., 2012; Vosniadou et al., 2001). Duschl (2008) unterscheidet dabei drei Kategorien dieses Vorgehens: (1) konzeptuell: konzeptuelles Verständnis bzw. Erklärungen für Naturphänomene, (2) epistemisch: Sammlung, Auswertung und Interpretieren von empirischer Evidenz für Erklärungen, (3) sozial: Kommunizieren von Ideen, Argumentieren, Finden gemeinsamer Erklärungen und Entscheidungen, Darstellung in Modellen. Darin spiegeln sich entsprechend die Lernziele eines forschungsorientierten Unterrichts wider (Hmelo-Silver, Ravit & Chinn, 2007; Minner, Levy & Century, 2010). Auch wenn über diese Lernziele der naturwissenschaftlichen Denk-, Arbeits- und Handlungsweisen, weitgehend Einigkeit besteht (Minner et al., 2010), scheinen die didaktischen Vorgehensweisen weniger klar zu sein. Verschiedene Autorinnen und Autoren kritisieren die uneinheitliche Umsetzung forschungsorientierten Unterrichts in Studien zur Wirksamkeit, welche teilweise anhand des bloßen Einsatzes von Versuchsmaterial oder aber umfassenden Forschungsaktivitäten oder auch durch allgemeine Schülerzentrierung erfolgt und der traditionellen Methode gegenübergestellt wird (Anderson, 2002; Furtak et al., 2012). Auch wenn somit nicht klar ist, welche Prozesse genau wirken, so weisen doch Metaanalysen und Reviews darauf hin, dass forschungsorientierte Unterrichtsformen bereits in der Grundschule eine positive Wirkung auf das naturwissenschaftliche Lernen von Schülerinnen und Schülern im Vergleich zu traditionellen Unterrichtsformen haben (Anderson, 2002; Bredderman, 1983; Furtak et al., 2012). Dabei profitieren Kinder mit weniger guten Lernvoraussetzungen besonders (Bredderman, 1983). Unterrichtsmethoden, bei denen die Schülerinnen und Schüler selbst aktiv werden – z. B., experimentieren anstatt lediglich einem Versuch zusehen

– haben sich als besonders förderlich erwiesen (Bredderman, 1983; Minner et al., 2010). Weiterhin scheint sich eine Kombination aus Aktivitäten aller drei o. g. Kategorien (konzeptuell, epistemisch und sozial) besonders positiv auf das Lernen auszuwirken (Furtak et al., 2012).

Strukturierende Hilfen. Im Kontrast zu dem traditionellen, lehrergesteuerten Sachunterrichtsformen stellen forschungsorientierte Unterrichtsformen oft ein sehr schülerzentriertes, offenes Vorgehen in den Vordergrund, bei dem der individuelle Lernweg von der vorhandenen Vorstellung zum naturwissenschaftlichen Konzept anhand von eigener Aktivität ermöglicht werden soll (Furtak et al., 2012). Kritik erfuhr jedoch eine Umsetzung forschungsorientierten Unterrichtens ohne strukturierende Hilfen oder einen vorgegebenen Rahmen der Lehrkraft (Hmelo-Silver et al., 2007). Studien ergaben Hinweise darauf, dass die nahezu selbstständige Erarbeitung wissenschaftlicher Konzepte und Prozesse in offenen forschungsorientierten Unterrichtssettings, z.B. durch freies Explorieren, seltener gelingt (Mayer, 2004). Bell, Smetana und Binns (2005) nennen verschiedenen Stufen der Offenheit des forschungsorientierten Unterrichts (vorgegeben, strukturiert, geführt, offen), welche Lehrkräfte zur Anpassung der Komplexität variieren können. Es kann z.B. eine klare Fragestellung von der Lehrkraft vorgegeben, aber die Experimente von den Schülerinnen und Schülern selbst übernommen werden (geführt), anstatt dass die Lehrkraft Frage, Experimente sowie Ergebnisse vorgibt (vorgegeben) oder die Schülerinnen und Schüler all dies selbst bestimmen (offen) (Bell et al., 2005). Furtak et al. (2012) beschreiben die Variation forschungsorientierter Lernsettings auf einer Dimension von lehrergesteuert bzw. traditionell über lehrergeführt zu schülergesteuert und schlussfolgern in ihrer Metaanalyse, dass eine Führung durch die Lehrkraft im Vergleich zu lehrer- sowie schülergesteuerten Settings eine positivere Wirkung auf das Lernen hat. Dabei kann die Führung sowohl durch die Lehrkraft, z.B. im Unterrichtsgespräch, als auch durch vorstrukturierte Experimentiersettings und Vorgehensweisen oder mithilfe von Peers umgesetzt werden. Für den Inhaltbereich „Schwimmen und Sinken" in der Grundschule finden sich ebenfalls Hinweise auf eine positive Wirkung strukturierender Hilfen: Durch gezielte Hinweise und die angeleitete Erarbeitung von Erklärungen konnte ein besseres konzeptuelles Verständnis entwickelt werden als durch freies Experimentieren mit themenbezogenen Materialien (Hardy et al., 2006). Besonders Schülerinnen und Schüler mit weniger guten Lernvoraussetzungen profitierten von der strukturierenden Einbettung der Forschungsaktivitäten (Möller et al., 2002).

Argumentative Auseinandersetzung. Förderliche Aspekte interaktiver Auseinandersetzung wurden bereits als soziale Kategorie des forschungsorientierten Unterrichtens beschrieben. Unter dem Begriff „wissenschaftliches Begründen" (scientific reasoning)[27] ist besonders das Argumentieren als Lernziel stark diskutiert worden, welches an die soziale Kategorie des forschungsorientierten Unterrichtens anknüpft, jedoch epistemische und konzeptuelle Aspekte beinhaltet (Duschl, 2008): Unter wissenschaftlichem Begründen wird das Ableiten von Theorien aus Erfahrungen bzw. gesammelten Daten oder das Bestätigen von Theorien mithilfe entsprechend konzipierter Experimente verstanden (Furtak, Hardy, Beinbrech, Shavelson & Shemwell, 2010). Damit spiegelt sich in einer solchen Begründung auch das konzeptuelle Verständnis zu dem Phänomen wider, auf welches sich die Begründung bezieht, und beinhaltet Erkenntnisse aus vorangegangenen Forschungsprozessen. Argumentieren ist der kommunikative Prozess der Konstruktion, Koordination und Evaluation dieser Begründungen und Behauptungen (Duschl & Osborne, 2002). Wichtigste „Werkzeuge" des Prozesses sind Argumente, die Artikulation evidenzbasierter Erklärungen bzw. Behauptungen zur eigenen Begründung (Sampson & Clark, 2008). Der Prozess des Argumentierens wird als ein Teil der naturwissenschaftlichen Erkenntnismethode und somit als eigenes Lernziel betrachtet (Duschl & Osborne, 2002; Osborne, 2010). Theoretische Untermauerung findet dies sowohl in der Wissenschaftsphilosophie, welche Wissen nicht mehr als rein logisches Ergebnis von empirischen Befunde sondern als kritische Debatte der wissenschaftlichen Gemeinschaft sieht, als auch in der Lernpsychologie, basierend auf der sozialkonstruktivistischen Theorie Wygotskis vom Lernen als interaktivem Prozess (Kind, Kind, Hofstein & Wilson, 2011). Verschiedenste Untersuchungen beschäftigten sich mit dem Argumentieren von Schülerinnen und Schülern und dessen Förderung (Duschl & Osborne, 2002). Dabei werden meist Diskurse im Klassenunterricht, Peer-Interaktionen oder schriftliche Begründungen in Bezug auf ihre inhaltliche sowie Prozessqualität analysiert (Brown, Nagashima, Fu, Timms & Wilson, 2010; Duschl & Osborne, 2002). Die inhaltliche Qualität der Argumente kann z. B. anhand des konzeptuellen Verständnisniveaus bewertet werden (Hardy, Kloetzer, Möller & Sodian, 2010) ähnlich bei Brown et al. (2010). Die Qualität der Argumente bzw. des Argumentationsprozesses wird häufig mithilfe von Kodierschemata, z. B. auf der Basis von Toulmins Modell[28], evaluiert (Duschl, 2008; Furtak et al., 2010; Hardy et al., 2010; Sampson & Clark, 2008). Diesem Modell nach besteht ein Argument aus verschiedenen Teilen der sechs Kategorien claim, data, warrant,

---

27 Die Debatte um scientific reasoning ist sehr weitreichend und wird in der entsprechenden Literatur als eigenes Lernziel definiert (Duschl & Osborne, 2002; Osborne, 2010). Sie soll hier nur verkürzt dargestellt und in Bezug zum Konzeptwechsel sowie zu kooperativen Lernformen gesetzt werden.

28 Zusätzlich zu den fachübergreifenden, rhetorischen Modellen eines Arguments finden sich auch weitere, z. B. analytische oder dialektische Ansätze (Duschl & Osborne, 2002), welche hier jedoch nicht ausgeführt werden, da sie inhaltlich für diese Arbeit keine Relevanz haben.

backing, qualifier, und rebuttals (Toulmin, 2003).[29] Eine Behauptung bzw. Erklärung eines Naturphänomens stellt die Basis eines Arguments dar und wird in Bezug auf die enthaltenen Belege bewertet[30] (Kuhn, 2010). So bewerten Osborne, Erduran und Simon (2004) die Argumentationsqualität auf fünf Leveln, von einfachen Behauptungen über Behauptungen mit Belegen und Begründungen bis hin zu einer Argumentation mit be- und widerlegenden Aussagen. Untersuchungen zeigen, dass Schülerinnen und Schüler, vor allem in der Grundschule und bei komplexen naturwissenschaftlichen Themen, eher seltener mit Bezugnahme auf Evidenz argumentieren, sondern meist einfache Behauptungen aufstellen, oder dass bei Gruppenarbeiten mehr handlungsbezogene als abstrakte Gesprächsanteile auftreten (Bennett & Dunne, 1991; Hardy et al., 2010; Kuhn, 2010; Osborne et al., 2004). Wissenschaftliches Argumentieren setzt verschiedene wissenschaftliche Kompetenzen voraus, z.B. die Fähigkeit zur Unterscheidung von Behauptung und evidenzbegründeter Annahme sowie zur Auswertung von Ergebnissen in Bezug auf eine Theorie (Hardy et al., 2010); zudem sind kommunikative Kompetenzen, wie die Bezugnahme zur Aussage des Interaktionspartners als „Diskussionskultur" notwendig (Kuhn, 2010). Eine gezielte Förderung des wissenschaftlichen Begründens und Argumentierens ist jedoch möglich. Duschl und Osborne (2002) schlussfolgern in ihrem Review aus verschiedenen Studien zur Förderung des Argumentierens zwei wichtige Unterstützungsmöglichkeiten: (1) Sammlung verschiedener Darstellungen sowie entsprechender Evidenz – diese allein genügt jedoch nicht, sondern ist nur in Kombination mit (2) einem diskursunterstützenden Kontext und strukturierenden Hilfen lernwirksam, z.B. Kleingruppenarbeit, Kokonstruktion von Lösungen und Turn-Taking-Regeln. Weiterhin kann das Argumentieren durch entsprechende Aufgabenstellungen, Modellverhalten der Lehrkraft sowie gezieltes Unterrichten von Argumentationsstrategien gefördert werden (Bennett & Dunne, 1991; Osborne et al., 2004; Zohar & Nemet, 2002).[31] Viele Studien belegen den Zusammenhang von Argumentation und Konzeptwechsel (Chi, 2009; Hake, 1998; Osborne, 2010; Teasley, 1995; Zohar

---

29 Eine methodische Herausforderung schien die Entwicklung passender Messinstrumente für die Argumente im Unterricht zu sein, da die Aussagekategorien nicht immer reliabel zu unterscheiden waren, so dass verschiedene Kodierschemata für unterschiedliche Settings mit unterschiedlichen Schwerpunkten entwickelt und veröffentlicht wurden (Furtak, Hardy, Beinbrech, Shavelson & Shemwell, 2010; Osborne, Erduran & Simon, 2004; van Boxtel, van der Linden & Kanselaar, 2000). Auf diese wird nicht näher eingegangen, da sie in dieser Arbeit nicht zur Anwendung kommen.
30 Grob lassen sich dabei „Ideen" (Hypothesen, Theorien, Vorhersagen) und „Evidenz" (Belege, Begründungen) unterscheiden (Osborne et al., 2004).
31 Es gibt jedoch auch einige widersprüchliche Ergebnisse (Duschl & Osborne, 2002; Hardy et al., 2010; Shemwell & Furtak, 2010).

& Nemet, 2002). Ein Großteil dieser Untersuchungen bezieht sich auf kooperative Lernsettings und zeigt, dass die Kommunikation mit einem Partner die Wahrscheinlichkeit einer interpretativen und argumentativen Interaktion verstärkt.

Zusammenfassend lässt sich festhalten, dass sich konstruktivistisch orientierte Unterrichtsgestaltungen als wirksam zur Förderung eines Konzeptwechsels erwiesen haben und somit geeignet sind, um wichtige Lernziele im naturwissenschaftlichen Sachunterricht der Grundschule zu erreichen. Als lernförderliche Gestaltungsmöglichkeiten wurden ein forschungsorientiertes Unterrichten mit Strukturierungshilfen und eine argumentative Auseinandersetzung zu Konzepten beschrieben. Diese Gestaltungsmöglichkeiten basieren auf konstruktivistischen und sozialkonstruktivistischen Theorien. Hier findet sich eine Parallele zum tutoriellen Lernen, welches ebenfalls mit diesen Basistheorien begründet wird (vgl. Kapitel 2.1.3). Es lässt sich daher vermuten, dass solche konstruktivistisch begründeten Unterrichtsmethoden, wie das tutorielle Lernen bzw. kooperative Lernformen im Allgemeinen eine wirksame Fördermethode für das konzeptuelle Verständnis darstellen. Daher sollen im folgenden Abschnitt Befunde zur Wirksamkeit solcher Lernformen im naturwissenschaftlichen Sachunterricht ausführlicher behandelt werden.

2.3.5 Förderung von Konzeptwechsel durch Peer-Interaktionen in kooperativen Lernsettings

Konstruktivistische und sozialkonstruktivistische Theorien werden häufig zur Begründung des Einsatzes kooperativer Lernformen, wie tutoriellem Lernen, im naturwissenschaftlichen Sachunterricht genannt (u.a. Howe, 2010; van Boxtel et al., 2000). Empirische Befunde zur Wirksamkeit tutoriellen Lernens im Sachunterricht wurden bereits in Kapitel 2.1 angeführt und die Interaktionsqualität als wichtige Voraussetzung genannt. Im Folgenden sollen einige Studien, welche sich speziell auf die Wirksamkeit kooperativer Lernformen zur Förderung des Konzeptwechsels beziehen, dargestellt und fachspezifische lernförderliche Interaktionsmerkmale behandelt werden.

Lernwirksamkeit kooperativer Settings für Konzeptwechsel. Die Wirksamkeit von kooperativen Lernsettings für das konzeptuelle Verständnis ist vielfach belegt. So zeigten z.B. Hake (1998) in einer großen Studie ($N = 6542$) die Überlegenheit von interaktiven Unterrichtssettings gegenüber traditionellen Unterrichtsmethoden. Chi (2009) stellt in einem Review eine Taxonomie auf von passiven zu aktiven, konstruktiven und schließlich interaktiven Lernsettings mit jeweils größerem Effekt für das Lernen in naturwissenschaftlichen

Fächern. Untersuchungen von Schülerinnen und Schülern in der Sekundarstufe zeigen bessere Lernergebnisse in der Bedingung mit Gruppenarbeit im Vergleich zu einer Kontrollgruppe, zudem wurden die Gruppenergebnisse auf individueller Ebene weiter genutzt (Sampson & Clark, 2009). Ähnliche Resultate zeigen sich in Studien mit Grundschulkindern, welche in Dyaden bessere Hypothesen zu Phänomenen generieren als alleine (Teasley, 1995).

Diese positiven Ergebnisse zur Wirksamkeit kooperativer Lernformen für das konzeptuelle Verständnis haben ein Interesse am Prozess des gemeinsamen Lernens geweckt. Dieser wurde zusätzlich zur Wirkung kooperativer Lernsituationen zunehmend genauer untersucht (Hogan & Tudge, 1999).

Prozess der Peer-Interaktion zu naturwissenschaftlichen Themen. Erklärungen für die positiven Befunde kooperativer Lernformen auf das konzeptuelle Verständnis wurden vorwiegend im Prozess der Peer-Interaktion gesucht. Wie sich bereits in Untersuchungen zum kooperativen Lernen allgemein zeigte (vgl. Kapitel 2.1.1), wird auch beim Konzeptwechsel die positive Wirkung kooperativer Lernsettings von der Interaktionsqualität mediiert: eine lernförderliche Interaktionsqualität ist durch Gesprächsanteile gekennzeichnet, die zu Bewusstheit und kritischem Hinterfragen der eigenen Konzepte und somit zu einem höheren konzeptionellen Verständnis führen können (Asterhan & Schwarz, 2009a; Azmitia, 1988; Chi et al., 2001; King, 1999; Knobloch, 2011; Schwarz & Linchevski, 2007; Siegler & Chen, 2008; Tolmie et al., 1993; Webb, 1982). Es wurden sowohl Modelle zur Beschreibung eines lernförderlichen Interaktionsprozesses entworfen, als auch bestimmte Gesprächsanteile in Bezug auf ihre lernfördernde Wirkung untersucht.

Ein hilfreiches Modell zur Darstellung von Peer-Interaktionen, welche zu einem Konzeptwechsel führen können, ist das „Fragen und Argumentationsmodell"-Modell (Osborne & Chin, 2010, S. 97) beschreiben. Das Modell zeigt fünf Entwicklungswege von einer Beobachtung über einen Konflikt bzw. einen Widerspruch bis zu einem neuen Argument, welches durch empirische Evidenz oder Begründungen gestützt werden kann. Entsprechend der Theorie zum Konzeptwechsel ist davon auszugehen, dass dieses neue Argument nach Auflösung des kognitiven Konflikts bzw. der Kokonstruktion einer Peer-Erklärung ein neues Konzept widerspiegelt, welches ein höheres Verständnis aufweist als das alte. Somit veranschaulicht das Modell den Lernprozess in Bezug auf das konzeptuelle Verständnisniveau. Es enthält auch Lernwege über eine Peer-Erklärung. Dabei kann ein Konflikt durch Fragen oder Gegenargumente zu einer Peer-Erklärung auf einem höheren Verständnisniveau führen, wie Abbildung 3 zeigt.

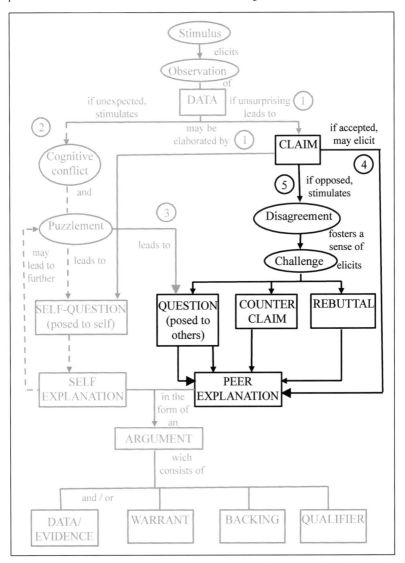

Abbildung 3: Questioning-and-Argumentation-Modell (Osborne & Chin, 2010, S. 97)

Anmerkungen. Das Modell stellt Äußerungen in Rechtecken und kognitive Prozesse in Ovalen dar. Die Wege sind durch Zahlen gekennzeichnet. Wege 3–5 stellen Wege über eine Peer-Erklärung dar. Der für die Peer-Interaktion bedeutsamste Teil des Modells wurde hier hervorgehoben.

Nimmt man aus dem Modell den Abschnitt zu Peer-Erklärungen in den Fokus, lassen sich typische Äußerungen und Muster ableiten, z. B. Fragen, Gegenargumente, Erklärungen, welche häufig in Studien zur Peer-Interaktion in Bezug auf ihre lernförderliche Wirkung untersucht wurden. Diese sollen im Folgenden dargestellt werden.

Merkmale lernförderlicher Peer-Interaktion zu Konzepten. Zahlreiche Studien beschäftigen sich seit über einem Jahrzehnt mit der Frage, welche Interaktionsanteile für einen Konzeptwechsel entscheidend und wie diese zu fördern sind (u. a. Schwarz & Linchevski, 2007; Tolmie et al., 1993; van Boxtel et al., 2000). In entsprechenden Untersuchungen wurden Schülergruppen oder -dyaden zumeist in Laborsettings mit der Begründung eines bestimmten Phänomens beauftragt. Sie sollten ihre Hypothesen dazu nennen und diskutieren. Als interaktive Aufgaben wurden häufig forschungsorientierte Aktivitäten eingesetzt, welche bereits als lernförderlich erwiesen haben (vgl. Kapitel 2.3.4). Die Lernpartner führten ein Experiment durch (Howe & Durr, 1982; Schwarz & Linchevski, 2007), stellten für bereits vorhandene Daten Begründungen auf (Asterhan & Schwarz, 2009b) oder erarbeiteten eine Darstellung von Konzepten in verschiedenen Repräsentationsformen (van Boxtel et al., 2000). Meist wurden die Untersuchungen im Sekundarschulbereich durchgeführt (z. B. Knobloch, 2011; van Boxtel et al., 2000), es gibt jedoch auch Befunde zum Grund- oder Elementarschulalter (z. B. Azmitia, 1988; Howe et al., 2007), welche ähnliche Ergebnisse zeigen. Die Peer-Interaktionen wurden anhand von transkribierten Gesprächsaufnahmen mithilfe von Kodierschemata analysiert. Als Analyseeinheit wurden bestimmte inhaltlich oder linguistisch definierte Abschnitte in der Interaktion, meist ein Beitrag eines Interaktionsmitgliedes, definiert. Zu deren Bewertung wurde eine Vielzahl von unterschiedlichen Instrumenten und Kodierungen verwendet. Sie wurden entweder bestimmten Äußerungskategorien, z. B. Fragen, zugeordnet (King, 1998). Auch die Unterscheidung von aufgabenbezogenen bzw. nicht aufgabenbezogenen Äußerungen wurde evaluiert, da angenommen wird, dass sich nur aufgabenbezogene bzw. inhaltliche Äußerungen positiv auf das Lernen auswirken (Bennett & Dunne, 1991; Knobloch, 2011). Häufig wurden Interaktionen in Bezug auf die fachliche Richtigkeit, z. B. konzeptuelles Verständnisniveau bewertet (z. B. Hardy et al., 2010). Weiterhin wurde die Argumentationsqualität, z. B. einfache Behauptung versus elaborierte Begründung, als Merkmal in der Interaktion kodiert (Osborne et al., 2004). Auf Basis der Kodierung einzelner Äußerungen wurden in einigen Studien erwartete Muster, z. B. Kokonstruktion von Konzepten, in Interaktionssequenzen untersucht (u. a. Asterhan & Schwarz, 2009a; van Boxtel et al., 2000). Die kodierten Äußerungen und Muster wurden zumeist korrelativ mit den Lernergebnissen in Verbindung gebracht. Insgesamt ergibt sich in Bezug auf lernförderliche Anteile von Peer-Interaktionen im naturwissenschaft-

lichen Sachunterricht aus der Forschung noch kein ganz klares Bild (Osborne, 2010). Dennoch lassen sich einige Schlussfolgerungen ableiten, welche im Folgenden dargestellt werden. Dabei wird auf typische Äußerungskategorien und Muster tutoriellen Lernens, wie Erklärungen, Fragen und Feedback, fokussiert.
– *Lernförderliche Äußerungen.* Am häufigsten werden *Erklärungen* im Rahmen des gegenseitigen Helfens beim Verstehen naturwissenschaftlicher Aufgaben und Konzepte als lernförderliche Äußerung genannt, wie dies bereits fächerübergreifend in Kapitel 2.1 für tutorielles Lernen allgemein belegt wurde. Entsprechend dem naturwissenschaftlichen Ziel Erklärungen für Naturphänomene zu finden, wird die Äußerung von Erklärungen zu bestimmten Phänomenen als besonders lernförderlich für den Konzeptwechsel beschrieben (Howe, 2010; Howe et al., 2007; King, 1999; Siegler & Chen, 2008; Webb & Farivar, 1999). Erklärungen wurden z. B. als Reaktion auf richtige oder falsche Antworten (Siegler & Chen, 2008), als helfende Hinweise eines Tutors (Webb & Farivar, 1999) oder zur Interpretation eines gemeinsam durchgeführten Experiments (Howe & Durr, 1982) abgegeben. Sie enthalten eine Hypothese zu einem Konzept, beschreiben eine Lösungsstrategie bzw. beziehen sich dabei auf eine Regel, Evidenz oder eine sonstige Untermauerung und sind zumeist erkennbar an kausalen Konjunktionen, wie „weil" oder „deswegen" (Furtak et al., 2010). Das Äußern von Erklärungen ist von besonderer Bedeutung, wohingegen das Empfangen von Erklärungen vor allem dann als förderlich gilt, wenn die Erklärung aktiv genutzt (Webb & Farivar, 1999) oder mit Bezugnahme darauf reagiert wird, z. B. im Sinne einer Ergänzung oder eines Widerspruchs (Howe, 2010; Littleton & Mercer, 2010). Der Austausch von elaborierten Erklärungen ist besonders förderlich – zudem ist die fachliche Richtigkeit bedeutsam für den Lernerfolg (Webb & Farivar, 1999).
Als weitere Kategorie lernförderlicher Gesprächsanteile zählen *Fragen*, welche ein tieferes Nachdenken über Sachverhalte anregen, z. B. „Wie kannst du das erklären? Kennst du Ähnliches?", und somit zu elaborierten Antworten führen können (King, 1998, 1999; van Boxtel et al., 2000). Solche Fragen wirken zudem indirekt, da sie Erklärungen provozieren, welche wie oben erwähnt als lernförderlich gelten (King, 1998, 1999).
Eine besonders für tutorielle Settings typische Kategorie lernförderlicher Interaktion sind *Feedback-Äußerungen* (Chi et al., 2001; Merrill, Reiser, Ranney & Trafton, 1992). Der Tutor gibt Feedback zu fast jedem Schritt der Aufgabenbearbeitung und berichtigt Fehler, was sich positiv auf das Lernen und die Motivation auswirken kann (Fuchs et al., 2000; King, 1998; Topping, 2010). Zudem kann ein Gegenargument als Feedback zu einer Hypothese geäußert werden, was zu einem Konflikt und einer Weiterentwicklung mit den vorhandenen Vorstellungen führen kann. Dies kann ebenfalls

Erklärungen zu Phänomenen nach sich ziehen und somit indirekt auf das konzeptuelle Verständnis wirken. Insgesamt werden Erklärungen als stärkster Prädiktor für das Lernen beschrieben, zu anderen lernförderlichen Gesprächsanteilen erscheint die Forschungslage weniger klar, bzw. diese überschneiden sich zum Teil in ihren inhaltlichen Beschreibungen, so dass Feedback auch Erklärungen enthalten und Fragen eine Erklärung provozieren können.

- *Lernförderliche Interaktionsmuster.* Ob eine bestimmte Interaktionskategorie lernförderlich ist, hängt nicht nur von der einzelnen Äußerung ab, sondern auch von ihrer interaktiven Nutzung im Gespräch (u.a. Mercer, 1996; Osborne & Chin, 2010). Daher beschäftigen sich Untersuchungen der Peer-Interaktion zu naturwissenschaftlichen Konzepten auch mit Interaktionsmustern, welche lernförderliche Äußerungen in produktiver Weise verbinden und nutzen (u. a. Asterhan & Schwarz, 2009b; van Boxtel et al., 2000). In der Literatur findet sich eine Vielzahl von Beschreibungen lernförderlicher Interaktionsmuster, welche sich durch Aufgabensettings und Theoriebezüge unterscheiden. Gemeinsam haben die meisten Muster, dass es sich um einen elaborierten inhaltlichen Austausch handelt, welcher einen kognitiven Konflikt enthält und diesen für eine aufeinander bezogene, gemeinsame Weiterentwicklung der vorhandenen Vorstellung nutzt. Dies spiegelt die theoretische Basis konstruktivistischer bzw. sozialkonstruktivistischer Ansätze wider. Grob lassen sich drei Arten von lernförderlichen Interaktionsmustern unterscheiden: (1) Frage- oder Tutoringmuster, (2) Argumentationsmuster sowie (3) Kokonstruktionsmuster (ähnlich bei van Boxtel et al., 2000). Diese sollen im Folgenden genauer beschrieben und anhand empirischer Studien zur Wirksamkeit begründet werden.

1) Tutoringmuster kommen vor allem bei tutoriellen Lernsettings mit leistungsheterogenen Lernpartnern vor und liegen darin begründet, dass die Rollen Tutor und Tutand eine Asymmetrie in die Interaktion bringen (Chi et al., 2001). Meist beziehen sich Autoren, welche Tutormuster in den Fokus stellen, auf Wygotskis sozialkonstruktivistische Theorie und gehen von einem Scaffolding oder einer schrittweisen Führung bzw. Unterstützung des Lernens aus, was verschiedene Techniken beinhalten kann (Chi et al., 2001). Tutorenmuster zeichnen sich z. B. durch Interaktionssequenzen aus, bei denen eine Person die andere durch Hinweise unterstützt, ihr Phänomene erklärt oder ihre Lösung berichtigt, wohingegen die andere Person mit Rückfragen oder Bestätigungen reagiert (King, 1998, 1999; van Boxtel et al., 2000). Ein bekanntes Beispiel ist das elaborierte Helfen („level of elaboration of help" Webb, 1989, S. 25), welches sich durch elaborierte Erklärungen oder Strategien zur Lösung eines Problems auszeichnen und nicht-elaborier-

ten Hilfen gegenübersteht, z. B. Lösungsvorgabe oder Teil- oder inhaltsferne Informationen. Studien geben Hinweise auf die lernförderliche Wirkung für das Problemlösen bzw. Konzeptlernen bei beiden Interaktionspartnern, vor allem, wenn das Tutorenmuster interaktiv gestaltet ist, d. h. durch Antworten auf Fragen und Kommentieren von Erklärungen beider Personen gekennzeichnet ist (Chi et al., 2001; Webb, 1989; Webb & Farivar, 1999; van Boxtel et al., 2000). Zudem ergibt sich aus diesen Studien, dass es Schülerinnen und Schülern möglich zu sein scheint, sich gegenseitig in naturwissenschaftlichen Fragen zu unterstützen, auch wenn dies ggf. vor allem bei jüngeren Kindern ein Training oder entsprechende Hinweise erfordert (Chi et al., 2001; Fuchs et al., 2009; King, 1998).

2) Argumentationsmuster wurden besonders häufig im Zusammenhang mit wissenschaftlichem Erklären und Konzeptwechsel untersucht. Sie kommen vor allem dann vor, wenn Personen mit unterschiedlichen Konzepten miteinander diskutieren (Howe, 2010). Autoren, welche Argumentationsmuster in den Fokus ihrer Untersuchen stellen, beziehen sich häufig auf die konstruktivistische Theorie Piagets und betonen die Bedeutung eines kognitiven Konflikts für den Konzeptwechsel (Howe, 2010; Osborne & Chin, 2010; van Boxtel et al., 2000). Argumentationsmuster zeichnen sich entsprechend durch sich widersprechende Hypothesen und die gemeinsame Produktion einer neuen Erklärung bzw. das gegenseitige Überzeugen der Interaktionspartner aus, was sich in vielen Studien als bedeutsam für einen Konzeptwechsel gezeigt hat (Asterhan & Schwarz, 2009a; Howe & Durr, 1982; Howe, 2010; Littleton & Mercer, 2010; Mercer, 1996; Osborne & Chin, 2010). Ein Beispiel für ein Argumentationsmuster ist z. B. der „exploratory talk", welcher Interaktionen mit Begründungen, Gegenargumenten sowie gemeinsamer, produktiver Entscheidung beschreibt und sich positiv auf das konzeptuelle Verständnis auswirkt (Mercer, Dawes, Wegerif & Sams, 2004). Er wird dem „disputational talk", also sich widersprechenden einfachen Behauptungen ohne Einigung, und dem „cummulative talk", d. h. unkritische Bestätigung einfacher Begründungen, gegenübergestellt (Littleton & Mercer, 2010, S. 276). Ähnliche Beschreibungen von Argumentationsmustern finden sich bei anderen Autoren (van Boxtel et al., 2000, S. 318: „conflict episodes"; Howe, 2010, S. 40: „dialogic resolution"; Osborne et al., 2004, S. 1009: „five levels of argumentation").

3) Kokonstruktive Muster werden seltener thematisiert, da hier nicht unbedingt ein Konflikt vorliegt, sondern die Interaktionspartner gleichwertige Beiträge zur Erklärung eines Phänomens einbringen, was bei leistungshomogenen Lernpartnern wahrscheinlicher ist. Solche Muster

lassen sich aus der sozialkonstruktivistischen Theorie Wygotskis ableiten und gehen von einer gemeinsamen Weiterentwicklung von Wissen aus, welches anschließend auf individueller Ebene angewendet werden kann. Es handelt sich demnach um Interaktionsmuster, bei denen die Beiträge der beiden Interaktionspartner aufeinander aufbauen und sich gegenseitig ergänzen, so dass eine neue Erklärung entwickelt bzw. zusätzliche Aspekte in der Erklärung berücksichtigt werden (Asterhan & Schwarz, 2009a; van Boxtel et al., 2000). Als Beispiel sollen hier die „reasoning episodes" (van Boxtel et al., 2000, S. 319) genannt werden, bei denen ein Argument oder mehrere Argumente jeweils vom Partner ergänzt werden: „Co-construction of a reasoning is defined as a reasoning that is constructed by contributions of both participants." Die Untersuchung konnte zeigen, dass solche Interaktionsmuster in Peer-Interaktionen auftreten und mit elaborierten Antworten zu Konzeptaufgaben zusammenhingen (van Boxtel et al., 2000).

Die hier unterschiedenen Muster überschneiden sich in einigen Bereichen, z. B. werden sowohl Muster der Kokonstruktion als auch des Tutorings mit der Theorie Wygotskis begründet und in Theorien des Scaffolding eingeordnet. Auch die genannten Beispiele sind nicht immer ganz klar zuzuordnen: Die Studie zum gemeinsamen Argumentieren als „exploratory talk" (Mercer et al., 2004) wird zum einen als Beispiel für Scaffolding zitiert (van de Pol et al., 2010, S. 280), wohingegen sie an anderer Stelle als Beispiel für das Argumentieren angeführt wird (Osborne & Chin, 2010). Eine klare Trennung scheint demnach nicht möglich. Dennoch wurde hier versucht eine Kategorisierung aufgrund der äußerungsspezifischen Schwerpunkte vorzunehmen, welche zu einer Beschreibung von möglichen Lernwegen in der Peer-Interaktion beitragen kann. In entsprechenden Untersuchungen wurden zumeist einzelne elaborierte Muster evaluiert und mit einfachen Mustern verglichen (z. B. Webb, 1989). Selten wurden Vergleiche zwischen mehreren elaborierten Mustern angestellt bzw. es ergaben sich keine klaren Unterschiede, so dass kaum Schlussfolgerungen zu Unterschieden in der Lernwirksamkeit der genannten Muster gezogen werden können (Chi et al., 2001; van Boxtel et al., 2000). Insgesamt haben sich die drei hier genannten elaborierten Interaktionsmuster – Tutoring, Argumentation und Kokonstruktion – alle als lernförderlich für das konzeptuelle Verständnis erwiesen. Dennoch muss angemerkt werden, dass von dem Vorkommen eines solchen Musters nicht zwingend auf die fachliche Richtigkeit der entwickelten Ergebnisse geschlossen werden. Zudem wird kritisiert, dass viele Untersuchungen nicht in ökologisch validen Setting durchgeführt wurden und daher unklar ist, ob die Ergebnisse auf eine alltägliche Unterrichtssituation übertragbar sind (Howe, 2010).

Im Kontrast zu den o. g. positiven Ergebnissen zu Peer-Interaktionen aus Laborstudien stehen Untersuchungen der Peer-Interaktion während der Gruppen- oder Partnerarbeit im Unterricht. Studien zeigen, dass kooperative Lernformen im naturwissenschaftlichen Unterricht selten von der Lehrkraft vorstrukturiert und durch interaktive Aufgabenstellungen unterstützt werden und nur ein Drittel Peer-Interaktionen während dieser Lernphasen auf die Aufgabe gerichtet war (Hertz-Lazarowitz et al., 1984). Hier scheint die Befundlage nicht ganz eindeutig zu sein, da die Ergebnisse anderer Studien auf einen hohen aufgabenbezogenen Interaktionsanteil hinweisen – besonders, wenn die Aufgabe eine interaktive Auseinandersetzung unterstützt (Bennett & Dunne, 1991). Dennoch wurden die Peer-Interaktionen als wenig interaktiv bzw. produktiv beschrieben: Ein hoher Anteil der Gespräche wird als handlungsbezogen beschrieben, wohingegen ein Austausch von Denkstrategien eher selten vorkommt (Bennett & Dunne, 1991). Es wurde wenig gegenseitige Unterstützung beobachtet (Hertz-Lazarowitz et al., 1984). Die meisten Peer-Interaktionen weisen zudem ein einfaches Argumentationsniveau auf (King, 1999; Littleton & Mercer, 2010). Es wird bemängelt, dass gegenseitige Erklärungen, die besonders lernförderliche Äußerungen sind, in der Praxis selten vorkommen (Ross, 2008). Dies bestätigen auch Howe's (2010) Untersuchungen von Kindern im Grundschulalter zum Thema „Schwimmen und Sinken", die zeigten, dass die Schülerinnen und Schüler sich zumeist lediglich einigen, ob und nicht warum etwas schwimmt oder sinkt. Selbst wenn gegenseitige Erklärungen beobachtet wurden, so enthielten diese häufig Fehler bzw. Fehlkonzepte, so dass gemeinsame Ergebnisse kaum eine kokonstruierte Lösung auf einem höheren Niveau enthalten konnten (Ross, 2008). Auch die genannten Muster wurden selten beobachtet (Littleton & Mercer, 2010; van Boxtel et al., 2000). Das Begründen von Naturphänomene erschien dabei vielfach eher einseitig als dass dabei zwei Sichtweisen zusammengeführt wurden (Asterhan & Schwarz, 2009b). Bei Rückfragen wurde eine zuvor genannte Erklärung wiederholt anstatt eine alternative anzubieten (Ross, 2008).

Insgesamt muss davon ausgegangen werden, dass die genannten lernförderlichen Interaktionsmerkmale in der schulischen Praxis nicht sehr häufig auftreten und dass die fachliche Richtigkeit von Ergebnissen der Peer-Interaktion nicht vorausgesetzt werden kann. Daraus werden häufig drei Schlussfolgerungen gezogen und empirisch untermauert: Erstens wird die Notwendigkeit einer abschließenden Evaluation der in den Peer-Interaktionen konstruierten Ergebnisse im Unterricht betont (Lisi & Golbeck, 1999). Zweitens wird häufig eine spezifische Förderung von lernförderlichen Interaktionsmerkmalen empfohlen (Knobloch, 2011; Schwarz & Linchevski, 2007). Drittens wird vorgeschlagen im Unterricht Strategien einzusetzen und Rahmenbedingungen herzustellen, welche ein Vorkommen von Interaktionsqualitätsmerkmalen unterstützen

(Ross, 2008). Im Folgenden soll auf eine förderliche unterrichtliche Rahmung der Peer-Interaktion eingegangen werden.

Rahmenbedingungen zur Förderung der Interaktionsqualität. Häufig ergaben sich Hinweise darauf, dass die Rahmenbedingungen, innerhalb derer die Peer-Interaktion stattfindet, entscheidend für die Qualität der Peer-Interaktion zu naturwissenschaftlichen Themen ist (u. a. Schwarz & Linchevski, 2007; Tolmie et al., 1993; van Boxtel et al., 2000). In den Untersuchungsdesigns entsprechender Studien wurde z. B. der Einsatz von Materialien, Strukturierungshilfen oder Kooperationszielen variiert und die Wirkung auf die Peer-Interaktion oder das Lernergebnis evaluiert. Dennoch ist die Bedeutung einzelner Faktoren nur schwer empirisch zu bewerten, da Peer-Interaktionen durch viele Variablen beeinflusst werden, z. B. das Vorwissen der teilnehmenden Personen. Die Ergebnislage ist noch unzureichend, so dass wenig klare Schlussfolgerungen für die Unterrichtsgestaltung gezogen werden können (Duschl & Osborne, 2002; van Boxtel et al., 2000). Einige Ergebnisse und grobe Konsenslinien zur Aufgabenstellung, Unterstützung des interaktiven Vorgehens und Lernpartnerzusammensetzung sollen hier kurz angesprochen werden.

Die Aufgabenstellung wurde bereits in einigen Studien als bedeutsam für die Interaktionsqualität und somit für die Lernergebnisse beschrieben (Schwarz & Linchevski, 2007; Tolmie et al., 1993; van Boxtel et al., 2000). Es finden sich jedoch zum Teil widersprüchliche Ergebnisse dazu, was eine förderliche Aufgabenstellung ausmacht: Bei Howe und Durr (1982) bewährte sich der Einsatz einfacher, konkreter Materialien zum Konzeptlernen im Bereich Chemie, wohingegen Bennet und Dunne (1991) sowie van Boxtel et al. (2000) von einer stärker handlungsbezogenen und weniger inhaltlichen Interaktion bei solchen aktiven Aufgabensettings berichten. Es scheint demnach noch unklar, ob handlungsorientierte Lernaufgaben eine positive Wirkung auf die Peer-Interaktion haben. Vielfach, wenn auch nicht immer (Asterhan & Schwarz, 2009a), wird eine Aufgabenstellung mit dem Ziel einer gemeinsamen Peer-Erklärung als förderlich für das Auftreten eines Konzeptwechsels beschrieben (Howe, 2010; Littleton & Mercer, 2010; van Boxtel et al., 2000; Webb & Farivar, 1999). Eine Peer-Erklärung wird definiert als Konsens im Sinne einer Überzeugung oder Entscheidung, mit der alle Beteiligten leben können, der durch Diskussion erreicht wird (Howe, 2009b, S. 95). Die positiven Ergebnisse einer solchen Aufgabenstellung werden damit erklärt, dass eine solche Zielsetzung die Notwendigkeit zum Austausch von Erklärungen zu Phänomenen und die Empfänglichkeit für Hilfe erhöht (Howe, 2009b). Insgesamt finden sich, trotz der häufig geschlussfolgerten Bedeutung der Aufgabenstellung für die Peer-Interaktion, wenig klare Hinweise auf deren lernförderliche Gestaltung. Es muss jedoch angemerkt werden, dass alle evaluierten Aufgaben an konstruktivistisch orientierte Unterrichtsprinzipien anschlossen.

Zusätzlich zur Bedeutung der Aufgabenstellung besteht weitgehender Konsens darüber, dass das interaktive Vorgehen anhand von Strukturierungshilfen oder Fördermaßnahmen unterstützt werden kann (Ross, 2008). Das richtige Maß an Strukturiertheit (guidance) hat dabei einen bedeutenden Einfluss auf die Interaktionsqualität und somit auf das Lernergebnis. Zwar wurde beobachtet, dass Schülerinnen und Schüler ohne Vorgaben wenig inhaltlich oder auf niedrigem argumentativem Niveau miteinander interagieren (Hertz-Lazarowitz et al., 1984), jedoch ergaben sich mehrfach Hinweise darauf, dass zu enge Vorgaben das gemeinsame Argumentieren einschränken können (Pauli & Reusser, 2000) und ein direktes Eingreifen der Lehrkraft in die Interaktion auch hinderlich für die Interaktionsqualität und das Lernen sein kann (Howe, 2009b; Tolmie et al., 1993). Entsprechend wird eine Struktur für die Interaktion benötigt, welche nicht bei der Entwicklung einer Argumentation hinderlich ist und an die gruppen- bzw. lernpaarspezifischen Bedürfnisse angepasst werden kann. Als entsprechend flexible Strukturierungshilfen haben sich Vorgaben oder Skripte zu elaborierten Fragen (King, 1998; 1999), Impulsen (Chi et al., 2001) oder Argumentationsmustern (Littleton & Mercer, 2010; Mercer et al., 2004) erwiesen. Auch die abwechselnde Einnahme bestimmter Rollen wurde als Strukturierungshilfe zur Verbesserung der Interaktionsqualität vorgeschlagen, ohne diese inhaltlich einzuschränken (Ross, 2008). Viele Studien sprechen zudem dafür, dass ein Training bzw. eine gezielte Instruktion zu einer höheren Interaktionsqualität beitragen kann (King, 1999; Knobloch, 2011), wobei auch ohne Training Lernerfolge mithilfe von Peer-Interaktion erzielt wurden (Chi et al., 2001).

Als dritter zentraler Einflussfaktor für die Interaktionsqualität von Peers bei naturwissenschaftlichen Themen soll hier die Zusammensetzung der Lernpartner thematisiert werden. Zumeist werden unterschiedliche Konzepte bzw. Meinungen zu den Phänomenen in der gemeinsamen Diskussion als förderlich beschrieben (Howe, 2010). Dies wird begründet mit dem kognitiven Konflikt, welcher sich durch Gegenbezugnahme entwickeln kann und das Auftreten von Konzeptwechsel begünstigt (Asterhan & Schwarz, 2009a; Littleton & Mercer, 2010; Osborne & Chin, 2010). Untersuchungen zeigen zwar, dass es im Falle unterschiedlicher Meinungen nicht immer zu einer Gegenbezugnahme kommt, da die Lernpartner dies, z. B. aus Solidarität oder Harmonieanspruch, vermeiden (Chi, 2009; Howe, 2010; Littleton & Mercer, 2010), dennoch erhöhen unterschiedliche Ausgangskonzepte die Wahrscheinlichkeit für das Entstehen eines Widerspruchs. Zumeist wird davon ausgegangen, dass im Anschluss an die geäußerten widersprüchlichen Meinungen eine gemeinsame Auflösung des Konflikts und Weiterentwicklung der Konzepte stattfinden sollte, indem z. B. ein Konsens gefunden wird. Howe (2009a; 2010) weist jedoch darauf hin, dass der Lerneffekt auch eintreten kann, wenn für die unterschiedlichen Meinungen der Lernpartner keine gemeinsame Lösung gefunden wurde, da der aufgezeigte Widerspruch anschließend einen individuellen Lernprozess auslöst. Dies wird untermauert durch Untersuchungen, bei denen sich die Wirkung unterschiedlicher Meinungen ohne Auflösung erst bei einem zweiten Post-Test, nach einer Woche zeigte. Somit wird häufig abgeleitet, dass Lernpartner mit unterschiedlichem Vorwissen bessere Interaktions- und Lernergebnisse erzielen (Carter, Jones & Rua, 2003; Howe & Durr, 1982; Webb, 1989). Auch hier gibt es jedoch gegenteilige Befunde (Schwarz & Linchevski, 2007).

Insgesamt weisen die Ergebnisse darauf hin, dass die Interaktionsqualität mithilfe von Aufgabenstellungen und Lernpartnerzusammensetzungen, welche einen kognitiven Konflikt und eine anschließende Peer-Erklärung unterstützen, sowie mithilfe von Strukturierungshilfen und Trainings gefördert werden kann. In die gleiche Richtung zielen die Empfehlungen zur Gestaltung von konstruktivistischen Lernumgebungen im naturwissenschaftlichen Sachunterricht (vgl. Kapitel 2.3.4) und kooperativen Lernsituationen im Allgemeinen (vgl. Kapitel 2.1.1). Weiterhin scheinen sich jedoch nur wenige klare Hinweise zur interaktionsunterstützenden Gestaltung von kooperativen Lernsituationen aus der Forschung zum naturwissenschaftlichen Lernen zu ergeben. Zudem wird kritisiert, dass viele Untersuchungen nicht in ökologisch validen Settings durchgeführt wurden und daher unklar ist, ob die Ergebnisse auf eine alltägliche Unterrichtssituation übertragbar sind (Howe, 2010). Da hohe Interaktionsqualität selten in Peer-Interaktionen der Unterrichtspraxis festgestellt wurde, erscheint es von besonderer Bedeutung, diese als Qualitätsmerkmal tutoriellen Lernens in ökologisch validen Settings zu untersuchen.

2.3.6 Zusammenfassung und Fazit

In diesem Kapitel ging es um die Förderung des konzeptuellen Verständnisses von Naturphänomenen, welche als Ziel des naturwissenschaftlichen Sachunterrichts in der Grundschule beschrieben wurde. Dessen Entwicklung wurde mithilfe von drei Kompetenzniveaus dargestellt. Dieser Lernprozess als Konzeptwechsel von vorhandenen zu wissenschaftlichen Vorstellungen auf Basis eines kognitiven Konflikts wurde theoretisch untermauert. Als Fördermöglichkeiten wurden ein Forschungszyklus zur aktiven Auseinandersetzung, ein strukturiertes Vorgehen zur Unterstützung kognitiver Prozesse sowie eine argumentative Auseinandersetzung beschrieben. Einen Rahmen für diese Gestaltungsmöglichkeiten können kooperative Lernformen, wie tutorielles Lernen, bieten, welche sich als geeignete Unterrichtsmethoden im naturwissenschaftlichen Sachunterricht erwiesen haben. Voraussetzung sind jedoch bestimmte Qualitätsmerkmale in der Peer-Interaktion. Die Gespräche sollten vorwiegend aufgabenbezogen sein und Erklärungen, Fragen und Feedback sowie elaborierte Interaktionsmuster, wie Tutoring, Argumentation, Kokonstruktion enthalten. Da diese im Unterricht nicht unbedingt von selbst auftreten, wurden Hinweise auf eine entsprechende Unterstützung der Interaktion – und somit des Lernens – herausgearbeitet, z. B. durch Aufgaben, welche die Forderung einer gemeinsamer Erklärung enthalten, Strukturierungshilfen für die Interaktion, wie Skripte und Rollen sowie eine Kombination von Lernpartnern mit heterogenem Vorwissen.

Die Umsetzung einer hohen Qualität der Peer-Interaktion im naturwissenschaftlichen Sachunterricht erscheint insgesamt schwer zu erreichen und wurde selten in ökologisch validen Settings untersucht. Da die Interaktionsqualität jedoch für die Wirksamkeit kooperativer Lernformen, so auch tutoriellen Lernens, bedeutsam ist, ist eine Erhebung dieser von Bedeutung, um die Umsetzung der Methode in der Praxis beurteilen zu können (vgl. Kapitel 2.2). Daher wird in dieser Arbeit die Peer-Interaktion beim tutoriellen Lernen im naturwissenschaftlichen Sachunterricht in Bezug auf lernförderliche Äußerungen und Interaktionsmuster untersucht.

3. Fragestellungen und Hypothesen

Ziel der Arbeit ist die Evaluation der Umsetzung von Kernelementen tutoriellen Lernens im Rahmen einer Interventionsstudie im naturwissenschaftlichen Sachunterricht der Grundschule. Dabei wird sowohl die materialgestützte Anwendung eines Lehrermanuals als auch der anschließende Transfer der Methode auf einen inhaltsnahen Bereich untersucht und mit dem konzeptuellen Verständnis der Schülerinnen und Schüler zum Thema „Schwimmen und Sinken" in Verbindung gebracht. Zudem wird die Peer-Interaktion beim tutoriellen Lernen bezüglich lernförderlicher Gesprächsanteile analysiert. Im Folgenden werden die Fragestellungen der Arbeit hergeleitet.

Konkrete Unterrichtskonzepte effektiver Methoden zur Förderung des Konzeptwissens im naturwissenschaftlichen Sachunterricht sind von besonderer Bedeutung für Grundschullehrkräfte, da diese häufig über wenig fachliches bzw. fachdidaktisches Wissen in diesem Bereich verfügen (Appleton, 2007). Tutorielles Lernen hat sich zur Förderung des Lernens im Sachunterricht der Grundschule als besonders geeignet erwiesen (Rohrbeck et al., 2003). Bedingung ist jedoch, dass die Kernelemente der Methode, d. h. wirksamkeitsrelevante Strukturen und Prozesse tutoriellen Lernens, in die Praxis umgesetzt werden (Greenwood et al., 1992). Obwohl es eine wichtige Aufgabe unterrichtswissenschaftlicher Forschung ist, Wissen darüber bereitzustellen, wie positiv evaluierte Methoden in der Unterrichtspraxis verbreitet werden können (Gräsel & Parchmann, 2004), wurde die Umsetzung tutoriellen Lernens selten im Bereich der Naturwissenschaften untersucht.

Soll die Umsetzung tutoriellen Lernens in der Unterrichtspraxis evaluiert werden, so ist die Berücksichtigung wirksamkeitsrelevanter Kernelemente von Bedeutung. In der vorliegenden Arbeit wurden vier Kernelemente aus der Theorie abgeleitet und empirisch untermauert: (1) heterogene Lernpartnerschaften, (2) reziproke Rollen, (3) gegenseitiges Unterrichten und (4) gemeinsame Belohnung. Dabei stellen die heterogene Zusammensetzung, die Verteilung von Rollen sowie die Belohnung wichtige Strukturen der Methode dar, welche eine produktive Zusammenarbeit der Lernpartner unterstützen. Der zentrale Prozess der Methode ist das gegenseitige Unterrichten, bei dem gemäß den Basistheorien das Lernen stattfindet, wenn die Peer-Interaktion bestimmte Qualitätsmerkmale aufweist (vgl. Kapitel 2.1.3). Die Umsetzung dieser Kernelemente kann dahingehend beurteilt werden, mit welcher *Genauigkeit* die geplanten Strukturen und Prozesse in der Praxis verwirklicht sind. Zudem kann die Umsetzung anhand bestimmter *Qualitätsmerkmale* beurteilt werden, welche sich aus der Theorie der Methode ableiten lassen

(Gresham, 2009). Die Genauigkeit der Umsetzung wird zumeist anhand von Unterrichtsbeobachtungen ermittelt und mit einem Idealwert, z. B. 100%, verglichen (vgl. Kapitel 2.2.2). Eine genauere Betrachtung des Interaktionsprozesses beim gegenseitigen Unterrichten erscheint aufgrund von dessen Bedeutung für das Lernen zudem sinnvoll. Beachtet man die Besonderheit der Lernprozesse im naturwissenschaftlichen Sachunterricht, welche als Konzeptwechsel beschrieben werden, so lassen sich bestimmte lernförderliche Äußerungen und Interaktionsmuster als Qualitätsmerkmale der Peer-Interaktion bewerten (vgl. Kapitel 2.3.5). Demnach lassen sich folgende Fragestellungen ableiten:

1) Wie genau gelingt die Umsetzung von Kernelementen tutoriellen Lernens im naturwissenschaftlichen Sachunterricht der Grundschule?
2) Weist die Peer-Interaktion beim Prozess des gegenseitigen Unterrichtens lernförderliche Anteile auf?
3) Wirkt sich tutorielles Lernen bzw. dessen Umsetzungsgenauigkeit auf das konzeptuelle Verständnis der Schülerinnen und Schüler im Themenbereich „Schwimmen und Sinken" aus?

Jede Fragestellung lässt sich in bestimmte Aspekte gliedern. Im Folgenden sollen diese hergeleitet und die einzelnen Hypothesen zu diesen begründet werden.

Fragestellung 1: Wie genau gelingt die Umsetzung von Kernelementen tutoriellen Lernens im naturwissenschaftlichen Sachunterricht der Grundschule?

Wie zu Beginn der Arbeit am Beispiel des kooperativen Lernens beschrieben, werden wirksamkeitsrelevante Methodenelemente in der Praxis nicht immer realisiert (Veenman et al., 2000). Dies bestätigt sich auch in Studien zum tutoriellen Lernen, wo die Umsetzung von Praxiskonzepten mithilfe eines Manuals zwar durchschnittlich mit über 80% Genauigkeit gelingt, jedoch individuell variiert – eine vollständige Implementation wird kaum erreicht (z. B. Topping et al., 2011). Wie genau die Umsetzung gelingt, hängt von verschiedenen Faktoren auf Ebene der Intervention, aber auch des Umsetzungskontextes ab (Lendrum & Humphrey, 2012). So konnten Studien zeigen, dass die Umsetzung tutoriellen Lernens mithilfe von Unterrichtsmaterialien sehr genau gelingt (Fuchs et al., 1997), beim Transfer der Methode auf ein anderes Fach jedoch geringer war (Maheady et al., 1991). Zudem wurden Klassenmerkmale mit der Umsetzungsgenauigkeit in Verbindung gebracht, jedoch bezogen sich entsprechende Studien auf Einschätzungen der Lehrkräfte. Selten wurden Kontextmerkmale anhand von Tests und Fragebögen erhoben. Die Umsetzung tutoriellen Lernens wurde bisher häufig mithilfe sehr spezifischer Checklisten zu fachlichen sowie methodischen Aspekten des jeweiligen Konzepts erhoben. Somit ist weder die Evaluation der Wirksamkeit von Methodenelementen, unabhängig von inhaltlichen Strategien, noch die Generalisierung der Ergebnisse auf andere Konzepte möglich. Kernelemente tutoriellen Lernens wurden bisher kaum auf empirischer und theoretischer Basis begründet, um deren Umsetzungsgenauigkeit zu erheben. Hier setzt die vorliegende Arbeit an.

Hier werden entsprechend der Vorgehensempfehlung aus der Literatur zur Messung von Umsetzungsgenauigkeit (Mowbray et al., 2003) Indikatoren der methodischen Kernelemente tutoriellen Lernens im Unterricht erhoben. Drei Aspekte werden untersucht: zum einen die Umsetzung der Methode im Vergleich zu einer Kontrollgruppe, zum anderen der Vergleich von materialgestützter Anwendung und Transfer und schließlich der Zusammenhang der Umsetzung mit Kontextmerkmalen der Klasse.

(1a) Wie hoch ist die mittlere Umsetzungsgenauigkeit der Kernelemente tutoriellen Lernens im naturwissenschaftlichen Sachunterricht in Klassen fortgebildeter Grundschullehrkräfte im Vergleich zu einer Kontrollgruppe ohne methodische Fortbildung?

Die theoretische und empirische Unterscheidung von Methoden wird als wichtiger Aspekt von Umsetzungsgenauigkeit beschrieben (Dusenbury et al., 2003). Die hier evaluierten Kernelemente wurden aus der Theorie zu tutoriellem Lernen abgeleitet und stellen somit methodenspezifische Merkmale dar. Demnach sollten diese in anderen Unterrichtsmethoden nicht in der gleichen Menge vorkommen. *Es wird daher erwartet, dass die mittlere Umsetzungsgenauigkeit der Kernelemente tutoriellen Lernens in der Untersuchungsgruppe sowohl bei materialgestützter Anwendung als auch beim Transfer der Methode höher ist als in der Kontrollgruppe (Hypothese 1a).*

(1b) Wie hoch ist die mittlere Umsetzungsgenauigkeit der Kernelemente tutoriellen Lernens durch fortgebildeten Grundschullehrkräfte bei direkter Anwendung der Fortbildungsinhalte anhand eines Handbuchs im Vergleich zum Transfer?

Studien zeigen, dass ein Lehrermanual mit Unterrichtsmaterialien zur praktischen Anwendung eine höhere Umsetzungsgenauigkeit ermöglicht (Gresham, 1989). Dennoch fehlen bestimmte Prozesselemente der Methode, wie z. B. Plenumsreflexionen, häufiger in der Umsetzung als Strukturelemente, wie Lernpartnerzusammensetzung und reziproke Rollen (Topping et al., 2011). *Es wird daher erwartet, dass die Umsetzung von Kernelementen bei direkter Anwendung insgesamt höher ist als beim selbstständigen Transfer der Methode. Es wird zudem in beiden Umsetzungsphasen ein Unterschied in der Umsetzung der einzelnen Kernelemente zugunsten von den Strukturelementen Lernpartnerschaften und Rollen angenommen (Hypothese 1b).*

(1c) Besteht ein Zusammenhang zwischen der Umsetzungsgenauigkeit der Methode und Kontextfaktoren der Klasse, d. h. dem mittleren Leistungsniveau der Schülerinnen und Schüler in Intelligenz und im Leseverständnis (kognitiv), dem wahrgenommenen Klassenklima (sozial) und der Klassengröße (strukturell-organisatorisch)?

Umsetzungsdefizite werden von Lehrkräften häufig mit einer Anpassung an das Niveau und Verhalten ihrer Schülerinnen und Schüler begründet (Vadasy et al., 1997). Dies lässt vermuten, dass die Umsetzungsgenauigkeit mit kognitiven und sozialen Kontextmerkmalen der Klasse zusammenhängt. Zudem wird auf organisatorischer Ebene Zeitmangel als häufigster Grund reduzierter Umsetzung genannt (Vadasy et al., 1997). Daraus ergibt sich die Frage, ob bestimmte strukturell-organisatorische Faktoren, z. B. eine größere Schülerzahl, welche einen höheren Zeitaufwand bewirken können, die Umsetzung beeinflussen. *Es wird davon ausgegangen, dass die Kernelemente tutoriellen Lernens in Klassen mit niedrigerem Leistungsmittel in kognitiven und sozialen Bereichen sowie bei erschwerten strukturell-organisatorischen Bedingungen, wie hoher Schüleranzahl, weniger genau umgesetzt werden (Hypothese 1c).*

Fragestellung 2: Weist die Peer-Interaktion beim Prozess des gegenseitigen Unterrichtens lernförderliche Anteile auf?

Als wichtiger Aspekt zur Bewertung der Umsetzung werden Merkmale der Prozessqualität beschrieben (Dusenbury et al., 2003). Diese sind beim tutoriellen Lernen vor allem im Rahmen der Peer-Interaktion zu erheben. Sofern die Peer-Interaktion bestimmte Qualitätsmerkmale aufweist, greifen hier die aus den Basistheorien des tutoriellen Lernens sowie des Konzeptwechsels abgeleiteten Wirkmechanismen des Lernens, z. B. kognitiver Konflikt und Kokonstruktion (Howe, 2010). Interaktive Lernsituationen, in denen Schülerinnen und Schüler selbst Begründungen nennen und diese mit denen anderer vergleichen, können das konzeptuelle Verständnis fördern (Hake, 1998). Dies geschieht gemäß Untersuchungen vor allem dann, wenn in der Peer-Interaktion bestimmte Äußerungen, wie Fragen und Feedback zu Erklärungen für Naturphänomene, sowie elaborierte Interaktionsmuster, wie Argumentationen, Kokonstruktionen oder Tutoring, vorkommen (vgl. Kapitel 2.3.5). Untersuchungen der Peer-Interaktion in der Praxis zeigen jedoch, dass solche lernförderlichen Interaktionen in der Unterrichtspraxis selten sind, da Schülerinnen und Schüler bei kooperativen Lernformen zum Teil wenig aufgabenbezogen oder eher auf einem einfachen Niveau diskutieren (Hertz-Lazarowitz et al., 1984). Daher scheint die Umsetzung einer hohen Interaktionsqualität beim tutoriellen Lernen ein besonders schwer zu erreichendes Ziel zu sein, dessen Erhebung für die Interpretation der Ergebnisse von hoher Bedeutung ist. Studien der Umsetzungsgenauigkeit tutoriellen Lernens erheben erwartete Merkmale der Prozessqualität zumeist als Einzelitems im Rahmen einer Checkliste zur Umsetzungsgenauigkeit, z. B. „students cooperate" (Baker et al., 2004, S. 23). Aufgrund seiner Bedeutung für einen Konzeptwechsel wird der Prozess des gegenseitigen Unterrichtens in der vorliegenden Untersuchung genauer betrachtet, zusätzlich zur Erfassung in einer Checkliste.

Hier werden lernförderliche Äußerungen und Interaktionsmuster in der Peer-Interaktion als Merkmale der Prozessqualität tutoriellen Lernens evaluiert. Diese werden auf Basis von Transkriptionen der Peer-Interaktion einer Teilstichprobe im Rahmen einer Doppelstunde untersucht. Fragestellung 2 ist in drei Aspekte gegliedert: Zum einen werden aufgabenbezogene Anteile in der Peer-Interaktion beschrieben, zum anderen werden lernförderliche Äußerungen und Interaktionsmuster evaluiert und schließlich wird die Entwicklung von Erklärungen zum Schwimmen und Sinken bewertet.

(2a) Wie hoch sind die aufgabenbezogenen Anteile in der Peer-Interaktion während der tutoriellen Lernphasen und welche Äußerungen können dort beobachtet werden?

Untersuchungen ergaben zwar, dass große Anteile der Peer-Interaktion häufig nicht auf die Aufgabe bezogen sind, jedoch wurde anhand von Strukturierungshilfen, wie Rollen oder Skripten, bereits eine gute Umsetzung einer lernförderlichen Interaktion erreicht (Cohen, 1994). Hier werden Rollen als Kernelement tutoriellen Lernens berücksichtigt sowie skriptähnliche Hilfen zum Finden einer gemeinsamen Erklärung in jede Aufgabenstellung integriert. *Daher wird hier ein hoher Anteil an aufgabenbezogenen Beiträgen – im Vergleich zu organisatorischen bzw. nicht unterrichtsbezogenen Beiträgen – in der Peer-Interaktion erwartet. Es wird zudem vermutet, dass sich die aufgabenbezogenen Beiträge der Schülerinnen und Schüler überwiegend als inhalts- sowie prozessbezogene Aussagen, Fragen und Feedback beschreiben lassen (Hypothese 2a).*

(2b) Finden sich lernförderliche Äußerungen und Muster in der Peer-Interaktion?

Entsprechend der empirischen Ergebnisse zur Bedeutung von Erklärungen für das Lernen (Howe et al., 2007) können Erklärungen für das Schwimmen und Sinken als lernförderliche Äußerungen bewertet werden. Zudem können Interaktionsmuster als lernförderlich bewertet werden, welche im Sinne der Theorien zum tutoriellen Lernen und Konzeptwechsel auf die gemeinsame Entwicklung eines konzeptuellen Verständnisses hinweisen (van Boxtel et al., 2000). Sind die Aufgabenstellungen für das tutorielle Lernen entsprechend didaktischer Prinzipien des naturwissenschaftlichen Sachunterrichts konzipiert, können diese eine lernförderliche Interaktion unterstützen (Schwarz & Linchevski, 2007). *Es wird erwartet, dass sich im Rahmen der Peer-Interaktion al-*

ler Lernpaare gegenseitige Erklärungen für das Schwimmen und Sinken finden. Zudem werden Interaktionsmuster erwartet, welche auf eine Kokonstruktion, ein Tutoring oder einer Argumentation hinweisen (Hypothese 2b).

(2c) Verbessern sich die Erklärungen der Schülerinnen und Schüler im Rahmen der Interaktion in Bezug auf das konzeptuelle Verständnisniveau zum Schwimmen und Sinken?

Untersuchungen zeigen, dass eine lernförderliche Interaktion zu einer Weiterentwicklung des konzeptuellen Verständnisses führen kann (Asterhan & Schwarz, 2009a; Schwarz & Linchevski, 2007), diese jedoch nicht immer vorausgesetzt werden kann (Ross, 2008). Beinhaltet der Interaktionsprozess eine Auseinandersetzung mit und Weiterentwicklung von Konzepten, so müsste sich dies z. B. durch eine neue Erklärung für ein Phänomen zeigen. *Es wird vermutet, dass die Schülerinnen und Schüler zu Beginn der Peer-Interaktion, beim Äußern der individuellen Hypothesen, durchschnittlich Erklärungen auf einem geringeren konzeptuellen Verständnisniveau äußern als bei der gemeinsam erarbeiteten schriftlichen Erklärung am Ende der Interaktionsphase (Hypothese 2c).*

> **Fragestellung 3:** Wirkt sich tutorielles Lernen bzw. dessen Umsetzungsgenauigkeit auf das konzeptuelle Verständnis der Schülerinnen und Schüler im Themenbereich „Schwimmen und Sinken" aus?

Wie Metaanalysen zeigen, hat sich tutorielles Lernen in vielen Studien als wirksam zur Förderung des Lernens im Grundschulalter – auch im naturwissenschaftlichen Sachunterricht – erwiesen (Bowman-Perrott et al., 2013; Rohrbeck et al., 2003). Die Autoren kritisieren jedoch, dass Angaben zur Umsetzung oft fehlen und somit die Ergebnisse nicht sicher auf die Methode zurückgeführt werden können. Die Umsetzungsgenauigkeit tutoriellen Lernens hat sich in Studien als bedeutsam für die Lernwirksamkeit der Methode gezeigt (Greenwood et al., 1992). Es ist jedoch unklar, wie hoch die Umsetzungsgenauigkeit sein muss, damit von einer Wirksamkeit der Methode ausgegangen werden kann. Lendrum und Humphrey (2012) nennen in ihrem Review 60% Umsetzungsgenauigkeit als ungefähren Grenzwert für die Wirkung bei Interventionen, Studien zur Wirksamkeit tutoriellen Lernens nennen jedoch zumeist eine höhere Umsetzungsgenauigkeit als Ausschlusskriterium (Greenwood et al., 1989). Insgesamt wird kritisiert, dass der Zusammenhang von Umsetzungsgenauigkeit und Wirkung selten geprüft wird, besonders im Sachunterricht fehlen Untersuchungen zu bekannten Praxiskonzepten, wie CWPT oder PALS.

In dieser Arbeit wird daher die Bedeutung der Umsetzungsgenauigkeit der Kernelemente für die Wirkung tutoriellen Lernens mit einbezogen. Da die Qualitätsmerkmale der Peer-Interaktion nur während einer Doppelstunde anhand einer Teilstichprobe erhoben wurden, können diese in die Analysen zur Wirksamkeit nicht mit einbezogen werden.

Die Fragestellung 3 ist in zwei Aspekte gegliedert. Zum einen wird die Wirkung tutoriellen Lernens auf das konzeptuelle Verständnis im Vergleich zu einer Kontrollgruppe ohne methodische Vorgaben evaluiert, wobei nur Klassen der Untersuchungsgruppe einbezogen werden, welche die Kernelemente mit über 70% Genauigkeit umgesetzt haben. Zum anderen wird die Wirkung der Umsetzungsgenauigkeit auf das konzeptuelle Verständnis der Schülerinnen und Schüler innerhalb der Untersuchungsgruppe untersucht.

(3a) Wirkt sich tutorielles Lernen positiv auf das konzeptuelle Verständnis der Schülerinnen und Schüler aus?

Da sich tutorielles Lernen im Vergleich zu anderen Unterrichtsformen, wie Klassenunterricht oder Einzelarbeit häufig zur Förderung des Lernens als wirksam erwiesen hat, wird davon ausgegangen, dass sich dieser Effekt auch hier zeigt. *Es wird erwartet, dass die Schülerinnen und Schüler in den Klassen der Untersuchungsgruppe, die eine Umsetzungsgenauigkeit von über 70% erreichen, ein höheres konzeptuelles Verständnisniveau aufweisen als die Kinder der Kontrollgruppe (Hypothese 3a).*

(3b) Wirkt sich die Höhe der Umsetzungsgenauigkeit in den Klassen der Untersuchungsgruppe auf das konzeptuelle Verständnis der Schülerinnen und Schüler aus?

Da bisherige Befunde auf die Bedeutsamkeit der Umsetzung für die Wirkung der Methode hinweisen, wird erwartet, dass sich dieser Effekt auch in dieser Studie zeigt. *Es wird ein positiver Zusammenhang der Umsetzungsgenauigkeit der Kernelemente tutoriellen Lernens mit dem konzeptuellen Verständnis der Schülerinnen und Schüler erwartet (Hypothese 3b).*

4. Methode

4.1 Design und Datenerhebung

Die vorliegende Untersuchung wurde im Rahmen der IGEL-Studie (Individuelle Förderung und adaptive Lern-Gelegenheiten in der Grundschule; Hardy et al., 2011) durchgeführt. IGEL war ein Verbundprojekt der Goethe-Universität Frankfurt und dem DIPF (Deutsches Institut für Internationale Pädagogische Forschung), das im IDeA-Zentrum (Center for Individual Development and Adaptive Education of Children at Risk) verortet war.[32] Ziel der IGEL-Studie war die Evaluation dreier adaptiver Unterrichtsmethoden im naturwissenschaftlichen Sachunterricht der dritten Jahrgangsstufe: kognitive Strukturierung, tutorielles Lernen und formatives Assessment (Decristan et al., 2015). Das Design der Studie ist in Abbildung 3 dargestellt. Die IGEL-Studie wurde als eine quasi-experimentelle Interventionsstudie angelegt. Teilnehmen konnten alle Lehrpersonen, die im Schuljahr 2010/2011 eine dritte Klasse im Sachunterricht an einer hessischen Grundschule (Großraum Frankfurt am Main) unterrichteten. Die teilnehmenden Lehrpersonen wurden auf Schulebene randomisiert, einer der drei Unterrichtsmethoden oder der Kontrollgruppe zugeteilt. In dieser Arbeit wird aufgrund der Fragestellungen die Untersuchungsgruppe „Tutorielles Lernen" sowie die Kontrollgruppe berücksichtigt. Alle Lehrkräfte nahmen an Fortbildungen zu einer Fördermethode und den Fachinhalten des Themas Schwimmen und Sinken teil. Anschließend unterrichteten sie zwei Unterrichtseinheiten mithilfe von Handbüchern und Unterrichtsmaterialien in ihren Klassen, wobei die Untersuchungsgruppe für die erste Unterrichtseinheit ein Handbuch mit Materialien für die Umsetzung der Kernelemente tutoriellen Lernens erhielt und diese auf die zweite Unterrichtseinheit selbstständig transferieren sollte. Die Kontrollgruppe erhielt für beide Unterrichtseinheiten ein Handbuch mit den gleichen Unterrichtsmaterialien zum fachlichen Inhalt, jedoch ohne Methodenhinweise. Die Unterrichtseinheiten dauerten jeweils viereinhalb Doppelstunden (à 90 Minuten) und wurden ein- bis zweimal die Woche über maximal vier Wochen durchgeführt.

Vor der Umsetzung wurden Voraussetzungen der Schülerinnen und Schüler in Bezug auf kognitive und soziale Variablen sowie Vorwissen in Gruppen-

---

32 Das IDeA Zentrum wurde gefördert durch die LOEWE-Initiative der Hessischen Landesregierung (Landes-Offensive zur Entwicklung Wissenschaftlich-ökonomischer Exzellenz).

Methode

testungen der Klassen erfasst (Messzeitpunkte a und d).[33] Ebenso wurde der Lernerfolg nach jeder Unterrichtseinheit erhoben und die Lehrkräfte wurden zu ihrer Umsetzung befragt (Messzeitpunkte e und g). Zudem wurde vor sowie während der Unterrichtseinheiten eine Doppelstunde (90 Minuten) pro Klasse beobachtet oder videografiert. In der Untersuchungsgruppe wurden bei einer Teilstichprobe Tonbandaufnahmen der Peer-Interaktion während der tutoriellen Lernphasen erstellt.[34]

Die IGEL-Studie wurde von der Ethikkommission des des Fachbereichs Psychologie der Goethe-Universität Frankfurt begutachtet und genehmigt. Die Teilnahme war für alle Beteiligten freiwillig. Vor jeder Datenerhebung wurden Lehrkräfte sowie Schülerinnen und Schüler auf die Freiwilligkeit und die Wahrung ihrer Anonymität hingewiesen.

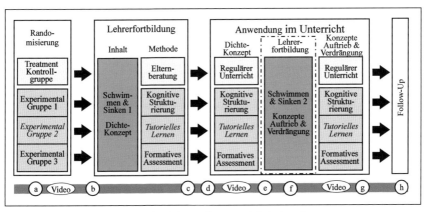

Abbildung 4: Interventions- und Erhebungsdesign im IGEL-Projekt

Anmerkungen. Die Kreise (a) bis (g) stellen verschiedene Erhebungszeitpunkte dar, die entweder mit den Schülerinnen und Schülern und bzw. oder den Lehrpersonen durchgeführt wurden. Die Video-Ellipsen 1 bis 3 repräsentieren Zeitpunkte, zu denen Videografierungen und Tonbandaufnahmen oder Beobachtungen des Unterrichts vorgenommen wurden.[35]

---

33 Um die Testdaten verschiedener Messzeitpunkte miteinander in Verbindung bringen zu können und dennoch den Datenschutzerklärungen der Studie gerecht zu werden, wurden allen beteiligten Lehrkräften sowie Schülerinnen und Schülern Kodes zugeteilt, die mithilfe einer Entblindungsliste über die Messzeitpunkte konstant gehalten wurden. Die Entblindungsliste wurde im Anschluss an die Studie vernichtet.
34 Um die Anonymität der Beteiligten zu wahren, wurden alle Videos und Tonbandaufnahmen in einem Videolabor verschlossen gelagert und konnten lediglich von Projektmitgliedern angesehen werden.
35 Die vorliegende Arbeit bezieht die zu Testzeitpunkten a, e und g erhobenen Daten sowie die Videoaufnahmen der letzten beiden Zeitpunkte mit ein.

4.2 Stichprobe

Selektion der Stichprobe. Die Rekrutierung der Stichprobe erfolgte über eine telefonische Kontaktaufnahme mit der Schulleitung. Diese leiteten bei Interesse Informationsmaterialien an entsprechende Lehrkräfte ihrer Schule weiter. Des Weiteren wurden drei Informationsveranstaltungen für Schulleiterinnen und Schulleiter sowie Lehrkräfte zu den Untersuchungsbedingungen und dem Projektverlauf in den Räumen des DIPF von den projektleitenden Personen durchgeführt. Bis zum Beginn des Schuljahres 2010/2011 konnten 59 Lehrkräfte für die Teilnahme mit ihren Schulklassen gewonnen werden, davon wurden 15 Klassen der Untersuchungsgruppe und 14 der Kontrollgruppe zugewiesen. Fünf Lehrkräfte sagten ihre Teilnahme vor bzw. während des Verlaufs der Studie wieder ab, davon eine in der Untersuchungsgruppe tutorielles Lernen und drei in der Kontrollgruppe. Als Gründe wurden z. B. Zeitmangel oder gesundheitliche Probleme angeführt. Die 14 Klassen der Untersuchungsgruppe sowie 11 Klassen der Kontrollgruppen dieser Studie wurden laut Klassenlisten von 542 Kindern besucht. 95% erhielten eine elterliche Einverständniserklärung, so dass 512 Kinder an den Erhebungen teilnahmen. Aufgrund von Krankheiten und Klassenwechsel schwankte die genaue Anzahl der teilnehmenden Schülerinnen und Schüler zwischen den verschiedenen Erhebungszeitpunkten etwas. Zum Erhebungszeitpunkt a und g nahmen 479 und somit 94% der hier einbezogenen 512 Kinder teil. Zum Erhebungszeitpunkt e waren es 480 Schülerinnen und Schüler, was ebenfalls 94% entspricht.

Lehrkräfte bzw. Klassen. Von den insgesamt 54 teilnehmenden Lehrkräften wurden 14 der Untersuchungsgruppe Tutorielles Lernen und 11 der Kontrollgruppe zugewiesen. Die hier analysierte Teilstichprobe der IGEL-Studie umfasste somit 25 Lehrkräfte von 18 Schulen, davon 22 Frauen und 3 Männer zwischen 29 und 59 Jahren, $M = 44.09$, $SD = 9.37$. 68% der Lehrkräfte hatten keine naturwissenschaftlichen Unterrichtsfächer studiert. Alle Lehrkräfte hatten in den letzten fünf Jahren Sachunterricht unterrichtet, 91% von ihnen regelmäßig. 80% der Lehrkräfte hatten weder eine Fortbildung zum Thema „Tutorielles Lernen" noch zum Thema „Schwimmen und Sinken" besucht. 36% der Schulen befanden sich in ländlichem und 64% in städtischem Umfeld. Im Durchschnitt besuchten 20 Kinder eine Klasse. Zwischen Untersuchungs- und Kontrollgruppe fanden sich keine signifikanten Unterschiede im Hinblick auf die genannten Merkmale.

Um die Stichprobe der Lehrkräfte genauer zu beschreiben, wurden zu Beginn der Studie anhand von Selbsteinschätzungsskalen Variablen erhoben, welche sich für die Wirksamkeit von Fortbildungen als bedeutsam erwiesen haben (Desimone, 2009; Lipowski, 2011) und in Bezug für das Ziel der Stu-

Methode 107

die spezifiziert: *Interesse* an naturwissenschaftlichen Themen (Dechsler-Köhler, 2006, drei Items, Cronbachs α = .91), *Überzeugungen* zu Konzeptwechsel (Kleickmann, 2008, sechs Items, Cronbachs α = .72), sowie *Selbstwirksamkeitserwartung* bezüglich des Einsatzes von tutoriellem Lernen im Unterricht (Eigenentwicklung in Anlehnung an Schwarzer und Schmitz, 1999, vier Items, Cronbachs α = .94). Die deskriptiven Ergebnisse sind in Tabelle 1 dargestellt.

Tabelle 1: Deskriptive Ergebnisse zur Selbsteinschätzungen der Lehrkräfte

Variable	Untersuchungsgruppe $N = 12$		Kontrollgruppe $N = 11$	
	M	(SD)	M	(SD)
Interesse	2.85	(0.73)	3.09	(0.65)
Überzeugungen	2.74	(0.57)	2.64	(0.34)
Selbstwirksamkeitserwartung	56.25	(22.01)	62.05	(20.24)

Anmerkung. Die Skalen zu Interesse und Überzeugungen wurden auf einer vierstufigen Likert-Skala (1 „stimmt nicht" – 4 „stimmt genau"), die Höhe der Selbstwirksamkeitserwartung auf einer Skala von 0–100 eingeschätzt.

Es finden sich bezüglich der Selbsteinschätzung in den drei angegebenen Bereichen, Interesse, $t(22) = -0.61$, $p = .40$, Überzeugungen, $t(22) = 0.49$, $p = .63$ und Selbstwirksamkeitserwartung, $t(21) = -0.66$, $p = .52$, keine Unterschiede zwischen der Untersuchungs- und der Kontrollgruppe.[36]

Schülerinnen und Schüler. An der Schülererhebung in den 25 Klassen beider Gruppen nahmen insgesamt 512 Schülerinnen und Schüler teil, davon 280 in der Untersuchungsgruppe. Die 512 Kinder waren im Mittel 8.80 Jahre alt ($SD = 0.49$); 50.2% waren weiblich. Der Anteil der Kinder mit Migrationshintergrund betrug 40%, d.h. dass ein Elternteil oder beide im Ausland geboren waren.

Die deskriptiven Ergebnisse wichtiger Lernvoraussetzungen für das naturwissenschaftliche Lernen in den beiden Gruppen sind in Tabelle 2 dargestellt.[37]

---

[36] Da die Forschungshypothese der Nullhypothese entspricht, wurde hier, Bortz und Döring (2006, S. 651) folgend, ein α-Niveau von 10% zugrunde gelegt, um das β-Fehler-Risiko zu senken.
[37] Die verwendeten Tests werden in Kapitel 4.4.5 beschrieben.

Tabelle 2: Deskriptive Ergebnisse von Variablen wichtiger Lernvoraussetzungen in beiden Gruppen

Variable	Untersuchungsgruppe $N = 232$		Kontrollgruppe $N = 199$	
	M	(SD)	M	(SD)
kognitive Grundfähigkeit	104.81	(13.85)	101.13	(13.89)
Sprachverständnis	14.46	(2.72)	15.22	(2.65)
naturwiss. Kompetenz	-.32	(1.04)	-.14	(1.02)

Anmerkung. Abkürzung „naturwiss." steht für naturwissenschaftliche

Wie die deskriptiven Ergebnisse zeigen, finden sich trotz der Randomisierung auf Schulebene Gruppenunterschiede in den Lernvoraussetzungen der Schülerinnen und Schüler. Die Annahme, dass sich die Gruppen nicht unterscheiden, konnte für die kognitive Grundfähigkeit, $t(468) = -2.86$, $p < .01$, $d = .27$, sowie für das Sprachverständnis, $t(476) = 2.81$, $p = .01$, $d = 0.26$, und die naturwissenschaftliche Kompetenz, $t(477) = 1.93$, $p = .06$, $d = 0.18$, nicht bestätigt werden. Die Schülerinnen und Schüler der Untersuchungsgruppe waren der Kontrollgruppe in der kognitiven Grundfähigkeit im Mittel überlegen, schnitten jedoch in Bezug auf Sprachverständnis und naturwissenschaftliche Kompetenz in den verwendeten Tests durchschnittlich schlechter ab.

Lernpaare. An den Audioaufnahmen der Peer-Interaktion waren 20 Lernpaare (40 Schülerinnen und Schüler) in zehn Klassen der Untersuchungsgruppe beteiligt. Die Lernpaare dieser Teilstichprobe wurden durch die Lehrkräfte ausgewählt. Dafür erhielten diese den Hinweis, die Diktiergeräte jeweils zu einem leistungsstarken sowie einem leistungsschwächeren Lernpaar der Klasse zu legen, um eine repräsentative Teilstichprobe zu erhalten. Dieser Hinweis wurde von den Lehrkräften in fünf der zehn Klassen beachtet. Die Teilstichprobe bestand zu 50% aus Mädchen, die Schülerinnen und Schüler waren im Mittel 8.70 Jahre alt (SD = 0.31). 45.5% der Kinder hatte einen Migrationshintergrund. Von den 20 Lernpaaren waren zehn gemischtgeschlechtlich zusammengesetzt, in fünf Lernpaaren arbeiteten zwei Jungen zusammen und in fünf zwei Mädchen. In vier Lernpaaren hatten beide Lernpartner einen Migrationshintergrund, in vier Lernpaaren arbeiteten ein Kind mit und ein Kind ohne Migrationshintergrund zusammen und bei fünf Paaren hatten beide Kinder keinen Migrationshintergrund; bei sieben Paaren fehlten Angaben eines oder beider Partner dazu. Gemessen anhand von Quartilen, welche auf Basis des Vorwissenstest zum Schwimmen und Sinken gebildet wurden, hatten die Schülerinnen und Schüler in 14 Lernpaaren einen mittleren Lernabstand im Vorwissen, bei jeweils vier Lernpaaren waren Lernpartner aus sehr heterogenen bzw. ähnlichen Vorwissensquartilen zusammengesetzt.[38] Die deskriptiven Ergebnisse zu Variablen wichtiger kognitiver Lernvoraussetzungen der Teilstichprobe sind in Tabelle 3 denen der restlichen Stichprobe der Untersuchungsgruppe gegenübergestellt.

Tabelle 3: Deskriptive Ergebnisse zu Variablen wichtiger Lernvoraussetzungen der Schülerinnen und Schüler in Lernpaaren mit Tonbandaufnahmen und ohne Tonbandaufnahmen in der Untersuchungsgruppe

Variable	Tonbandaufnahme $N = 36$		Keine Tonbandaufnahme $N = 220$	
	M	(SD)	M	(SD)
kognitive Grundfähigkeit	103.64	(14.78)	105.00	(13.72)
Sprachverständnis	15.36	(3.28)	14.30	(3.21)
naturwiss. Kompetenz	-.043	(1.20)	-.37	(1.01)

Zur Prüfung der Repräsentativität der an den Tonbandaufnahmen beteiligten Teilstichprobe im Hinblick auf die Gesamtstichprobe wurden beide Gruppen in Bezug auf bedeutsame Lernvoraussetzungen verglichen. Die Vermutung, dass die Gruppen sich nicht unterscheiden, konnte sich in Bezug auf das Sprachverständnis, $t(257) = 1.90$, $p = .06$, $d = 0.33$, und naturwissenschaftliche Kompetenz, $t(258) = 1.83$, $p = .07$, $d = 0.32$, nicht bestätigen. Die Schülerinnen und Schüler der Teilstichprobe mit Tonbandaufnahmen waren denen der restlichen Stichprobe der Untersuchungsgruppe in diesen Variablen im Mittel überlegen. Jedoch zeigten sich keine Unterschiede in Bezug auf die kognitive Grundfähigkeit, $t(254) = -0.55$, $p = .59$.

4.3 Fortbildung der Lehrkräfte

Die Lehrkräfte erhielten an fünf Nachmittagen jeweils eine viereinhalbstündige Fortbildung. Die inhaltliche Gestaltung der fünf Fortbildungsnachmittage war wie folgt aufgebaut:

---

38 Die Lehrkräfte hatten die Empfehlung erhalten, Lernpaare mit mittlerem Lernabstand im Vorwissen zu bilden; dafür wurden ihnen Quartile auf Basis des Vorwissenstests zum Schwimmen und Sinken zur Verfügung gestellt. Anhand der Schülerkodes wurde festgestellt, inwiefern diese Empfehlung eingehalten wurde. Für einen mittleren Lernabstand waren Schülerinnen und Schüler der Quartile A (höchstes Vorwissensniveau der Klasse) mit Kindern aus dem Quartil C (etwas unterdurchschnittliches Vorwissen) oder Kinder des Quartils B (etwas überdurchschnittliches Vorwissen) mit solchen des Quartils D (geringstes Vorwissen der Klasse) kombiniert.

1. Termin: Fachinhalte zur ersten Unterrichtseinheit (UE1) Schwimmen und Sinken I (Dichtekonzept). Fachwissen zum Dichtekonzept und zu erwartende Präkonzepte der Schülerinnen und Schüler wurden vermittelt. Schülerexperimente und differenzierte Arbeitsblätter der UE1 wurden durchgeführt und besprochen.

2. Termin: Theorie und Elemente tutoriellen Lernens. Wirkfaktoren, theoretischer Hintergrund und bisherige Forschungsergebnisse zu tutoriellem Lernen wurden vorgestellt. Die Methodenelemente wurden daraus abgeleitet und anhand von praktischen Beispielen verdeutlicht.

3. Termin: Tutorielles Lernen in der UE1. Das Handbuch zur UE1 mit Hinweisen zur Einführung der Methode sowie Arbeitsmaterialien für den Unterricht wurde vorgestellt und in Übungen ausprobiert.

4. Termin: Transfer tutoriellen Lernens auf andere Inhalte. Der Transfer der Methodenelemente wurde anhand von Beispielen und Übungen aus den Fächern Mathematik und Deutsch geübt.

5. Termin: Fachinhalte zur zweiten Unterrichtseinheit (UE2) Schwimmen und Sinken II (Verdrängung und Auftrieb). Die Durchführung der UE1 wurde reflektiert und Rückfragen besprochen. Fachwissen zu Verdrängung und Auftrieb und zu erwartende Präkonzepte der Schülerinnen und Schüler wurden vermittelt. Schülerexperimente und differenzierte Arbeitsblätter der UE2 wurden durchgeführt und besprochen.

Die Kontrollgruppe erhielt dieselbe Anzahl an Fortbildungstagen. Der 1. sowie 5. Termin zu den Fachinhalten der Unterrichtseinheiten wurde dabei parallel zur Untersuchungsgruppe gehalten, während die Lehrkräfte an den restlichen Terminen zum Thema „Elternberatung" geschult wurden. Bei der Wahl dieses Themas wurde davon ausgegangen, dass sich diese Inhalte nicht auf die methodische Gestaltung des Sachunterrichtsthemas auswirken, jedoch eine praktische Relevanz für den Alltag von Lehrkräften haben.

Um die Wahrscheinlichkeit für eine genaue Umsetzung durch die Lehrkräfte zu erhöhen, wurden Merkmale für wirksame Lehrerfortbildungen berücksichtigt (vgl. Exkurs in Kapitel 2.2.1), z.B. fachdidaktisches Wissen vermittelt, aktivierende Instruktionen gewählt und anwendungsorientierte Materialien zur Verfügung gestellt (Desimone, 2009). Zwar wurde kein Coaching angeboten, es wurde jedoch eine telefonische Sprechstunde für Rückfragen und Beratung der Lehrkräfte durch Projektmitglieder eingerichtet.

Als Indikator für die Wirksamkeit der Fortbildung wurde u.a. das fachdidaktische Wissen für die Unterrichtsinhalte zum Schwimmen und Sinken mit einer Skala von sieben Items vor und nach der Fortbildung ermittelt, Cronbachs α = .40 und .67 (Decker, 2014). Das fachdidaktische Wissen der Lehrkräfte verbesserte sich im Prä-Post-Vergleich von $M = 5.04$, $SD = 2.49$, min = 1.00, max = 10.00, auf $M = 8.24$, $SD = 3.96$, min = 0, max = 15.00,

$t(24) = 5.02$, $p < .05$, $d = 0.99$.[39] Es bestand zum Zeitpunkt nach der Fortbildung erwartungsgemäß kein Unterschied im fachdidaktischen Wissen bei den Lehrkräften der Untersuchungsgruppe, $M = 8.71$, $SD = 4.23$, und Kontrollgruppe, $M = 7.64$, $SD = 3.70$, $t(23) = 0.67$, $p = .51$.

4.3.1 Unterrichtseinheiten zum Inhaltsgebiet Schwimmen und Sinken

Das Inhaltsgebiet Schwimmen und Sinken wurde aufgrund des hohen Alltagsbezugs gewählt, was eine Diskussion über Präkonzepte bei allen Schülerinnen und Schülern ermöglichen sollte. Das Thema wurde in zwei Unterrichtseinheiten aufgeteilt: UE1 zum Konzept der relativen Dichte, zu der die Umsetzung tutoriellen Lernens in Fortbildung und Handbuch vermittelt wurde, und UE2 zu Verdrängung und Auftrieb, auf die tutorielles Lernen von den Lehrkräften eigenständig übertragen werden sollte. Beide Unterrichtseinheiten wurden von Jonen und Möller (2005) übernommen und adaptiert, so dass den Lehrkräften ein bereits evaluiertes Materialset im Klassensatz (Klassenkisten) zur Verfügung gestellt werden konnte.

UE1. Ziel der ersten Unterrichtseinheit war die Vermittlung des Konzepts der relativen Dichte, welches anhand von vier Schritten in den vier Doppelstunden erreicht werden sollte: 1. Widerlegen von Fehlkonzepten zum Schwimmen und Sinken, 2. Erklärung von Schwimmen und Sinken anhand des Materials (Materialkonzept), 3. Erkennen der Bedeutung der Materialeigenschaft „Dichte" (einfache Dichte), 4. Vergleich der Dichte des Wassers mit der des Gegenstandes zur Vorhersage von Schwimmen und Sinken: Gegenstände schwimmen, wenn sie leichter sind als genauso viel Wasser (relative Dichte). In einer Abschlussstunde wurde die erarbeitete Erklärung anhand einer alltagsnahen Fragestellung schriftlich angewendet.

UE2. Ziel der zweiten Unterrichtseinheit war die Vermittlung der Konzepte Verdrängung und Auftrieb sowie die Integration der Konzepte zur Erklärung des Phänomens Schwimmen und Sinken. Das Ziel der UE2 sollte ebenfalls in vier Schritten erarbeitet werden: 1. Erfahren von Verdrängung sowie Widerlegung verschiedener Fehlkonzepte, 2. Erkennen der Bedeutung des Volumens eines Gegenstandes für die Verdrängung, 3. Erfahrung der Auftriebskraft als eine Kraft des Wassers auf eingetauchte Gegenstände, 4. Verständnis des Zusammenhangs von Verdrängung und Auftrieb: Je mehr Wasser verdrängt wird, desto stärker drückt das Wasser. Auch in UE2 wurde in einer Abschlussstunde die integrierte Anwendung der Konzepte schriftlich geübt.

---

39 Alle Signifikanztestungen wurden mit einem α-Niveau von 5% durchgeführt.

Bei der Gestaltung der Unterrichtseinheiten wurden wichtige Prinzipien konstruktivistischer Lernumgebungen beachtet, welche sich in Studien als bedeutsam für das Lernen im Sinne eines Konzeptwechsels gezeigt haben (vgl. Kapitel 2.3.4). Alle Doppelstunden hatten daher einen forschungsorientierten Aufbau mit der Formulierung einer Fragestellung und der Sammlung von Vermutungen der Schülerinnen und Schüler in der *Einstiegsphase*, der Durchführung von Experimenten und Ableitung einer Erklärung in Form eines Merksatzes in der *Erarbeitungsphase* sowie einer Anwendung der neuen Konzepte auf Arbeitsblättern in der *Festigungsphase*. Für eine differenzierte Förderung waren die Arbeitsblätter der Festigungsphase jeder Doppelstunde in drei Schwierigkeitsgraden gestaffelt: Arbeitsblätter mit einem Kreis enthielten einfache Anwendungsaufgaben oder Wiederholungen bereits durchgeführter Inhalte, Arbeitsblätter mit einem Dreieck enthielten Aufgaben zur flexiblen Anwendung von erarbeiteten Konzepten auf ähnliche Inhalte und Arbeitsblätter mit einem Quadrat enthielten komplexe Transferaufgaben.

4.3.2 Praxiskonzept des tutoriellen Lernens für den naturwissenschaftlichen Sachunterricht

Das verwendete Praxiskonzept des tutoriellen Lernens wurde in Anlehnung an PALS (Fuchs et al., 2009) für die Förderung des Konzeptlernens im naturwissenschaftlichen Sachunterricht adaptiert. Dafür wurden Aufgaben zum Experimentieren sowie zum Austausch von Erklärungen für das Schwimmen und Sinken eingearbeitet.

In jeder Unterrichtsstunde waren zwei tutorielle Lernphasen vorgesehen, eine in der ersten Hälfte der Doppelstunde, bei der ein Schülerexperiment durchgeführt wurde, und eine am Ende bei der Anwendungsphase mit Arbeitsblättern. Beide tutoriellen Lernphasen waren entsprechend konstruktivistischer Prinzipien zur Förderung des Konzeptwechsels gestaltet und wurden somit beide als bedeutsam für das gemeinsame Lernen angesehen.[40] Beim Experiment hatten die Lernpaare die Möglichkeit, ihre Konzepte anhand von authentischen Materialien zu prüfen. Unterschiedliche Hypothesen bzw. erwartungswidrige Ergebnisse sollten dabei vorhandene Konzepte in Frage stellen und die Suche und Diskussion von neuen Erklärungen fördern (Hardy et al., 2006; Howe & Durr, 1982). Die Aufgaben des Teamarbeitsblatts, welches in der zweiten Phase gemeinsam bearbeitet werden sollte, zielten auf die Anwendung

---

40 Wie in Kapitel 2.3.5 beschrieben, besteht derzeit kein Konsens dazu, welche Aufgabenstellungen für kooperative Lernsituationen am besten geeignet sind. Hier werden aufgrund ihrer fachdidaktischen Bedeutung beide Aufgabenphasen als gleichwertig betrachtet.

und Festigung der vermittelten Konzepte. Das neu erworbene Konzept sollte sich dabei in verschiedenen Situationen bewähren, da dies von hoher Bedeutung für ein Rückgreifen darauf in anderen Kontexten ist (Krüger, 2007). Den jeweiligen aufgabenspezifischen Nachteilen wurde dabei versucht durch entsprechende Maßnahmen entgegnen: Die Durchführung des Experimentes wurde durch Rollen und klare Vorgaben zum Ablauf auf einem Versuchsprotokoll strukturiert, um so einem erhöhten organisatorischen Gesprächsanteil vorzubeugen, von welchem Studien zur Peer-Interaktion bei handlungsorientierten Aufgaben berichtet hatten (Bennett & Dunne, 1991). Beim Arbeitsblatt bestand keine Möglichkeit, die eigenen Hypothesen anhand empirischer Evidenz zu prüfen. Dieser Nachteil sollte hier durch anschauliche Aufgaben, welche an zuvor eigens durchgeführte Experimente anknüpfen, kompensiert werden. Solche Aufgaben, welche Erklärungen für vorhandene Ergebnisse einfordern, haben sich als effektiv zur Förderung des Konzeptwechsels erwiesen (Asterhan & Schwarz, 2009a). Entsprechend der Befunde zu lernförderlichen Aufgabenstellungen (vgl. Kapitel 2.3.5), enthielten beide Lernphasen, Experiment und Arbeitsblatt, jeweils eine Aufgabenstellung zum Diskutieren von Erklärungen bzw. Finden einer gemeinsamen Erklärung. Diese enthielt skriptartige Hinweise, wie „Erkläre deinem Partner, warum das so ist. Frage ihn, ob er der gleichen Meinung ist und warum."

Das Konzept tutoriellen Lernens soll hier anhand der vier Kernelemente genauer beschrieben werden.

1) *Heterogene Lernpartnerschaften.* Eine heterogene Zusammensetzung der Lernpartner mit mittlerem Lernabstand wurde in Kapitel 2.1.3 mit Theorien und Studien zum tutoriellen Lernen begründet. Auch für eine lernförderliche Auseinandersetzung zu naturwissenschaftlichen Phänomenen wurde die Bedeutung unterschiedlicher Konzepte der Interaktionspartner belegt (vgl. Kapitel 2.3.5). Daher wurde dieses Kernelement im Rahmen der Intervention aufgegriffen. Die Lehrkräfte wurden dazu angehalten, in der ersten Doppelstunde der UE1 heterogene Lernpaare in Bezug auf Präkonzepte zum Schwimmen und Sinken zu bilden. Zudem sollten sie darauf achten, dass die Partner sich in anderen Fähigkeiten, z. B. Sprach- oder Sozialkompetenz, ergänzen, um die unterschiedlichen Ressourcen möglichst gut zu nutzen (Johnson & Johnson, 1999). Zur Unterstützung der Lehrkräfte bei der Zusammensetzung von Lernpaaren mit mittlerem Lernabstand wurden anhand des Vorwissenstests zum Schwimmen und Sinken alle Schülerinnen und Schüler in Quartile eingeteilt (A „Gruppe mit am meisten Vorwissen" – D „Gruppe mit am wenigsten Vorwissen") und den Lehrkräften rückgemeldet. Die Lehrkräfte konnten daraus Lernpartnerschaften mit mittlerem Lernabstand zusammenstellen, indem sie die Schülerinnen und Schüler mit einem/r Lernpartner/in aus dem

übernächsten Quartil kombinierten, d.h. Kindern des Quartils A ein Kind des Quartils C und Kindern des Quartils B eines des Quartils D zuordneten.[41] Bei der Lernpaarbildung anhand der Quartile handelte es sich um eine Empfehlung, eventuelle Anpassungen an die subjektiven Besonderheiten der Schülerinnen und Schüler ihrer Klassen oblagen den Lehrkräften.[42] Teambildende Maßnahmen werden empfohlen, um das Zusammengehörigkeitsgefühl der Lernpaare zu unterstützen (Johnson & Johnson, 1999). Aufgrund der Begrenzung der Interventionszeit auf 4,5 Doppelstunden für alle Bedingungen im Projekt IGEL, wurde lediglich eine kurze Maßnahme im Rahmen der UE1 eingeplant: Die Lernpaare sollten einen Teamnamen erfinden sowie ein Namensschild für ihren Tisch erstellen. Wie im PALS-Konzept sollten die Lernpaare über mindestens eine Unterrichtseinheit zusammenarbeiten, um eine eigene Kommunikationskultur aufbauen und nutzen zu können (McMaster et al., 2006). Eine Tabelle mit allen Lernpaaren, welche in der Klasse als Plakat während der UE1 aufgehängt werden konnte, war im Handbuch enthalten.

2) *Reziproke Rollen als „Forscher" und „Berater".* Die Strukturierung der Peer-Interaktion mithilfe von Rollen als Tutor und Tutand sowie deren regelmäßiger Wechsel wurde bereits in Kapitel 2.1.5 als lernwirksames Kernelement tutoriellen Lernens beschrieben. Bei PALS werden zumeist die Rollen als „trainer" und „player" beschrieben, da diese für die Schülerinnen und Schüler bekannte Verhaltensmuster beinhalten (Fuchs et al., 2009). Diese Rollenbezeichnungen wurde im Rahmen dieser Intervention geändert, da sie weder fachlich passend erschien noch die stark hierarchische Status der Rollen befürwortet werden konnte. Während der tutoriellen Lernphasen sollten die Lernpartner hier abwechselnd die Rollen „Forscher" (Tutand) und „Berater" (Tutor) einnehmen. Beim Experiment wurden das Vorgehen und das Protokoll durch den Berater verwaltet, der Forscher führte den Versuch durch. Bei jedem Experiment wurden die Rollen gewechselt. Gemäß den Vorgaben in PALS wurde beim Arbeitsblatt der Rollenwechsel nach jeder einzelnen Aufgabe durchgeführt; das leistungsschwä-

---

41 Bei ungerader Anzahl der Kinder in der Klasse sollte ein Team aus drei Kindern gebildet werden, zwei Kinder des leistungsstärkeren Quartils und eines des leistungsschwächeren, so dass sich die Tutoren abwechseln konnten.

42 Die Zusammensetzung von heterogenen Lernpartnerschaften wurde hier nicht als wirksamkeitsrelevantes Kernelement definiert. Die Verwendung der Quartile wurde als flexibles Methodenelement behandelt Ruiz-Primo (2006). Da die Lehrkräfte eine umfassendere Kenntnis ihrer Schülerinnen und Schüler besitzen, als auf Basis der Prätestitems ermittelt werden kann, sind hier Anpassungen an die Praxis notwendig. Anhand der Teilstichprobenbeschreibung (Abschnitt 4.2) wurde deutlich, dass 70% der Lehrkräfte die Quartile genutzt hatten. Da hier jedoch keine Anpassungen flexibler Methodenelemente evaluiert werden sollen, wird dies nicht in Bezug auf die Gesamtstichprobe ausgewertet.

chere Kind begann mit der Bearbeitung der ersten Aufgabe (Fuchs et al., 2009). Das Teamarbeitsblatt enthielt Aufgaben mit mittlerem Anspruchsniveau. Während der Forscher die Aufgabe bearbeitete, half der Berater im Bedarfsfall und erteilte anschließend Feedback. Die Arbeit in Rollen wurde eingeübt und mithilfe visueller Signale, z. B. Wechselzeichen, unterstützt. Die Trainings zum Rollenwechsel wurden ebenfalls in die vorhandene Unterrichtsstruktur der ersten Doppelstunde der UE1 integriert.

3) *Gegenseitiges Unterrichten und Rückmelden.* Der Erfolg tutoriellen Lernens ist vor allem auf eine lernförderliche Peer-Interaktion zurückzuführen (vgl. Kapitel 2.1.3). Diese erfordert bestimmte Kompetenzen, welche in einem Basistraining vermittelt und beim tutoriellen Lernen weiter geübt und reflektiert werden sollten (Johnson & Johnson, 1999; McMaster et al., 2006). Jedoch konnte aufgrund der zeitlichen Standardisierung der Intervention in der IGEL-Studie keine Trainingsphase von sechs bis zehn Stunden durchgeführt werden, wie dies bei PALS vorgeschlagen wird (Maheady et al., 2006). Zur Förderung der sozialen und kommunikativen Basiskompetenzen des gegenseitigen Unterrichtens wurden daher allgemeine Hinweise zum Erklären, Rückmelden und Helfen gegeben. Das Handbuch enthielt entsprechende Merkblätter und Übungen für den Unterricht, welche die Lehrkräfte vor Beginn der UE1 im Rahmen einer Klassenratstunde behandeln sollten. Diese Kompetenzen sollten während der tutoriellen Lernphasen auf fachspezifischer Ebene geübt und zur Förderung des konzeptuellen Verständnisses genutzt werden. Zur Unterstützung der Schülerinnen und Schüler enthielt das Handbuch Materialhilfen, z. B. Tippkarten mit guten Erklärungen, welche der Berater bei Bedarf einbringen konnte. Um eine Entwicklung der Kompetenzen zum gegenseitigen Unterrichten zu unterstützen wurden Reflexionsphasen eingeplant (Johnson & Johnson, 1999). Am Ende der Arbeitsblattphase füllten die Schülerinnen und Schüler ein Rückmeldeblatt zum Ankreuzen für ihren jeweiligen Lernpartner aus. Darauf konnten Sie die Teamarbeit in Bezug auf inhaltliche (z. B. „Du hast heute als Forscher Hilfe benötigt.") und soziale (z. B. „Du hast heute als Berater gute Erklärungen gegeben.") Aspekte beurteilen und Tipps zur Weiterarbeit in der darauffolgenden differenzierten Arbeitsblattphase[43] geben (z. B. „Bearbeite das Arbeitsblatt mit dem Kreis."). Zum Abschluss je-

---

[43] Nach jeder Teamarbeitsblattphase folgte eine differenzierte Einzelarbeitsphase, so dass jedes Kind das gemeinsam Gelernte auf seinem Niveau nochmals selbstständig üben konnte. Die Schülerinnen und Schüler sollten sich währenddessen bei Bedarf beraten und anschließend anhand eines Lösungsblatts gegenseitig korrigieren. Diese individuelle Lernphase wurde zwar in Anlehnung an PALS durchgeführt Fuchs, Fuchs, Karnes und Phillips (2009) war jedoch in der Kontrollgruppe ebenfalls vorgesehen und wird daher nicht explizit als tutorielle Lernphase beschrieben.

der Stunde sollte eine Reflexion der Teamarbeit im Klassenunterricht von der Lehrkraft durchgeführt werden.
4) *Forscherquiz.* Die Belohnung von Einzelleistungen im Team wurde in Kapitel 2.1.5 als Kernelement angeführt, da sie sich empirisch als wirksam erwiesen hat und in fast allen Konzepten tutoriellen Lernens verankert ist (Maheady et al., 2006; Rohrbeck et al., 2003). Jedoch wurde das Belohnungssystem gemäß Studien zur Umsetzung häufig reduziert und von Lehrkräften aufgrund seiner kompetitiven Wirkung kritisiert (Vadasy et al., 1997). Das Belohnungssystem von PALS zur Realisierung der Gruppenbelohnung von Einzelleistungen wurde daher hier durch ein Quiz zu den Inhalten ersetzt, welches jeweils vor und nach den Unterrichtseinheiten in Einzelarbeit durchgeführt und anschließend als Teamergebnis rückgemeldet werden sollte. Es gab hierbei keine konkurrierenden Teams, sondern lediglich den Vergleich mit der eigenen Leistung der Teams vor und nach ihrer Zusammenarbeit. Bei Verbesserung der Teams in den Quizfragen erhielten sie eine Forscherurkunde. Es wurde davon ausgegangen, dass sich alle Teams verbesserten, so dass keine Konkurrenz durch die Urkunde entstehen, sondern lediglich die Motivation zum gegenseitigen Erklären unterstützt werden sollte.

4.4 Instrumente

Um die Fragestellungen zu beantworten wurde die Umsetzungsgenauigkeit tutoriellen Lernens mittels Unterrichtsbeobachtungen und -videos erfasst, was nachfolgend genauer beschrieben wird. Anschließend werden die Analyseverfahren der transkribierten Peer-Interaktion beschrieben, anhand derer die Umsetzung bestimmter Qualitätsmerkmale des Prozesses des gegenseitigen Unterrichtens untersucht wurde. Danach werden die eingesetzten Tests und Fragebögen genannt. Zum Schluss wird auf die fragestellungsspezifischen statistischen Auswertungsverfahren eingegangen.

4.4.1 Setting der Unterrichtsvideos und -beobachtungen

In allen teilnehmenden Klassen wurden Unterrichtsstunden videografiert oder beobachtet. War eine Lehrkraft mit der Videografie ihres Unterrichts nicht einverstanden, z. B. weil die Mehrheit der Schülerinnen und Schüler keine Einverständniserklärung der Eltern für die Aufnahmen erhalten hatten, so wurde in diesen Klassen der Unterricht beobachtet. Die Aufnahmen bzw. Beobachtungen wurden jeweils in der dritten und vierten Schulstunde durchgeführt. Im Rahmen der IGEL-Studie wurden zu drei Zeitpunkten Videografien bzw. Beobachtungen des Unterrichts vorgenommen, vor der Intervention, während der UE1 und während der UE2. Die vorliegende Arbeit bezieht sich auf die Videos bzw. Beobachtungen während der Unterrichtseinheiten.

Technische Vorgehensweise bei der Videografie. Für den Ablauf der Videografie wurde auf die Kameraskripts der TIMSS Videostudien 1995 und 1999 (Fernandez, Rankin & Stigler, 1997; Jacobs, Hollingsworth & Givvin, 2007) sowie der Pythagoras Videostudie (Hugener, 2005–2006) zurückgegriffen. In jeder Klasse wurden zwei Kameras eingesetzt: Die Klassenkamera blieb während der ganzen Unterrichtsstunde statisch, frontal auf die Schülerinnen und Schüler gerichtet. Die zweite Kamera fokussierte die Lehrkraft. Sie blieb an einem festen Standort, durfte jedoch geschwenkt und gezoomt werden. Ähnlich erfolgten die dazugehörigen Tonaufnahmen. Der Ton in der Klasse wurde durch einen Feldrekorder aufgenommen, der möglichst zentral im Raum positioniert wurde. Die Lehrperson wurde mit einem Funkmikrofon ausgestattet, welches vor allem in offenen Unterrichtsphasen ihre Gespräche dokumentierte. Die gesammelten Video- und Tonaufnahmen wurden zusammengeschnitten, so dass schließlich von jeder Klasse vier Videos vorlagen, bestehend aus dem Bildmaterial der Lehrer- bzw. der Klassenkamera, jeweils kombiniert mit jeder der beiden Tonspuren. Für die Analysen der vorliegenden Arbeit wurde in der Regel die Klassenkamera mit der Tonspur des Feldrekorders genutzt.

Videografierte Unterrichtsstunde. Die Videografie wurde in der Untersuchungsgruppe in UE1 sowie in UE2 in der vierten Doppelstunde durchgeführt. In der Kontrollgruppe fand die Videografie jeweils in der dritten Doppelstunde statt.[44] Da alle Doppelstunden der Unterrichtseinheiten eine ähnliche Struktur hatten, wurde davon ausgegangen, dass die in der Beobachtung erfassten Merkmale dennoch vergleichbar sind. In beiden Stunden folgte die Stundenstruktur einem forschungsorientierten Aufbau mit Fragestellung, Vermutungen, Experiment, Ableitung einer Erklärung sowie Anwendung auf Arbeitsblättern. Die Parallelität der Stundenstruktur soll hier beispielhaft an der dritten Stunde der Kontrollgruppe in der UE1 (Tabelle 4) gezeigt werden. In der dritten Stunde der UE1 wurden zwar lediglich Demonstrationsexperimente durchgeführt, die Schülerinnen und Schüler wurden jedoch in die Durchführung eingebunden. In UE2 wurden in der dritten und vierten Stun-

---

44 Es wurde in jeder Bedingung der IGEL-Studie die Stunde videografiert, in der die Methodenelemente besonders sichtbar waren. Da dies bei den beiden anderen Bedingungen, formatives Assessment und kognitive Strukturierung, die dritte Doppelstunde der UE1 betraf, wurde diese auch in der Kontrollgruppe aufgenommen. Der Videografiezeitpunkt wurde über beide Unterrichtseinheiten konstant gehalten, da von einer engen Orientierung an der UE1 beim Transfer der Methode auf die UE2 ausgegangen wurde.

de Schülerexperimente durchgeführt. Insgesamt war der Ablauf der beobachteten Stunden der beiden Gruppen sehr ähnlich. Tabelle 5 gibt einen groben Überblick über den Ablauf mit tutoriellen Lernphasen sowie fachlichen Zielen der vierten Doppelstunde in UE1. Tabelle 6 gibt den entsprechenden Überblick für die vierte Doppelstunde in UE2, hier waren keine tutoriellen Lernphasen vorgegeben, es bestand hingegen die Anforderung des Transfers der Methode durch die Lehrkräfte.

Tabelle 4: Geplanter Ablauf der dritten Doppelstunde in UE1 (Kontrollgruppe)

Unterrichtsphase	Geplante Inhalte
Einstieg	Forscherfrage: Warum gehen manche Materialien unter und andere schwimmen? Vermutungen sammeln
Erarbeitung	Demonstrationsexperiment: Wachsklotz und Metallklotz (unterschiedliche Größe, gleiches Gewicht) → Gewichtsvergleich und Schwimmfähigkeit testen Demonstrationsexperiment: → verschiedene Würfel gleicher Größe wiegen und sortieren, Schwimmfähigkeit testen Merksatz ableiten: Es gibt Materialien, die für ihre Größe leicht sind. Diese schwimmen. Es gibt Materialien, die für ihre Größe schwer sind. Diese gehen unter.
Festigung	Individuelle Arbeitsblattphase mit differenzierten Aufgabenniveaus Nachbesprechung der Arbeitsblätter

Anmerkungen. Auszug aus dem Handbuch der Kontrollgruppe zu UE1. Zielkonzept der Doppelstunde war die einfache Dichte.

Tabelle 5: Geplanter Ablauf der vierten Doppelstunde der Untersuchungsgruppe in UE1

Unterrichtsphase	Geplante Inhalte
Einstieg	• Forscherfrage: Woran erkennt man, ob ein Material (für seine Größe) leicht genug ist, um zu schwimmen? Wo ist die „Grenze"? • Vermutungen sammeln
Erarbeitung	• **Schülerexperiment: Tropenholz und Fichtenholz** → **Gewichtsvergleich und Schwimmfähigkeit testen** • **(Konflikt mit Materialkonzept, Tropenholz sinkt)** • Demonstrationsexperiment: → Einführung des Wasserwürfels, wiegen und einsortieren zwischen den o. g. Würfeln (Gewicht des Wassers als Grenze erkennen) • Merksatz ableiten: Materialien, die leichter sind als genauso viel Wasser, schwimmen. Materialien, die schwerer sind als genauso viel Wasser, gehen unter.
Festigung	• **Teamarbeitsblatt: Würfel im Wasser, Rückmeldeblatt** • Individuelle Arbeitsblattphase mit differenzierten Aufgabenniveaus • Reflexionsphase: Nachbesprechung der Arbeitsblätter und Teamarbeit (Schwerpunktthema: hilfreich Rückmelden)

Anmerkungen. Auszug aus dem Handbuch der Untersuchungsgruppe zu UE1. Zielkonzept der Doppelstunde war die relative Dichte. Tutorielle Lernphasen fettgedruckt.

Methode 119

Tabelle 6: Geplanter Ablauf der vierten Doppelstunde der Untersuchungsgruppe in UE2

Unterrichtsphase	Geplante Inhalte
Einstieg	• Forscherfrage: Wie kann man Dinge, die untergehen, zum Schwimmen bringen? Wann kann Knete schwimmen? • Vermutungen sammeln
Erarbeitung	• Schülerexperiment: Wann kann Knete schwimmen? Wann kann ein Boot aus Knete besonders viele Glasmurmeln tragen? → Es muss möglichst groß sein. • Merksatz ableiten: Je größer ein Gegenstand ist, desto mehr Wasser verdrängt er und desto mehr drückt das Wasser an seinen Platz zurück. Deshalb schwimmt das Knetschiff.
Festigung	• Spiel: Wer gewinnt? • Individuelle Arbeitsblattphase mit differenzierten Aufgabenniveaus • Nachbesprechung der Arbeitsblätter

Anmerkungen. Auszug aus dem Handbuch der Untersuchungsgruppe zu UE2. Ziel der Doppelstunde die Integration der Konzepte Verdrängung und Auftrieb.

4.4.2 Erfassung der Umsetzungsgenauigkeit

Die Umsetzung der Unterrichtsinhalte sowie der Methodenelemente tutoriellen Lernens wurde in einer 90-minütigen Unterrichtsvideografie (bei jeweils zehn Klassen der Untersuchungs- und Kontrollgruppe) oder -beobachtung (bei vier Klassen der Untersuchungsgruppe und einer der Kontrollgruppe) in der vierten bzw. bei der Kontrollgruppe in der dritten Doppelstunde jeder Unterrichtseinheit quantitativ evaluiert. Die Umsetzungsgenauigkeit wurde gemäß den Empfehlungen aus der Literatur erfasst, welche in Kapitel 2.2 herausgearbeitet wurden. Dazu wurden wichtige Kernelemente aus der Theorie bzw. Empirie abgeleitet und entsprechende Items zu deren Erfassung innerhalb dieser spezifischen Intervention konstruiert. Für die vorliegende Untersuchung der Umsetzungsgenauigkeit wurden gut beobachtbare, möglichst niedriginferente Items gewählt und in zwei getrennten Checklisten zum Inhalt und zur Methode erfasst.

Mit allen beteiligten Beobachter/innen wurde eine Schulung von vier Stunden durchgeführt, bei der fachliche und methodische Hintergrundinformationen vermittelt wurden. Zudem wurde den Ratern ein Handbuch mit Beschreibungen der Indikatoren der Items zur Verfügung gestellt, welches nach den ersten beiden Beobachtungen besprochen und ergänzt wurde. Das Handbuch enthielt z. B. zu dem fachinhaltlichen Item „Die Vermutungen werden gesammelt" den Kommentar „Der Begriff ‚Vermutung' muss nicht unbedingt fallen. Allerdings ist es wichtig, dass sich die Ideen, Vermutungen o. ä. der Kinder, auf die Forscherfrage ‚Woran erkennt man, ob ein Material leicht genug ist, um zu schwimmen? Wo ist die Grenze?' beziehen" (Manual zum tutoriellen

Lernen: vgl. Anhang 8.1)[45]. Die Beobachter erhielten eine technische Einführung in die vier Videos der jeweiligen Stunde und die Vorgabe, das Video der Klassenkamera mit der Tonspur des Feldrekorders zu nutzen. Sie waren jedoch angewiesen, zum Video der Klassenkamera mit der Tonspur des Lehrkraftmikrofons zu wechseln, falls sich dies für die Beobachtung als nötig erwiese. Die Beobachtung wurde mit dem Wissen durchgeführt, dass es sich um ein Video bzw. eine Unterrichtsstunde der Untersuchungs- bzw. Kontrollgruppe handelte. Durch verhaltensnahe Items sowie eine ausführliche Schulung der Beobachter/innen wurde versucht, subjektive Effekte in der Beobachtung zu minimieren. Um Hinweise auf Reliabilität und Objektivität der Checklisten zu erhalten, wurden die Videos zum Großteil von zwei Beobachter/innen bewertet und die Rater-Übereinstimmungen berechnet (Greve & Wentura, 1997).

4.4.2.1 Beobachtungscheckliste zur Umsetzungsgenauigkeit tutoriellen Lernens

Die Umsetzung tutoriellen Lernens wurde mittels einer Checkliste zu drei Kernelementen (Lernpartnerschaften, reziproke Rollen und gegenseitiges Unterrichten) quantitativ evaluiert. Das vierte Kernelement tutoriellen Lernens (Belohnung) war in dieser Stunde nicht geplant und wurde daher nicht einbezogen. Die Checkliste wurde in Anlehnung an vorausgehende Studien zur Umsetzungsgenauigkeit tutoriellen Lernens erstellt (vgl. Kapitel 2.2.2): Die Items bezogen sich auf die Instruktion durch die Lehrkraft sowie auf deren Umsetzung durch die Mehrheit der Schülerinnen und Schüler in den beiden tutoriellen Lernphasen, Schülerexperiment und Arbeitsblatt.[46] Damit wurden sowohl das Vorkommen der Kernelemente (Adhärenz) als auch deren Umsetzung in beiden Lernphasen (Häufigkeit) als wichtige Aspekte der Umsetzungsgenauigkeit evaluiert. Es wurden Strukturelemente, Lernpartnerschaften und Rollen sowie das Prozesselement des gegenseitigen Unterrichtens erfasst.

Die Checkliste enthielt neun Beobachtungsitems mit dichotomem Antwortformat (ja/nein), welche eine gute Interrater-Übereinstimmung (> 85%) zeigten.[47] Ein Item konnte zum Zeitpunkt der UE2 lediglich mit einer Übereinstimmung von 70% geratet werden, wurde jedoch zur besseren Vergleich-

---

45 Das Manual zur Umsetzung der Unterrichtsinhalte wird hier anhand des Beispiels veranschaulicht und nicht im Anhang abgedruckt, da sich die Fragestellung dieser Arbeit auf die Umsetzung der Methode, nicht der Inhalte bezieht.

46 Die Items zur Instruktion der Lehrkraft und Umsetzung durch Schülerinnen und Schüler wurden nicht getrennt ausgewertet, da sie in beiden Unterrichtseinheiten zusammenhingen (Spearmans ρ = .54–.71, $p < .05$).

47 Aufgrund der geringen Varianz zwischen den Klassen konnte für die Übereinstimmung kein Cohens κ berechnet werden.

barkeit mit der UE1 beibehalten. Die Items der Beobachtungscheckliste zu den jeweiligen Elementen sind in Tabelle 7 angeführt.

Tabelle 7: Items der Beobachtungscheckliste zur Umsetzung der Kernelemente tutoriellen Lernens

Kernelemente	9 Items	Übereinst. (%) UE1	UE2
Lernpartnerschaften	Lk instruiert Partnerarbeit (Exp.).	100.00	100.00
	Lk instruiert Partnerarbeit (AB).	100.00	88.80
Rollen	Lk instruiert Arbeit in Forscherteams mit Rollen (Exp.).	100.00	90.00
	Lk instruiert Arbeit in Forscherteams mit Rollen (AB).	100.00	100.00
	SuS bearbeiten das Experiment in Rollen.	100.00	70.00
	SuS bearbeiten das Arbeitsblatt abwechselnd.	85.70	100.00
gegenseitiges Unterrichten	SuS schauen dem Lernpartner zu oder helfen.	85.70	100.00
	SuS füllen ein Rückmeldeblatt aus.	100.00	90.00
	Lk leitet eine Reflexion über die Teamarbeit.	85.70	100.00

Anmerkungen. Exp. = Tutorielle Lernphase mit Experiment, AB = Tutorielle Lernphase mit Arbeitsblatt, Lk = Lehrkraft, SuS = Schülerinnen und Schüler.

Anhand der Beobachtungsitems wurde ein Umsetzungsindex tutoriellen Lernens (umgesetzter Anteil der vorgesehenen Elemente) als Prozentwert berechnet. Die Skala weist eine annehmbare bis sehr gute Reliabilität auf, Cronbachs α = .68 (UE1) und .94 (UE2).[48] Der Shapiro-Wilk-Tests ergab Hinweise darauf, dass die Umsetzungswerte in UE1 nicht normalverteilt sind, $W(14) = .83$, $p < .05$, wohingegen der Test in UE 2 nicht mehr signifikant wird, $W(14) = .88$, $p = .06$.

Um Hinweise auf die Validität des Beobachtungsinstruments zu erhalten, wurden die Lehrkräfte nach der UE1 zu ihrer Umsetzung befragt. Zusammenhänge der Lehrereinschätzung mit Beobachtungen werden zur Validitätsprüfung des Umsetzungsindexes empfohlen (Mowbray et al., 2003). Lehrkräfte schätzen konkrete Handlungen ähnlich ein wie Beobachter (Lipowsky, 2006). Die Fragen an die Lehrkräfte bezogen sich auf die Instruktion und Umsetzung der drei Kernelemente in den zwei tutoriellen Lernphasen, z.B.: „Die Teamprozesse der Schüler wurden in der Reflexionsphase besprochen." Die Skala

---

48 Mowbray et al. (2003) stellen in Bezug auf Umsetzungsgenauigkeit Reliabilitätsangaben anhand von Cronbachs α in Frage, da die Kernelemente nicht unbedingt korrelativ zusammenhängen müssen. Die Angaben wurden hier dennoch berichtet, bedeutungsvoller ist jedoch der Zusammenhang von verschiedenen Messungen der Umsetzungsgenauigkeit (Mowbray et al., 2003).

aus sechs Items mit vierstufigem Antwortformat (1 „stimmt nicht" – 4 „stimmt genau") zeigte eine noch akzeptable Reliabilität, Cronbachs α = .55. Im Ergebnis zeigte sich ein deutlicher Zusammenhang zwischen den Einschätzungen der Lehrkräfte und dem beobachteten Umsetzungsindex, Spearmans ρ = .82, $p < .05$.[49]

4.4.2.2 Beobachtungscheckliste zur Umsetzung der Unterrichtseinheiten

In Studien zur Umsetzungsgenauigkeit tutoriellen Lernens, z.B. des PALS-Konzepts, wurden zumeist Checklisten verwendet, in denen sich fachliche sowie methodische Kernelemente mischten (z.B. McMaster et al., 2013). Wie bereits erwähnt wurden die Unterrichtsinhalte der UE1 und UE2 einem positiv evaluierten Handbuch mit Unterrichts- und Experimentiermaterialien (Möller & Jonen, 2005) entnommen und adaptiert, so dass die Evaluation der fachlichen Inhalte hier nicht das Ziel war. Um sicher zu stellen, dass die Ergebnisse zur Umsetzung tutoriellen Lernens nicht auf allgemeine Schwierigkeiten mit den Unterrichtseinheiten zurückzuführen sind, wurde die Umsetzung der Unterrichtsinhalte dennoch erhoben, jedoch getrennt von der tutoriellen Lernens evaluiert.

Die Umsetzung der Unterrichtsinhalte wurde in beiden Unterrichtseinheiten ebenfalls mittels einer Checkliste bei allen teilnehmenden Lehrkräften in den o.g. Unterrichtsbeobachtungen bzw. -videos evaluiert. In den Checklisten wurden für das Lernen bedeutsame Elemente eines konstruktivistisch orientierten Unterrichtsaufbaus berücksichtigt (vgl. Kapitel 2.3.4). Die Items waren entlang der drei geplanten Unterrichtsphasen, Einstieg (z.B. „Die Forscherfrage wird gestellt."), Erarbeitung (z.B. „Merksätze werden abgeleitet.") und Festigung (z.B. „Die Kinder arbeiten an Arbeitsblättern.") konstruiert. Da die Unterrichtsphasen sich in den einzelnen Stunden der Unterrichtseinheiten stark ähnelten (vgl. Kapitel 4.3.1), war die Evaluation der Umsetzungsgenauigkeit der Inhalte in Untersuchungs- und Kontrollgruppe gut vergleichbar, obwohl die Videografie in beiden Unterrichtseinheiten in der Kontrollgruppe während der dritten und in der Untersuchungsgruppe während der vierten Doppelstunde durchgeführt wurde. Die Checklisten unterschieden sich nur in Bezug auf ein Item in UE1 (Schüler- bzw. Demonstrationsexperiment). Der Umsetzungsindex für die beobachteten Stunden wurde jeweils anhand von neun Items berechnet. Hatte eine Lehrperson eine Unterrichtsstunde

---

[49] Aufgrund der Hinweise darauf, dass die Umsetzungswerte nicht normalverteilt sind, wurden für alle Signifikanztestungen mit diesen Skalen nichtparametrische Testverfahren verwendet.

von weniger als 60 Minuten gehalten, so wurde der Index nur aus den sieben Items der ersten beiden Unterrichtsphasen ermittelt. Die Umsetzung wurde in Prozent (umgesetzter Anteil vom vorgesehenen Inhalt) angegeben. Die Items zeigten eine gute Interrater-Übereinstimmung (> 85%). Die Unterrichtsinhalte konnten von den Lehrkräften der Untersuchungsgruppe in beiden Unterrichtseinheiten im Mittel mit über 80% Genauigkeit umgesetzt werden, $M = 91.56$, $SD = 5.60$, min = 81.82, max = 100.00 (UE1); $M = 81.25$, $SD = 18.83$, min = 37.50, max = 100.00 (UE2). Es bestand kein Unterschied zur Umsetzung in der Kontrollgruppe (Kolmogorov-Smirnov Z-Test),[50] $Z = 1.23$, $p = .10$ (UE1); $Z = 0.69$, $p > .72$ (UE2).

4.4.3 Transkriptanalysen

Zusätzlich zur Umsetzungsgenauigkeit der Kernelemente tutoriellen Lernens soll der Prozess des gegenseitigen Unterrichtens genauer betrachtet werden. Hier greifen nach den Basistheorien die abgeleiteten Wirkmechanismen, sofern die Peer-Interaktion bestimmte Qualitätsmerkmale aufweist. Im Folgenden soll das Vorgehen bei der Untersuchung der Peer-Interaktion beschrieben werden.

Datenerhebung und Aufbereitung. Die Peer-Interaktion wurde in zehn Klassen der Untersuchungsgruppe bei je zwei Lernpaaren in der vierten Doppelstunde der UE1 parallel zur Videografie der Klassen auf Tonband aufgenommen. Die Tonbandaufnahmen wurden während der gesamten Stunde erstellt und anschließend so geschnitten, dass sie nur die Peer-Interaktion während der zwei tutoriellen Lernphasen enthielten (vgl. Tabelle 5). Die 20 Aufnahmen wurden von einer externen, erfahrenen Transkriptionsfirma nach den Transkriptionsregeln von Kuckartz, Dresing, Stefer und Rädiker (2008) verschriftlicht (vgl. Anhang 8.4). Anschließend wurden die einzelnen Beiträge in den Transkripten von Mitgliedern der IGEL-Studie mithilfe der Videos, Audioaufnahmen und Sitzpläne der Klassen einer Sprecherin bzw. einem Sprecher zugeordnet. Dabei wurden sie gleichzeitig anonymisiert, indem die Gesprächsbeiträge der Lernpaare mit dem jeweiligen Kode der Schülerin bzw. des Schülers versehen wurden. Alle Beiträge der Lehrkraft wurden als „L" und alle Beiträge anderer Kinder als „Sx" markiert, um diese in späteren Analysen als externe Beiträge berücksichtigen zu können. Mit sämlichen Namensnennungen im Text wurde in gleicher Weise vorgegangen, so dass die Transkripte zum Zeit-

---

50 Aufgrund seiner Eignung für geringe Stichproben wurden die Unterschiede zur Kontrollgruppe für alle Umsetzungsindizes mittels des Kolmogorov-Smirnov Z-Tests berechnet.

punkt der Kodierung keine Rückschlüsse mehr auf Personen zuließen. Konnte ein Beitrag oder eine Namensnennung nicht klar einem Kind zugeordnet werden, wurde dieser ebenfalls mit „Sx" markiert, um zu vermeiden, dass externe Beiträge der Interaktion der Lernpartner beigerechnet wurden und somit in die Auswertungen eingingen.

Fachinhalte der transkribierten tutoriellen Lernphasen. Da in einigen Klassen die Bearbeitung des Rückmeldeblattes zur Bewertung der Teamarbeit in den Tonbandaufnehmen akustisch nicht verständlich war oder fehlte, wurden die folgenden Analysen auf die Peer-Interaktion während der gemeinsamen Aufgabenbearbeitung bei Experiment und Teamarbeitsblatt beschränkt. Die Aufgabenstellungen beider transkribierter Lernphasen sind im Anhang 8.2 und 8.3 dieser Arbeit zu finden und werden nachfolgend skizziert.

Bei der tutoriellen Lernphase mit Experiment in der ersten Hälfte der Doppelstunde sollten die Lernpaare eine Hypothese zum Schwimmen oder Sinken zweier Holzwürfel (Fichtenholz und Tropenholz) aufstellen. Dazu sollten die Würfel zuvor in der Hand „gewogen" werden. Aufgrund der bisherigen vermittelten Inhalte war hier zu erwarten, dass die Schülerinnen und Schüler entweder mit dem Material argumentieren (z. B. „Holz schwimmt immer.") oder feststellen, dass der Tropenholzwürfel trotz gleicher Größe schwerer ist und daher untergehen könnte (z. B. „Der ist doch schwer für seine Größe."). Anschließend sollten die Lernpaare ihre Hypothese mithilfe eines Wasserbeckens für beide Holzwürfel überprüfen. Es wurde davon ausgegangen, dass das Sinken des Tropenholzwürfels bei vielen Schülerinnen und Schülern das evtl. vorhandene Materialkonzept in Frage stellt und daher neue Erklärungen notwendig macht (Kleickmann et al., 2010). Der letzte Auftrag jeder tutoriellen Lernphase in allen Stunden lautete jeweils, eine gemeinsame Erklärung für das beobachtete Ergebnis des Experiments zu finden und diese zu notieren. Dafür sollte ein Kind eine Erklärung formulieren und seinen Partner um seine Meinung dazu bitten.

In der Lernphase mit Teamarbeitsblatt zur Anwendung erarbeiteter Erklärungen gegen Ende der Doppelstunde sollten die Lernpaare zunächst eine einfache Wiederholungsaufgabe lösen, bei der angekreuzt werden sollte, ob ein Kork- und ein Goldwürfel schwimmen oder sinken. Dazu enthielt die Aufgabe eine Zeichnung und Gewichtsangabe zu jedem Würfel. Danach folgte eine Aufgabe zum Verhältnis von Gewicht und Volumen, bei der entschieden werden musste, ob bei gleichem Gewicht ein kleinerer oder ein größerer Würfel aus dem leichteren Material ist. Die Schülerinnen und Schüler hatten zwei Stunden zuvor eine Erfahrung diesbezüglich mit einem Wachs- und einem Metallklotz gemacht, an die sie anknüpfen konnten, z. B. „Der Würfel ist größer und wiegt trotzdem auch 61 Gramm, daher ist der aus dem leichteren Material". Da es Schülerinnen und Schülern jedoch häufig schwerfällt,

Masse und Volumen zueinander ins Verhältnis zu setzen (Hardy et al., 2006; Möller, 1999), wurden bei dieser Aufgabe Diskussionen erwartet. Die nächste Aufgabe forderte die Übertragung der zuvor erarbeiteten Antwort auf die Frage nach dem Schwimmen und Sinken: Die zuvor besprochenen Würfel sollten mit einem mittelgroßen Wasserwürfel verglichen werden, um zu entscheiden, welcher der beiden schwimmt und welcher sinkt. Die gefundene Lösung dafür musste in der letzten Aufgabe erklärt und diskutiert werden, um wieder eine gemeinsame Erklärung aufschreiben zu können.

Auch wenn davon ausgegangen werden muss, dass sich die unterschiedlichen Anforderungen der beiden Lernphasen auf die Interaktion auswirken, wird aufgrund ähnlicher Strukturierungsmaßnahmen (z. B. Rollen, Skripte zum Finden einer gemeinsamen Erklärung in beiden Phasen) und der Bedeutsamkeit beider Lernphasen für das naturwissenschaftliche Lernen von einer Vergleichbarkeit der lernförderlichen Gesprächsanteile ausgegangen. Bei der Lernphase mit Experiment zu Beginn der Stunde wurden durchschnittlich 8.83 Minuten transkribiert, bei der Arbeitsblattphase 9.35 Minuten.

4.4.4 Analysevorgehen und Kodierschemata zur Bewertung der Peer-Interaktion

Die Analysen der transkribierten Peer-Interaktion basieren auf der Annahme, dass bestimmte Gesprächsanteile, Äußerungen und Muster das konzeptuelle Verständnis der Schülerinnen und Schüler fördern können und somit als Qualitätsmerkmale zu bewerten sind (vgl. Kapitel 2.3.5). Da diese aufgrund der Strukturierungshilfen und Materialien in den tutoriellen Lernphasen zu erwarten waren, wurde eine quantitative Form der Analyse gewählt: Das Vorkommen der Qualitätsmerkmale in der Peer-Interaktion wurde anhand von Kodierschemata analysiert. Wie dies bei Studien zur Analyse der Interaktion im Bereich des naturwissenschaftlichen Sachunterrichts üblich ist, wurde die Peer-Interaktion in dieser Studie in Bezug auf fachliche sowie interaktive Unterrichtsziele hin untersucht (Brown et al., 2010; Duschl & Osborne, 2002). Dabei wurde, in Anlehnung an vorausgehende Studien mit ähnlichen Zielsetzungen (u.a. Asterhan & Schwarz, 2007; van Boxtel et al., 2000), eine Kodierung von Äußerungen sowie von Sequenzen in der Peer-Interaktion vorgenommen und diese anhand der Kodierschemata bewertet. Da die Kategorien der Kodierschemata nicht immer niedrig-inferent waren, wurde versucht die Objektivität und Reliabilität durch eine in der Literatur zu hoch-inferenten Ratings beschriebene Vorgehensweise zu unterstützen: Im Sinne eines konzeptorientierten Ratings nach Langer und Schulz von Thun (2007) wurde ein

Manual mit klaren Beurteilungskriterien verfasst und die jeweiligen Beobachter/innen in Bezug auf theoretische Grundlagen sowie die praktische Anwendung geschult wurden. Um Hinweise auf eine objektive und messgenaue Beobachtung zu erhalten, wurden alle Kodierungen mindestens teilweise von zwei Ratern vorgenommen und eine Übereinstimmung berechnet (Greve & Wentura, 1997).

4.4.4.1 Analyseeinheiten

Äußerungen. Als erste Analyseeinheit wurde die Äußerung gewählt. Eine Äußerung wurde definiert als ein individueller Beitrag, der durch Sprecherwechsel beendet wurde bzw. inhaltlich einen Abschnitt darstellt. So wurden mehrere Sätze als eine Äußerung beschrieben, wenn diese inhaltlich eine Einheit darstellen und nicht unterbrochen wurden, z. B. „Dann ist er GANZ GANZ ähm Luft. Dann ist er (..)/ Dann schwimmt er.". Es wurden auch unfertige Sätze als eine Äußerungen kodiert, wenn ein Sprecherwechsel folgte, so dass ein Beitrag abgeschlossen war, z. B. „ob der //schwimmt //". Zumeist war demnach ein Sprecherwechsel das Kriterium für das Ende einer Äußerung. Ein Beitrag eines Sprechers wurde lediglich in zwei oder mehrere Äußerungen geteilt, wenn er einen inhaltlichen Bruch enthielt, z. B. „Ja. Weil (.), weil hier ist Fichtenholz leichter, ist schwerer. Darf ich mal schreiben?". Dieser Beitrag wurde vor der Frage geteilt und als zwei Äußerungen kodiert. Die Bestimmung der Analyseeinheiten wurde bei einem Transkript von zwei Ratern mit 99.98% Übereinstimmung durchgeführt, daher wurde die Objektivität dieser Kategorie angenommen und diese anschließend von einem Rater festgelegt. Insgesamt wurden die 20 transkribierten Peer-Interaktionen in 3276 Äußerungen eingeteilt, davon 1671 (51.01%) in der Experimentphase und 1604 (48.96%) beim Arbeitsblatt. Die Analyseeinheiten wurden anhand verschiedener Kodierschemata bewertet, welche im folgenden Abschnitt beschrieben werden.

Sequenzen. Als zweite Analyseeinheit wurden Interaktionssequenzen gewählt, innerhalb derer die Lernpartner eine Peer-Erklärung entwickelten oder dies versuchten. Da am Ende jeder Lernphase eine Aufgabe zur gemeinsamen Erklärung eines Ergebnisses enthalten war, wurde in jeder Lernphase eine Sequenz analysiert. Somit ergaben sich 40 Sequenzen (je zwei Lernphasen der 20 Teams). Die Sequenzen bezogen sich beim Experiment auf die Erklärung für das Schwimmen von Fichtenholz und das Sinken von Tropenholz. Zum Teil bezogen sie sich auch auf das Aushandeln einer gemeinsamen Hypothese vor dem Experiment, da die Phase z. B. durch die Lehrkraft unterbrochen wurde oder die Lernpaare ihre Hypothese im Experiment bestätigt sahen und daher der Einigungsprozess vorher stattfand. Beim Arbeitsblatt wurde vorwiegend die Frage diskutiert, ob bei gleichem Gewicht der größere oder der kleinere Würfel aus leichterem Material ist bzw. welcher der beiden Würfel voraussichtlich schwimmt und welcher sinkt.

Die Sequenzen wurden in Anlehnung an den Ausschnitt zu Peer-Erklärungen des Questioning-and-Argumentation-Modell (Osborne & Chin, 2010, S. 97) bestimmt, welches auf Seite 84 dargestellt wurde: Der Beginn einer Sequenz wurde festgelegt durch die erste individuelle Hypothese, das Ende durch eine Einigung auf eine Erklärung. Jede Sequenz begann demnach mit einer Hypothese, d.h. einer Äußerung eines Kindes kodiert als Erklärung, bzw. mit dem Beginn der Aufgabenbearbeitung (Anfang des Transkripts), wenn keine Hypothese erkennbar war. Eine Sequenz endete mit der Einigung auf eine Lösung, d.h. mit einer als Erklärung kodierten Äußerung, welche vom Lernpartner bestätigt, wiederholt oder aufgeschrieben wurde. Wenn eine Lernphase vor der Einigung von der Lehrkraft abgebrochen wurde bzw. wenn keine Einigung bis zum Beenden der Aufgabenbearbeitung erkennbar war, wurde die Sequenz mit der Lernphase abgeschlossen. Dies war anhand des Transkriptendes bzw. Beginns des Rückmeldeblattes objektiv erkennbar. Beginn und Ende der Sequenzen wurden von einer geschulten Person festgelegt. Die Hälfte der Sequenzen wurde zusätzlich von einer zweiten Person bestimmt. Es wurde zunächst mit sehr guter Interrater-Übereinstimmung eine Hypothese jedes Kindes (Cohens κ^{51} =.92) bestimmt, wobei die erste geäußerte Hypothese als Beginn der Sequenz gedeutet wurde. Zudem wurde übereinstimmend eine Peer-Erklärung der Lernpaare (κ=1.0) als Ende der Sequenzen kodiert.

4.4.4.2 Kodierschemata zur Beschreibung der Äußerungen

Ziel der Kodierung der Äußerungen war die Beschreibung der Peer-Interaktion während der tutoriellen Lernphasen. Dazu wurden zunächst allgemein aufgabenbezogene Anteile in der Peer-Interaktion der Lernpartner als Oberkategorie für die weiteren Analysen bestimmt und von nicht aufgabenbezogenen sowie externen Beiträgen unterschieden. Alle als aufgabenbezogen kodierte Äußerungen wurden dann in Bezug auf ihre kommunikative Funktion bewertet, indem sie typischen Äußerungskategorien tutoriellen Lernens (Aussagen, Fragen und Feedback) zugeordnet wurden. Die Kategorien enthielten verschiedene lernförderliche Subkategorien, z.B. Erklärungen als lernförderliche Subkategorie von Aussagen und Gegenargumente als lernförderliche Sub-

---

51 Cohens κ wird als Prüfwert für die Interrater-Reliabilität bei zwei Ratern empfohlen, wobei eine Übereinstimmung ab .75 als gut zu bezeichnen ist (Greve & Wentura, 1997, S. 111).

kategorie von Feedback. Hier standen Erklärungen, die in Kapitel 2.3.5 als besonders lernförderliche Äußerungen beschrieben wurden im Fokus, vgl. Abbildung 5. Im Folgenden werden die beiden Kodierschemata, welche zur Einordnung der Äußerungen verwendet wurden, beschrieben. Es werden jeweils das Vorgehen bei der Kodierung, Hinweise auf die Messgenauigkeit sowie deskriptive Ergebnisse berichtet. Zudem wird anhand der Kodierungen die Vergleichbarkeit der Peer-Interaktion in den beiden tutoriellen Lernphasen, Experiment und Arbeitsblatt, geprüft.

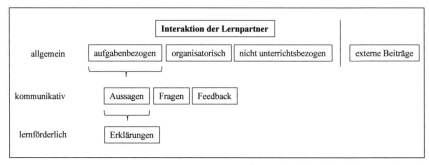

Abbildung 5: Veranschaulichung der Kodierung von Äußerungen in der Peer-Interaktion

Kodierung der aufgabenbezogenen Äußerungen. Häufig werden Peer-Interaktionen in Untersuchungen zu kooperativen Lernsettings zunächst allgemein darauf hin ausgewertet, ob sie sich auf den Inhalt der Aufgaben beziehen, organisatorische Vorgehensweisen klären oder als „off task" zu deuten, d.h. nicht auf die Unterrichtthemen bezogen sind (Knobloch, 2011). Mit allen diesen Kategorien ist in einem ökologisch validen Settings zu rechnen, daher ist es zur Beschreibung der Peer-Interaktion notwendig, sie zu erfassen. Es wird jedoch davon ausgegangen, dass sich nur inhaltliche Beiträge positiv auf das Lernen auswirken, wohingegen organisatorische und nicht unterrichtsbezogene Anteile keine lernfördernde Wirkung zeigen (Knobloch, 2011). Wie in Kapitel 2.3.5 dargestellt, liegen unterschiedliche Ergebnisse zu dem aufgabenbezogenen Anteil der Peer-Interaktion aus Studien zur Peer-Interaktion in ökologisch validen Settings vor. Um die Peer-Interaktion in den tutoriellen Lernphasen diesbezüglich zu beschreiben, wurde hier ebenfalls zunächst eine Kodierung der o.g. Kategorien vorgenommen. Alle Äußerungen wurden als (1) auf die Aufgabenbearbeitung bezogen, (2) organisatorische Abläufe betreffend, (3) nicht unterrichtsbezogen oder als (4) externer Input anderer Kinder in der Klasse bzw. der Lehrkraft eingeordnet.

1) *Aufgabenbezogene Äußerungen:* Diese Kategorie war definiert als die Aufgabenbearbeitung bzw. den Fachinhalt betreffend. Sie beinhaltete auch Äußerungen zum Thema Schwimmen und Sinken, zum Aufschreiben oder

Methode

zur Rechtschreibung der Lösung. Ebenso wurden das Mitreden beim Aufschreiben der Lösung, das Vorlesen von Aufgabenstellungen sowie Rückfragen zur Einigung, zum Experiment, zum Verständnis bzw. das Ausdrücken von Unverständnis als aufgabenbezogen kodiert. Auch die Äußerung einzelner Wörter zum Thema, welche einen klaren Bezug zur Aufgabe hatten, z. B. „Würfel", wurden als aufgabenbezogen kodiert. Handlungsanweisungen, die sich auf die Aufgabenbearbeitung bezogen, gehörten ebenfalls dieser Kategorie an, z. B. „Das ist falsch, das musst du wegradieren."

2) *Organisatorische Äußerungen*: Zu dieser Kategorie zählten Äußerungen, welche den Arbeitsprozess betrafen, jedoch nicht auf den Fachinhalt und auf die Aufgabe bezogen waren. Hierzu gehörten z. B. Fragen zur Rollenverteilung, Handlungsanweisungen ohne Aufgabenbezug, z. B. „Rutsch doch mal bisschen rüber", Fragen zur Beschaffung von notwendigem Unterrichtsmaterial oder Gesprächsanteile darüber, ob die Hilfe der Lehrkraft hinzugezogen werden soll.

3) *Nicht unterrichtsbezogene Äußerungen*: Zu dieser Kategorie wurden Beiträge gezählt, die sich nicht mit dem Inhalt oder dem Arbeitsprozess beschäftigten, z. B. private Themen, Äußerungen zum Diktiergerät, kurzes Singen, Lachen, Kommentare zu anderen Lernpaaren oder die Bitte, auf die Toilette gehen zu dürfen.

4) *Externe Äußerungen*: Alle Äußerungen von anderen Schülerinnen und Schülern, welche nicht dem Lernpaar angehörten, bzw. Äußerungen der Lehrkraft wurden als solche kodiert und dem externen Input zugeordnet.

War eine Äußerung nicht vollständig oder nicht verständlich und daher in Bezug auf die o. g. Kategorien nicht einzuordnen, wurde sie als *nicht kodierbar* beschrieben.

Die Kodierung wurde von einer neutralen Person bei allen 20 Transkripten durchgeführt. Zuvor wurden die o. g. Kategorien in einer einstündigen Schulung vermittelt und an einem Transkript geübt. Sieben der zwanzig Transkripte (28.45% der Äußerungen) wurden von zwei Ratern mit einer guten Interrater-Übereinstimmung ($\kappa = .85$) kodiert.

Von den insgesamt 3276 Äußerungen der beiden Lernphasen wurden 1738 Äußerungen (53.05%) als aufgabenbezogene Beiträge kodiert, davon 868 (51.94%) beim Experiment und 870 (54.24%) beim Arbeitsblatt. Organisatorische Beiträge kamen insgesamt 558-mal (17.03%) vor, davon 244 (14.60%) beim Experiment und 314 (19.58%) beim Arbeitsblatt. Nicht unterrichtsbezogene Beiträge wurden 285-mal (8.70%) beobachtet, 139 (8.32%) beim Experiment und 146 (9.10%) beim Arbeitsblatt. Neben diesen Beiträgen der Lernpartner zur Peer-Interaktion wurden auch 379 (11.57%) Beiträge der Lehrkraft, 250 (14.96%) beim Experiment und 128 (7.98%) beim Arbeitsblatt, sowie

259 (7.91%) Beiträge anderer Schülerinnen und Schüler, 138 (8.26%) beim Experiment und 121 (7.54%) beim Arbeitsblatt, beobachtet. 57 Beträge (1.73%) konnten nicht kodiert oder verstanden werden.

Die angenommene Vergleichbarkeit der lernförderlichen Gesprächsanteile in den beiden tutoriellen Lernphasen, Experiment und Arbeitsblatt, wurde anhand der Kategorie der aufgabenbezogenen Äußerungen überprüft, da davon ausgegangen wurde, dass nur diese Kategorie Äußerungen enthält, welche sich positiv auf das Lernen auswirken. Da sich die Anzahl der aufgabebezogenen Äußerungen in den beiden Lernphasen leicht unterschied, gingen in die Berechnungen relative Werte (prozentualer Anteil der Äußerungen in den 20 Lernpaaren) ein. Diese sind in den Ergebnissen in Tabelle 14 aufgeführt. Die Unterschiede zwischen beiden Lernphasen wurden anhand einer univariaten Varianzanalyse als Messwiederholung berechnet (ANOVA). Die Vermutung, dass kein Unterschied zwischen den Lernphasen besteht, konnte in Bezug auf die bedeutsamste, für die weiteren Analysen verwendete Kategorie der aufgabenbezogenen Anteile bestätigt werden, $t(1, 19) = -1.32$, $p = .20$.

Kodierung von Aussagen, Fragen und Feedback. Aufgrund der Annahme, dass lediglich die aufgabenbezogenen Peer-Interaktion bedeutsam für das Lernen der Schülerinnen und Schüler ist, stellte diese Kategorie die Basis für die weiteren Analysen dar. Externe Anteile wurden, aufgrund des Ziels, die Peer-Interaktion innerhalb der Lernteams zu beschreiben, ebenfalls nicht berücksichtigt. Anhand eines Kodierschemas zur kommunikativen Funktion wurden die aufgabenbezogenen Äußerungen genauer beschrieben. Das Kodierschema wurde eigens für die Analyse der Peer-Interaktion in tutoriellen Lernsettings entwickelt. Die enthaltenen Äußerungskategorien beruhen auf der Annahme, dass die Schülerinnen und Schüler während der Peer-Interaktion inhalts- und prozessbezogene Aussagen machen, Fragen stellen oder Feedback geben (Fuchs et al., 2009). Entsprechend wurden alle aufgabenbezogenen Äußerungen in 18 Subkategorien der drei Kategorien Aussagen, Fragen oder Feedback eingeordnet. Das Kodiermanual mit Kriterien und Beispielen für die einzelnen Subkategorien kann im Anhang 8.5 dieser Arbeit eingesehen werden. Alle drei Kategorien enthalten auch lernförderliche Subkategorien, wie Verständnisfragen, Erklärungen und Gegenargumente (vgl. Kapitel 2.3.5), so dass hier keine Bewertung der Oberkategorien vorgenommen, sondern diese lediglich beschreibend zur Weiteranalyse verwendet wurden.

Die Kodierung der Transkripte wurde von einer neutralen Person durchgeführt. Dazu wurde eine Schulung von sechs Stunden durchgeführt, bei der die Kodierung an drei Transkripten geübt wurde. Zudem wurde ein Kodiermanual zur Verfügung gestellt (vgl. Anhang 8.5). Sieben der zwanzig Transkripte (30.44% der Äußerungen) wurden von zwei Ratern mit noch als gut zu bezeichnender Interrater-Reliabilität ($\kappa = .75$) kodiert.

Methode

Insgesamt wurden die 1738 aufgabenbezogene Äußerungen als Subkategorien von Aussagen, Fragen sowie Feedback eingeordnet. Es wurden 1239 (71.29%) Aussagen beobachtet, davon 642 (73.96%) im Experiment und 597 (68.62%) in der Arbeitsblattphase. Fragen kamen 197-mal (11.33%) vor, 79 (9.10%) während der Experiment- und 118 (13.56%) während der Arbeitsblattphase. Schließlich wurden 302 (17.38%) Äußerungen als Feedback kodiert, 147 (16.94%) beim Experiment und 155 (17.82%) beim Arbeitsblatt. Die Häufigkeit der Subkategorien sind in Tabelle 15 dargestellt.

Die Vergleichbarkeit der Peer-Interaktion in beiden Lernphasen wurde anhand einer Multivariaten Varianzanalyse (MANOVA) überprüft. Dafür wurde der Anteil an Äußerungen der drei Kategorien in den zwanzig Lernpaaren als Messwiederholung verglichen. Die Vermutung, dass kein Unterschied zwischen den Lernphasen besteht, lässt sich hier nicht bestätigen, $F(2, 18) = 3.47$, $p = .05$, $\eta^2 = .28$. Die Effektgröße von $\eta^2 = .28$ weist zusätzlich darauf hin, dass es bedeutungsvolle Unterschiede geben könnte. Die univariaten Vergleiche (ANOVAS) der Anteile der Aussagen, $F(1, 19) = 1.68$, $p = .21$, $\eta^2 = .08$, und Feedback, $F(1, 19) = 0.44$, $p = .52$, $\eta^2 = .02$, beider Lernphasen zeigen zwar keine Unterschiede, jedoch stellen sich die Lernpaare beim Arbeitsblatt anteilig mehr Fragen, $F(1, 19) = 7.23$, $p = .02$, $\eta^2 = .28$.

Erklärungen. Erklärungen haben aufgrund ihrer hohen Bedeutung für das Lernen (Howe et al., 2007; Webb, 1989) einen besonderen Stellenwert in Fragestellung 2 und werden hier daher genauer beschrieben. Erklärungen wurden kodiert als eine Subkategorie der Aussagen. Äußerungen wurden als Erklärung kodiert, wenn sie eine Begründung für das Phänomen Schwimmen und Sinken oder die Lösung einer Aufgabe enthielten. Zumeist wurde dies durch kausale Konjunktionen (weil, da, deshalb, etc.) erkennbar oder daran, dass sich der Beitrag auf eine Regelhaftigkeit bezog. Zwei Arten der Subkategorie Erklärungen wurden im Kodierschema beschrieben, zum einen die erste Äußerung einer Erklärung, zum anderen deren Wiederholung durch einen der Gesprächspartner, welche z. B. als Zustimmung oder beim Aufschreiben geäußert wurde. Diese Unterscheidung ist für die im nächsten Absatz beschriebenen Interaktionsmuster von Bedeutung, beide Arten wurden jedoch zur Kategorie Erklärung gezählt. Die Äußerungskategorie der Erklärungen wurde im Rahmen der o. g. Kodierung in sechs Transkripten von zwei Ratern kodiert (30.44% der Gesamtanzahl der Erklärungen). Zur Berechnung der Rater-Übereinstimmung wurde Äußerungen mit Erklärungskode eine Eins und alle anderen Äußerungen eine Null zuwiesen und deren Übereinstimmung bei den zwei Ratern verglichen. Die Subkategorie der Erklärungen konnte mit guter Interrater-Reliabilität kodiert werden ($\kappa = .89$).

Insgesamt wurden 267 Äußerungen, und damit 15.36% der aufgabenbezogenen Peer-Interaktionen, als Erklärungen kodiert. Davon wurden 167 in der

Lernphase mit Experiment geäußert und machten dort 19.24% aus. 100 Erklärungen wurden während der Arbeitsblattphase beobachtet, dies entspricht 11.49%. Um die Vergleichbarkeit der lernförderlichen Äußerungskategorie der Erklärungen in beiden Aufgabenphasen zu überprüfen, wurde wieder der Anteil an Erklärungen in den zwanzig Teams anhand einer ANOVA als Messwiederholung verglichen. Entgegen der Hypothese unterschieden sich die beiden Lernphasen, es wurden mehr Erklärungen beim Experiment geäußert, $t = 3.23$, $p < .01$, $d = .85$.[52]

4.4.4.3 Kodierschemata zur Beschreibung von Sequenzen

Studien zur lernförderlichen Interaktion im naturwissenschaftlichen Sachunterricht untersuchen zumeist zum einen die Prozessqualität, z. B. die argumentative Struktur von Gesprächen, zum anderen inhaltliche Aspekte, wie die fachliche Richtigkeit der Aussagen (Brown et al., 2010; Duschl & Osborne, 2002). In der vorliegenden Arbeit wurden beide Aspekte berücksichtigt: Anhand von Interaktionssequenzen zu Peer-Erklärungen wurden Interaktionsmuster untersucht, um den Prozess zu beschreiben. Zudem wurde das konzeptuelle Verständnisniveau der Erklärungen kodiert, um somit deren Entwicklung im Rahmen der Interaktion bewerten zu können. Im Folgenden werden diese Kodierungen genauer erläutert.

Kodierung der Interaktionsmuster. In Kapitel 2.3.5 wurden elaborierte Interaktionsmuster beschrieben, welche sich in vorausgehenden Studien als lernförderlich erwiesen haben: Tutoring, Argumentation und Kokonstruktion (u.a. van Boxtel et al., 2000). Die Kodierung dieser Muster wurde in den genannten Studien nicht anhand einzelner Äußerungen, sondern in Bezug auf Interaktionssequenzen vorgenommen. In Anlehnung an dieses Vorgehen und die entsprechenden Befunde wurden im Rahmen der vorliegenden Untersuchung Interaktionssequenzen in Bezug auf das Vorkommen der genannten Interaktionsmuster ausgewertet. Diese wurden als Qualitätsmerkmale der Peer-Interaktion bewertet. Da die genannten Studien Effekte aller drei Muster auf das naturwissenschaftliche Verständnis zeigten, wurden diese hier als gleichwertige, lernförderliche Interaktionsmuster behandelt.

Die Kodierung soll hier anhand eines Modells in Abbildung 6 veranschaulicht werden. Dieses ist angelehnt an den Ausschnitt aus dem Questioning-and-Argumentation-Modell (Osborne & Chin, 2010) zur Entwicklung von Peer-Erklärungen (vgl. Abbildung 3). Es beschreibt Interaktionswege von einer indi-

---

52 Aufgrund der genannten Unterschiede wurden die Analysen zur Beantwortung der Fragestellungen für die Phasen getrennt durchgeführt.

viduellen Erklärung bzw. Behauptung zu einer Peer-Erklärung auf einem höheren Verständnisniveau über Fragen, Gegenargumente oder ergänzende Erklärungen. Die verschiedenen Wege werden hier als Interaktionsmuster bezeichnet, welche in Form von Dreiecken in das Modell integriert sind: Tutoring, Argumentation und Kokonstruktion bzw. einfache Einigung.

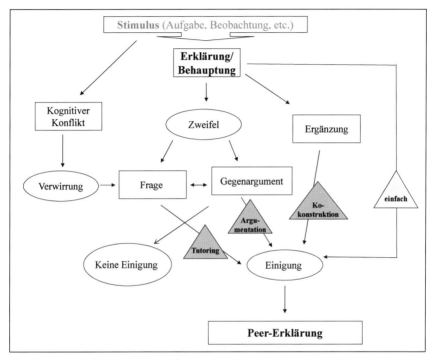

Abbildung 6: Modell der Peer-Interaktionsmuster beim Finden einer gemeinsamen Erklärung (in Anlehnung an das Questioning-and-Argumentation-Modell, Osborne & Chin, 2010, S. 97)

Anmerkung. Äußerungen sind in Rechtecken, Prozesse in Ovalen und Interaktionsmuster in Dreiecken dargestellt.

Jede Sequenz, definiert als der Prozess von der individuellen Hypothese eines Lernpartners bis zur Peer-Erklärung, erhielt einen Musterkode. Das jeweilige Muster wurde anhand charakteristischer Äußerungsabfolgen bestimmt, wie der Abbildung zu entnehmen ist. Basis der Musterkodierung stellten somit die o. g. Äußerungskategorien (Aussagen, Fragen Feedback) dar. Die Kodieranleitung der Interaktionsmuster sowie Beispiele aus den Transkripten finden sich im Anhang 8.6 dieser Arbeit.

Als *Tutoring* wurden Sequenzen kodiert, die sich durch Rückfragen eines Lernpartners sowie verschiedene Erklärung des anderen Lernpartners auszeichneten. Durch Rückfragen müssen die eigenen Erklärungen präzisiert und ausgeführt werden, was sich in Studien zur Peer-Interaktion als lernwirksam gezeigt hat (vgl. Kapitel 2.3.5).

Bei der *Argumentation* stand der Konflikt mit bestehenden Vorstellungen im Vordergrund. Sequenzen wurden als Argumentation kodiert, wenn die Lernpartner Gegenpositionen bezogen, d. h. auf den Äußerungskode der Erklärung eine Gegenrede bzw. ein Gegenargument folgte. Auch wenn die Lernpartner der gleichen Meinung waren, jedoch das Ergebnis des Experiments dieser widersprach, wurde dies als Argumentation kodiert, da Erklärungen mit Bezugnahme zu einer Gegenposition gefunden werden mussten. In beiden Fällen wurde ein bestehender Konflikt mit vorhandenen Vorstellungen angenommen, welcher zum Infrage stellen bzw. zur Veränderung dieser führen kann (vgl. Kapitel 2.3.5). Die Kodierung der Argumentationsmuster erfolgte auch bei fehlender Einigung, da sich eine Argumentation auch ohne Einigung als lernförderlich erwiesen hat (Asterhan & Schwarz, 2007; Howe, 2010).

Als *Kokonstruktion* wurden Sequenzen bewertet, wenn diese aufeinander aufbauende Erklärungen beider Interaktionspartner enthielten, d. h. jede Erklärung neue Aspekte enthielt und nicht als Wiederholung der vorausgegangenen Erklärungen kodiert war. Gemäß den theoretischen und empirischen Ergebnissen in Kapitel 2.3.5 kann eine solche gemeinsam konstruierte Erklärung zu einem tieferen Verständnis führen.

Diese lernförderlichen Interaktionsmuster – Argumentation, Tutoring und Kokonstruktion – wurden Interaktionsmustern gegenübergestellt, bei denen nicht von einer lernförderlichen Wirkung ausgegangen wurde. Es wurde zwischen *einfachen Mustern*, welche anhand einer Erklärung sowie direkter Zustimmung des Partners erkannt wurden, bzw. wenig selbstständigen Mustern, bei denen ein *Input der Lehrkraft* als Basis für die Peer-Erklärung fungierte, unterschieden. Diese Bewertung wurde auf Basis vorausgegangener Studien vorgenommen, welche zeigen, dass der Austausch von Erklärungen zu Naturphänomenen eine höhere Wirkung auf das Lernen hat als einfache Zustimmung (Mercer et al., 2004) und dass ein zu starkes Eingreifen der Lehrkraft in die Peer-Interaktion sich auch negativ auf das Lernen auswirken kann (Howe, 2009b).

Die Kodierung der Interaktionsmuster wurde bei den 40 Sequenzen (je zwei Lernphasen pro Team) von einer neutralen Person durchgeführt. Diese wurde sechs Stunden geschult und erhielt ein Kodiermanual als Unterstützung (siehe Anhang). Alle 40 Sequenzen wurden zusätzlich von einer zweiten Person mit guter Übereinstimmung kodiert ($\kappa=.79$). Die deskriptiven Ergebnisse zu den Mustern werden im Zusammenhang mit den Ergebnissen zu Fragestellung 2 in Tabelle 16 berichtet. Es bestand kein Unterschied in Bezug auf den Anteil elaborierter Muster zwischen den beiden tutoriellen Lernphasen im Chi-Quadrat-Test, $\chi^2 = .06$, $p = .80$.

Kodierschema zur Beschreibung des konzeptuellen Verständnisniveaus. Gemäß dem oben abgebildeten Modell kann eine elaborierte Peer-Interaktion zu einer besseren Erklärung führen, welche eine Veränderung des konzeptuellen Verständnisses beim Einzelnen zu bewirken vermag (vgl. Kapitel 2.3.5). In der Literatur wird jedoch darauf hingewiesen, dass auch falsche Erklärungen in der Interaktion entwickelt werden können (Ross, 2008). Da sich die oben genannten Muster auf die kommunikative Struktur der Interaktion, nicht jedoch auf die fachliche Richtigkeit beziehen, wurde diese anhand einer zusätzlichen Kodierung als weiteres Merkmal der Prozessqualität untersucht. Es wurde geprüft, ob sich die Erklärungen der Lernpartner im Rahmen der Interaktionssequenzen in Bezug auf das konzeptuelle Verständnisniveau verbesserten.

Für die Kodierung des konzeptuellen Verständnisniveaus wurde dasselbe Kodierschema verwendet wie für die Auswertung der offenen Aufgaben in den Leistungstests der IGEL-Studie. Dieses unterschied verschiedene Konzepte auf den in Kapitel 2.3.2 beschriebenen konzeptuellen Verständnisniveaus und wurde auf Basis von Hardy et al. (2006) und Kleickmann et al. (2010) adaptiert. Es wird zwischen 32 Konzepten unterschieden, welche fünf konzeptuellen Verständnisniveaus, von 0 bis 4, zugeordnet waren.

Eine Erklärung wurde als (0) kein Konzept kodiert, wenn klar daraus hervorging, dass keine Erklärung für das Schwimmen und Sinken gefunden werden konnte. Diese unterschied sich von einer fehlenden Erklärung insofern, als eine Erklärung gesucht, jedoch nicht gefunden wurde, z. B. „Das schwimmt weil (.) weil, ich weiß auch nicht".

Eine Erklärung wurde als (1) naives Konzept bewertet, wenn sie als eines von dreizehn Konzepten kodiert war, welche keinen wissenschaftlichen Erklärungswert für das Schwimmen und Sinken haben, z. B. Gewichtskonzept („Geht unter, weil er sehr schwer ist."), Größenkonzept („Geht unter, weil der so groß ist."), Vollsaugkonzept („Geht unter, weil er sich mit Wasser vollsaugt.") oder Antriebskonzept („Es gibt ja hinten Anschwung mit dem Ruder.").

Erklärungen wurden als (2) belastbare Zwischenvorstellungen bewertet, wenn sie als eines der elf Konzepte kodiert waren, welche bereits einen Erklärungswert für das Schwimmen und Sinken im Alltag haben, jedoch noch nicht für alle Fälle eine Erklärung bieten, z. B. wurden das Materialkonzept („Schwimmt, weil er aus Holz ist.") sowie das Hohlkörperkonzept („Das schwimmt, weil der innen hohl ist.") den belastbaren Zwischenkonzepten zugeordnet.

Erklärungen wurden als (3) wissenschaftlichen Präkonzepte bewertet, wenn sie als eines von fünf Konzepten bewertet wurden, welche auf einem wissenschaftlich korrekten Aspekt beruhen, jedoch noch unvollständig waren, z. B. das einfache Dichtekonzept („Der Würfel ist für seine Größe leicht.") oder das Druckkonzept („Schwimmt, weil er vom Wasser stark genug nach oben gedrückt wird.").

Erklärungen wurden als (4) wissenschaftliche Konzepte bewertet, wenn sie eines von drei vollständigen wissenschaftlichen Konzepten zur Erklärung des Schwimmens und Sinkens kodiert wurden und ggf. Ablehnung eines Fehlkonzepts enthielten, z. B. das Konzept der relativen Dichte („weil Holz leichter ist als genauso viel Wasser").[53]

Wenn eine Erklärung eindeutig ein Konzept enthielt, dieses jedoch nicht verständlich war, so wurde es als „nicht kodierbar" beschrieben, z. B. „Tropenholz geht unter, weil (unv., zu leise) seine /seine (unv.)".

Um die Entwicklung der Erklärungen in der Peer-Interaktion zu beschreiben, wurde das Konzept der individuellen Eingangshypothese (Erklärungen zu Beginn der Sequenzen) mit dem Konzept der gemeinsam entwickelten Peer-Erklärungen am Ende der Sequenzen verglichen. Es wurden zuvor jedoch alle 267 als Erklärung kodierten Äußerungen in der Peer-Interaktion in Bezug auf das konzeptuelle Verständnisniveau bewertet, um einen Überblick über die Erklärungsniveaus beider Lernphasen zu erhalten. Die Kodierung wurde von neutralen Ratern durchgeführt. Diese wurden zwei Stunden geschult und erhielten ein ausführliches Manual mit Beispielen. Die Zuordnung der Erklärungen zu den 32 Konzepten konnte mit sehr guter Interrater-Übereinstimmung durchgeführt werten ($\kappa=.94$). Die deskriptiven Ergebnisse zu Häufigkeit der Niveaus der Erklärung sind in Tabelle 8 dargestellt.

---

53 Das Kodiermanual enthielt noch ein weiteres Konzept, welches einem weiteren Niveau zugeordnet war: Niveau, (5) wissenschaftliche Konzepte mit mehr als zwei integrierten Aspekten. Dieses bezog sich auf die Konzepte Verdrängung und Auftrieb und kam daher in der Peer-Interaktion der UE1 nicht vor. Bei der Auswertung der offenen Items im Leitungstest wurden die fünf Niveaus zur Verbesserung der Testqualität auf drei Level zusammengefasst. Hier wird jedoch, um ein genaueres Bild des Niveaus der Erklärungen in der Peer-Interaktion zu erhalten, an den o. g. fünf Niveaus der in UE1 behandelten Konzepte festgehalten.

Tabelle 8: Anzahl bzw. Anteil in Prozent der kodierten konzeptuellen Verständnisniveaus aller Erklärungen zum Schwimmen und Sinken in der Peer-Interaktion beider tutorieller Lernphasen

Konzeptuelles Verständnisniveau	Anteil insgesamt		Experiment		Arbeitsblatt	
nicht kodierbar	16	(5.99%)	6	(3.59%)	10	(10.00%)
(0) kein Konzept	2	(0.75%)	1	(0.60%)	1	(1.00%)
(1) naives Konzept	42	(15,73%)	21	(12,57%)	21	(21,00%)
(2) Zwischenkonzept	121	(41,95%)	78	(46,71%)	34	(34,4%)
(3) wissenschaftliches Präkonzept	76	(28.46%)	52	(31.14%)	24	(24.00%)
(4) wissenschaftliches Konzept	19	(7,12%)	9	(5,40%)	10	(11,1%)

Insgesamt konnte der Austausch über Konzepte in beiden tutoriellen Lernphasen festgestellt werden. Die Mehrheit der Erklärungen ließ auf ein konzeptuelles Verständnis von bereits belastbaren Zwischenvorstellungen schließen. Es finden sich keine Unterschiede im durchschnittlichen Niveau der Erklärungen in den zwanzig Teams zwischen den beiden Lernphasen, Wilcoxon-Z = .86, p = .39.

4.4.5 Tests und Fragebögen

Im Rahmen des Projekts IGEL wurden zu Beginn der Studie (September/Oktober 2011) an zwei Erhebungsterminen wichtige Basisdaten und Lernvoraussetzungen der Schülerinnen und Schüler erfasst, u. a. naturwissenschaftliche Kompetenz, kognitive Grundfähigkeit, Leseverständnis, Sprachverständnis. Zudem wurde an einem Erhebungstermin vor (Januar 2011) und nach UE1 (Februar 2011) sowie nach UE2 (Juni 2011) das Wissen zum Thema Schwimmen und Sinken erfasst (vgl. Design der Studie, Kapitel 4.1). Die Durchführung der Tests erfolgte als Gruppentestung im Klassenraum durch geschulte Testleitungen mithilfe standardisierter Anleitungen. Um Verständnisprobleme zu reduzieren, wurden alle Items laut vorgelesen und mittels Overheadprojektor visualisiert. Jede Testung dauerte ungefähr 90 Minuten. Die Erhebungen wurden in der zweiten und dritten Unterrichtsstunde des Schultages durchgeführt, welche durch eine längere Pause getrennt waren. Im Folgenden werden alle Tests und Fragebögen genauer beschrieben, welche zur Beantwortung der Fragestellungen als Ergebnisse in die Berechnungen der vorliegenden Arbeit einflossen.

Konzeptuelles Verständnis zum Schwimmen und Sinken. Unmittelbar vor UE1 sowie nach UE1 und UE2 wurde das konzeptuelle Verständnis der Schülerinnen und Schüler zum Themengebiet Schwimmen und Sinken erfasst.

Dazu verwendete Aufgaben zielten auf die vermittelten Konzepte (Materialkonzept, einfache Dichte, relative Dichte, Verdrängung, Auftrieb) und wurden von Experten der Praxis und Forschung als relevant für die vermittelten Inhalte eingeschätzt. Im Rahmen der Testkonstruktion wurden Aufgaben aus vorherigen Forschungsprojekten (Hardy et al., 2006; Kleickmann et al., 2010) adaptiert und um Eigenkonstruktionen ergänzt. Die Items wurden hinsichtlich ihrer Verständlichkeit für Grundschulkinder der Jahrgangsstufe 3 pilotiert. Die finalen Tests enthielten je nach Messzeitpunkt 13–16 Items (16 Prä, 13 Post UE1, 13 Post UE2). Sie beinhalteten sowohl offene Antwortformate, z. B. „Warum schwimmt ein großes, schweres Schiff aus Metall im Wasser?" als auch Multiple-Choice-Aufgaben, z. B. siehe Abbildung 7. Zwei offene Aufgaben waren zu allen Testzeitpunkten gleich. Die Bearbeitung dauerte in der Regel 25–30 Minuten. Zur Auswertung wurden die Antworten aller Aufgaben zunächst einem von 33 Konzepten, z. B. Luftkonzept, zugeordnet, welche drei Verständnisniveaus zugeordnet waren: (0) naive Konzepte, (1) anknüpfungsfähige Konzepte, (2) (vor-) physikalische Konzepte (vgl. Kapitel 2.3.2.1). Lagen in einer Schülerantwort mehrere Konzepte parallel vor, so wurde als das niedrigste Niveau kodiert. Die offenen Antworten wurden jeweils von mindestens zwei geschulten Ratern ausgewertet ($\kappa = .87$; Wirtz & Caspar, 2002). Die Items der jeweiligen Testzeitpunkte wurden nach dem Partial Credit Model skaliert (Masters, 1982). Für jedes Kind wurde ein WLE Parameter (weighted likelihood estimates; Warm, 1989) berechnet (EAP/PV Reliabilität: Post UE1 = .70, Post UE2 = .76). Die im Prätest verwendeten 16 Items konnten aufgrund des inkonsistenten bzw. fehlenden Vorwissens der Kinder nicht mit ausreichender Reliabilität skaliert werden. Daher wurden sie nicht in die Analysen dieser Arbeit einbezogen.

Sebastian möchte herausfinden, ob ein Stein schwimmt. Deshalb legt er einen Stein in ein Gefäß mit Wasser. Der Stein geht unter.

Warum ist das so?

Kreuze für jede Antwort an, ob sie stimmt oder nicht!

Der Stein geht unter, …

	Stimmt	stimmt nicht
… weil der Stein eine runde Form hat.	☐	☐
… weil der Stein schwerer ist als genauso viel Wasser.	☐	☐
… weil der Stein so schwer ist und schwere Sachen immer untergehen.	☐	☐
… weil der Stein vom Wasser nach unten gezogen wird.	☐	☐
… weil Steine im Wasser immer untergehen.	☐	☐

Abbildung 7: Beispiel für ein Multiple-Choice-Item zur Erfassung des konzeptuellen Verständnisses nach UE1 (adaptiert von Hardy et al., 2006; Kleickmann et al., 2010)

Methode

Naturwissenschaftliche Kompetenz. Zu Beginn der Studie wurde die naturwissenschaftliche Kompetenz der Schülerinnen und Schüler mittels eines Leistungstests, erfasst. Von den zwölf Items wurden sieben aus TIMSS 2007 (Bos et al., 2008; Martin et al., 2008) adaptiert und um fünf selbstkonstruierte ergänzt. Der Test beinhaltete sowohl offene als auch Multiple-Choice-Aufgaben und erfasste in Orientierung am in Kapitel 2.3.1 beschriebenen Begriff der naturwissenschaftlichen Kompetenz die Anforderungsbereiche Wissen, Anwenden und Schlussfolgern zu Inhalten der Chemie, Physik und Erdkunde. Ein Beispielitem ist in Abbildung 8 dargestellt. Die curriculare Validität zum Hessischen Rahmenlehrplan für die Grundschule (Hessisches Kultusministerium, 1995) wurde durch Expertenratings überprüft. Die Items wurden hinsichtlich ihrer Verständlichkeit für Grundschulkinder der Jahrgangsstufe 3 pilotiert. Die benötigte Testzeit betrug ca. 30 Minuten. Die offenen Antworten wurden jeweils von mindestens zwei geschulten Ratern ausgewertet ($\kappa = .85$). Die Skalierung wurde mittels Modellen der Item Response Theory (z.B. Wilson, 2005) durchgeführt. Die Items passten zum 1PL Raschmodell. Für jedes Kind wurde ein WLE Parameter berechnet (EAP/PV Reliabilität: .70).

Ein Band wird an einer Stange befestigt, um die Windstärke zu messen.

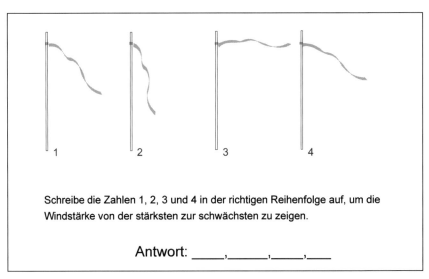

Abbildung 8: Beispielitem zur Erfassung der naturwissenschaftlichen Kompetenz, (übernommen von Bos et al., 2007; Martin et al., 2008)

Methode

Kognitive Grundfähigkeit. Zur Erfassung der Intelligenz wurde der CFT-20R (Grundintelligenztest, Skala 2 – Revision; (Weiß, 2006) mit 56 Items, Cronbachs α = .72, eingesetzt. Der Test wurde konzipiert zur Erfassung des logischen Denkens, unabhängig von Sprachkompetenz sowie kultureller Prägung. Der CFT 20-R besteht aus vier Untertests (Reihenfortsetzen, Klassifikationen, Matrizen und topologischen Schlussfolgerungen). Ein Beispielitem ist in Abbildung 9 sichtbar. Die Testdauer in Gruppentestungen betrug ca. 35–40 Minuten. Der Summenwert jedes Kindes wurde in altersspezifische Normwerte überführt (IQ-Werte: M = 100; SD = 15).

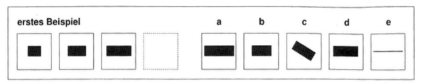

Abbildung 9: Beispielitem des CFT 20-R (Weiß, 2006)

Leseverständnis. Das Leseverständnis wurde mit dem ELFE 1–6 (Ein Leseverständnistest für Erst- bis Sechstklässler, (Lenhard & Schneider, 2006) erfasst. Der Test prüft basale Lesestrategien sowie die Fähigkeit zum Verstehen von Sätzen und Texten. Er besteht aus drei Teilen mit guter Reliabilität, Cronbachs α > .91. Ein Beispielitem findet sich in Abbildung 10. Die empfohlene Testzeit beträgt bei Gruppentestungen ca. 20-30 Minuten. Die Subtest-Rohwerte wurden in klassenspezifische Normen (für das Ende des zweiten Schuljahres) umgerechnet und zu einem individuellen Norm-Summenwert addiert.

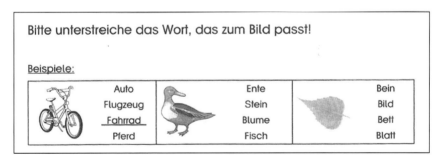

Abbildung 10: Beispielitem des ELFE 1–6 (Lenhard & Schneider, 2006)

Sprachverständnis. Der Sprachverständnistest erfasst deutsches Wort- und Satzverständnis anhand von 20 Items (Cronbachs α = .72). Er wurde adaptiert von anderen Tests zum deutschen Sprachverständnis (u. a. Elben & Lohaus, 2001; Petermann, Metz D. & Fröhlich L. D., 2010). Die Schülerinnen und Schüler wählen dabei ein Bild aus einer Reihe von Bildern aus, welches zu einem gesprochenen Wort oder Satz passt. Ein Beispielitem findet sich in Abbildung 11. Die Testzeit betrug ca. 10 Minuten. Die Summe aller richtig gelösten Items ergab den Testwert des jeweiligen Kindes.

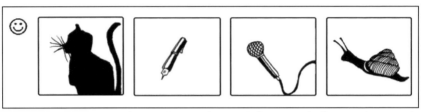

Abbildung 11: Beispielitem des Sprachverständnistests (adaptiert nach Elben & Lohaus, 2001). Instruktion: Jetzt kommt die Reihe mit dem Gesicht. Wo ist hier der „Fühler"? (---3 Sec---) Macht ein Kreuz auf den „Fühler"

Klassenklima. Als Maß für das Klassenklima wurden Schülerinnen und Schüler zu ihrer Wahrnehmung des Klassenklimas befragt. Die sechs Items mit vierstufigem Antwortformat (1 „stimmt nicht" – 4 „stimmt genau") wurden adaptiert nach Diel und Nieder (2008) sowie Rauer und Schuck (2003), z. B. „Bei uns im Sachunterricht helfen wir uns gegenseitig." Die Skala zeigte eine gute Reliabilität, Cronbachs α = .80. Als Klassenkontextmerkmal wurde die mittlere bzw. geteilte Wahrnehmung der Schülerinnen und Schüler in Klassen verwendet. Der ICC2[54] ist mit .86 als gut zu bezeichnen.

Klassengröße. Als strukturell-organisatorisches Klassenmerkmal wurde anhand der Teilnehmerlisten die Klassengröße als Anzahl der Kinder in der Klasse bestimmt und für die Berechnungen eingesetzt.

4.5 Statistische Auswertungsverfahren

Zur Beantwortung der drei Fragestellungen wurden jeweils unterschiedliche Daten verwendet. Dadurch waren verschiedene Auswertungsverfahren notwendig, welche im Folgenden in Bezug auf die drei Fragestellungen getrennt beschrieben werden.

---

54 Der ICC2 beschreibt die Reliabilität aggregierter Scores als Gütemaß für die Übereinstimmung der Schülerinnen und Schüler innerhalb von Klassen (Lüdtke, Trautwein, Kunter & Baumert, 2006).

4.5.1 Fragestellung 1 zur Umsetzungsgenauigkeit in den Klassen

Die Berechnungen zu Fragestellung 1 wurden anhand der Beobachtungsdaten zur Umsetzungsgenauigkeit auf Klassenebene (Umsetzungsindex) durchgeführt. Da sich anhand des Shapiro-Wilk-Tests Hinweise darauf ergaben, dass die Umsetzungswerte in UE1 nicht normalverteilt sind, wurden für alle Signifikanztestungen mit dem Index nichtparametrische Testverfahren verwendet. Für die Analyse von Unterschieden zwischen Experimental- und Kontrollgruppe in der Umsetzung wurde der Kolmogorov-Smirnov Z-Test eingesetzt, da dieser für nicht-parametrische Daten und Stichprobengrößen unter 25 geeignet ist (Field, 2005, S. 529). Der Vergleich der Umsetzung bei UE1 (Anwendung des Handbuches) und UE2 (Transfer der Methodenelemente) innerhalb der Untersuchungsgruppe wurde anhand des Wilcoxon-Vorzeichen-Rang-Test für gepaarte Stichproben berechnet. Als Effektstärke wurde bei signifikantem Ergebnis Phi (ϕ) berechnet, welches einem Korrelationskoeffizienten entspricht und somit vergleichbar mit diesem zu deuten ist, d.h. ein Wert ab .01 ist als kleiner Effekt, .30 als moderater Effekt und .50 als starker Effekt zu interpretieren (Bühner & Ziegler, 2008, S. 265).

Der Zusammenhang der Umsetzungsgenauigkeit mit den Kontextmerkmalen der Klasse wurde ebenfalls nonparametrisch berechnet. Die Auswahl der Kontextmerkmale wurde auf Basis vorausgehender Studien getroffen: In Befragungen hatten Lehrkräfte angegeben, die Umsetzung der Methode an das kognitive Leistungsniveau bzw. das Sozialverhalten ihrer Schülerinnen und Schüler anzupassen (Stein et al., 2008; Vadasy et al., 1997). Als Indikator für die kognitive Leistungsfähigkeit wurde hier der CFT 20-R. Da sich die Lesekompetenz der Klasse als ein zentraler Indikator für fähigkeitsbezogene Einschätzungen durch Lehrkräfte erwiesen hat (Decristan et al., 2014), wurde der ELFE 1–6 mit in die Analysen aufgenommen. Als Indikator für das soziale Verhalten wurde die Skala zum Klassenklima gewählt. Zudem wurde die Klassengröße einbezogen, welche sich als strukturell-organisatorisches Klassenmerkmal auf den zeitlichen Aufwand bei der Umsetzung auswirken könnte. Zeitaufwand wird häufig als Einflussfaktor der Umsetzungsgenauigkeit genannt (Gresham, 1989). Die individuellen Testwerte des CFT 20-R, des ELFE 1–6 sowie der individuelle Mittelwert der Skala zum wahrgenommenen Klassenklima wurden klassenweise zu einem Mittelwert aggregiert. Diese sowie die Klassengröße wurden anhand einer Spearman-Korrelation mit dem Umsetzungsindex in Zusammenhang gebracht. Da die abhängige Variable auf Klassenebene lag, wurden hier keine Mehrebenenanalysen durchgeführt. Alle Analysen wurden in SPSS 21 berechnet. Alle Testungen wurden einseitig, auf einem .05 α-Niveau durchgeführt.

4.5.2 Fragestellung 2 zur Peer-Interaktion in den Lernpaaren

Die Berechnungen zu Fragestellung 2 wurden anhand der Kodierungen der transkribierten Peer-Interaktion beider Lernphasen durchgeführt. Die Interaktion der Lernpaare unterschied sich zum Teil zwischen den Lernphasen, es wurden anteilig mehr Fragen in der Arbeitsblattphase und mehr Erklärungen beim Experiment in den Lernteams beobachtet (vgl. Kapitel 4.4.4.2). Aufgrund der Unterschiede wurden die Analysen zur Beantwortung der Fragestellungen für die Phasen getrennt durchgeführt. Zur Beantwortung von Fragestellung 2a wurden die aufgabenbezogenen Anteile der Interaktion in den 20 Teams mit den organisatorischen bzw. nicht unterrichtsbezogenen Anteilen mithilfe von univariaten Varianzanalysen (ANOVAS) verbundener Stichproben verglichen. Zur Beantwortung der Fragestellung 2c wurde das konzeptuelle Verständnisniveau der Erklärungen zu Beginn (individuelle Eingangshypothese) und am Ende der Peer-Interaktion (Peer-Erklärung) anhand des Wilcoxon-Vorzeichen-Rang-Tests verglichen. Dazu wurde die Peer-Erklärung als individuelles Ergebnis jedes Kindes im Paar verwendet und mit dem individuellen Ausgangswert verglichen.[55] Da nicht bei allen Paaren eine Einigung auf eine Peer-Erklärung erfolge bzw. nicht in jeder Interaktion eine individuelle Eingangshypothese gefunden werden konnte, wurden lediglich die Fälle einbezogen, für die diese Information bestand (siehe Tabellen 23 und 24). Aufgrund der rangskalierten Daten wurde ein nichtparametrischer Test gewählt. Auch hier wurden sämtliche Berechnungen in SPSS 21 und alle Testungen auf einem .05 α-Niveau durchgeführt; Effektstärken für signifikante Effekte parametrischer Testungen wurden nach Cohen (1988) berechnet, bei non-parametrischen Verfahren wurde ϕ angegeben (Bühner & Ziegler, 2008). Nicht immer wurden zur Beantwortung der Fragen inferenzstatistische Verfahren genutzt. Die Beantwortung von Fragestellung 2b, bei der es um eine Beschreibung des Vorkommens lernförderlicher Anteile ging, wie Erklärungen und Muster, erforderte keinen Vergleich.

---

55 Hier mischen sich demnach in einer Berechnung die individuelle und die Teamebene, eine klare Trennung zwischen den beiden Ebenen war im Rahmen der statistischen Berechnung nicht möglich. In der Literatur werden Mehrebenenanalysen empfohlen, um dem Problem gerecht zu werden (Kenny, Kashy & Bolger, 1998). Dies ist jedoch nur sinnvoll, wenn die Vorhersage eines Effekts auf individueller Ebene durch Interaktionswert auf Teamebene das Ziel der Analysen ist. Da hier der vorherzusagende Wert auf der Teamebene lag, wurde von einer solchen Modellierung abgesehen.

4.5.3 Fragestellung 3 zur Wirkung auf das konzeptuelle Verständnis

Soll die Lernwirksamkeit tutoriellen Lernens unter Berücksichtigung der Umsetzungsgenauigkeit geprüft werden, wäre eine Moderation ein mögliches Modell für die Analysen. In der vorliegenden Untersuchung wurde jedoch ein zweischrittiges Verfahren gewählt: Zum einen wurde der Zusammenhang tutoriellen Lernens mit dem konzeptuellen Verständnis der Schülerinnen und Schüler anhand eines Umsetzungskriteriums im Gruppenvergleich geprüft, zum anderen wurde der Umsetzungsindex innerhalb der Untersuchungsgruppe mit dem Lernen der Kinder in Verbindung gebracht. Grund für diese methodische Entscheidung war die fehlende Umsetzung in der Kontrollgruppe, was gegen eine Moderation sprach. Das Vorgehen wird im Folgenden genauer beschrieben.

Um die Hypothesen zu Fragestellung 3 zu prüfen, wurden Mehrebenen-Regressionsanalysen durchgeführt, da den verwendeten Daten eine geschachtelte Struktur zugrunde lag (Raudenbush & Bryk, 2001). Es wurde eine Individualebene der Schülerinnen und Schüler sowie eine Klassenebene berücksichtigt. Auf individueller Ebene wurden in allen Analysen kognitive Grundfähigkeiten und Sprachverständnis als Kovariate berücksichtigt, da sich diese in bisherigen Studien als wichtige Lernvoraussetzungen für den naturwissenschaftlichen Sachunterricht erwiesen haben (Gustafsson & Balke, 1993; Martin, Mullis, Foy & Stanco). Da der Prätest zum Schwimmen und Sinken keine ausreichende Reliabilität aufwies, wurde er nicht in die Analysen einbezogen. Stellvertretend für das Vorwissen wurde die naturwissenschaftliche Kompetenz als Kontrollvariable berücksichtigt. Die abhängige Variable war in allen Analysen das konzeptuelle Verständnis nach der jeweiligen Unterrichtseinheit. Dies wurde, obwohl es sich um dieselben Verständnisniveaus wie bei der Kodierung einzelner Erklärungen in Aufgabe 2c handelte, als intervallskalierte Variable behandelt, da sich der Testscore aus mehreren Items als Summenwert zusammensetzt. Die Modelle für die Testung der Unterfragestellungen 3a und 3b sollen im Folgenden noch etwas ausführlicher dargestellt werden.

Fragestellung 3a. Zur Prüfung der Wirksamkeit der Methode wurde auf Klassenebene eine Treatment-Variable dummy-kodiert zum Vergleich der Untersuchungsgruppe (= 1) mit der Kontrollgruppe (= 0). In Abbildung 12 ist das Modell zu Fragestellung 3a veranschaulicht.

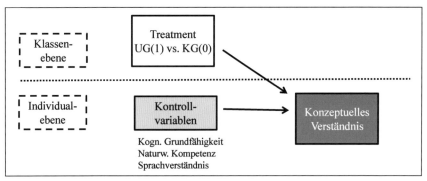

Abbildung 12: Modell zur Berechnung der Wirksamkeit tutoriellen Lernens auf das konzeptuelle Verständnis bei UE1 und UE2

Um die Effekte auf die Methode tutorielles Lernen zurückführen zu können, ist die Definition eines Umsetzungskriteriums nötig (Gresham, 2009). Bisher konnte kein allgemeingültiger Wert aus der Forschung abgeleitet werden, jedoch haben sich Interventionen ab einer Umsetzungsgenauigkeit von 60% als wirksam erwiesen (Lendrum & Humphrey, 2012). Da bei Studien zum tutoriellen Lernen jedoch zumeist eine Umsetzungsgenauigkeit von über 80% als Kriterium berichtet wurde (vgl. Kapitel 2.2.2), wurde hier ein Cut-off-Kriterium im Zwischenbereich gewählt. In den Analysen zu Fragestellung 3a wurden daher nur Klassen der Untersuchungsgruppe berücksichtigt, welche einen Umsetzungsindex von über 70% erreicht haben. Aufgrund der hohen Bedeutung der Umsetzungsgenauigkeit für diese Studie wurden die restlichen Klassen von den Analysen ausgeschlossen, auch wenn dies auf Kosten der Stichprobengröße ging. Die Umsetzung der Qualitätsmerkmale in der Peer-Interaktion wurde dabei nicht berücksichtigt, da sich die Analysen auf eine Teilstichprobe bezogen und somit nicht als Klassenmerkmal verallgemeinert werden konnten. Das Umsetzungskriterium wurde in drei der vierzehn Klassen in UE1 und von acht Klassen in UE2 unterschritten. Dadurch ergab sich eine Stichprobe von $N = 11$ Klassen in UE1 und $N = 6$ Klassen in UE2 in der Untersuchungsgruppe. Zu beiden Zeitpunkten wurden alle $N = 11$ Klassen der Kontrollgruppe in die Analysen einbezogen. Da es sich durch den Ausschluss der Klassen mit zu geringer Umsetzungsgenauigkeit um eine andere Stichprobengröße als in der Stichprobenbeschreibung handelt, sollen hier die deskriptiven Ergebnisse der einbezogenen Variablen dargestellt und Gruppenunterschiede geprüft werden.

Bei den Analysen zur *UE1* bestand die Stichprobe demnach aus 22 Klassen mit insgesamt 381 Schülerinnen und Schülern, davon 196 Kinder in den 11 Klassen der Kontrollgruppe sowie 185 Kinder in den 11 Klassen der Untersuchungsgruppe. Die deskriptiven Ergebnisse zum konzeptuellen Verständnis

Methode

sowie zu den Kontrollvariablen der beiden Gruppen sind für UE1 in Tabelle 9 gegenübergestellt.

Tabelle 9: Deskriptive Ergebnisse der Variablen auf Individualebene in beiden Gruppen in UE1

Variable	Untersuchungsgruppe M	(SD)	Kontrollgruppe M	(SD)
kog. Grundfähigkeit	105.90	(13.15)	101.13	(13.89)
Sprachverständnis	15.01	(2.98)	15.22	(2.65)
naturwiss. Kompetenz	-.27	(1.05)	-.14	(1.02)
konzept. Verständnis UE1	-0.06	(0.91)	0.03	(.92)

Wie die deskriptiven Ergebnisse zeigen, sind die beiden Gruppen in Bezug auf die Kontrollvariablen nicht ganz vergleichbar. Zwar finden sich keine Unterschiede zwischen den Gruppen in Bezug auf die naturwissenschaftliche Kompetenz, $t(428)= 1.32$, $p = .19$, sowie das Sprachverständnis, $t(427)= 0.77$, $p = .44$. Es finden sich jedoch Unterschiede in Bezug auf die kognitive Grundfähigkeit, $t(420)= 3.62$, $p < .05$, $d = 35$, was neben der inhaltlichen Bedeutung der Variablen für die hier vorgenommene Kontrolle auf Individualebene spricht.

Aufgrund der kleinen Stichprobe wurde davon abgesehen für zentrale Variablen auf Klassenebene zu kontrollieren, um das Modell nicht zu überfrachten. Es wurden jedoch Unterschiede zwischen den Gruppen in Bezug auf zentrale Variablen, welche sich ebenfalls auf den Lernerfolg auswirken könnten, geprüft: Wissen und Überzeugungen der Lehrkräfte (Desimone, 2009; Lipowsky, 2011) sowie die Umsetzung der Unterrichtsinhalte (Gresham, 2009; Greenwood et al., 1992). Es finden sich bezüglich des Interesses an naturwissenschaftlichen Themen, $t(20) = -0.61$, $p = .55$, der Überzeugungen zum Konzeptwechsel, $t(19) = 0.51$, $p = .62$, sowie des fachdidaktischen Wissens, $t(21) = 0.20$, $p = .83$, keine Unterschiede zwischen den einbezognen Lehrpersonen der Untersuchungs- und der Kontrollgruppe.[56] Alle Klassen zeigten eine hohe Umsetzungsgenauigkeit der Unterrichtsinhalte. Die Unterrichtsinhalte der UE1 wurden im Mittel mit 88.89% ($SD = 8.89$, Min = 66.67, Max = 100.00) Genauigkeit umgesetzt. Die Annahme, dass keine Unterschiede diesbezüglich zwischen beiden Gruppen bestehen, kann nicht bestätigt werden, $Z = 1,28$, $p = .08$, $\phi = .26$. Aufgrund der geringen Stichprobengröße wurde dennoch davon abgesehen, weitere Klassen auszuschließen oder für die Umsetzung der Inhalte zu kontrollieren.

---

[56] Die verwendeten Tests wurden bereits im Rahmen der Stichprobenbeschreibung bzw. Beschreibung der Fortbildung vorgestellt.

In die Analysen zur *UE2* wurden aufgrund des Umsetzungskriteriums 17 Klassen mit insgesamt 301 Schülerinnen und Schülern berücksichtigt, davon gehörten 196 Kinder den 11 Klassen der Kontrollgruppe sowie 106 Kinder den 6 Klassen der Untersuchungsgruppe an. Damit kann der Empfehlung von Hox (2002) einer Mindeststichprobengröße von 20 Klassen für Mehrebenen-Regressionen nicht entsprochen werden. Die Ergebnisse können entsprechend bestenfalls als Hinweise gewertet werden, eine Generalisierung ist nicht möglich. Aus Gründen der inhaltlichen Vollständigkeit wurden die Analysen dennoch durchgeführt. Die deskriptiven Ergebnisse zum konzeptuellen Verständnis sowie zu den Kontrollvariablen in den beiden Gruppen sind in Tabelle 10 dargestellt.

Tabelle 10: Deskriptive Ergebnisse der Variablen auf Individualebene in beiden Gruppen in UE2

Variable	Untersuchungsgruppe		Kontrollgruppe	
	M	(SD)	M	(SD)
kog. Grundfähigkeit	107.54	(12.76)	101.13	(13.89)
Sprachverständnis	15.39	(2.72)	15.22	(2.65)
naturwiss. Kompetenz	-.18	(0.94)	-.14	(1.02)
konzept. Verständnis UE2	0.35	(0.88)	0.06	(0.90)

Auch hier finden sich signifikante Unterschiede zwischen den Gruppen in Bezug auf die kognitive Grundfähigkeit, $t(326)= 4.609$, $p < .05$, $d = 0.48$, jedoch nicht in den naturwissenschaftlichen Kompetenzen, $t(335)= 0.31$, $p = .76$, sowie im Sprachverständnis, $t(335)= -0.54$, $p = .59$.

Auch hier wurden zentrale Variablen auf Klassenebenene auf Unterschiede zwischen den Gruppen hin geprüft. Es finden sich bezüglich des Interesses an naturwissenschaftlichen Themen, $t(15) = -0.15$, $p = .15$, der Überzeugungen zum Konzeptwechsel, $t(14) = 0.49$, $p = .65$, sowie des fachdidaktischen Wissens, $t(15) = -0.17$, $p = .87$, keine Unterschiede zwischen den einbezognenen Lehrpersonen der Untersuchungs- und der Kontrollgruppe. Die Unterrichtsinhalte der UE2 wurden im Mittel mit 82.35% ($SD = 15.82$, Min = 50.00, Max = 100.00) Genauigkeit umgesetzt. Es finden sich diesbezüglich keine Unterschiede zwischen beiden Gruppen, $Z = 0{,}69$, $p = .72$.

Fragestellung 3b. Zur Prüfung der Wirkung der Umsetzungsgenauigkeit auf das konzeptuelle Verständnis innerhalb der Untersuchungsgruppe wurden in den Analysen auf Klassenebene die Umsetzungsindizes der UE1 und UE2 eingesetzt. Auf Individualebene wurden dieselben Variablen berücksichtigt, wie in dem zuvor beschriebenen Modell. Abbildung 13 veranschaulicht die Modelle zu Fragestellung 3b. In die Analysen wurden alle Kinder der 14 Klassen

Methode 149

der Untersuchungsgruppe einbezogen (Stichprobenbeschreibung und deskriptive Ergebnisse wurden bereits unter 4.2 beschrieben). Auch hier wurde demnach die empfohlene Stichprobenmindestgröße auf Klassenebene unterschritten, womit die Ergebnisse mit Vorsicht interpretiert werden müssen. Aufgrund der kleinen Stichprobe wurde auch hier davon abgesehen für weitere Variablen auf Klassenebene zu kontrollieren, um das Modell nicht zu überfrachten.

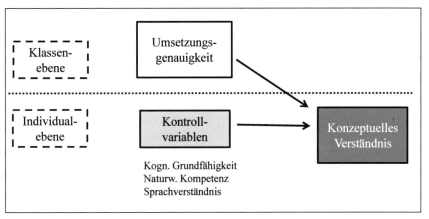

Abbildung 13: Modell zur Berechnung der Wirkung der Umsetzungsgenauigkeit tutoriellen Lernens auf das konzeptuelle Verständnis innerhalb der Untersuchungsgruppe bei UE1 und UE2

Für alle Mehrebenenanalysen wurde das Programm MPlus in der Version 7 (Muthén & Muthén, 2010) eingesetzt. Es wurde stets der Maximum Likelihood with Robust Standard Errors (MLR) Schätzer verwendet. Dieser hat den Vorteil, dass er auch bei fehlender Normalverteilung von Stichproben präzise Ergebnisse liefert (Kaplan, Kim & Kim, 2009). Die Signifikanztests der Regressionsanalysen wurden einseitig auf einem .05 α-Niveau durchgeführt. Zur Vorbereitung der Analysen wurden alle Daten in SPSS 21 z-standardisiert ($M = 0$, $SD = 1$). Für die weiteren Analysen wurden die standardisierten Koeffizienten aus MPlus berichtet. Alle intervallskalierten Variablen waren am Stichprobenmittelwert (grandmean) zentriert (Enders & Tofighi, 2007). Dadurch konnte der Anteil an der Varianz auf beiden Ebenen berücksichtigt werden. Für die primär interessierende Variable, konzeptuelles Verständnis, wurde bei signifikanten Ergebnissen zusätzlich das Effektstärkemaß Δ berechnet (Schagen & Elliot, 2004). Dieses ist an das Cohen's d-Wert-Maß angelehnt. Effektstärken ab $\Delta = 0.20$ sind als bedeutsam zu interpretieren.

5. Ergebnisse

Im Folgenden werden die Ergebnisse der statistischen Auswertungen dargestellt. Es wird zunächst auf die Umsetzungsgenauigkeit der Kernelemente tutoriellen Lernens eingegangen, anschließend werden Ergebnisse zu lernförderlichen Merkmalen in der Peer-Interaktion vorgestellt und schließlich wird der Zusammenhang von Umsetzungsgenauigkeit und Wirksamkeit tutoriellen Lernens evaluiert.

5.1 Umsetzungsgenauigkeit der Kernelemente tutoriellen Lernens

Die erste Fragestellung zielt auf die Umsetzungsgenauigkeit von Kernelementen tutoriellen Lernens durch fortgebildete Grundschullehrkräfte im naturwissenschaftlichen Sachunterricht. Diese wurde anhand einer Checkliste mit neun Items zu Struktur- und Prozesselementen der Methode beobachtet und mithilfe eines Index in Prozent beschrieben (vgl. Kapitel 4.4.2.1). Zunächst wurde die Umsetzung der Untersuchungsgruppe und der Kontrollgruppe ohne methodische Fortbildung verglichen (1a). Zudem wurde ein Vergleich der Umsetzungsgenauigkeit bei materialgestützter Anwendung und Transfer innerhalb der Untersuchungsgruppe durchgeführt (1b). Schließlich wurde die Umsetzungsgenauigkeit mit Kontextmerkmalen der Klasse in Verbindung gebracht (1c).

5.1.1 Umsetzung tutoriellen Lernens im Vergleich zu einer Kontrollgruppe

Zunächst stellte sich die Frage, ob sich die Kernelemente tutoriellen Lernens auch in anderen Unterrichtssettings ohne methodischen Fokus wiederfinden. Diesbezüglich wurde angenommen, dass die Kernelemente in einer Kontrollgruppe ohne methodische Vorgaben seltener beobachtet werden, als in der Untersuchungsgruppe, welche eine Fortbildung zu tutoriellem Lernen erhielt (*Hypothese 1a*). Zur Überprüfung der Hypothese wurde die Umsetzung von drei Kernelementen, wie in Kapitel 4.4.2.1 beschrieben, in einer Doppelstunde in beiden Gruppen anhand einer Checkliste beobachtet.

Bei direkter Anwendung von Fortbildungsinhalten und -materialien (UE1) wurden in der Untersuchungsgruppe im Durchschnitt 7.5 von 9 Items zu den Kernelementen tutoriellen Lernens umgesetzt, daraus ergibt sich ein

Ergebnisse 151

prozentualer Umsetzungsscore von $M = 85.22$, $SD = 17.62$, min = 44.44, max = 100.00. In der Kontrollgruppe wurden keine Elemente tutoriellen Lernens beobachtet, $M = 0.00$, $SD = 0.00$.[57] Entsprechend unterschieden sich beide Gruppen signifikant voneinander, $Z = 2.42$, $p < .05$, $\phi = .49$.

Beim Transfer auf einen verwandten Unterrichtsinhalt (UE2) wurden in der Untersuchungsgruppe im Durchschnitt nur 4.4 von 9 Items der Kernelemente tutoriellen Lernens umgesetzt, $M = 48.94$, $SD = 36.78$, min = 0.00, max = 100.00. Der Vergleich mit dem Umsetzungsindex der Kontrollgruppe, wo in drei Klassen das Element der Lernpartnerschaften beobachtet wurde, $M = 5.00$, $SD = 8.74$, min = 0.00, max = 25.00,[58] ergibt weiterhin einen signifikanten Unterschied, $Z = 1.55$, $p < .05$, $\phi = .32$.

Die Ergebnisse stützen somit die Hypothese 1a: Es finden sich Unterschiede zur Kontrollgruppe in Bezug auf die Umsetzung von Kernelementen tutoriellen Lernens sowohl bei der materialgestützten Anwendung (UE1) als auch beim Transfer der Methode auf einen inhaltsnahen Bereich (UE2).

5.1.2 Umsetzung der Kernelemente tutoriellen Lernens bei Anwendung und Transfer

Um die Bedeutung von Unterrichtsmaterialien für die Umsetzung zu evaluieren, wurde die Umsetzungsgenauigkeit der Kernelemente tutoriellen Lernens innerhalb der Untersuchungsgruppe bei direkter Anwendung der Fortbildungsinhalte anhand eines Handbuchs mit dem Transfer auf einen inhaltsnahen Bereich verglichen. Es wurde erwartet, dass die Umsetzungsgenauigkeit bei direkter Anwendung durchschnittlich höher ist als beim selbstständigen Transfer der Methode (*Hypothese 1b*). Es wurde zudem zu beiden Zeitpunkten ein Unterschied in der Umsetzung der einzelnen Kernelemente zugunsten von Strukturelementen, wie Lernpartnerschaften und Rollen, im Vergleich zum Prozesselement – gegenseitiges Unterrichten – angenommen.

Die Ergebnisse zur Umsetzung tutoriellen Lernens insgesamt sowie der einzelnen Methodenelemente sind für UE1 in Tabelle 11 und für UE2 in Tabelle 12 dargestellt.

---

57 In der Kontrollgruppe haben in UE1 aufgrund des Materials alle Lehrpersonen ein Demonstrationsexperiment durchgeführt, dennoch bestand bei der Arbeitsblattphase die Möglichkeit, Partnerarbeit durchzuführen.
58 Bei UE2 standen Experimentiermaterialien zur Bearbeitung in Gruppen zur Verfügung, dennoch wurden wenige Elemente tutoriellen Lernens in der Kontrollgruppe eingesetzt.

Tabelle 11: Prozentuale Umsetzungsindizes tutoriellen Lernens der Untersuchungsgruppe in UE1

Umsetzungsindizes UE1 (N = 14)	M	SD	Min	Max
Umsetzung insgesamt (3 Elemente)	85.22	17.62	44.44	100.00
Element Lernpartnerschaften	100.00	0.00	100.00	100.00
Element Rollen	89.29	21.29	25.00	100.00
Element gegenseitiges Unterrichten	70.24	39.32	0.00	100.00

Tabelle 12: Prozentuale Umsetzungsindizes tutoriellen Lernens der Untersuchungsgruppe in UE2

Umsetzungsindizes UE2 (N = 14)	M	SD	Min	Max
Umsetzung insgesamt (3 Elemente)	48.94	36.78	0.00	100.00
Element Lernpartnerschaften	71.43	32.31	0.00	100.00
Element Rollen	51.79	44.36	0.00	100.00
Element gegenseitiges Unterrichten	30.95	38.08	0.00	100.00

Die deskriptiven Ergebnisse zeigen, dass beim Transfer auf die inhaltsnahe UE2 alle Elemente tutoriellen Lernens weniger genau umgesetzt wurden als bei der direkten Anwendung in UE1. Gemäß den Erwartungen in Hypothese 1b unterschied sich die prozentuale Umsetzung tutoriellen Lernens bei Anwendung und Transfer signifikant, Wilcoxon-Z = -2.83, $p < .05$, $\phi = .76$. Erwartungsgemäß zeigten sich auch die Unterschiede in der Umsetzung der einzelnen Elemente: In UE1 wurde die Instruktion zur Arbeit in Lernpartnerschaften von allen Lehrkräfte umgesetzt. Die reziproken Rollen konnte in den meisten Klassen beobachtet werden. Gegenseitiges Unterrichten wurde am wenigsten genau und damit geringer umgesetzt als Lernpartnerschaften, Wilcoxon-Z = -2.21, $p < .05$, $\phi = .59$, aber nicht geringer als Rollen, Z = -1.55, $p = .06$. Beim Transfer auf die inhaltsnahe UE 2 wurde ein ähnliches Muster im Umfang der Umsetzung der einzelnen Elemente beobachtet. Gegenseitiges Unterrichten wurde seltener umgesetzt als Lernpartnerschaften, Wilcoxon-Z = -2.97, $p < .01$, $\phi = .79$, und als reziproke Rollen, Wilcoxon-Z = -2.38, $p < .05$, $\phi = .64$.

5.1.3 Zusammenhang der Umsetzung mit Kontextfaktoren der Klasse

Schließlich sollte der Zusammenhang von Umsetzungsgenauigkeit und Kontextmerkmalen der Klasse evaluiert werden. Es wurde davon ausgegangen, dass die Kernelemente tutoriellen Lernens in Klassen mit niedrigerem Leistungsmittel in kognitiven und sozialen Bereichen sowie bei erschwerten strukturell-organisatorischen Bedingungen, wie hoher Schüleranzahl, weniger genau umgesetzt werden (*Hypothese 1c*).

Zur Überprüfung der Hypothese wurde in der Untersuchungsgruppe der Zusammenhang der Umsetzung mit kognitiven, sozialen und strukturell-organisatorischen Merkmalen der Klasse evaluiert. Die Korrelationen der Umsetzungsindizes beider Unterrichtseinheiten mit dem Klassenmittelwert der Intelligenz, des Leseverständnisses, des berichteten Klassenklimas sowie der Klassengröße finden sich in Tabelle 13.

Tabelle 13: Zusammenhang der Umsetzungsindizes der Unterrichtseinheiten mit Kontextmerkmalen der Klassen

Kontextmerkmal	Skalen	Umsetzung in UE1	Umsetzung in UE2
kognitiv	CFT 20-R	.19	.50*
kognitiv	Elfe 1–6	.45	.71*
sozial	Klassenklima	.06	.50*
organisatorisch	Klassengröße	.25	.36

Anmerkungen. Spearmans ρ der Umsetzungsindizes mit Klassenmittelwerten der Kontextmerkmale in der Untersuchungsgruppe ($N = 14$), * = $p < .05$, einseitige Testung

In UE1 hing die Umsetzung tutoriellen Lernens nicht signifikant mit den erhobenen Kontextfaktoren der Klasse zusammen. In UE2, beim Transfer der Methode, wurde tutorielles Lernen in Klassen mit höherem Leistungsniveau genauer umgesetzt, zudem zeigte sich dort ein positiver Zusammenhang zwischen Umsetzung der Methode und dem Klassenklima. Ein Zusammenhang der Umsetzung mit der Anzahl der Schülerinnen und Schüler pro Klasse fand sich zu keinem Zeitpunkt. Die Ergebnisse bestätigen Hypothese 1c somit nur in Bezug auf die beiden kognitiven sowie das soziale Kontextmerkmal der Klasse zum Zeitpunkt des Transfers der Methode.

Die Ergebnisse zu Fragestellung 1 zeigen, dass Kernelemente tutoriellen Lernens in einer Kontrollgruppe ohne methodische Vorgaben in der Praxis nicht so häufig vorkamen wie in einer Untersuchungsgruppe mit methodischem Schwerpunkt. Die Methode wurde mithilfe eines Manuals im Mittel mit hoher Genauigkeit umgesetzt, was beim selbstständigen Transfer weniger genau gelang. Zudem hing die Umsetzungsgenauigkeit beim Transfer mit kognitiven und sozialen Kontextmerkmalen der Klasse zusammen. Die vorgestellten Ergebnisse wurden bereits publiziert (Adl-Amini, Decristan, Hondrich & Hardy, 2014)

5.2 Qualitätsmerkmale der Peer-Interaktion beim gegenseitigen Unterrichten

Die zweite Fragestellung beschäftigt sich mit der Interaktionsqualität beim Prozess des gegenseitigen Unterrichtens, welche eine wichtige Voraussetzung für das gemeinsame Lernen ist. Als Qualitätsmerkmale lassen sich lernförderliche Äußerungen und Interaktionsmuster bewerten (vgl. Kapitel 2.3.5). Das Vorkommen dieser Merkmale in den Peer-Interaktionen einer Teilstichprobe wurde untersucht, wie in Kapitel 4.4.4 beschrieben: Die transkribierten Peer-Interaktionen von 20 Lernpaaren aus zwei Phasen tutoriellen Lernens (Experiment und Arbeitsblatt) in einer Doppelstunde der UE1 wurden analysiert. Es wurden zunächst aufgabenbezogene Äußerungen in der Interaktion kodiert (2a). Anschließend wurden anhand dieser Kategorien lernförderliche Äußerungen und Interaktionsmuster untersucht (2b). Schließlich wurde die Entwicklung von Erklärungen im Rahmen der Interaktion in Bezug auf das konzeptuelle Verständnisniveau bewertet (2c).

5.2.1 Aufgabenbezogene Beiträge in der Peer-Interaktion

Zunächst wurde der Anteil aufgabenbezogener Peer-Interaktion während der tutoriellen Lernphasen evaluiert. Aufgrund der Strukturierung der Peer-Interaktion durch reziproke Rollen sowie der Vorgaben zum Finden gemeinsamer Lösungen wurde ein höherer Anteil aufgabenbezogener als organisatorischer bzw. nicht unterrichtsbezogener Beiträge vermutet (*Hypothese 2a*). Zudem wurde erwartet, dass die aufgabenbezogene Peer-Interaktion inhalts- und prozessbezogene Aussagen und Fragen, aber auch gegenseitiges Feedback enthält.

3276 Äußerungen der beiden Lernphasen wurden, wie in Kapitel 4.4.4.2 beschrieben, als aufgabenbezogene, organisatorische, nicht unterrichtsbezogene Äußerungen oder externer Input kodiert. Deskriptive Ergebnisse zu den durchschnittlichen Anteilen der Äußerungen in der Peer-Interaktion der 20 Lernteams sind in Tabelle 14 dargestellt.

Tabelle 14: Anteile der Äußerungen in der Peer-Interaktion der 20 Lernpaare in beiden tutoriellen Lernphasen

Beiträge	Insgesamt M (SD) Anteil in %	Experimentphase M (SD) Anteil in %	Arbeitsblattphase M (SD) Anteil in %
aufgabenbezogen	54.83 (14.35)	52.06 (19.45)	57.44 (15.40)
organisatorisch	16.66 (7.39)	13.49 (9.07)	19.22 (8.03)
nicht unterrichtsbezogen	8.64 (3.90)	8.68 (5.27)	8.49 (6.64)
Lehrerinput	10.79 (6.22)	13.95 (8.64)	7.33 (5.09)
Input anderer Schüler/innen	7.09 (12.52)	9.91 (14.62)	5.53 (12.96)
nicht kodierbar	1.99 (1.73)	1.92 (2.01)	1.98 (2.60)

Anmerkung. Angaben der Kategorien innerhalb der Peer-Interaktion der Lernpaare im oberen Tabellenabschnitt, externe und sonstige Beiträge im unteren Abschnitt.

Der Anteil der aufgabenbezogenen Äußerungen in der Peer-Interaktion der 20 Lernteams war beim Experiment signifikant höher als der Anteil organisatorischer Äußerungen, $t(19) = 7.66$, $p < .05$, $d = 2.61$, sowie als der Anteil nicht unterrichtsbezogener Beiträge, $t(19) = 8.80$, $p < .05$, $d = 3.12$.[59] Diese Unterschiede zeigten sich auch in der Lernphase mit Arbeitsblatt, wo der aufgabenbezogene Anteil ebenfalls höher war als der Anteil organisatorischer, $t(19) = 8.87$, $p < .05$, $d = 3.19$, sowie nicht unterrichtsbezogener Äußerungen, $t(19) = 11.44$, $p < .05$, $d = 4.23$.

Die aufgabenbezogene Interaktion der Lernpaare wurde in Bezug auf die kommunikative Funktion der Äußerungen anhand eines eigens für tutorielle Lernsituationen konzipierten Kodierschemas genauer analysiert und beschrieben (vgl. Kapitel 4.4.4.2). Dazu wurden die 1738 aufgabenbezogenen Beiträge als Subkategorien der drei Kategorien Aussagen, Fragen sowie Feedback kodiert. Die deskriptiven Ergebnisse der Anteile von Äußerungskategorien in den Peer-Interaktionen der 20 Lernteams sind in Tabelle 15 dargestellt.

---

59 Aufgrund des zeitlichen Abstand zwischen den tutoriellen Lernphasen in der Unterrichtsstunde sowie aufgrund der Unterschiede zwischen den beiden tutoriellen Lernphasen in Bezug auf manche Kategorien, z. B. den Anteil der Fragen und Erklärungen (vgl. Kapitel 4.4.4.2), wurden die beiden Phasen hier getrennt ausgewertet. Alle Berechnungen wurden für beide Phasen getrennt durchgeführt.

Tabelle 15: Häufigkeit der Äußerungskategorien in der aufgabenbezogenen Peer-Interaktion beider tutorieller Lernphasen

Äußerungskategorie	Insgesamt M (SD) Anteil %		Experimentphase M (SD) Anteil %		Arbeitsblattphase M (SD) Anteil %	
Aussagen	71.26	(5.69)	72.87	(8.93)	69.52	(8.49)
Behauptung	14.45	(4.10)	17.63	(12.48)	13.81	(6.00)
Erklärung	14.56	(6.39)	17.53	(9.19)	11.04	(6.16)
Hinweis	8.41	(3.53)	9.78	(5.69)	5.99	(4.44)
Aufgabenstellung	16.06	(4.23)	8.10	(6.12)	23.48	(5.78)
Verständnisevaluation	1.29	(1.54)	1.32	(2.96)	1.68	(2.63)
sonstige Aussagen	16.50	(5.19)	18.42	(8.92)	13.51	(6.64)
Fragen	11.68	(4.73)	8.54	(4.77)	13.61	(7.19)
Arbeitsprozess	1.75	(1.50)	1.60	(2.38)	1.34	(1.75)
Hilfebedarf	0.29	(0.94)	0.18	(0.80)	0.20	(0.89)
Meinung	5.96	(2.84)	4.00	(3.14)	7.00	(5.71)
Verständnis	3.41	(2.55)	2.43	(3.16)	4.74	(4.37)
Lehrkraft	0.27	(0.68)	0.34	(1.53)	0.32	(0.81)
Feedback	17.06	(4.82)	18.59	(10.83)	16.88	(5.51)
Korrektur	2.74	(1.99)	3.56	(3.75)	1.71	(2.08)
Zustimmung	8.94	(3.47)	11.18	(9.48)	9.04	(4.79)
Gegenrede/-argument	4.27	(3.69)	3.21	(3.67)	4.57	(4.48)
Lob	0.16	(0.40)	0.07	(0.32)	0.24	(0.58)
Kritik	0.08	(0.25)	0.07	(0.32)	0.09	(0.40)
Abwertung	0.40	(0.87)	0.07	(0.32)	0.72	(1.57)

Die Ergebnisse zeigen, dass der Großteil des Diskurses der Teams in beiden Phasen aus Aussagen bestand, wobei häufig Behauptungen aufgestellt oder Erklärungen gegeben wurden. Zudem machten sonstige Aussagen, wie das Mitsprechen beim Aufschreiben, einen deutlichen Anteil der Interaktion aus. Die Ergebnisse zu den Anteilen an Fragen zeigen, dass die Lernpartner die Meinung des anderen einholten und Verständnisfragen äußerten, wohingegen Fragen an die Lehrperson einen geringen Anteil der Interaktion ausmachten. In der Kategorie des Feedbacks fanden sich vor allem Anteile von Zustimmung und Gegenrede bzw. Korrektur. Diese Ergebnisse zur kommunikativen Funktion der aufgabenbezogenen Äußerungen zeigen demnach, dass die Peer-Interaktion beim tutoriellen Lernen im Durchschnitt den erwarteten Kategorien entsprach. Es gibt Hinweise auf eine konzeptuelle Auseinandersetzung mit Diskussion von Erklärungen und Behauptungen, welche jedoch anhand dieser Ergebnisse noch nicht als lernförderlich bewertet werden kann.

Insgesamt kann festgehalten werden, dass der aufgabenbezogene Anteil der Peer-Interaktion in beiden tutoriellen Lernphasen größer war als der organisatorische bzw. nicht unterrichtsbezogene Anteil, womit Hypothese 2a bestätigt werden kann. Die aufgabenbezogene Interaktion wurde anhand von erwarteten Äußerungskategorien beschrieben. Auch wenn sich die Gesprächsanteile in den Lernphasen zum Teil etwas unterschieden, so fanden sich dabei in beiden Phasen zumeist Aussagen, weniger jedoch Fragen und Feedback.

5.2.2 Lernförderliche Äußerungen und Interaktionsmuster

In einem nächsten Schritt sollte geprüft werden, ob die Peer-Interaktion lernförderliche Äußerungen und Muster enthält. Da Erklärungen als stärkster Prädiktor für das Lernen beschrieben werden (u.a. Cohen, 1994), wird hier diese lernförderliche Äußerungskategorie fokussiert. Als lernförderliche Interaktionsmuster wurden Tutoring, Argumentation sowie Kokonstruktion untersucht (vgl. Kapitel 2.3.5). Es wurde erwartet, dass lernförderliche Äußerungen und Muster in der Interaktion der Lernpaare vorkommen (*Hypothese 2b*).

Erklärungen. Als eine Subkategorie von Aussagen wurden Erklärungen kodiert, wenn sie eine Begründung für das Schwimmen oder Sinken bzw. für die Lösung einer Aufgabe enthielten. Eine genaue Beschreibung des Vorgehens findet sich in Kapitel 4.4.4.2. Beispiele für Erklärungen sind in den Transkriptausschnitten im unteren Teil des Abschnitts dargestellt.

In allen Lernpaaren kamen Erklärungen in der Peer-Interaktion vor. Es wurden während der tutoriellen Lernphasen im Mittel 13.40 Erklärungen geäußert ($SD = 8.01$, min = 2, max = 34), davon 8.40 ($SD = 5.73$, min = 0, max = 23) beim Experiment und 5.00 ($SD = 3.51$, min = 0, max = 13) beim Arbeitsblatt. In Relation zur Interaktionszeit bedeutet dies, dass in den Teams $M = 0.94$ ($SD = 0.66$) Erklärungen pro Minute geäußert wurden, davon 1.11 ($SD = 0.64$, min = 0.14, max = 2.52) beim Experiment und 0.77 ($SD = 0.67$, min = 0, max = 2.79) beim Arbeitsblatt. Der Anteil der Erklärungen in der Peer-Interaktion der 20 Lernteams wurde bereits in Tabelle 15 dargestellt. Wie Abbildung 14 zeigt, wurden in beiden tutoriellen Lernphasen Erklärungen in der Peer-Interaktion fast aller Lernpaare beobachtet. Die Teams 5 und 15 äußerten beim Arbeitsblatt keine Erklärungen. Bei den Lernpaaren 19 und 20 konnten während des Experiments keine Erklärungen beobachtet werden, da dies in ihrer Klasse als lehrerzentrierte Unterrichtsphase und nicht in tutoriellem Lernen durchgeführt wurde.

| 158   Ergebnisse

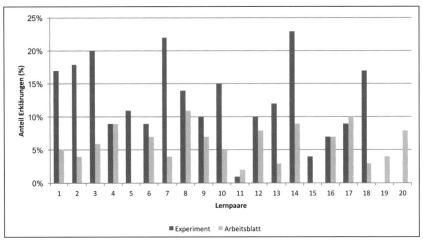

Abbildung 14: Prozentualer Anteil der Erklärungen in der Peer-Interaktion der 20 Lernpaare in den beiden tutoriellen Lernphasen

Insgesamt zeigen diese Ergebnisse, dass die lernförderliche Äußerungskategorie der Erklärungen bei allen Lernpaaren und zumeist in beiden tutoriellen Lernphasen einen Bestandteil des Diskurses ausmachte. Hypothese 2b kann somit in Bezug auf das Qualitätsmerkmal Erklärungen als bestätigt angesehen werden.

Interaktionsmuster. Die Interaktionsmuster wurden als verschiedene Wege beim Aushandeln einer Peer-Erklärung aus der Literatur abgeleitet. Als lernförderliche Interaktionsmuster wurden elaborierte Interaktionen bewertet: Tutoring, Argumentation, oder Kokonstruktion. Diese wurden einfachen oder wenig selbstständigen Einigungen der Lernpartner gegenübergestellt, z. B. die direkte Bestätigung einer Behauptung oder der Erklärung durch die Lehrperson. Die Interaktionsmuster wurden anhand bestimmter Kombinationen der kodierten Äußerungen in jeder Lernphase kodiert (vgl. Kapitel 4.4.4.3). Es fand sich in der Interaktion von drei Lernpaaren in keiner der beiden Lernphasen ein lernförderliches Muster, in neun Teams wurde in einer Phase und in acht Teams in beiden Phasen ein lernförderliches Muster beobachtet. Deskriptive Ergebnisse zu den lernförderlichen sowie anderen Interaktionsmustern in beiden Lernphasen finden sich in den Tabellen 16.

Tabelle 16: Häufigkeit der Interaktionsmuster in beiden tutoriellen Lernphasen

Muster	Insgesamt	Experimentphase $N = 18$	Arbeitsblattphase $N = 20$
Einigung durch Lehrerinput	3	1	2
einfache Einigung	10	3	7
Tutoring	6	3	3
Argumentation	12	6	6
Kokonstruktion	7	5	2

Anmerkung. Elaborierte Muster sind im unteren Teil dargestellt, einfache im oberen Teil.

In der tutoriellen Lernphase mit Experiment wurden in der Peer-Interaktion von vierzehn Lernpaaren elaborierte Muster und bei vier Lernpaaren einfache Einigungen oder Einigungen auf Basis von Lehrerinput beobachtet. Bei zwei Lernpaaren war kein Interaktionsmuster beobachtbar, da in ihrer Klasse kein tutorielles Lernen durchgeführt wurde. Beim Arbeitsblatt wurde bei elf Lernpaaren ein elaboriertes Interaktionsmuster kodiert, wohingegen neun Lernpaare die Aufgabe durch einfache Einigung oder mithilfe der Lehrkraft lösten. Wie aufgrund der heterogenen Zusammensetzung der Lernpartner zu erwarten war, entstanden häufig Argumentationsmuster.

Im Folgenden sollen aus jeder tutoriellen Lernphase Beispiele der elaborierten Muster aus den Transkripten vorgestellt werden, um ihre Bedeutung für das gemeinsame Lernen zu veranschaulichen. Bei den Beispielen handelt es sich um ausgewählte Ausschnitte aus den Sequenzen, die entsprechenden Transkripte finden sich im Anhang 8.7 dieser Arbeit.

Als Merkmale von Tutoring-Mustern wurden in Kapitel 4.4.4.3 mehrere Erklärungen von derselben Person sowie vorwiegendes Fragen der anderen Person beschrieben. Wie sich in den Beispielen zeigt, müssen die Erklärungen aufgrund der Rückfragen umformuliert oder ausgeführt werden. Das nachfragende Kind erhält eine individuelle Unterstützung, es kann das Gelernte durch Aufschreiben der Lösung festigen. Tabelle 17 zeigt ein Beispiel für ein Tutoring-Muster beim Experiment, Tabelle 18 zeigt ein Beispiel aus der Arbeitsblattphase.

Tabelle 17: Beispiel für ein Tutoring-Muster beim Experiment

Nr.	Person	Äußerungen	Kodierung
1	S43	Das hier, radiere das noch mal weg, weil wir wissen ja gar nicht/ (..)	Arbeitsprozess
2	S40	Und das auch?	Frage Meinung
3	S43	Nee.	Gegenrede
4	S40	Hm?	Sonstige
5	S43	Nee, das muss stehen bleiben.	Gegenrede
6	S40	Ah, warte mal, komm her. (radiert, 10) Komm. *(S43).	Sonstige
7		Also weil das/ Weil das Tropenholz/	Sonstige
8	S43	schwerer ist.	Erklärung
9	S40	schw/ Ja. (..)	Zustimmung
10	S43	Und schreib bei das andere, weil das Holz leichter ist.	Erklärung
11	S40	(4) Ähm, warte mal. (radiert, 10)	Sonstige
12		Weil das/ Weil das Holz schwimmt und weil/ (.)	Wdh. Erklärung
13		Nee, warte mal/	Sonstige
14	S43	Das Holz ist schwerer, das Holz ist leichter.	Erklärung
15	S40	Welches Holz denn, ne?	Frage Verständnis
16	S43	Das ist leichter und das ist schwerer.	Wdh. Erklärung
17	S40	(4) Ei, warum will ich denn Holz immer kleinschreiben.	Sonstige
18		Was soll ich hier jetzt schreiben?	Frage Arbeitsprozess
19		Weil das Holz schwer ist?	Frage Meinung
20	S43	Das Holz/ (.) Das Holz (.) schwer ist.	Wdh. Erklärung

Anmerkung. Wiederholung wurde mit Wdh. Abgekürzt.

In dem Beispiel einigen sich die Lernpartner auf eine Hypothese zu der Frage, ob ein Fichtenholz- und Tropenholzwürfel im Wasser schwimmen oder sinken. S43 korrigiert die notierte Hypothese zu Tropenholz in Äußerung Nummer 1 (Nr. 1) und begründet dies damit, dass es schwerer ist (Nr. 8). Zusätzlich schlägt dieselbe Person eine Begründung für die Hypothese zu Fichtenholz vor: Dieses sei leichter (Nr. 10). S40 bestätigt die neue Hypothese zu Tropenholz sofort (Nr. 9) und stellt anschließend einige Rückfragen (Nr. 15, 18 und 19), bringt jedoch keine neuen Erklärungen ein. Auf Rückfragen von S40 hin wiederholt S43 beide Hypothesen nochmals zusammenfassend (Nr. 14 und 16). Anschließend beginnt das Lernpaar mit dem Experiment.

Die Struktur des Tutoring-Musters zeigt sich hier darin, dass alle Erklärungen von S43 eingebracht werden, wohingegen die fachlichen Beiträge von S40 eher zustimmend und rückfragend sind. S43 korrigiert den Lernpartner und bringt die Begründung für die Hypothese ein, auf welche sich das Paar einigt: Die zwei gleich großen Holzwürfel haben ein unterschiedliches Gewicht. Die Person wiederholt die Begründung solange, bis der Lernpartner keine weiteren Rückfragen mehr stellt.

Tabelle 18: Beispiel für ein Tutoring-Muster beim Arbeitsblatt

Nr.	Person	Äußerung	Kodierung
1	S37	„Welcher Würfel ist aus dem leichteren Material? Kreuze an."	Aufgabe
2	S35	(liest) Leichterem Material. Kreuze an.	Aufgabe
3	S37	Hmhm. Leichterem? Ähm, hää.	Frage Verständnis
4		Die Größere oder der Kleinere.	Aufgabe
5	S35	DER da natürlich.	Behauptung
		Weil der größer ist.	Erklärung
6	S37	Nee.	Gegenrede
7		Warum denn (.) wie?	Frage Verständnis
8	S35	Ei weil, guck doch mal. Er ist SO riesig und schafft es trotzdem 61 Gramm zu wiegen. Und der ist so klein und wiegt 61 Gramm. Das ist keine Kunst.	Erklärung
9	S37	Ja. (.) Okay.	Zustimmung

In diesem zweiten Beispiel zum Tutoring-Muster wird zunächst von beiden Lernpartnern die Aufgabenstellung gelesen: bei gleichem Gewicht eines großen und eines kleinen Würfels sollte geschlussfolgert werden, welcher der Würfel aus dem leichteren Material ist. S37 stellt dazu eine Frage und scheint die Aufgabe nicht lösen zu können. S35 gibt in Nr. 5 die Lösung vor und begründet diese damit, dass der Würfel größer ist. Auf die erneute Rückfrage von S37 (Nr. 7) begründet S35 die Schlussfolgerung nochmals ausführlicher. Dieser Erklärung stimmt S37 zu.

Das Tutoring-Muster wird hier wieder daran erkennbar, dass nur eine Person Erklärungen abgibt, wohingegen die andere Person Rückfragen stellt. S37 war durch die Rückfragen des Partners dazu veranlasst, die eigenen Gedanken genau zu begründen. S35 konnte durch die Erklärung des Partners die richtige Lösung notieren.

Als Merkmal einer Kokonstruktion wurden in Kapitel 4.4.4.3 Erklärungen beider Lernpartnern, welche aufeinander aufbauen, genannt. Wie die Beispiele zeigen, enthält die gemeinsame Lösung Erklärungsaspekte beider Personen, so dass gemeinsam etwas Neues erarbeitet wird. Ein Beispiel aus der Experimentierphase (Tabelle 19) sowie aus der Arbeitsblattphase (Tabelle 20) veranschaulichen die kodierten Kokonstruktionsmuster.

Tabelle 19:   Beispiel für ein Kokonstruktionsmuster beim Experiment

Nr.	Person	Äußerung	Kodierung
1	L	So, noch ein Hinweis: *(Sx)? Noch ein Hinweis, *(Sx)! Bevor ihr was aufschreibt, soll jeder von euch beide Würfel mal in die Hand nehmen und die so abwägen. Ja? Jeder von euch.	Externer Input
2	S42	Kann ich auch mal?	Frage Arbeitsprozess
3	S35	Also das wiegt ein bisschen mehr für mich.	Behauptung
4	S42	(flüstert) Die sind ja (unv.)	Sonstiges
5	S35	Ja, aber/	Zustimmung
6	S42	Oder ist das wieder mit der Dichte?	Frage Meinung
7	S35	Ja, also ich find das, dass der schwerer ist.	Behauptung
8	S42	Echt, der ist (dichter?) wahrscheinlich. Aber ich glaube (unv.)	Erklärung
9	S35	Ich finde, dass der schwerer ist.	Behauptung
10	S42	Okay. Dann tun wir vermuten (…) der	Aufgabe
11	S35	Ich würde sagen der (schwimmt?)	Behauptung
12	S42	Der schwimmt, würde ich auch sagen.	Zustimmung
13		Weil er leicht ist.	Erklärung
14	S35	Weil er leicht ist (lacht), wie ein leichtes Holz. Also	Erklärung
15	S42	(schreibt) Weil es ein leichtes Holz, weil es ein leichtes Holz ist.	Erklärung
16	L	Ihr sprecht immer miteinander, ne? Ihr erklärt bloß?	Externer Input
17	S42	Okay	Zustimmung

In dem Bespiel geht es wieder um das Aufstellen einer Hypothese zu der Frage, ob ein Fichtenholz- und ein Tropenholzwürfel schwimmen oder sinken. Zunächst werden die beiden Würfel in den Händen gewogen. S35 bemerkt mehrfach, dass einer der Würfel schwerer sei (Äußerungen Nr. 3, 7 und 9). Dabei bringt S42 bereits zur Sprache, dass einer der Würfel „dichter" sein könnte (Nr. 6 und 8). Beide Lernpartner vermuten, dass Fichtenholz schwimmt (Nr. 11 und 12). Diese Hypothese begründet zunächst S42 damit, dass es leicht sei (Nr. 13). Dies wird von S35 ergänzt durch den Aspekt, „wie ein leichtes Holz". Schließlich fasst S42 die Begründungen zusammen (Nr. 15 „weil es ein leichtes Holz ist").

Ergebnisse

In diesem Beispiel zur Kokonstruktion finden sich Erklärungen beider Partner, welche aufeinander aufbauen. Bereits beim Betrachten der beiden Holzwürfel wird von einer Person der Aspekt „schwerer" eingebracht, welcher von der anderen Person um den Aspekt „dichter" ergänzt wird. Beim Notieren der Hypothese zu Fichtenholz enthält die erste Erklärung nur den Gewichtsaspekt. In der zweiten und dritten Erklärung wurde dieser um den Aspekt des Materials erweitert. Somit konnte im Rahmen der Interaktion die Erklärung für die Hypothese zum Fichtenholz durch sich ergänzende Beiträge erweitert werden.[60]

Tabelle 20: Beispiel für ein Kokonstruktionsmuster beim Arbeitsblatt

Nr.	Person	Äußerung	Kodierung
1	S45	Geht unter.	Behauptung
2	S57	Geht unter.	Behauptung
3	S45	Der ist doch auch schwer für sein Gewicht.	Erklärung
4		(..) Erkläre deinem Partner, wie du darauf gekommen bist. (..)	Aufgabe
5		Was?	Frage Verständnis
6	S57	Ey, *(S45), du musst das machen, ne?	Frage Arbeitsprozess
7	S45	Ähm, also (.), weil DER ist ja zu KLEIN,	Erklärung
8	S57	Ja.	Zustimmung
9	S45	und der ist schon ziemlich groß, und also muss der jetzt ziemlich leicht für sein Gewicht sein. Und, ähm, hier (.), da / (.) Wenn zum Beispiel jetzt das Wasser auch 61 wiegt. Und der ist ja auch ziemlich groß. Und sein Gewicht ist sehr leicht. Also muss es SO sein.	Erklärung
10		(..) Frage deinen Partner, ob der der gleichen Meinung ist und warum.	Aufgabe
11	S57	Äh, ja, weil / (.) weil das ist ja auch wirklich so. (.) Weil, ähm, das kann ja nicht sein, dass der schwimmt. 61 Gramm und so ein kleiner Würfel. Und der 61 Gramm und so groß.	Wdh. Erklärung
12	S45	Das geht nicht.	Zustimmung
13	S57	Ja, und bei DEM, da ist es ja, ähm, KLAR, dass der aus dem leichteren Material ist, weil der ist KLEIN und wiegt 61 und der ist GROSS und wiegt 61 Gramm.	Wdh. Erklärung
14	S45	Ja. Eben.	Zustimmung

---

60 Der von S42 eingebrachte Aspekt der Dichte wurde hier als individuelle Eingangshypothese gewertet und mit dem Niveau der Peer-Erklärung verglichen, so dass sich die Erklärung dieser Person im Rahmen der Interaktion verschlechterte, obwohl im Rahmen der Kokonstruktion eine Erweiterung der dort geäußerten Erklärung erreicht wurde.

Das zweite Beispiel zur Kokonstruktion zeigt die Suche nach einer Begründung für die Frage, ob bei gleichem Gewicht ein Würfel, der größer oder kleiner ist als ein „Wasserwürfel", schwimmt. Die Lernpartner beschließen einvernehmlich, welcher Würfel untergeht. Dabei nennt S45 zunächst die Begründung „schwer für sein Gewicht" (Nr. 3), führt jedoch diesen Gedanken auf die Aufgabenstellung hin aus und begründet die Lösung mit dem Verhältnis von Größe und Gewicht sowie dem Vergleich mit dem Wasserwürfel (Nr. 7 und 9). S57 bestätigt und wiederholt auf Anfrage die genannten Aspekte Gewicht und Größe in einer Erklärung in eigenen Worten (Nr. 11 und 13). Sie einigen sich somit auf eine dem Dichtekonzept zuzuordnende Erklärung.

Auch wenn die Erklärungen von S57 hier keine neuen Aspekte enthalten, wurde die genannte Sequenz als Kokonstruktion beschrieben, da Erklärungen von beiden Interaktionspartnern beigetragen wurden und sich die Beiträge klar aufeinander bezogen. S45 nennt zunächst eine falsche Begründung, bezieht sich jedoch in den Ausführungen für den Lernpartner auf die relative Dichte der Würfel, welche von S57 zum Teil aufgegriffen und in eigener Formulierung wiedergegeben wird.

Argumentationsmuster wurden anhand des Merkmals klarer Gegenpositionen in den Erklärungen der Lernpartner kodiert (vgl. Kapitel 4.4.4.3). Die argumentativen Auseinandersetzungen können zum Infragestellen und teilweise auch zur Veränderung vorhandener Konzepte führen, wie in den Beispielen deutlich wird. In Tabelle 21 und 22 finden sich Beispiele für Argumentationsmuster der Experiment- und Arbeitsblattphase.

Im ersten Beispiel (Tabelle 21) wird eine Erklärung dafür diskutiert, warum Tropenholz sinkt. Dabei hält S46 zunächst an seiner Hypothese, dass Tropenholz schwimmt (Äußerungen Nr. 4 und 9) und an der Erklärung, dass Holz immer schwimmt (Nr. 10), fest. S43 widerspricht mehrfach (Nr. 15, 18 und 20) und weist zudem darauf hin, dass die empirische Evidenz der Erklärung widerspricht, da die Regel, dass Holz schwimmt, damit aufgehoben sei, dass Tropenholz untergeht (Nr. 22). Daraufhin ändert S46 anschließend seine Meinung.

Die Interaktionssequenz wurde aufgrund der Gegenpositionen der beiden Lernpartner als Argumentationsmuster kodiert. Aufgrund der widersprechenden Meinungen liefern beide Lernpartner Argumente, um ihre Position zu belegen. Dabei beziehen sie sich zum Teil auf zuvor genannte Regeln, zum Teil auf das Experiment. Auch eine Strategie zur Interpretation der Ergebnisse kommt zur Sprache, als S43 betont, dass eine Regel durch einmaliges Widerlegen aufgehoben ist. Dadurch wird die Erklärung von S46 in Frage gestellt, so dass diese anschließend zugunsten der von S43 vorgeschlagenen wissenschaftlicheren Erklärung revidiert werden kann.

Tabelle 21: Beispiel für ein Argumentationsmuster beim Experiment

Nr.	Person	Äußerung	Kodierung
1	S43	Tropenholzwürfel, wette ich,	Sonstige
2	S46	soll ich mal tauchen, geht unter.	Arbeitsprozess
3	S43	Hey, wir müssen, geht unter? Okay.	Behauptung
4	S46	Nein, schwimmt.	Gegenrede
5		Darf ich mal zeigen?	Frage Arbeitsprozess
6	S43	Was?	Sonstige
7	S46	Dass es schwimmt.	Behauptung
8	S43	Mach.	Arbeitsprozess
9	S46	Nein, ihr müsst die Wahrheit hinschreiben.	Korrektur
10		Weil Holz immer schwimmt.	Wdh. Erklärung
11	S43	Aber, (...) (Hintergrundgeräusche) Ok, weil er für sein Gewicht leicht ist.	Erklärung
12	S46	(...) Okay. Da kommt,	Sonstige
13	S43	Ja, schreib es.	Zustimmung
14	S46	Weil Holz immer schwimmt. (...)	Wdh. Erklärung
15	S43	Nein, es will nicht schwimmen. Geht unter.	Gegenrede
16	L S46	Ja? An der (unv.), da muss ich jetzt mal gucken.	Lehrerinput
17	S43	Ich weiß es nicht.	Verständnis
18		Du hast mich nicht überzeugt, das geht unter.	Gegenrede
19		Und was. (...) NEIN, geht unter will ich. (...)	Behauptung
20		Und weil der unter geht, da musst du alles wegradieren.	Arbeitsprozess
21	S46	Das da?	Frage Meinung
22	S43	Ja, weil Holz eben NICHT schwimmt, wenn das unter geht.	Erklärung

Anmerkung. Das Lernpaar einigte sich zuvor auf die Vermutung „Weil Holz immer schwimmt" (Materialkonzept), anschließend auf die Erklärung „Weil er für seine Größe schwer ist" (einfache Dichte).

Bei dem zweiten Beispiel (Tabelle 22) findet eine Argumentation zu der Frage statt, ob bei gleichem Gewicht ein größerer oder ein kleinerer Würfel aus dem leichteren Material ist. S46 schlägt sofort die richtige Antwort vor: der größere Würfel (Nr. 2). S37 formuliert eine Gegenhypothese: „Beide sind gleich" (Nr. 4). Daraufhin erklärt S46 nochmals seine Antwort, indem er sich auf die unterschiedliche Größe der Würfel bezieht (Nr. 5). S37 argumentiert nochmals ausführlicher dagegen, indem er sich auf das gleiche Gewicht bezieht (Nr. 6). S46 weist seinen Lernpartner darauf hin, dass sich die Aufgabenstellung nicht auf das Gewicht, sondern auf das Material bezieht. Er erklärt dann ebenfalls ausführlicher seine Lösung und bezieht sich dabei auf das Verhältnis von Größe und Gewicht, was dem Dichtekonzept entspricht (Nr. 9).

Tabelle 22: Beispiel für ein Argumentationsmuster der Arbeitsblattphase

Nr.	Person	Äußerungen	Kodierung
1	S37	Welcher Würfel ist aus dem leichteren Material? Kreuze an.	Aufgabe
2	S46	Der Große. (..)	Behauptung
3		Aber wie soll ich das ankreuzen.	Frage Arbeitsprozess
4	S37	Beide sind gleich. (..) Na.	Gegenrede
5	S46	Der ist doch aus einem leichteren Material, weil der ist doch so fett. Und der ist so klein.	Erklärung
6	S37	Nein, die wiegen doch beide 61 Gramm, also kann ja einer nicht leichter sein als der andere. Weil beide genau gleich wiegen.	Gegenargument
7	S46	Nein, welcher ist aus dem leichteren Material, nicht welcher ist leichter. (3)	Hinweis
8	S37	Ich mach den da rein.	Sonstige
9	S46	Weil der ist aus dem leichteren Material, der ist ja größer. Und wenn DER größer wäre, dann müsste er ja auch mehr wiegen. (..)	Erklärung
10		(liest vor) Weißt du welcher Würfel schwimmt und welcher untergeht? Wasser.	Aufgabe

Anmerkung. Die kurze Pause wird scheinbar als Zustimmung gewertet, S46 liest die nächste Aufgabe vor. Im folgenden Interaktionsverlauf einigt sich das Lernpaar auf eine dem einfachen Dichtekonzept entsprechende Antwort („Und der Große ist für seine Größe sehr leicht, und deswegen schwimmt er").

Die Lernpartner argumentieren beide mehrfach gegen die Position des jeweils anderen, daher wurde die genannte Sequenz hier als Argumentationsmuster bewertet. Auch in diesem Beispiel veranlasst die Gegenposition dazu, die eigene Meinung durch Erklärungen zu untermauern und genauer auszuführen. Sie geben am Ende die richtige Lösung für die Aufgabe an (der größere Würfel schwimmt), welche S46 direkt gewusst hat und von S37 auf Basis der Interaktion erreicht wird. Unklar ist, welche Hypothese S37 zur Lösung der Aufgabe angeführt hätte, da S46 die Aufgabe zuerst bearbeitet.

Insgesamt kommen in beiden Lernphasen und bei der Interaktion der meisten Lernpaare elaborierte Interaktionsmuster. Die Hypothese 2b kann damit auch in Bezug auf das Vorkommen des Qualitätsmerkmals der lernförderlichen Interaktionsmuster bestätigt werden. Ob die Interaktionen zu einer Verbesserung der Erklärungen geführt haben oder ob die Lernpartner z.B. eine falsche Lösung kokonstruiert haben, wurde im Rahmen der Musterkodierung nicht evaluiert.

5.2.3 Verbesserung der Erklärungen in der Peer-Interaktion

Schließlich wurde die Veränderung der Erklärungen der Schülerinnen und Schüler in Bezug auf das konzeptuelle Verständnisniveau zum Schwimmen und Sinken im Rahmen ihrer Interaktion evaluiert. Es wurde vermutet, dass die Erklärungen der Schülerinnen und Schüler sich zu Beginn der Peer-Interaktion, beim Äußern der individuellen Hypothesen, durchschnittlich ein geringeres konzeptuelles Verständnisniveau aufweisen als bei der Einigung auf eine schriftliche Erklärung am Ende der jeweiligen Interaktionsphase (*Hypothese 2c*). Zur Überprüfung der Hypothese wurde in jeder tutoriellen Lernphase eine individuelle Erklärung als Eingangshypothese sowie eine Peer-Erklärung als gemeinsame Einigung auf ein schriftliches Ergebnis kodiert. Die Erklärungen wurden in Bezug auf ihr konzeptuelles Verständnisniveau bewertet und als (0) kein Konzept, (1) naives Konzept, (2) belastbare Zwischenvorstellungen, (3) wissenschaftlichen Präkonzepte oder (4) wissenschaftliche Konzepte eingeordnet. Eine genaue Beschreibung der Vorgehensweise findet sich im Kapitel 4.4.4.3 dieser Arbeit.

Die Häufigkeiten der verschiedenen Veränderungen in Bezug auf das konzeptuelle Verständnisniveau von der individuellen Ausganghypothese zur Peer-Erklärung bei den einzelnen Kindern sind in Tabelle 23 für die Experimentphase und in Tabelle 24 für die Arbeitsblattphase anhand einer Kreuztabelle dargestellt.

Tabelle 23: Veränderungen vom individuellen Ausgangskonzept zum Konzept der Peer-Erklärung beim Experiment

	Peer-Erklärung					
individuelle Hypothese	0	1	2	3	4	gesamt
(0) kein Konzept	0	0	0	1	0	1
(1) naives Konzept	0	2	2	1	0	5
(2) Zwischenkonzept	0	0	7	10	0	17
(3) wiss. Präkonzept	0	0	0	4	0	4
(4) wiss. Konzept	0	0	1	0	0	1
gesamt	0	2	10	16	0	28

Anmerkungen. Individuelle Eingangshypothese sowie Peer-Erklärungen von 28 Schülerinnen und Schülern. Bei 12 Kindern (6 Paaren) wurde keine Einigung kodiert, von diesen war bei 6 Kindern auch keine Hypothese erkennbar.[61]

---

[61] Es wurde Einigung kodiert, wenn bspw. die Zusammenarbeit durch die Lehrkraft aus zeitlichen Gründen vorzeitig beendet wurde, das Lernpaar unterschiedlicher Meinung war oder die Einigung der Interaktion nicht klar erkennbar war. Es konnte keine Hypothese kodiert werden, wenn ein Kind z.B. direkt auf die geäußerte Hypothese des Lernpartners reagierte, anstatt eine eigene Hypothese zu äußern.

Tabelle 24: Veränderungen vom individuellen Ausgangskonzept zum Konzept der Peer-Erklärung beim Arbeitsblatt

individuelle Hypothese	Peer-Erklärung					
	0	1	2	3	4	gesamt
(0) kein Konzept	0	1	3	1	1	6
(1) naives Konzept	0	1	3	4	0	8
(2) Zwischenkonzept	0	0	3	4	0	7
(3) wiss. Präkonzept	0	1	0	1	1	3
(4) wiss. Konzept	0	0	0	0	0	0
gesamt	0	3	9	10	2	24

Anmerkungen. Individuelle Eingangshypothese sowie Peer-Erklärungen von 24 Schülerinnen und Schülern. 16 Kinder fehlen, da bei 10 Kindern (5 Paaren) keine Einigung erkennbar war, von diesen wurde bei 5 keine Hypothese kodiert. Zusätzlich wurde bei 6 weiteren Kindern keine Hypothese kodiert.[62]

Eine Verbesserung erreichten demnach 14 Kinder beim Experiment und 18 Kinder beim Arbeitsblatt. In jeder Lernphase lässt sich je einmal eine Verschlechterung konstatieren. In der Lernphase mit Experiment blieb bei 13 Kindern und in der Lernphase mit Arbeitsblatt bei fünf Kindern die Erklärung in Bezug auf ihr konzeptuelles Verständnisniveau gleich.

Die o. g. Ergebnisse beschreiben die Entwicklung der Erklärungen auf individueller Ebene, d. h. unabhängig von der Entwicklung des jeweiligen Lernpartners. Anhand von einigen Beispielen sollen die Entwicklungen in den Lernpaaren genauer beschrieben werden. Dabei werden nur die Lernpaare berücksichtigt, in denen sowohl beide individuellen Hypothesen als auch die Peer-Einigung kodiert war, d. h. 14 Lernpaare beim Experiment und 10 beim Arbeitsblatt. Insgesamt verbesserte sich in zwei Paaren beim Experiment und in fünf Paaren beim Arbeitsblatt die Person mit dem niedrigeren Niveau der Eingangshypothese, wohingegen die andere Person ihr Konzept beibehielt. Ein Beispiel für eine solche Entwicklung findet sich in Tabelle 18 zum Tutoring-Muster beim Arbeitsblatt. In dem Beispiel hat die Interaktion eine Veränderung der Erklärung einer der Personen bewirkt. S35 wusste die Lösung sofort, d. h. die individuelle Hypothese entspricht der Peer-Erklärung. S37 hatte

---

62 Aufgrund der Rollenwechsel zwischen Aufgabe 2 und 3 bei der Lernphase mit Arbeitsblatt wurde von einer Hypothese beider Lernpartner ausgegangen und diese nicht explizit eingefordert. Dadurch wurden die Hypothesen jedoch weniger klar formuliert, so dass in 11 der 40 Fälle keine Eingangshypothese kodiert werden konnte.

scheinbar keine Lösungsidee, d.h. kein Konzept für die Aufgabe, konnte aber durch die Erklärung des Partners die richtige Lösung notieren.[63]

Eine Verbesserung der Erklärungen beider Partner wurde in der Lernphase mit Experiment bei sechs Lernpaaren und beim Arbeitsblatt bei fünf Lernpaaren beobachtet, wie dies z. B. beim Argumentationsmuster in der Experimentierphase in Tabelle 21 der Fall war. Beide Lernpartner hatten zu Beginn der Sequenz die Hypothese aufgestellt, dass Holz immer schwimmt (Materialkonzept). Aufgrund der Ergebnisse des Experiments fanden sie in argumentativer Auseinandersetzung eine neue Erklärung, auf die sie sich später einigten: Tropenholz geht unter, weil es „für seine Größe schwer" ist. Diese entspricht dem einfachen Dichtekonzept, das in der Stunde zuvor behandelt wurde. Im Rahmen der Interaktion kann demnach eine Verbesserung des konzeptuellen Verständnisniveaus der Erklärungen, von einer belastbaren Zwischenvorstellung zu einem wissenschaftlichen Präkonzept, beobachtet werden.

In der Lernphase mit Experiment gab es ein Lernpaar, in dem eine Person zunächst eine Erklärung von höherem konzeptuellem Verständnisniveau nannte, welche im Laufe der Interaktion in Richtung der Erklärung des Partners revidiert oder nicht weiter verfolgt wurde, so dass eine Verschlechterung der Erklärung dieses Kindes kodiert wurde. Beim Kokonstruktionsmuster zum Experiment in Tabelle 19 brachte S42 zu Beginn den Aspekt der Dichte ein, welcher in Bezug auf das konzeptuelle Verständnisniveau noch höher einzustufen wäre als die gemeinsame Lösung. Dieser wurde im Rahmen der gemeinsamen Erklärungsentwicklung jedoch nicht wieder aufgegriffen.

Beim Experiment wies die Peer-Erklärung in fünf Paaren dasselbe Verständnisniveau auf wie die individuelle Hypothese der beiden Lernpartner. Dies bedeutet nicht, dass in der Interaktion dieser Paare keine neuen Aspekte erarbeitet wurden, jedoch waren diese nicht als ein anderes Niveau zu werten. Dies wird ebenfalls in dem eben genannten Beispiel zur Kokonstruktion (Tabelle 19) deutlich. Die Lernpartner erweiterten hier die Erklärung für das Schwimmen des Fichtenholzes von „weil es leicht ist" zu „weil es ein leichtes Holz". Auch wenn in der erweiterten Begründung der Aspekt des Materials angesprochen war, liegt hier keine Verbesserung des konzeptuellen Verständnisniveaus vor. Beide Erklärungen wurden als naive Konzepte kodiert, bei denen der Fokus auf dem Gewicht liegt.

---

63 Die Beispiele stellen hier nur Ausschnitte dar, welche eine Entwicklung im genannten Sinne veranschaulichen. Teilweise wurden in der vorausgegangenen bzw. nachfolgenden Interaktion der Sequenzen noch weitere Aspekte entwickelt, auf welche hier nicht eingegangen werden soll. Die gesamte transkribierte Sequenz kann im Anhang 8.7 eingesehen werden, individuelle Eingangshypothese sowie Peer-Erklärung sind darin markiert.

Insgesamt kann anhand der Beschreibung geschlussfolgert werden, dass in den Lernpaaren häufiger eine Erklärung eines niedrigeren Niveaus zugunsten einer besseren verworfen wurde als umgekehrt. Zudem wurden die Erklärungen häufiger im Team weiterentwickelt als beibehalten.

Die Verbesserung der Erklärungen soll schließlich anhand der durchschnittlichen Entwicklungen auf individueller Ebene geprüft werden. Die deskriptiven Ergebnisse in Tabelle 23 zeigen, dass die Mehrzahl der Schülerinnen und Schüler zu Beginn der Lernphase mit Experiment eine Hypothese aufstellten, welche einem belastbaren Zwischenkonzept entspricht. Die Eingangshypothesen dieser Phase hatten ein durchschnittliches konzeptuelles Verständnisniveau von $M = 2.00$, $SD = 0.78$, Min = 0.00, Max = 4.00. Bei der Einigung wurden viele Erklärungen als wissenschaftliche Präkonzepte kodiert. Die Lernpartner einigten sich beim Experiment auf Erklärungen eines durchschnittlichen Niveaus von $M = 2.50$, $SD = 0.64$, Min = 1.00, Max = 3.00. Beim Arbeitsblatt wurden zunächst mehr Hypothesen mit naiven Präkonzepten aufgestellt.[64] Die Eingangshypothese der einzelnen Schülerinnen und Schüler lag durchschnittlich auf einem konzeptuellen Verständnisniveau von $M = 1.28$, $SD = 0.96$, Min = 0.00, Max = 3.00. Bei der Einigung wurden viele Erklärungen als Zwischenkonzepte sowie als wissenschaftliche Präkonzepte geäußert, $M = 2.40$, $SD = 0.81$, Min = 1.00, Max = 4.00. Die Ergebnisse zeigen, dass sich das konzeptuelle Verständnisniveau der Erklärungen von der individuellen Eingangshypothese zur Peer-Erklärung signifikant verbessert hat, sowohl bei der Lernphase mit Experiment, $Z = 2.81$ $p < .05$, $\phi = .53$, als auch beim Arbeitsblatt, $Z = 3.35$, $p < .05$, $\phi = .68$. Die Hypothese 2c kann somit bestätigt werden.[65]

Die Ergebnisse zu Fragestellung 2 weisen insgesamt auf eine Peer-Interaktion mit lernförderlichen Anteilen hin und geben damit Anhaltspunkte für eine Umsetzung wichtiger Qualitätsmerkmale tutoriellen Lernens beim Prozess des gegenseitigen Unterrichtens.

---

64 Das Arbeitsblatt begann mit einer einfachen Wiederholungsaufgabe, welche jedoch das Augenmerk der Kinder auf das Gewicht lenkte, so dass dieser Aspekt in viele Hypothesen einfloss. Daher war das Niveau der individuellen Hypothesen zunächst niedriger als zu Beginn der Stunde beim Experiment.
65 Für die Berechnungen wurde die Peer-Erklärung als individuelles Ergebnis gewertet und mit der Eingangshypothese verglichen. Da es sich bei den Peer-Erklärungen um Teamergebnisse handelt, könnte hier alternativ eine Auswertung auf Teamebene durchgeführt werden, bei der das gemittelte Niveau der Eingangshypothese im Team mit der gemeinsamen Erklärung verglichen wird. Dies führt jedoch zu ähnlichen Ergebnissen. Das Eingangsniveau der Teams betrug beim Experiment $M = 1.97$, $SD = 0.63$, es war niedriger als das Niveau der gemeinsamen Erklärungen, $Z = 2.20$, $p < .05$, $\phi = .59$. Beim Arbeitsblatt betrug das Eingangsniveau der Teams $M = 1.32$, $SD = 0.61$ und unterschied sich ebenfalls von dem Niveau der Peer-Erklärung, $Z = 2.64$, $p < .05$, $\phi = .71$.

5.3 Zusammenhang von Umsetzungsgenauigkeit und Wirkung tutoriellen Lernens

In den Analysen zu Fragestellung 3 sollte die Wirksamkeit tutoriellen Lernens unter Berücksichtigung der Umsetzungsgenauigkeit geprüft werden. Dazu wurde zum einen die Wirkung tutoriellen Lernens auf das konzeptuelle Verständnis der Schülerinnen und Schüler im Falle einer Umsetzungsgenauigkeit von über 70% im Vergleich zu einer Kontrollgruppe untersucht (3a). Zum anderen sollte die Wirkung der Umsetzungsgenauigkeit auf das konzeptuelle Verständnis innerhalb der Untersuchungsgruppe evaluiert werden (3b).

5.3.1 Wirkung tutoriellen Lernens auf das konzeptuelle Verständnis

Zunächst wurde die Wirksamkeit tutoriellen Lernens zur Förderung des konzeptuellen Verständnisses untersucht. Es wurde erwartet, dass die Schülerinnen und Schüler in Klassen der Untersuchungsgruppe, die eine Umsetzungsgenauigkeit von über 70% erreichen, sowohl nach UE1 als auch nach UE2 ein höheres konzeptuelles Verständnisniveau aufweisen als die Schülerinnen und Schüler der Kontrollgruppe (*Hypothese 3a*).

Zur Prüfung der Hypothese wurde eine Mehrebenen-Regression durchgeführt. Wie in Kapitel 4.5.3 beschrieben, wurde tutorielles Lernen auf Klassenebene (dummy-kodiert) zur Vorhersage des konzeptuellen Verständnisses eingesetzt. Dabei wurde auf individueller Ebene für bedeutsame Variablen (kognitive Grundfähigkeit, Sprachverständnis, naturwissenschaftliche Kompetenz) kontrolliert. Die Ergebnisse werden zunächst für UE1 und anschließend für UE2 dargestellt.

Ergebnisse zu UE1. Die Analysen zu UE1 beziehen sich auf die 11 Klassen der Kontrollgruppe sowie 11 der 14 Klassen der Untersuchungsgruppe, da drei Klassen das Umsetzungskriterium von 70% Genauigkeit unterschritten. Die einbezogene Stichprobe wurde in Kapitel 4.5.3 genauer beschrieben. Die deskriptiven Ergebnisse der Variablen auf Individualebene sowie deren Interkorrelation für UE1 sind für die Stichprobe der folgenden Analyse in Tabelle 25 dargestellt. Alle Kovariaten hingen mit dem konzeptuellen Verständnisniveau am Ende der UE1 zusammen. Zudem zeigt die Tabelle anhand der Intraklassenkorrelation, dass 5% (kognitive Grundfähigkeit) bis 17% (Sprachverständnis) der Varianz aller Variablen auf Klassenebene lag.

Tabelle 25: Deskriptive Ergebnisse, Interkorrelationen und Intra-Klassen-Korrelation der Variablen auf Individualebene

	1.	2.	3.	M	SD	ICC1
1. kog. Grundfähigkeit	–			103.48	13.72	.05
2. Sprachverständnis	.31*	–		15.12	2.82	.17
3. naturwiss. Kompetenz	.36*	.52*	–	-0.20	1.03	.08
4. konzept. Verständnis UE1	.35*	.40*	.45*	-0.12	0.92	.09

Anmerkungen. * $p < .05$ (einseitige Testung). Die Intraklassenkorrelation (ICC1) beschreibt hier den Anteil an Varianz in der Messung, der auf Unterschiede zwischen den Klassen zurückgeführt werden kann (Lüdtke, Trautwein, Kunter & Baumert, 2006).

Zur Überprüfung der Hypothese wurden zunächst Zusammenhänge des konzeptuellen Verständnisses nach UE1 mit den Kovariaten getestet (Modell 1), anschließend wurde der Zusammenhang mit tutoriellem Lernen auf Klassenebene unter Kontrolle der Kovariaten evaluiert (Modell 2). Die Ergebnisse der Mehrebenen-Regressionsanalyse sind in Tabelle 26 dargestellt. Wie Modell 1 zeigt, konnten bereits die Kovariaten auf Individualebene, unter Berücksichtigung der Schachtelung der Daten, Varianz in Bezug auf das konzeptuelle Verständnis aufklären, wobei sich alle Kovariaten als bedeutsam erwiesen. Entgegen der Erwartungen zeigte sich in Modell 2 kein Zusammenhang des tutoriellen Lernens mit dem konzeptuellen Verständnis (β = -.13, SE = 0.12, p = .29).

Tabelle 26: Ergebnisse der Mehrebenen-Regressionsanalyse zur Prädiktion des konzeptuellen Verständnisses durch tutorielles Lernen in UE1

	Modell 1	Modell 2
Individualebene		
kognitive Grundfähigkeit	.20* (0.04)	.21* (0.04)
Sprachverständnis	.20* (0.04)	.20* (0.04)
naturwiss. Kompetenz	.24* (0.04)	.24* (0.04)
Klassenebene		
Tutorielles Lernen	–	-.13 (0.12)
R^2 (within)	.26*	.27*
R^2 (between)	–	.11

Anmerkungen. Standardfehler in Klammern, * $p < .05$ (einseitige Testung).

Ergebnisse zu UE2. Die Analysen zu UE2 beziehen sich auf die 11 Klassen der Kontrollgruppe sowie sechs der 14 Klassen der Untersuchungsgruppe, da acht Klassen das Umsetzungskriterium von 70% Genauigkeit unterschritten (vgl. Kapitel 4.5.3). Die deskriptiven Ergebnisse der Variablen auf Individualebene sowie deren Interkorrelation für UE2 sind in Tabelle 27 dargestellt. Alle Kovariaten hingen mit dem konzeptuellen Verständnisniveau am Ende der UE2 zusammen. Zudem zeigt die Tabelle anhand der Intraklassenkorrelation, dass ein Teil der Varianz auf der Klassenebene lokalisiert war. In UE2 bestand mehr Varianz zwischen den Klassen im konzeptionellen Verständnis als in UE1.

Tabelle 27: Deskriptive Ergebnisse, Interkorrelationen und Intra-Klassen-Korrelation der Variablen auf Individualebene

	1.	2.	3.	M	SD	ICC1
1. kog. Grundfähigkeit	–			103.36	13.83	.05
2. Sprachverständnis	.37*	–		15.28	2.67	.13
3. naturwiss. Kompetenz	.39*	.51*	–	-0.15	0.99	.07
4. konzept. Verständnis UE2	.33*	.36*	.35*	0.16	0.90	.17

Anmerkung. * $p < .05$ (einseitige Testung).

Zur Überprüfung der Hypothese zur Wirkung tutoriellen Lernens wurde zunächst wieder der Zusammenhang des konzeptuellen Verständnisses in UE2 mit den Kovariaten getestet (Modell 1), anschließend wurde der Zusammenhang mit tutoriellem Lernen auf Klassenebene unter Kontrolle der Kovariaten evaluiert (Modell 2). Die Ergebnisse der Mehrebenen-Regressionsanalyse sind in Tabelle 28 dargestellt. Wie in den Ergebnissen zu UE1 konnten bereits die Kovariaten auf Individualebene Varianz in Bezug auf das konzeptuelle Verständnis aufklären, es erwiesen sich alle Kovariaten als bedeutsam. Entsprechend der Erwartungen zeigte sich in Modell 2 ein Zusammenhang des tutoriellen Lernens mit dem konzeptuellen Verständnis ($\beta = .38$, $SE = 0.20$, $p < .05$). Das Effektstärkemaß Δ von .96 weist auf einen bedeutungsvollen Effekt hin.

Tabelle 28: Ergebnisse der Mehrebenen-Regressionsanalyse zur Prädiktion des konzeptuellen Verständnisses durch tutorielles Lernen in UE2

	Modell 1		Modell 2	
Individualebene				
kognitive Grundfähigkeit	.18*	(0.04)	.16*	(0.04)
Sprachverständnis	.19*	(0.04)	.19*	(0.04)
naturwiss. Kompetenz	.23*	(0.04)	.23*	(0.04)
Klassenebene				
Tutorielles Lernen	–		.38*	(0.20)
R^2 (within)	.25*		.25*	
R^2 (between)	–		.191	

Anmerkung. Standardfehler in Klammern, * $p < .05$ (einseitige Testung).

Zusammenfassend kann festgehalten werden, dass die Hypothese 3a in Bezug auf UE2 bestätigt werden konnte; wider Erwarten zeigte sich jedoch kein Effekt tutoriellen Lernens auf das konzeptuelle Verständnis in UE1. Anzumerken wäre noch, dass der Effekt in UE2 nur bei Einbezug eines Umsetzungskriteriums (hier: 70% Genauigkeit) feststellbar ist. Werden alle 14 Klassen unabhängig von ihrer Umsetzungsgenauigkeit in die Berechnung einbezogen, so zeigt sich der Effekt nicht, $b = 0.16$, $SE = .17$, $p = .18$ (einseitig). Weiterhin ist anzumerken, dass der Effekt bestehen bleibt, wenn der Prätest zum konzeptuellen Verständnis, der wegen seiner ungenügenden Reliabilität nicht in die Analysen einbezogen wurde, als Kontrollvariable hinzugefügt wird. Um sicherzustellen, dass der Effekt tutoriellen Lernens in UE2 nicht auf andere begünstigende Bedingungsfaktoren der sechs Klassen der Untersuchungsgruppe zurückzuführen ist, wurde zudem überprüft, ob sich bereits in UE1 ein Effekt tutoriellen Lernens findet, wenn nur diese Klassen einbezogen werden. Dies bestätigte sich jedoch nicht, $b = 0.04$, $SE = .13$, $p = .37$ (einseitig).

5.3.2 Wirkung der Umsetzungsgenauigkeit tutoriellen Lernens auf das konzeptuelle Verständnis

Schließlich wurde die Wirkung der Umsetzungsgenauigkeit auf den Lernerfolg der Schülerinnen und Schüler in der Untersuchungsgruppe evaluiert. Es wurde für beide Unterrichtseinheiten ein positiver Zusammenhang der Umsetzungsgenauigkeit der Kernelemente tutoriellen Lernens mit dem konzeptuellen Verständnis der Schülerinnen und Schüler erwartet (*Hypothese 3b*).

Zur Überprüfung der Hypothese wurde eine Mehrebenen-Regressionsanalyse innerhalb der Untersuchungsgruppe (14 Klassen zu beiden Testzeitpunkten) durchgeführt. Als Prädiktor wurde der Umsetzungsindex eingesetzt. Dabei wurden, wie bei dem Modell zu Fragestellung 3a, kognitive Grundfähigkeit, Sprachverständnis sowie naturwissenschaftliche Kompetenz als Kontrollvariablen berücksichtigt (vgl. Kapitel 4.5.3). Die deskriptiven Ergebnisse der Variablen auf Individualebene, deren Interkorrelationen sowie die Intraklassenkorrelation sind in Tabelle 29 angeführt.

Ergebnisse

Tabelle 29: Deskriptive Ergebnisse, Interkorrelationen und Intra-Klassen-Korrelation der Variablen auf Individualebene

	1.	2.	3.	4.	M	SD	ICC1
1. kog. Grundfähigkeit	–				104.81	13.85	.13
2. Sprachverständnis	.37*	–			14.46	3.24	.35
3. naturwiss. Kompetenz	.38*	.51*	–		-0.32	1.04	.12
4. konzept. Verständnis UE1	.40*	.40*	.49*	–	-0.07	0.94	.10
5. konzept. Verständnis UE2	.40*	.45*	.40*	.50*	0.06	0.92	.15

Anmerkung. * $p < .05$ (einseitige Testung).

Hypothesenprüfung in UE1. Zur Überprüfung der Hypothese wurde zunächst der Zusammenhang des konzeptuellen Verständnisses nach UE1 mit den Kovariaten getestet (Modell 1), anschließend wurde der Zusammenhang mit der Umsetzung auf Klassenebene unter Kontrolle der Kovariaten evaluiert (Modell 2). Die Ergebnisse der Mehrebenen-Regressionsanalyse sind in Tabelle 30 dargestellt. Wie zuvor konnten auch hier bereits die Kovariaten auf Individualebene, unter Berücksichtigung der Schachtelung der Daten, Varianz in Bezug auf das konzeptuelle Verständnis aufklären und erwiesen sich alle als bedeutsam. Entgegen den Erwartungen zeigte sich in Modell 2 kein Zusammenhang der Umsetzungsgenauigkeit tutoriellen Lernens mit dem konzeptuellen Verständnis ($b = -.14$, $SE = 0.08$, $p = .08$).

Tabelle 30: Ergebnisse der Mehrebenen-Regressionsanalyse zur Prädiktion des konzeptuellen Verständnisses durch die Umsetzungsgenauigkeit tutoriellen Lernens in UE1

	Modell 1	Modell 2
Individualebene		
kognitive Grundfähigkeit	.22* (0.04)	.23* (0.06)
Sprachverständnis	.20* (0.04)	.23* (0.06)
naturwiss. Kompetenz	.28* (0.04)	.28* (0.07)
Klassenebene		
Umsetzungsgenauigkeit	–	-.14 (0.08)
R^2 (within)	.327*	.353*
R^2 (between)	–	.317

Anmerkungen. $N = 231$, Standardfehler in Klammern, * $p < .05$ (einseitige Testung).

Hypothesenprüfung in UE2. Die Ergebnisse der Mehrebenen-Regressionsanalyse sind in Tabelle 31 dargestellt. Auch hier erwiesen sich die Kovariaten als bedeutsam für die Vorhersage des konzeptuellen Verständnisses (Modell 1). Entsprechend den Erwartungen zeigte sich zudem in Modell 2 ein positiver Zusammenhang zwischen der Umsetzungsgenauigkeit tutoriellen Lernens und dem konzeptuellen Verständnis ($\beta = .18$, $SE = 0.10$, $p < .05$). Je höher die Umsetzungsgenauigkeit in einer Klasse war, desto größer war deren konzeptuelles Verständnis am Ende der Lerneinheit zum Schwimmen und Sinken, wenn die mittlere kognitive Grundfähigkeit, das mittlere Sprachverständnis, und die mittlere naturwissenschaftliche Kompetenz kontrolliert wurden. Das Effektstärkemaß Δ von .46 weist zudem auf einen bedeutungsvollen Effekt hin.

Tabelle 31: Ergebnisse der Mehrebenen-Regressionsanalyse zur Prädiktion des konzeptuellen Verständnisses durch die Umsetzungsgenauigkeit tutoriellen Lernens in UE2

Muster	Modell 1		Modell 2	
Individualebene				
kognitive Grundfähigkeit	.24*	(0.05)	.23*	(0.04)
Sprachverständnis	.30*	(0.04)	.27*	(0.05)
naturwiss. Kompetenz	.16*	(0.06)	.16*	(0.06)
Klassenebene				
Umsetzungsgenauigkeit	–		.18*	(0.10)
R^2 (within)	.327*		.307*	
R^2 (between)	–		.292	
Effektstärkemaß Δ			.457	

Anmerkungen. $N = 224$, Standardfehler in Klammern, * $p < .05$ (einseitige Testung).

Insgesamt deuten die Ergebnisse zu Fragestellung 3 darauf hin, dass Klassen, in denen tutorielles Lernen eingesetzt wird, bei gleichen kognitiven Ausgangsbedingungen in UE2 ein höheres konzeptuelles Verständnis erreichen als Klassen, in denen diese Lernform nicht zum Einsatz kommt. Der Effekt tutoriellen Lernens scheint in UE2 zudem umso größer, je genauer die Kernelemente umgesetzt wurden. Für die UE1 findet sich dagegen keiner dieser Effekte. Somit können Hypothese 3a und 3b nur teilweise bestätigt werden.

6. Diskussion

Die Förderung des Verständnisses wissenschaftlicher Konzepte ist ein wichtiges Lernziel der Grundschule (Möller et al., 2012). Die Ergebnisse von Bildungsevaluationen zeigen jedoch, dass dieses Ziel oft nicht im gewünschten Maß erreicht wird (Bos et al., 2012). Eine Herausforderung stellen z. B. die heterogenen Vorkenntnisse der Schülerinnen und Schüler dar, welche durch unterschiedlichste Alltagserfahrungen mit Naturphänomenen geprägt sind (Duit, 1995). Diskussionen mit Peers zu Erklärungen von Naturphänomenen bieten einen vielversprechenden Ansatzpunkt zur Förderung im naturwissenschaftlichen Sachunterricht (Chi, 2009; Hake, 1998). Sie ermöglichen eine Berücksichtigung der individuellen Präkonzepte in heterogenen Lerngruppen. Untersuchungen zu Peer-Interaktionen in kooperativen Lernsettings zeigen jedoch, dass die Schülerinnen und Schüler teilweise wenig inhaltlich interagieren und häufig auf einem einfachen Niveau argumentieren, z. B. Behauptungen äußern, diese jedoch selten begründen (Howe, 2010). Tutorielles Lernen ist eine Unterrichtsmethode, bei der die Schülerinnen und Schüler in strukturierter Form miteinander interagieren und sich gegenseitig unterrichten (Utley & Mortweet, 1997, S. 9). Dadurch kann eine lernförderliche Peer-Interaktion und somit eine individuelle Förderung des Verständnisses naturwissenschaftlicher Konzepte erreicht werden (King, Staffieri & Adelgais, 1998). Bedingung ist jedoch, dass die Kernelemente der Methode, d. h. wirksamkeitsrelevante Strukturen und Prozesse tutoriellen Lernens, in die Praxis umgesetzt werden (Greenwood et al., 1992). Eine genaue Umsetzung kann nicht unbedingt vorausgesetzt werden, diese hängt häufig von den Interventionsbedingungen, z. B. zur Verfügung stehenden Materialien, sowie von den Kontextmerkmalen, wie Lernvoraussetzungen der Schülerinnen und Schüler, ab (Lendrum & Humphrey, 2012). Bisher mangelt es an Untersuchungen der Umsetzung tutoriellen Lernens, ihrer Einflussfaktoren und Wirkung im naturwissenschaftlichen Sachunterricht, obwohl dies eine wichtige, praxisrelevante Frage unterrichtswissenschaftlicher Forschung wäre. Zwar wurde die Umsetzung der positiv evaluierten Praxiskonzepte CWPT (Class Wide Peer Tutoring) und PALS (Peer-Assisted Learning Strategies) häufig in den Fächern Sprache und Mathematik untersucht (Fuchs et al., 1997; Topping et al., 2011), jedoch lassen sich diese Ergebnisse aufgrund der engen curricularen Bindung der Praxiskonzepte nicht unbedingt auf andere Fächer übertragen.

Ziel dieser Arbeit ist daher die Beschreibung der Umsetzung tutoriellen Lernens sowie deren Einflussfaktoren und Wirkung im naturwissenschaftlichen Sachunterricht der Grundschule im Rahmen zweier Unterrichtseinheiten zum Thema „Schwimmen und Sinken". Dafür wurde nach einer Fortbildung der Lehrkräfte sowohl die Anwendung eines Handbuchs mit Unterrichtsmaterialien (UE1) als auch der Transfer der Methode auf einen inhaltsnahen Bereich (UE2) evaluiert und die Umsetzung lernförderlicher Merkmale in der Peer-Interaktion beim gegenseitigen Unterrichten untersucht.

6.1 Zusammenfassung und Diskussion der Ergebnisse

Die Untersuchungen im Rahmen dieser Arbeit wurden von drei zentralen Fragestellungen geleitet, welche sich auf (1) die Umsetzungsgenauigkeit von Kernelementen tutoriellen Lernens und deren Einflussfaktoren, (2) die Umsetzung von Qualitätsmerkmalen in der Peer-Interaktion sowie (3) den Zusammenhang der Umsetzungsgenauigkeit mit dem Lernerfolg der Schülerinnen und Schüler bezogen. Im Folgenden werden die Ergebnisse zu den drei zentralen Fragestellungen jeweils in einer abschließenden Betrachtung zusammengefasst und diskutiert.

6.1.1 Umsetzungsgenauigkeit der Kernelemente tutoriellen Lernens

Die erste Fragestellung zielte auf die Umsetzungsgenauigkeit methodischer Kernelemente tutoriellen Lernens im naturwissenschaftlichen Sachunterricht. Es wurde untersucht, inwiefern Kernelemente tutoriellen Lernens ohne eine methodische Fortbildung im Unterricht vorkommen, wie genau die Umsetzung insgesamt sowie einzelner Elemente nach einer Fortbildung gelingt und welche Bedeutung bestimmte Faktoren für die Umsetzung haben.

Aus der Theorie und Empirie tutoriellen Lernens wurden vier zentrale Kernelemente abgeleitet. Die Umsetzung von drei dieser Kernelemente (Lernpartnerschaften, reziproke Rollen und gegenseitiges Unterrichten) im Unterricht wurde untersucht. Dazu wurden 14 Grundschullehrkräfte in Fachinhalt und Methode fortgebildet (Untersuchungsgruppe), 11 weitere Lehrkräfte erhielten den gleichen Fachinhaltsinput und Fortbildungsumfang, jedoch ohne methodische Fortbildung zum tutoriellen Lernen (Treatment-Kontrollgruppe mit dem Fortbildungsthema „Elternberatung"). Anhand von Unterrichtsbeobachtungen bzw. -videos wurde die Umsetzung der Kernelemente mittels einer Checkliste in je einer Doppelstunde bei der Anwendung eines Manuals (UE1) sowie beim Transfer der Methode (UE2) evaluiert. Daraus wurde ein Index zur Umsetzungsgenauigkeit in Prozent errechnet. In Bezug auf diesen wurde die Umsetzung in den beiden Gruppen sowie in den beiden Unterrichtseinheiten verglichen. Zudem wurde untersucht, welche Bedeutung bestimmte Kontextmerkmale der Klassen für die Umsetzungsgenauigkeit haben. Sowohl zum Zeitpunkt der Anwendung als auch beim Transfer tutoriellen Lernens zeigte sich ein Unterschied in der Umsetzung zwischen Untersuchungsgruppe und Kontrollgruppe. Letztere setzte kaum Elemente tutoriellen Lernens ein, während beide Gruppen die fachlichen Inhalte des Curriculums ähnlich genau vermittelten. Kernelemente tutoriellen Lernens scheinen demnach ohne eine methodische Fortbildung kaum im naturwissenschaftlichen Sachunterricht vorzukommen. Dies deutet darauf hin, dass es sich bei den Kernelementen um methodenspezifische Merkmale handelt, welche sich von anderen Unterrichtsmethoden unterscheiden und abgrenzen lassen. Diese theoretische und empirische Abgrenzbarkeit stellt einen wichtigen Aspekt bei der Erhebung der Umsetzung von Interventionen dar (Dusenbury et al., 2003). Die Ergebnisse reihen sich zudem in die Befunde vorausgegangener Studien zum tutoriellen Lernen ein, welche eine Diskrepanz zwischen Forschung (empirisch belegter Wirksamkeit) und Praxis (mangelndem Einsatz entsprechender Lernformen) schlussfolgern und die Bedeutung von entsprechenden Fortbildungen betonen (z. B. McMaster et al., 2013).

Betrachtet man die Umsetzung in der Untersuchungsgruppe, setzten die Lehrkräfte die Kernelemente tutoriellen Lernens im Durchschnitt zu über 80% um, wenn sie auf Unterrichtsmaterialien eines Handbuchs zurückgreifen konnten (UE1). Ähnliche Ergebnisse finden sich in bisherigen Studien zum tutoriellen Lernen in anderen Fächern, die ebenfalls eine Umsetzungsgenauigkeit von über 80% mithilfe eines Manuals bei fortgebildeten Lehrkräften berichten (Fuchs et al., 1997). Das Ergebnis dieser Studie ist als Erfolg zu werten, da von einer ähnlich hohen Umsetzungsgenauigkeit wie in anderen Fächern im naturwissenschaftlichen Bereich nicht unbedingt ausgegangen werden konnte. In Bezug auf naturwissenschaftliche Themen verfügen Lehrkräfte häufig über geringes fachliches bzw. fachdidaktisches Wissen (Appleton, 2007), welches jedoch als Einflussfaktor für die Umsetzung beschrieben wird (Desimone, 2009).

Beim selbstständigen Transfer tutoriellen Lernens auf einen weiteren Fachinhalt (UE2) lag die durchschnittliche Umsetzungsgenauigkeit der Kernelemente in der Untersuchungsgruppe bei knapp 50%. Erwartungsgemäß fand sich ein Unterschied in der Umsetzungsgenauigkeit zwischen Anwendung und Transfer. Diesen Ergebnissen zufolge sind eine umfangreiche fachliche und methodische Fortbildung sowie eine einmalige Anwendung der Methode mithilfe eines Handbuchs für einen Transfer nicht ausreichend. Auch wenn der Transfer tutoriellen Lernens selten evaluiert wurde, deuten entsprechende Studien auf ähnliche Ergebnisse hin. Der selbständige Transfer tutoriellen Lernens auf einen anderen Unterrichtsinhalt oder ein anderes Fach gelang nach Maheady et al. (1991) bei der Hälfte der Lehrkräfte. Zur Verfügung stehende Unterrichtsmaterialien scheinen demnach eine entscheidende Bedeutung für die Umsetzung zu haben, wie bereits Studien zur Umsetzungsgenauigkeit von Interventionen zeigten (Gresham, 1989). Ein Grund für die fehlende langfristige Umsetzung könnte in der Länge der Fortbildung liegen, welche sich im Rahmen der Forschung zur Wirksamkeit von Lehrerfortbildungen als bedeutsam für eine Veränderung des Lehrerhandelns erwiesen hat (Garet et al., 2011). Zwar wurde die Fortbildung in Zeitspanne und -länge am aktuellen Forschungsstand orientiert, jedoch umfasste der methodische Teil der Fortbildung, abzüglich der fachinhaltlichen Fortbildungsanteile, etwas weniger als den empfohlenen Zeitraum. Durch ein systematisches Coaching mit Unterrichtsbesuchen über einen längeren Zeitraum hätte eventuell eine längerfristige, genaue Umsetzung erzielt werden können (Greenwood et al., 1989; Lipowsky, 2011; Lipowsky & Rzejak, 2015).

Die einzelnen Kernelemente tutoriellen Lernens wurden sowohl bei der Anwendung als auch beim Transfer unterschiedlich genau umgesetzt: Wie auch bei Topping et al. (2011) und Veenman et al. (2000) zeigte sich zu beiden Erhebungszeitpunkten, dass Prozesselemente, bspw. Plenumsgespräche zur Reflexion, weniger genau umgesetzt wurden als strukturierende Elemente, wie Lernpartnerschaften oder Rollen. Eine genaue Instruktion und Reflexion sozialer Prozesse wird jedoch von den Autoren für einen reibungslosen Ablauf und eine produktive Interaktion in kooperativen Lernsettings besonders in der Grundschule als notwendig angesehen. Eine mögliche Begründung für die reduzierte Umsetzung solcher Elemente sehen Veenman et al. (2000) in der Dominanz von Einzelarbeit in der Schule, welche einen Mangel an Routine in der Anleitung und Begleitung von sozialen Prozessen mit sich bringt. Sie schlagen ebenfalls vor, diesen Mangel mithilfe von Fortbildungen sowie gegenseitigem Coaching von Lehrkräften langfristig zu beheben, um eine genauere Umsetzung bedeutsamer Prozesselemente in der Praxis zu erreichen.

Des Weiteren wurde davon ausgegangen, dass die Umsetzung tutoriellen Lernens von Kontextfaktoren abhängig ist. Die Ergebnisse zum Zusammenhang der Umsetzungsgenauigkeit mit Kontextmerkmalen der Klasse waren jedoch nicht alle erwartungskonform. Wider Erwarten zeigten sich zu keinem Zeitpunkt Zusammenhänge der Umsetzungsgenauigkeit mit der Klassengröße. Diese scheint demnach weder bei der Anwendung noch beim Transfer der Methode durch erhöhten Zeitaufwand eine Rolle zu spielen. Es wäre auch denkbar, dass Lehrkräfte in großen Klassen durch die Phasen selbstständigen Arbeitens entlastet werden und daher die Methode trotz erhöhten Zeitaufwandes ebenso genau umsetzen wie in kleineren Klassen. Dies kann hier nicht abschließend geklärt werden. Das Ergebnis ist jedoch insofern positiv zu bewerten, als sich tutorielles Lernen in größeren Klassen besonders wirksam erwiesen hat (Lou et al., 1996). Die erwarteten Zusammenhänge mit kogni-

Diskussion 181

tiven und sozialen Merkmalen der Klassen zeigten sich ausschließlich beim eigenständigen Transfer der Methode (UE2): In leistungsschwächeren Klassen (kognitive Grundfähigkeiten und Leseverständnis) und bei von Schülerinnen und Schülern vergleichsweise als schlechter wahrgenommenem Klassenklima setzten Lehrkräfte die Methode in UE2 weniger genau um als in leistungsstärkeren Klassen mit positivem Klima. Das Angebots-Nutzungs-Modell (Lipowsky & Rzejak, 2015; vgl. Abbildung 2), welches kognitive und soziale Kontextmerkmale der Klasse als zentrale Wirkfaktoren für Lehrer- und Schülerhandeln beschreibt, untermauert diese Ergebnisse. Sie reihen sich zudem in die Befunde aus Interviews mit Lehrkräften ein, welche angaben, die Umsetzung tutoriellen Lernens an das Niveau ihrer Schülerinnen und Schüler anzupassen (Vadasy et al., 1997), was bisher jedoch selten anhand der erhobenen Schülermerkmale bestätigt wurde. Das Ergebnis passt zu dem generellen Befund, dass in UE1 tutorielles Lernen genauer umgesetzt wurde als in UE2, also der eigenständige Transfer schwerer fiel als die Anwendung vorgegebener Materialien. Wenn die Lehrkräfte zusätzlich mit schwierigen Klassenmerkmalen konfrontiert waren, könnte dies die Umsetzung weiter erschwert haben. Eine mögliche Begründung dafür könnte sein, dass notwendige Basiskompetenzen der Schülerinnen und Schüler im Bereich der kognitiven und sozialen Fähigkeiten in solchen Klassen nicht vorausgesetzt werden konnten, so dass die Umsetzung tutoriellen Lernens einen höheren Aufwand erforderte, wenn dafür keine entsprechenden Unterrichtsmaterialien zur Verfügung standen. Tutorielles Lernen hat sich zur Förderung von Kindern mit weniger guten Lernvoraussetzungen als besonders wirksam erwiesen (Ginsburg-Block et al., 2006; Rohrbeck et al., 2003). Die ungenaue Umsetzung von Kernelementen kann jedoch eine reduzierte Lernwirksamkeit der Methode zur Folge haben (Greenwood et al., 1992). Den Ergebnissen dieser Studie zufolge könnten besonders die Schülerinnen und Schüler von einer reduzierten Wirkung tutoriellen Lernens betroffen sein, deren Förderung gemäß der Ergebnisse von Bildungsevaluationsstudien wie TIMSS besonders notwendig wäre (Wendt et al., 2012). Ein hervorzuhebendes Ergebnis dieser Untersuchung ist daher, dass entgegen der Annahme kein Zusammenhang der Umsetzungsgenauigkeit mit den erhobenen Kontextmerkmalen der Klasse bei der direkten Anwendung (UE1) bestand. Die angenommenen erschwerten Bedingungen in Klassen mit geringeren kognitiven und sozialen Fähigkeiten scheinen demnach in UE1 nicht in einer reduzierten Umsetzung zu resultieren. Die zur Verfügung gestellten Materialien und die Anleitung zur Implementation im Handbuch könnten den erhöhten Aufwand relativiert haben. Somit weisen die Ergebnisse einmal mehr auf die Bedeutung von Unterrichtsmaterialien für die Umsetzung hin (Gresham, 1989).

Insgesamt ähneln die genannten Ergebnisse den Befunden zur Umsetzungsgenauigkeit tutoriellen Lernens in anderen Fächern. Sie bestätigen zudem, dass auch bei methodisch fortgebildeten Lehrkräften eine Umsetzung von Kernelementen unterschiedlich genau gelingt und von Faktoren auf Ebene der Intervention (Ausmaß an Unterstützung) und der Klasse (kognitive und soziale Voraussetzungen) abhängt (Ruiz-Primo, 2006). Sie weisen auf die hohe Bedeutung von Fortbildungen hin, die durch Konkretisierungen in Unterrichtsmaterialien und Handbüchern die Umsetzung tutoriellen Lernens in *allen* Klassen unterstützen.

6.1.2 Umsetzung lernförderlicher Merkmale in der Peer-Interaktion

Zur Bewertung der Umsetzung von Interventionen wird zusätzlich zur Genauigkeit auch die Prüfung der Prozessqualität empfohlen, welche aufgrund deren aufwendiger Erhebungsverfahren jedoch selten erfasst wird (Mowbray et al., 2003). Der zentrale Prozess tutoriellen Lernens ist das gegenseitige Unterrichten. Gemäß den konstruktivistischen und sozialkonstruktivistischen Basistheorien kann dabei ein Konzeptwechsel stattfinden, vor allem wenn die Peer-Interaktion bestimmte Qualitätsmerkmale aufweist (Howe, 2010). Bisherige Studien zur Umsetzung tutoriellen Lernens erfassten die Interaktionsqualität zumeist anhand einzelner Items im Rahmen der Checkliste zur Umsetzungsgenauigkeit, z. B. „students cooperate" (Baker et al., 2004, S. 23), was jedoch wenig Einblick in den Prozess des gegenseitigen Unterrichtens ermöglichte. Daher wurde dieser Prozess hier genauer betrachtet, indem einzelne Peer-Interaktionen in Bezug auf das Vorkommen lernförderlicher Anteile untersucht wurden.

Grundlage für die Analysen waren transkribierte Peer-Interaktionen einer Teilstichprobe von 20 Lernpaaren der Untersuchungsgruppe aus der vorletzten Unterrichtsdoppelstunde der UE1. Es wurden zwei tutorielle Lernphasen berücksichtigt. In einer führten die Lernpaare ein Experiment durch, in der anderen lösten sie Aufgaben auf einem gemeinsamen Arbeitsblatt. Beide Phasen enthielten eine Aufgabe, bei der die Lernpartner eine gemeinsame Erklärung für ein Ergebnis entwickeln sollten. Mithilfe von Kodierschemata wurden zunächst einzelne Äußerungen im Hinblick auf den Bezug zur Aufgabenstellung, die kommunikative Funktion sowie die fachliche Richtigkeit bewertet. Weiterhin wurde das Vorkommen elaborierter Muster in Interaktionssequenzen der gemeinsamen Erklärungsfindung untersucht.

Da nur von aufgabenbezogenen Äußerungen ein Effekt auf das Lernen zu erwarten ist, kann ein Großteil an aufgabenbezogener Interaktion als wichti-

Diskussion 183

ges Qualitätsmerkmal gedeutet werden (Knobloch, 2011). Daher wurde zunächst der Anteil aufgabenbezogener Äußerungen mit dem Anteil organisatorischer bzw. nicht unterrichtbezogener Äußerungen verglichen. Es wurden über 50% der Äußerungen in den Interaktionen der 20 Lernpaare als aufgabenbezogen kodiert. Wie erwartet, war dieser Anteil damit in beiden Lernphasen höher als der Anteil organisatorischer sowie nicht unterrichtsbezogener Äußerungen. Dies könnte als Hinweis auf eine produktive Peer-Interaktion in den tutoriellen Lernphasen gewertet werden. Die Ergebnisse sind dennoch schwer zu einzuordnen, da sich keine klaren Erwartungswerte zur aufgabenbezogenen Peer-Interaktion aus der Literatur ableiten lassen. Bisherige Befunde aus ökologisch validen Settings zeigen diesbezüglich widersprüchliche Ergebnisse. Teilweise wird ein Großteil nicht unterrichtsbezogener Beiträge beobachtet (Hertz-Lazarowitz et al., 1984; Knobloch, 2011), wohingegen andere Studien eine hohe Aufmerksamkeit auf die Aufgabe bei kooperativen Lernformen berichten, besonders wenn die Zusammenarbeit durch Aufgabenstellung und Struktur unterstützt wird (Bennett & Dunne, 1991; Veenman et al., 2002). Ein besonders positives Ergebnis dieser Studie ist jedoch, dass der Anteil organisatorischer Beiträge beim Experiment nicht höher war als der inhaltliche Anteil, was den Befunden vorausgegangener Studien widerspricht. Bennet und Dunne (1991, S. 114) sowie van Boxtel et al. (2000, S. 327) berichten von einem vermehrten „action talk" und weniger inhaltlichen Beiträgen in solchen handlungsorientierten Settings. Die Vorstrukturierung der Peer-Interaktion, z. B. durch Rollen und Skripte, welche wenig Diskussion über Abläufe und Vorgehensweisen notwendig macht, könnte organisatorischen Gesprächsanteilen vorgebeugt haben.

Die aufgabenbezogenen Äußerungen ließen sich in Bezug auf ihre kommunikative Funktion zu bestimmten Subkategorien der drei Kategorien Aussagen (z. B. Erklärungen), Fragen (z. B. Verständnisfragen) oder Feedback (z. B. Zustimmung) zuordnen. In Anlehnung an vorausgehende Befunde wurden Erklärungen für das Naturphänomen „Schwimmen und Sinken" als besonders lernförderliche Äußerungen bewertet (Howe et al., 2007). Erwartungsgemäß fanden sich lernförderliche Äußerungen in Form von Erklärungen in den Peer-Interaktionen aller Lernpaare. Im Rahmen der Peer-Interaktion der beiden tutoriellen Lernphasen wurden fast 15% der Äußerungen als Erklärungen kodiert, knapp 18% in der Lernphase mit Experiment und 11% beim Arbeitsblatt. Die Ergebnisse lassen sich nur schwer in Bezug auf empirische Befunde anderer Studien einordnen bzw. sind nur bedingt mit diesen vergleichbar, da dort z. B. Erklärungen anders kodiert oder das Vorkommen pro Minute gemessen wurde (Howe et al., 2007; van Boxtel et al., 2000). Es ist jedoch als positiv zu bewerten, dass Erklärungen zum Schwimmen und Sinken in allen Lernpaaren geäußert wurden. Es wurden allerdings signifikant mehr Erklärungen beim Experiment geäußert. Die Aufgabenstellung kann zwar prinzipiell einen Einfluss haben (Tolmie et al., 1993 van Boxtel et al., 2000), jedoch wurde davon hier nicht ausgegangen. Beide tutorielle Lernphasen enthielten Aufgaben, welche gemäß konstruktivistischen Unterrichtsprinzipien die Entwicklung eines konzeptuellen Verständnisses unterstützen sollten. Zudem wurden in beiden Phasen dieselben Strukturierungshilfen gegeben. Der unterschiedliche Anteil an Erklärungen könnte darin begründet liegen, dass in der Lernphase mit Experiment zweimal explizit nach einer Erklärung gefragt wurde, einmal zur Begründung der Hypothese sowie einmal zur Begründung des Ergebnisses, wohingegen beim Arbeitsblatt nur einmal eine Erklärung am Ende eingefordert wurde. Ein anderer möglicher Grund könnten erwartungswidrige Ergebnisse beim Experiment sein, welche die Suche nach einer Erklärung förderten (Vosniadou et al., 2001). Eventuelle Effekte der Aufgabenstellungen auf die Peer-Interaktion konnten im Rahmen des Untersuchungsdesigns dieser Studie nicht evaluiert werden, die Ergebnisse zu den Erklärungen geben jedoch Anregungen für weitere Forschung.

Zudem wurde die Peer-Interaktion auf lernförderliche Interaktionsmuster beim Finden einer gemeinsamen Erklärung hin untersucht: Tutoring, Kokonstruktion und Argumentation (van Boxtel et al., 2000). Die Muster basierten auf der Annahme, dass Interaktionen mit einer Elaboration durch Rückfragen, gegenseitige Ergänzungen oder Gegenargumente die Auseinandersetzung mit naturwissenschaftlichen Konzepten eher fördern als einfache Zustimmung oder eine Erklärung der Lehrkraft (Mercer et al., 2004; Tolmie et al., 1993). Entsprechend den Erwartungen wurden in der Mehrzahl der Sequenzen und bei fast allen Paaren lernförderliche Interaktionsmuster beobachtet. In bisherigen Untersuchungen wurden solche Interaktionsmuster zumeist im Rahmen von Laborstudien analysiert. Dort wird häufig geschlussfolgert, dass elaborierte Interaktionsmuster zu Erklärungen für Naturphänomene in der Peer-Interaktion eher selten vorkommen (Howe, 2010; Littleton & Mercer, 2010). Auch wenn hier keine Verbindung zwischen der Verwendung elaborierter Muster und dem Lernzuwachs der Schülerinnen und Schüler hergestellt wurde, sind die Ergebnisse der vorliegenden Studie vor dem Hintergrund bisheriger Befunde als Erfolg zu werten. Sie weisen auf eine hohe Qualität der kommunikativen Struktur in den tutoriellen Lernphasen hin. Ein möglicher Grund für diese Ergebnisse könnte die skriptartige Anleitung zum Aushandeln einer Peer-Erklärung sein, welche im Rahmen der vorliegenden Studie in jeder tutoriellen Lernphase eingesetzt wurde. Solche Strukturierungshilfen haben sich bereits in anderen Studien als förderlich erwiesen (King et al., 1998). Zwar konnte anhand von Transkriptausschnitten dieser Studie gezeigt werden, dass einige Lernpaare auch von sich aus ihre Hypothesen begründeten und diskutierten, jedoch könnten klare, kleinschrittige Vorgaben zum Entwickeln einer gemein-

Diskussion 185

samen Erklärung in den tutoriellen Lernphasen dazu geführt haben, dass auch Lernpartner, welche keine selbstständige Diskussion herbeigeführt hätten, ihre Erklärungen austauschten. Diese Annahme könnte in weiteren Studien systematisch überprüft werden.

Die beobachteten Interaktionsqualitätsmerkmale, Erklärungen und Muster haben sich in vorausgegangenen Studien als lernförderlich erwiesen (z. B. van Boxtel et al., 2000). Dennoch kann nicht davon ausgegangen werden, dass die Schülerinnen und Schüler fachlich richtige Lösungen kokonstruieren, da häufig Fehlkonzepte bei Erklärungen in Peer-Interaktionen beobachtet wurden (Ross, 2008). Daher wurde innerhalb der Interaktionssequenzen der 20 Lernpaare die Verbesserung der Erklärungen in Bezug auf das konzeptuelle Verständnisniveau geprüft. Es wurde angenommen, dass die Erklärungen zum Schwimmen und Sinken am Ende der Peer-Interaktionen tragfähiger sind. Der Vergleich der individuellen Hypothese der einzelnen Lernpartner zu Beginn der Interaktionssequenzen mit der gemeinsam entwickelten Peer-Erklärung am Ende bestätigte diese Hypothese. Dies kann als weiteres wichtiges Qualitätsmerkmal der Peer-Interaktion gewertet werden. Die Verbesserung der Erklärungen zeigt, dass die Lernpartner häufig gemeinsam neue Erklärungen entwickeln konnten. Auf diese kann vom einzelnen Lernpartner gemäß der sozialkonstruktivistischen Basistheorien in späteren Situationen zurückgegriffen werden und sie ermöglichen dadurch einen individuellen Lernfortschritt. Das Ergebnis kann somit auch als Hinweis auf die Effektivität des gegenseitigen Unterrichtens beim tutoriellen Lernen gewertet werden. Es reiht sich in zahlreiche Befunde vorausgegangener Studien ein, die Peer-Interaktionen als Lerngelegenheit in naturwissenschaftlichen Fächern beschreiben (Chi, 2009; Hake, 1998).

Insgesamt weisen die Ergebnisse zu Fragestellung 2 auf eine hohe Interaktionsqualität in den tutoriellen Lernphasen hin. Dies ist in Anbetracht der bisherigen Befunde zu Peer-Interaktionen ein bemerkenswertes Ergebnis, auch wenn die Häufigkeit des Vorkommens von Qualitätsmerkmalen in der Interaktion zwischen den Lernpaaren variierte. Die Umsetzung tutoriellen Lernens kann somit in Bezug auf die Prozessqualität beim gegenseitigen Unterrichten als positiv gewertet werden. Dieser Befund passt zu der auf Klassenebene erfassten hohen Umsetzungsgenauigkeit tutoriellen Lernens in UE1 (Fragestellung 1), auch wenn sich die Ergebnisse nur schwer zueinander in Beziehung setzen lassen, da sich die Analysen der Peer-Interaktionen auf eine Teilstichprobe beziehen. Zudem ist die Interpretation der Ergebnisse dadurch erschwert, dass in Bezug auf die Umsetzung der Qualitätsmerkmale in der Interaktion kein bestimmter Erwartungswert angesetzt werden konnte. Jedoch konnten die Ergebnisse dieser Studie zeigen, dass Schülerinnen und Schüler bereits im Grundschulalter in der Lage sind, über komplexe naturwissenschaftliche Konzepte zu diskutieren und ihre Erklärungen gemeinsam weiterzuentwickeln. Dies wurde bisher selten in ökologisch validen Settings belegt. Die Analysen der vorliegenden Studie geben zudem einen genaueren Einblick in den Prozess des gegenseitigen Unterrichtens und ermöglichen somit ein tieferes Verständnis des gemeinsamen Lernens in der Peer-Interaktion als die meisten bisherigen Studien zur Umsetzung tutoriellen Lernens, welche diesen Prozess in Einzelitems erfassten. Die Bedeutung solcher Analysen, welche den Prozess fokussieren und somit Lernwege aufzeigen, wird besonders im Hinblick auf den schwer zu fördernden Konzeptwechsel vielfach betont (Asterhan & Schwarz, 2009b; Furtak et al., 2008).

6.1.3 Umsetzung und Wirksamkeit tutoriellen Lernens

Tutorielles Lernen hat sich als geeignete Fördermethode für den naturwissenschaftlichen Sachunterricht erwiesen (Rohrbeck et al., 2003). Die Bedeutung der Umsetzung für die Wirksamkeit von Interventionen wurde vielfach belegt (u. a. Lendrum & Humphrey, 2012). Auch in Bezug auf tutorielles Lernen finden sich Hinweise für einen positiven Zusammenhang zwischen Umsetzung und Leistung (Greenwood et al., 1992), jedoch wurden entsprechende Untersuchungen bisher selten im Sachunterricht durchgeführt. Zudem wurden in bisherigen Studien zumeist fachliche Aspekte, z. B. bei Greenwood et al. (1992) die zu buchstabierenden Wörter, einbezogen und mit der Wirksamkeit in Verbindung gebracht, so dass keine eindeutigen Rückschlüsse auf die Bedeutung der methodischen Kernelemente möglich waren. Auch in Studien zur Wirksamkeit der Praxiskonzepte CWPT und PALS wurde bei der Umsetzungsgenauigkeit zumeist nicht zwischen fachlichen sowie und methodischen Indikatoren differenziert. Daher zielte die dritte Fragestellung dieser Arbeit auf die Evaluation der Wirksamkeit von methodischen Kernelementen tutoriellen Lernens unter Berücksichtigung der Umsetzungsgenauigkeit im naturwissenschaftlichen Sachunterricht.

Um dies zu prüfen, wurde zum einen die Wirkung tutoriellen Lernens auf das konzeptuelle Verständnis der Schülerinnen und Schüler bei einer Umsetzungsgenauigkeit von über 70% im Vergleich zu einer Kontrollgruppe untersucht. Zum anderen wurde der Zusammenhang von Umsetzungsgenauigkeit und dem konzeptuellen Verständnis innerhalb der Untersuchungsgruppe evaluiert. Es wurde ein positiver Zusammenhang tutoriellen Lernens bzw. dessen Umsetzungsgenauigkeit mit dem Lernerfolg der Schülerinnen und Schüler erwartet. Beide Hypothesen wurden anhand von Mehrebenen-Regressionen überprüft, wobei auf individueller Ebene für bedeutsame Lernvoraussetzungen

Diskussion 187

(Sprachverständnis, kognitive Grundfähigkeiten sowie naturwissenschaftliche Kompetenz) kontrolliert wurde.

Die Hypothese zur Wirksamkeit tutoriellen Lernens für das konzeptuelle Verständnis im Vergleich zur Kontrollgruppe konnte nur für die UE2 und nur bei Einbezug der Umsetzungsgenauigkeit (>70%) bestätigt werden. In den sechs Klassen der Untersuchungsgruppe, in denen tutorielles Lernen mit einer Umsetzungsgenauigkeit von über 70% realisiert wurde, zeigten die Schülerinnen und Schüler am Ende der UE2 ein höheres konzeptuelles Verständnisniveau als die Kinder der Kontrollgruppe. In der UE1 fanden sich keine Zusammenhänge des tutoriellen Lernens mit den Lernergebnissen. Die Hypothese zum positiven Zusammenhang von Umsetzungsgenauigkeit und konzeptuellem Verständnis konnte ebenfalls nur für die UE2 bestätigt werden. Das konzeptuelle Verständnisniveau der Schülerinnen und Schüler der Untersuchungsgruppe war in Klassen mit einer höheren Umsetzungsgenauigkeit besser. Dieser Effekt fand sich in UE1 nicht.

Das Fehlen der erwarteten Zusammenhänge mit dem Lernergebnis in UE1 ist schwer zu interpretieren. Eine Vermutung könnte sein, dass die Effekte tutoriellen Lernens in UE2 auf eine günstige Klassenkomposition anstatt auf die Umsetzungsgenauigkeit tutoriellen Lernens zurückzuführen sind. In den Analysen zu Fragestellung 1 zeigte sich ein Zusammenhang von Klassenmerkmalen und Umsetzungsgenauigkeit in UE2. Zwar wurde in den Analysen zur Lernwirksamkeit für bedeutsame Lernvoraussetzungen auf Ebene der Gesamtstichprobe kontrolliert. Es wäre jedoch denkbar, dass durch das Umsetzungskriterium von 70% Genauigkeit nur noch die Klassen der Untersuchungsgruppe in die Analysen einflossen, die von Beginn an die besseren Ausgangsbedingungen mitbrachten. Zudem wurden mögliche Einflussfaktoren der Lehrkräfte, wie Wissen, Überzeugungen oder Interesse aufgrund der geringen Stichprobengröße auf Klassenebene nicht in die Analysen einbezogen. Da sich solche Faktoren als bedeutsam für die Wirkung von Fortbildungen bis hin zur Ebene der Schülerinnen und Schüler gezeigt haben (Desimone, 2009; Lipowsky, 2011; 2015), könnten die Ergebnisse des Lernerfolgs in der Untersuchungsgruppe durch diese begründet sein, auch wenn sich in den Berechnungen zur Stichprobenbeschreibung keine Gruppenunterschiede bezüglich dieser Merkmale zeigten. Der Vermutung, dass die Ergebnisse zur Wirksamkeit auf Faktoren auf Klassenebene (Merkmale der Schülerinnen und Schüler oder der Lehrkräfte) zurückzuführen sind, widerspricht jedoch, dass sich die Leistung der Schülerinnen und Schüler der in UE2 in die Analysen einbezogenen Klassen in UE1 noch nicht von der Kontrollgruppe unterschieden. Es kann demnach nicht davon ausgegangen werden, dass die Effekte in UE2 ausschließlich in der Auswahl der Klassen begründet liegen. Eine weitere Interpretationsmöglichkeit der unterschiedlichen Ergebnisse in UE1 und UE2 könnte das Fehlen einer angemessenen Trainingszeit im Rahmen der Studie sein. Bei PALS werden sechs bis zehn Stunden Trainingszeit zur Vermittlung der Kernelemente eingeplant (Maheady et al., 2006). In der IGEL-Studie konnte jedoch aufgrund der zeitlichen Standardisierung der Interventionen keine solche Trainingsphase durchgeführt werden, entsprechende Einführungs- und Übungsphasen wurden in die neun Unterrichtsstunden der UE1 integriert. Eventuell ist demnach die UE1 als Trainingszeit zu bewerten. Die Einführung von zum Teil komplexen Elementen, wie das gegenseitige Unterrichten, könnte kurzfristig zu Lasten des Lernens gegangen sein. Diese offenen Fragen lassen sich hier nicht abschließend klären.

Setzt man die Ergebnisse zur Lernwirksamkeit tutoriellen Lernens ins Verhältnis zu den Ergebnissen zur Peer-Interaktion, so stellt sich zusätzlich die Frage, warum sich trotz der beschriebenen Interaktionsqualität in UE1 kein Effekt tutoriellen Lernens zeigte. Auch diese Frage kann hier nicht abschließend beantwortet werden, da für die Interaktionsqualität kein Umsetzungskriterium definiert wurde, ab welchem ein positiver Zusammenhang mit dem Lernen erwartet werden kann. Es könnte z. B. ein höheres Maß oder eine geringere Varianz an Interaktionsqualität erforderlich sein, um einen Effekt auf das Lernen zu erzielen. Zudem handelte es sich bei den Analysen zur Peer-Interaktion um eine Teilstichprobe, welche in einigen Lernvoraussetzungen nicht mit der Gesamtstichprobe der Untersuchungsgruppe vergleichbar war, so dass die Ergebnisse nicht unbedingt für die restlichen Lernpaare der Untersuchungsgruppe generalisierbar sind. Weiterhin wurden die Peer-Interaktionen lediglich in den tutoriellen Lernphasen der letzten Doppelstunde der UE1 untersucht, wohingegen sich die Evaluation der Lernentwicklung auf die gesamte UE1 bezog. Ob die Peer-Interaktion in den vorangegangenen Unterrichtsstunden eine ähnliche Qualität aufwies, kann demnach aus den Daten nicht geschlussfolgert werden. Somit sind die Ergebnisse zur Interaktionsqualität schwer mit den Ergebnissen zur Wirksamkeit tutoriellen Lernens auf das konzeptuelle Verständnis in Verbindung zu bringen.

Die Ergebnisse zur dritten Fragestellung geben einen Einblick in die Bedeutung der Umsetzung für die Wirkung tutoriellen Lernens im naturwissenschaftlichen Sachunterricht und tragen somit dazu bei, die Forschungslücke in diesem Bereich zu schließen. Insgesamt weisen die genannten Befunde darauf hin, dass die Umsetzung der methodischen Kernelemente tutoriellen Lernens – Lernpartnerschaften, reziproke Rollen sowie gegenseitiges Unterrichten – eine Bedeutung für das Lernen im naturwissenschaftlichen Sachunterricht haben können, wenn diese mit ausreichender Genauigkeit umgesetzt werden. Die Ergebnisse sind jedoch aufgrund der geringen Stichprobengröße mit Vorsicht zu interpretieren.

6.2 Implikationen für Theorie, Forschung und Praxis

Tutorielles Lernen wird in der Literatur zwar zumeist relativ einheitlich definiert, jedoch entwickelte sich die Methode aus verschiedenen Praxiskonzepten heraus, so dass bis heute eine Vielzahl sehr spezifischer Konzepte besteht, welche unter verschiedenen Begriffen, z. B. tutorielles oder peer-gestütztes Lernen, zusammengefasst werden (Topping, 2000). Die einzelnen Konzepte verwenden zwar ähnliche methodische Strategien, werden jedoch zumeist anhand zusätzlicher fachlicher Strategien, z. B. Lesetechniken, beschrieben und evaluiert. Es wurden bisher selten gemeinsame Kernelemente der Methode definiert, welche aus der Theorie abgeleitet und empirisch untermauert waren. Es wird daher kritisiert, dass Studien zum tutoriellen Lernen oft wenig theoriebasiert vorgehen und lernförderliche Bedingungen eher bruchstückhaft oder auf Basis von Ad-hoc-Hypothesen evaluieren (Devin-Sheehan et al., 1976; Rohrbeck et al., 2003). In der vorliegenden Arbeit wurden anhand positiv evaluierter Praxiskonzepte, empirischer Befunde und auf Basis konstruktivistischer und sozialkonstruktivistischer Theorien sowie des Informationsverarbeitungsansatzes vier konzeptübergreifende Kernelemente der Methode hergeleitet und begründet: heterogene Zusammensetzung von Lerndyaden, reziproke Rolleneinnahme als Tutor und Tutand, gegenseitiges Unterrichten sowie gemeinsame Belohnung von Einzelleistungen. Diese Kernelemente bieten einen theoretischen Rahmen für eine systematische Forschung zur Wirksamkeit sowie eine Weiterentwicklung der Methode. Sie könnten zudem einen Ansatz zur Ordnung der verschiedenen Praxiskonzepte darstellen. Diese Arbeit leistet insofern einen Beitrag zum Konzept tutoriellen Lernens auf theoretischer Ebene.

Die Ergebnisse dieser Arbeit zur Umsetzung tutoriellen Lernens, deren Einflussfaktoren und Wirkung, stellen darüber hinaus auch eine empirische Ergänzung und Erweiterung zu bisherigen Befunden dar. Bei vorangegangenen Studien wurde Umsetzungsgenauigkeit tutoriellen Lernens zumeist anhand von detaillierten Checklisten konzeptspezifischer Indikatoren erhoben, bei denen sich fachliche (z. B. Lesestrategien) sowie methodische Aspekte (z. B. Rollen) mischten. Häufig handelte es sich bei den fachlichen Elementen um positiv evaluierte Strategien, welche der Kontrollgruppe nicht zur Verfügung standen (Fuchs et al., 1997). Da fachliche Strategien bedeutsame Lernziele widerspiegeln, jedoch methodische Aspekte keinen direkten Bezug zum fachlichen Lernziel haben und quasi zusätzlich umgesetzt werden müssen, kann nicht unbedingt von einer vergleichbar genauen Umsetzung fachlicher und methodischer Elemente ausgegangen werden. Gleichzeitig kann auch in Bezug auf die Lernwirksamkeit methodischer Elemente keine Schlussfolgerung aus einem Umsetzungsindex gezogen werden, in dem sich fachliche und methodische Indikatoren mischen. Für die Evaluation von Praxiskompatibilität sowie Wirksamkeit tutoriellen Lernens ist daher die Erhebung der Umsetzung von fach- und konzeptübergreifenden methodischen Kernelementen, welche theoretisch und empirisch begründet sind, von Bedeutung. Die Ergebnisse dieser Studie unterstreichen diese Bedeutung und liefern Hinweise für die Gestaltung von Lehrerfortbildungen und die Unterrichtspraxis.

Die Ergebnisse deuten darauf hin, dass zumindest bei einer Umsetzungsgenauigkeit der methodischen Kernelemente von über 70% das tutorielle Lernen einen positiven Effekt auf den Lernerfolg im naturwissenschaftlichen Sachunterricht haben kann. Weiterhin scheint es so, als würde sich dieser lernförderliche Effekt tutoriellen Lernens erst einstellen, wenn die Lernenden bereits Erfahrung mit dieser Methode gemacht haben. Für die Unterrichtspraxis bedeuten diese Befunde, dass sich der Aufwand einer Umsetzung methodischer Kernelemente – zusätzlich zu den fachlichen Strategien – lohnt. Es ist jedoch essentiell, die methodischen Kernelemente möglichst vollständig und langfristig umzusetzen. Zudem sollte den Schülerinnen und Schülern ausreichend Zeit eingeräumt werden, die neue Lernform kennenzulernen und einzuüben.

Die Ergebnisse der Studie geben zudem einen Einblick in die Umsetzung tutoriellen Lernens im naturwissenschaftlichen Sachunterricht der Grundschule, welche bisher selten evaluiert wurde. Sie zeigen, dass die Methode auch bei komplexen naturwissenschaftlichen Themen, zu denen die Lehrkräfte ggf. über ein geringes fachliches sowie fachdidaktisches Wissen verfügen, mithilfe entsprechender Fortbildungen und Handbücher gut umgesetzt werden kann, und deuten somit auf die Praxiskompatibilität tutoriellen Lernens hin. Sie liefern jedoch auch Hinweise zu der Frage, warum sich die vielversprechenden empirischen Ergebnisse zur Methode in der aktuellen Unterrichtspraxis des Sachunterrichts dennoch nicht widerspiegeln (McMaster et al., 2013): Im Rahmen der vorliegenden Studie konnte gezeigt werden, dass die Umsetzungsgenauigkeit beim eigenständigen Transfer der Methode insgesamt zurückging. Vor dem Hintergrund der Ergebnisse zur Wirksamkeit, welche sich erst längerfristig zeigten, ist ein Transfer der Methode jedoch von hoher Bedeutung. Um den langfristigen Erfolg von Lehrerfortbildungen zum tutoriellen Lernen zu sichern, könnte es daher sinnvoll sein, die Lehrpersonen bei der Umsetzung des tutoriellen Lernens in den Unterricht längerfristig zu begleiten, bspw. über ein Halbjahr oder ein Schuljahr. Hierfür werden häufig Coachings durch Spezialisten oder fortgebildete Lehrkräfte des Kollegiums vorgeschlagen, welche Unterrichtsbesuche durchführen, auf deren Basis die Umsetzung reflektiert und verbessert werden kann (Desimone, 2009; Veenman et al., 2000). Da Prozesselemente tutoriellen Lernens im Rahmen der Studie weniger genau realisiert wurden, wäre eine weitere Implikation, diese im Rahmen von Fortbildungsangeboten besonders zu fördern. Entsprechende Übungen könnten z. B. helfen, die von Veenman et al. (2000) als Grund beschriebene geringe Erfahrung der Lehrkräfte mit der Begleitung solcher sozialen Prozesse aufzufangen. Die Ergebnisse dieser Studie lassen zudem vermuten, dass Lehrkräfte leistungsschwacher Klassen eher von einem Transfer der Elemente absehen oder diese reduzieren. Bei der Gestaltung von Fortbildungen für Lehrkräfte zum tutoriellen Lernen empfiehlt es sich daher, die Umsetzung *aller* Kernelemente anzuregen. Zudem sollte die besonders für leistungsschwache Kinder positiv evaluierte Wirkung von tutoriellem Lernen auf kognitive und soziale Lernbereiche betont werden. Weitere exemplarische Anregungen zur Aufbereitung von Unterrichtsmaterialien, beispielsweise Visualisierungen statt schriftlicher Hinweise für Schülerinnen und Schüler mit geringer Lesekompetenz, könnten die eigenständige Umsetzung in solchen Klassen unterstützen.

Die Ergebnisse zur Umsetzungsgenauigkeit tutoriellen Lernens weisen auf die hohe Bedeutung von Fortbildungen hin, die durch Konkretisierungen in Unterrichtsmaterialien und Handbüchern die Verwendung der Methode in allen Klassen unterstützen. Solche Materialien zur Anwendung könnten helfen, auftretende Schwierigkeiten in der Praxis besser zu bewältigen. Aktuell sind deutschsprachige Manuale tutoriellen Lernens mit Unterrichtsmaterialien für den Sachunterricht selten. Daher wäre eine Publikation positiv evaluierter Lernmaterialien zum tutoriellen Lernen in verschiedenen Themenbereichen wünschenswert. Da dies jedoch aufwendige Entwicklungs- und Evaluationsprozesse erfordert, sollten Lehrkräfte im Rahmen von Fortbildungen zudem eine intensive Schulung der Entwicklung solcher Materialien erhalten.

Zusätzlich zu den Implikationen für die Fortbildung von Lehrkräften ergeben sich aus der vorliegenden Studie auch Hinweise für die praktische Gestaltung der Unterrichtspraxis. Den Ergebnissen zur Peer-Interaktion zufolge scheint tutorielles Lernen eine geeignete Fördermethode zu sein, um eine hohe Interaktionsqualität bei konzeptbezogenen Diskussionen im naturwissenschaftlichen Sachunterricht der Grundschule zu erreichen. Argumentative Auseinandersetzungen zur Begründung von Naturphänomenen werden häufig als Lernziel beschrieben (Möller et al., 2012). Dem gegenüber stehen Befunde dazu, dass Grundschullehrkräfte aufgrund ihres unzureichenden fachdidaktischen Wissens zu naturwissenschaftlichen Themen eher Erklärungen vorgeben als Diskussionen über unterschiedliche Präkonzepte zu fördern (Appleton, 2007). Daher sind Hinweise zu wirksamen Fördermethoden, die Lehrkräfte zur Initiierung von Peer-Interaktionen über Konzepte einsetzen können, für die Unterrichtspraxis von hoher Bedeutung. Den Ergebnissen dieser Studie zur Interaktionsqualität zufolge sollten Lehrkräfte tutorielles Lernen mit konstruktivistisch orientierten Aufgaben zur Diskussion von Erklärungen in den naturwissenschaftlichen Sachunterricht einbinden. Dabei könnten konkrete Vorgaben und strukturierende Hilfen, die sich im Rahmen dieser und anderer Studien bewährt haben (Howe, 2010), die Umsetzung einer hohen Interaktionsqualität unterstützen, z. B. die Aufforderung zu einer gemeinsamen Erklärung. Eine Empfehlung für die Praxis könnte zudem ein Training zum Formulieren hilfreicher Erklärungen sein, wie es im Handbuch der Fortbildung in dieser Studie enthalten war. Zusätzlich könnten Übungen zum Abwarten und Nachfragen aufgenommen werden, um die Möglichkeit für eine eigene Antwort des jeweiligen Tutanden zu erhöhen (King, 1999; Webb & Farivar, 1999). Anhand dieser und weiterer Unterstützungsmöglichkeiten, wie Routinen zum Begründen von jeder gefundenen Lösung (lautes Denken), könnte die Anzahl der Erklärungen aller Schülerinnen und Schüler erhöht werden.

Insgesamt konnte die vorliegende Studie einen Beitrag zur theoretischen Entwicklung und Erforschung der Umsetzung tutoriellen Lernens leisten. Es lassen sich Implikationen sowohl für die Fortbildung von Lehrkräften als auch für die Unterrichtspraxis tutoriellen Lernens ableiten, welche die Umsetzung dieser positiv evaluierten Methode fördern könnten.

6.3 Grenzen der Studie und anschließende Forschungsfragen

6.3.1 Stichprobengröße und Modellierung

Die teilnehmenden Lehrkräfte wurden auf Schulebene zufällig der Untersuchungs- bzw. Kontrollgruppe zugewiesen, was die Schlussfolgerungen untermauert. Die Stichprobe ist jedoch auf der Ebene der Lehrkräfte sehr klein. In einigen Analysen zum Zusammenhang tutoriellen Lernens mit dem Lernerfolg wurde die in der Literatur empfohlene Mindeststichprobengröße unterschritten (Hox, 2002), so dass die Ergebnisse nur mit Vorsicht interpretiert werden können. Eine weitere Einschränkung, welche sich aus der geringen Stichprobe ergibt, stellt die fehlende Kontrolle von Variablen auf der Ebene der Lehrkräfte bzw. Klasse bei der Prüfung der Zusammenhänge von Umsetzung und Wirkung der Methode dar (Fragestellung 3). Die Umsetzung von Unterrichtsinhalten wurde in den Analysen ebenfalls nicht berücksichtigt. Um eine Aussage darüber machen zu können, ob die methodischen Elemente tutoriellen Lernens unabhängig von den Inhalten förderlich für das Lernen sind, müsste die inhaltliche Umsetzung auf Klassenebene kontrolliert werden. Wahlweise müssten Klassen mit einer geringen Umsetzungsgenauigkeit der Unterrichtsinhalte, welche hier kaum vorkam, von den Analysen ausgeschlossen werden. Obwohl beide Gruppen die gleichen fachinhaltlichen Hinweise und Materialien erhielten, fanden sich in UE1 Unterschiede in Bezug auf die Umsetzung der Fach-

Diskussion 193

inhalte zwischen den Gruppen. Es könnte sich somit in der Untersuchungsgruppe um eine Stichprobe gehandelt haben, bei der die Lehrkräfte allgemein eine hohe Umsetzungsgenauigkeit von Vorgaben aufwiesen. Zwar zeigte sich in UE1 kein positiver Effekt tutoriellen Lernens auf das konzeptuelle Verständnis – dieser fand sich lediglich in UE2, wo der Gruppenunterschied in Bezug auf die Umsetzung der Inhalte nicht mehr bestand. Dennoch wäre eine Prüfung der Wirksamkeit methodischer Kernelemente unter Kontrolle der Umsetzung der Unterrichtsinhalte wünschenswert. Aufgrund der geringen Stichprobengröße auf Klassenebene wurde hier davon abgesehen, weitere Klassen auszuschließen bzw. das Modell auf Klassenebene zu überfrachten. Eine Replikation in einer größeren Stichprobe wäre daher wünschenswert.

Auch die Analysen der Peer-Interaktionen beziehen sich auf eine kleine Teilstichprobe der Untersuchungsgruppe, die durch die Lehrkräfte ausgewählt wurde. Von einer Generalisierbarkeit der Ergebnisse zur Peer-Interaktion für die restliche Stichprobe der Untersuchungsgruppe kann aufgrund der festgestellten Unterschiede in den sprachlichen und naturwissenschaftlichen Kompetenzen nicht ohne weiteres ausgegangen werden. Daher konnte die Interaktionsqualität als wichtiges Merkmal der Umsetzung im Rahmen dieser Studie nicht in die Analysen zur Lernwirksamkeit einbezogen werden.

Zur Klärung der Fragestellung 1c zum Zusammenhang von Umsetzung und Klassenmerkmalen wurde lediglich eine Korrelation berechnet, so dass keine Aussage über die Wirkrichtung gemacht werden kann. Hier wurde die Wirkrichtung gemäß der Theorie und Empirie interpretiert. Zudem wurden die Kontextmerkmale der Klasse vor der Umsetzung tutoriellen Lernens erhoben. Somit lag die Interpretation des Zusammenhangs als Bedeutsamkeit der Kontextmerkmale für die Umsetzung näher. Dennoch ist auch dieses Ergebnis mit Vorsicht zu bewerten. Eine andere Wirkrichtung wäre ebenfalls denkbar, z. B. könnte sich eine genaue Umsetzung langfristig auf das wahrgenommene Klassenklima auswirken.

6.3.2 Erhebungsmethoden

Checkliste zur Umsetzungsgenauigkeit. Einschränkend ist an dieser Stelle hervorzuheben, dass es sich bei dem hier verwendeten Umsetzungsindex um ein Maß handelt, in dem wirksamkeitsrelevante Kernelemente tutoriellen Lernens in Bezug auf die Häufigkeit ihres Vorkommens beurteilt wurden. Obwohl dieses einen in der Forschung üblichen Indikator für die Bewertung der Umsetzung darstellt, welcher mit der Wirksamkeit der Methode korreliert (Greenwood et al., 1992), kann anhand der vorliegenden Daten keine Aussage zur

Qualität der Umsetzung auf Klassenebene über die Berücksichtigung der Kernelemente hinaus getroffen werden. Andere methodische Zugänge könnten z. B. einen Einblick in die Qualität der Instruktionen oder der Reflexion von sozialen Prozessen geben. Zudem wurde nur die Umsetzungsgenauigkeit, nicht jedoch die individuelle Anpassung der Methode bei der Umsetzung erhoben. Anhand der Daten der vorliegenden Studie konnte daher nicht beurteilt werden, ob es sich bei einer ungenaueren Umsetzung der Lehrkräfte um eine notwendige Anpassung an die Voraussetzungen ihrer Schülerinnen und Schüler handelte. Die Evaluation solcher Anpassungen könnte näheren Aufschluss über die Praxiskompatibilität bestimmter Elemente geben. Dies müsste in späteren Studien zu dem vorgestellten Konzept untersucht werden. Zudem wurde die Umsetzung lediglich zu zwei Zeitpunkten innerhalb weniger Wochen erhoben. Weitere Untersuchungen sollten prüfen, inwieweit fortgebildete Lehrkräfte Elemente tutoriellen Lernens eigenständig und nachhaltig in ihrem Unterricht einsetzen.

Bewertung der Interaktion. Auch in den Analysen zur Peer-Interaktion wurden in Orientierung an vorangegangenen Studien Qualitätsmerkmale in Bezug auf die Häufigkeit des Vorkommens bewertet. Entsprechend können mit diesen Analysen keine Aussagen zur Interaktionsqualität über die erwarteten Merkmale hinaus gemacht werden. Zusätzliche Informationen darüber, ob die Lernpartner einen respektvollen Umgang miteinander pflegten oder inwiefern sich ihre Äußerungen aufeinander bezogen, wären jedoch von Interesse, um die Produktivität der Zusammenarbeit beurteilen zu können (Webb, 2009). Auch die Bedeutung der Materialien und Aufgabenstellungen für die Qualität der Interaktion kann anhand der vorliegenden Analysen nicht geschlussfolgert werden. Entsprechende Befunde wären jedoch von Bedeutung, um den Forschungsbedarf bezüglich förderlicher Aufgabenstellungen beim tutoriellen Lernen im naturwissenschaftlichen Sachunterricht anzugehen (van Boxtel et al., 2000). Qualitative Analysen könnten zusätzliche Einblicke in die Prozesse der Weiterentwicklung von Erklärungen und die Bedeutung der Unterrichtsmaterialien dabei geben.

Bei Fragestellung 2c zur Entwicklung des konzeptuellen Verständnisniveaus der Erklärungen im Rahmen der Peer-Interaktion wurde ein Vergleich des Niveaus der individuellen Hypothese mit dem der Peer-Erklärung vorgenommen. Ob die hier analysierte Peer-Interaktion einen individuellen Lernerfolg erzielte, d. h. ob die Lernpartner die bessere Erklärung auch individuell in anderen Anwendungssituationen nutzen, kann jedoch anhand der Daten nicht geklärt werden. Der Posttest zum konzeptuellen Verständnis wurde nicht nach der Peer-Interaktion durchgeführt, so wie dies in Studien zur Peer-Interaktion häufig beschrieben wird, sondern fand zwei bis drei Wochen später, nach der gesamten UE1 statt. Da die Bedeutsamkeit der Erhebung solcher in-

Diskussion 195

dividuellen Lernfortschritte vielfach betont wird (Lisi & Golbeck, 1999), sollte diese in folgenden Forschungen zum tutoriellen Lernen zusätzlich berücksichtigt werden.

6.4 Ausblick

Zusätzlich zu den offenen Forschungsfragen, welche sich aus der Diskussion und den Beschränkungen der Studie ergeben, lassen sich weitere Bereiche definieren, die im Rahmen dieser Arbeit nicht thematisiert wurden.

In der vorliegenden Untersuchung wurde unter anderem der Zusammenhang tutoriellen Lernens mit dem konzeptuellen Verständnis der Schülerinnen und Schüler evaluiert. In Meta-Analysen zeigten sich Effekte tutoriellen Lernens auch auf motivationale und soziale Variablen, z.B. auf soziale Kompetenz oder das Selbstkonzept (Ginsburg-Block et al., 2006). Zudem ergaben sich mehrfach Hinweise, dass bestimmte Schülergruppen besonders von tutoriellem Lernen profitieren, z.B. Kinder aus Familien mit geringem Einkommen sowie aus Minderheitengruppen (Rohrbeck et al., 2003). Weitere Analysen der ermittelten Daten könnten zeigen, inwiefern sich diese Ergebnisse in der vorliegenden Studie replizieren lassen. Besonders interessant wäre dabei die Frage, ob sich tutorielles Lernen zur Förderung von Kindern eignet, welche gemäß Bildungsevaluationsstudien, wie TIMSS, einer Bildungsbenachteiligung ausgesetzt sind, z.B. Kinder aus Familien mit Migrationshintergrund (Wendt et al., 2012).

Die Analysen zur Peer-Interaktion wurden hier in Bezug auf das Vorkommen von erwarteten Qualitätsmerkmalen ausgewertet, um die Prozessqualität beim gegenseitigen Unterrichten genauer beschreiben zu können. Es wurden bezüglich der erhobenen Merkmale jedoch keine Vergleiche mit der Interaktion in anderen Unterrichtssettings oder der Kontrollgruppe angestellt. Ein Vergleich zwischen einer strukturierten Partnerarbeit mit den in dieser Studie verwendeten Hilfen und einer regulären Partnerarbeit könnte genaueren Aufschluss darüber geben, inwiefern die positiven Ergebnisse zur Interaktionsqualität dieser Studie auf die strukturierenden Methodenelemente tutoriellen Lernens zurückzuführen sind.

Die elaborierten Interaktionsmuster wurden hier anhand von mindestens zwei Erklärungen definiert, welche entweder aufeinander aufbauen (Kokonstruktion), vertiefend sind (Tutoring) oder sich widersprechen (Argumentation). In Analysen zur Peer-Interaktion bisheriger Studien wurden verschiedene Kodierungen verwendet, um diese Interaktionsmuster genauer zu beschreiben. Weitere Analysen könnten in Bezug auf die Anzahl der Erklärungen innerhalb eines Musters durchgeführt werden – ähnlich wie bei Osborne et al. (2004), wo anhand der Anzahl der Gegenargumente zwischen fünf Level der Argumentationstiefe unterschieden wurde. Solche Analysen könnten zeigen, inwieweit ein Zusammenhang zwischen der Argumentationstiefe und dem konzeptuellen Niveau der entwickelten Erklärungen besteht. Weiterhin könnten die beiden Lernphasen daraufhin verglichen werden, ob sich z. B. in der Lernphase mit Experiment aufgrund der Möglichkeit der Bezugnahme zu empirischer Evidenz mehr Erklärungen in den Mustern zeigen. Zusätzlich könnten die Muster untereinander in Bezug auf die Argumentationstiefe verglichen werden. Diese Analysen wären besonders interessant, da bisher wenig klare Ergebnisse zu Unterschieden zwischen den lernförderlichen Mustern in der Literatur zu finden sind (van Boxtel et al., 2000).

Weitere Analysen könnten zudem zum Zusammenhang der Interaktionsmerkmale mit den individuellen Lernvoraussetzungen der Lernpartner durchgeführt werden. Dabei könnten zum einen die individuellen Lernvoraussetzungen mit den Interaktionsergebnissen in Verbindung gebracht werden. Die elaborierten Interaktionsmuster erfordern fachliche sowie sprachliche Kompetenzen. Da beim tutoriellen Lernen beide Lernpartner profitieren und Erklärungen äußern sollen, könnte eine solche Analyse über bedeutsame Förderbedarfe im Zusammenhang mit einer hohen Interaktionsqualität Aufschluss geben. Zum anderen könnten Hinweise auf eine günstige Zusammensetzung der Lernpartner anhand der Daten gefunden werden, da diesbezüglich bisher widersprüchliche Forschungsergebnisse vorliegen (Schwarz & Linchevski, 2007).

Auch wenn die vorliegende Studie für die Unterrichtspraxis und -forschung bedeutsame Ergebnisse zur Umsetzung sowie zur empirischen Fundierung tutoriellen Lernens im naturwissenschaftlichen Sachunterricht der Grundschule beitragen konnte, besteht demnach sowohl im Bereich der Kernelemente tutoriellen Lernens, als auch zu den Peer-Interaktionen im Rahmen tutorieller Lernphasen weiterer Forschungsbedarf.

7. Literatur

Adl-Amini, K., Decristan, J., Hondrich, A. L. & Hardy, I. (2014). Umsetzung von peer-gestütztem Lernen im naturwissenschaftlichen Sachunterricht der Grundschule. *Zeitschrift für Grundschulforschung, 7* (2), 74–87.

Anderson, R. D. (2002). Reforming Science Teaching. What Research says about Inquiry. *Journal of Science Teacher Education, 13* (1), 1–12.

Appleton, K. (2007). Elementary Science Teaching. In S. K. Abell & N. G. Lederman (Hrsg.), *Handbook of research on science education* (S. 493–535). Mahwah, NJ: Erlbaum.

Arkoosh, M. K., Derby, K. M., Wacker, D. P., Berg, W., McLaughlin, T. F. & Barretto, A. (2007). A Descriptive Evaluation of Long-Term Treatment Integrity. *Behavior Modification, 31* (6), 880–895.

Asterhan, C. S. C. & Schwarz, B. B. (2007). The effects of monological and dialogical argumentation on concept learning in evolutionary theory. *Journal of Educational Psychology, 99,* 626–639.

Asterhan, C. S. C. & Schwarz, B. B. (2009a). Argumentation and Explanation in Conceptual Change: Indications From Protocol Analyses of Peer-to-Peer Dialog. *Cognitive Science, 33* (3), 374–400.

Asterhan, C. S. C. & Schwarz, B. B. (2009b). Transformation of Robust Misconceptions through Peer Argumentation. In B. B. Schwarz, T. Dreyfus & R. Hershkowitz (Hrsg.), *Transformation of knowledge through classroom interaction* (New perspectives on learning and instruction, S. 159–171). London; New York: Routledge.

Azmitia, M. (1988). Peer Interaction and Problem Solving. When Are Two Heads Better Than One? *Child Development, 59* (1), 87–96.

Baker, S., Gersten, R., Dimino, J. A. & Griffiths, R. (2004). The Sustained Use of Research-Based Instructional Practice: A Case Study of Peer-Assisted Learning Strategies in Mathematics. *Remedial and Special Education, 25* (1), 5–24.

Bell, R. L., Smetana, L. & Binns, I. (2005). Simplifying Inquiry Instruction. *The Science Teacher, 72* (7), 30–33.

Bennett, N. & Dunne, E. (1991). The nature and quality of talk in co-operative classroom groups. *Learning and Instruction, 1,* 103–118.

Bliss, J. (1996). Piaget und Vygotsky. Ihre Bedeutung für das Lehren und Lernen der Naturwissenschaften. *Zeitschrift für Didaktik der Naturwissenschaften, 2* (3), 3–16.

Borsch, F. (2005). *Der Einsatz des Gruppenpuzzles in der Grundschule. Förderung von Lernerfolg, Lernfreude und kooperativen Fertigkeiten* (Schriftenreihe Schriften zur pädagogischen Psychologie, Bd. 17). Hamburg: Kovač.

Bortz, J. & Döring, N. (2006). *Forschungsmethoden und Evaluation. Für Human- und Sozialwissenschaftler* (Springer-Lehrbuch, 4. Aufl.). Heidelberg: Springer.

Bos, W., Bonsen, M., Baumert, J., Prenzel, M., Selter, C. & Walther, G. (Hrsg.). (2008). *TIMSS 2007. Mathematische und naturwissenschaftliche Kompetenzen von Grundschulkindern in Deutschland im internationalen Vergleich.* Münster: Waxmann.

Bos, W., Hornberg, S., Arnold, K.-H., Faust, G., Fried, L., Lankes, E.-M. et al. (2007). *IGLU 2006. Lesekompetenzen von Grundschulkindern in Deutschland im internationalen Vergleich.* Münster: Waxmann.

Bos, W., Wendt, H., Köller, O. & Selter, C. (Hrsg.). (2012). *TIMSS 2011. Mathematische und naturwissenschaftliche Kompetenzen von Grundschulkindern in Deutschland im internationalen Vergleich.* Münster; München: Waxmann.

Bowman-Perrott, L., Davis, H., Vannest, K., Williams, L. & Greenwood, C. R. (2013). Academic Benefits of Peer Tutoring. A Meta-Analytic Review of Single-Case Research. *School Psychology Review, 42* (1), 39–55.

Bredderman, T. (1983). Effects of Activity-based Elementary Science on Student Outcomes. A Quantitative Synthesis. *Review of Educational Research, 53* (4), 499–518.

Brown, N. J. S., Nagashima, S. O., Fu, A., Timms, M. & Wilson, M. (2010). A Framework for Analyzing Scientific Reasoning in Assessments. *Educational Assessment, 15* (3–4), 142–174.

Bühner, M. & Ziegler, M. (2008). *Statistik für Psychologen und Sozialwissenschaftler.* München: Pearson.

Büttner, G., Warwas, J. & Adl-Amini, K. (2012). Kooperatives Lernen und Peer Tutoring im inklusiven Unterricht. *Zeitschrift für Inklusion online, 6* (1–2). Zugriff am 17.05.2015. Verfügbar unter http://www.inklusion-online.net/index.php/in klusion-online/article/view/61/61.

Bybee, R. W. (1997). *Achieving scientific literacy. From purposes to practices.* Portsmouth, NH: Heinemann.

Carey, S. (2000). Science Education as Conceptual Change. *Journal of Applied Developmental Psychology, 21* (1), 13–19.

Carroll, C., Patterson, M., Wood, S., Booth, A., Rick, J. & Balain, S. (2007). A conceptual framework for implementation fidelity. *Implementation Science, 2* (1), 40.

Carter, G., Jones, M. G. & Rua, M. (2003). Effects of partner's ability on the achievement and conceptual organization of high-achieving fifth-grade students. *Science Education, 87* (1), 94–111.

Chi, M. T. H. (2009). Active-Constructive-Interactive. A Conceptual Framework for Differentiating Learning Activities. *Topics in Cognitive Science, 1* (1), 73–105.

Chi, M. T. H., Siler, S. A., Jeong, H., Yamauchi, T. & Hausmann, R. G. (2001). Learning from human tutoring. *Cognitive Science, 25*, 471–533.

Chi, M. T. H., Slotta, J. D. & Leeuw, N. de (1994). From things to processes. A theory of conceptual change for learning science concepts. *Learning and Instruction, 4*, 27–43.

Cobb, P. (1994). Where Is the Mind? Constructivist and Sociocultural Perspectives on Mathematical Development. *Educational Researcher, 23* (7), 13–20.

Cohen, E. G. (1994). Restructuring the Classroom: Conditions for Productive Small Groups. *Review of Educational Research, 64* (1), 1–35.

Cohen, J. (1988). *Statistical power analysis for the behavioral sciences* (2. Aufl.). Hillsdale, N.J: Lawrence Erlbaum Associates.

Cohen, P. A., Kulik, J. A. & Kulik, C.-L. C. (1982). Educational Outcomes of Tutoring. A Meta-analysis of Findings. *American Educational Research Journal, 19* (2), 237–248.

Cole, M. (1985). The zone of proximal development. Where culture and cognition create each other. In J. V. Wertsch (Hrsg.), *Culture communication, and cognition. Vygotskian perspectives* (S. 146–161). Cambridge, U.K.; New York: Cambridge University Press.

Crawford, L., Carpenter, D. M., Wilson, M. T., Schmeister, M. & McDonald, M. (2012). Testing the Relation Between Fidelity of Implementation and Student Outcomes in Math. *Assessment for Effective Intervention, 37* (4), 224–235.

Dane, A. V. & Schneider, B. H. (1998). Program Integrity In Primary And Early Secondary Prevention: Are Implementation Effects Out Of Control? *Clinical Psychologie Review, 18* (1), 23–45.

Deci, E. L. & Ryan, R. M. (1993). Die Selbstbestimmungstheorie der Motivation und ihre Bedeutung für die Pädagogik. *Zeitschrift für Pädagogik, 39* (2), 223–238.

Decker, A. T. (2014). *Veränderung berufsbezogener Überzeugungen bei Lehrkräften*. Dissertation, Johann Wolfgang Goethe-Universität. Frankfurt am Main.

Decristan, J., Hondrich, A. L., Büttner, G., Hertel, S., Klieme, E., Kunter, M., Lühken, A., Adl-Amini, K., Djakovic, S.-K., Mannel, S. & Hardy, I. (2015). Impact of additional guidance in science education on primary students' conceptual understanding. *The Journal of Educational Research, 108*, 358–370.

Decristan, J., Naumann, A., Fauth, B., Rieser, S., Büttner, G. & Klieme, E. (2014). Heterogenität von Schülerleistungen in der Grundschule. *Zeitschrift für Entwicklungspsychologie und Pädagogische Psychologie, 46* (4), 181–190.

Delquadri, J. C., Greenwood, C. R., Whorton, D., Carta, J. J. & Hall, R. V. (1986). Classwide Peer Tutoring. *Exceptional Children, 52* (6), 535–542.

Desimone, L. M. (2009). Improving Impact Studies of Teachers' Professional Development. Toward Better Conceptualizations and Measures. *Educational Researcher, 38* (3), 181–199.

Devin-Sheehan, L., Feldman, R. S. & Allen, V. L. (1976). Research on Children Tutoring Children: A Critical Review. *Review of Educational Research, 46* (3), 355–385.

Diel, E. & Nieder, T. (2008). *Fragebögen zum Klassenklima*. Wiesbaden: Institut für Qualitätsentwicklung (Hessen).

diSessa, A. A. (1988). Knowledge in pieces. In G. E. Forman & P. B. Pufall (Hrsg.), *Constructivism in the computer age* (The Jean Piaget Symposium series, Bd. 1, S. 49–70). Hillsdale, N.J: Lawrence Erlbaum Associates.

Decker, A. T. (2014). *Veränderung berufsbezogener Überzeugungen bei Lehrkräften.* Dissertation, Johann Wolfgang Goethe-Universität. Frankfurt am Main.

Domitrovich, C. E. & Greenberg, M. T. (2000). The Study of Implementation: Current Findings From Effective Programs that Prevent Mental Disorders in School-Aged Children. *Journal of Educational and Psychological Consultation, 11* (2), 193–221.

Drechsler-Köhler, B. (2006). Naturwissenschaftlicher Unterricht in der Primarstufe – derzeitige Situation und Veränderung durch Lehrerfortbildung. In Pitton, A. (Hrsg.), *Lehren und Lernen mit neuen Medien* (S. 385–394). Berlin: Lit Verlag.

Duit, R. (1995). Zur Rolle der konstruktivistischen Sichtweise in der naturwissenschaftsdidaktischen Lehr- und Lernforschung. *Zeitschrift für Pädagogik, 41* (6), 905–923.

Duit, R. & Treagust, D. F. (2003). Conceptual change. a powerful framework for improving science teaching and learning. *International Journal of Science Education, 25* (6), 671–688.

Duschl, R. (2008). Science Education in Three-Part Harmony. Balancing Conceptual, Epistemic, and Social Learning Goals. *Review of Research in Education, 32* (1), 268–291.

Duschl, R. & Osborne, J. (2002). Supporting and Promoting Argumentation Discourse in Science Education. *Studies in Science Education, 38,* 39–72.

Dusenbury, L., Brannigan, R., Falco, M. & Hansen, W. B. (2003). A review of research on fidelity of implementation: implications for drug abuse prevention in school settings. *Health Education Research, 18* (2), 237–256.

Ehmke, T. & Jude, N. (2010). Soziale Herkunft und Kompetenzerwerb. In E. Klieme, C. Artelt, J. Hartig, N. Jude, O. Köller, M. Prenzel et al. (Hrsg.), *PISA 2009. Bilanz nach einem Jahrzehnt* (S. 231–250). Münster: Waxmann.

Elben, C. E. & Lohaus, A. (2001). *MSVK. Marburger Sprachverständnistest für Kinder.* Göttingen: Hogrefe.

Enders, C. K. & Tofighi, D. (2007). Centering predictor variables in cross-sectional multilevel models: A new look at an old issue. *Psychological Methods, 12* (2), 121–138.

Fernandez, C., Rankin, S. & Stigler, J. (1997). *Videographics handbook. Videotape procedures for TIMSS.* International Association for the Evaluation of Educational (IEA).

Field, A. P. (2005). *Discovering statistics using SPSS* (ISM) (London, England, 2. Aufl.). London: Sage Publications.

Forman, E. A. & Cazden, C. B. (1985). Exploring Vygotskian perspectives in education. The cognitive value of peer interaction. In J. V. Wertsch (Hrsg.), *Culture communication, and cognition. Vygotskian perspectives* (S. 323–347). Cambridge, U.K.; New York: Cambridge University Press.

Fuchs, D., Fuchs, L. S. & Burish, P. (2000). Peer-Assisted Learning Strategies. An Evidence-Based Practice to Promote Reading Achievement. *Learning Disabilities Research & Practice, 15* (2), 85–91.

Fuchs, D., Fuchs, L. S., Mathes, P. G. & Simmons, D. C. (1997). Peer-Assisted Learning Strategies. Making Classrooms More Responsive to Diversity. *American Educational Research Journal, 34* (1), 174–206.

Fuchs, L. S., Fuchs, D., Karnes, M. & Phillips, N. B. (2009). *Peer-Assisted Learning Strategies. Math Methods for Grades 1–6* (Teacher Manual 2009 Revised Edition). Nashville: Vanderbilt University.

Fuchs, L. S., Fuchs, D. & Karns, K. (2001). Enhancing Kindergartners' Mathematical Development. Effects of Peer-Assisted Learning Strategies. *The Elementary School Journal, 101* (5), 495–510.

Furtak, E. M., Hardy, I., Beinbrech, C., Shavelson, R. J. & Shemwell, J. T. (2010). A Framework for Analyzing Evidence-Based Reasoning in Science Classroom Discourse. *Educational Assessment, 15* (3–4), 175–196.

Furtak, E. M., Ruiz-Primo, M. A., Shemwell, J. T., Ayala, C. C., Brandon, P. R., Shavelson, R. J. et al. (2008). On the Fidelity of Implementing Embedded Formative Assessments and Its Relation to Student Learning. *Applied Measurement in Education, 21* (4), 360–389.

Furtak, E. M., Seidel, T., Iverson, H. & Briggs, D. C. (2012). Experimental and Quasi-Experimental Studies of Inquiry-Based Science Teaching: A Meta-Analysis. *Review of Educational Research, 82* (3), 300–329.

Garet, M. S., Porter, A. C., Desimone, L., Birman, B. F. & Yoon, K. S. (2001). What Makes Professional Development Effective? Results from a National Sample of Teachers. *American Educational Research Journal 38* (4), 915–945.

Gerber, M. & Kauffman, J. M. (1981). Peer Tutoring in Academic Settings. In A. S. Bellack, M. Hersen & P. S. Strain (Hrsg.), *Applied Clinical Psychology* (S. 155–187). Boston, MA: Springer US.

Gesellschaft für Didaktik des Sachunterrichts (Hrsg.). (2013). *Perspektivrahmen Sachunterricht* (vollständig überarb. und erw. Aufl.). Bad Heilbrunn: Klinkhardt.

Ginsburg-Block, M. D., Rohrbeck, C. A. & Fantuzzo, J. W. (2006). A meta-analytic review of social, self-concept, and behavioral outcomes of peer-assisted learning. *Journal of Educational Psychology, 98* (4), 732–749.

Gräsel, C. & Parchmann, I. (2004). Implementationsforschung – oder: der steinige Weg, Unterricht zu verändern. *Unterrichtswissenschaft, 32* (3), 196–214.

Greenwood, C. R. (1997). Classwide Peer Tutoring. *Behavior and Social Issues, 7* (1), 53–57.

Greenwood, C. R., Delquadri, J. C. & Carta, J. J. (1997). *Together we can! Classwide peer tutoring to improve basic academic skills.* Longmont, CO: Sopris West.

Greenwood, C. R., Delquadri, J. C. & Hall, R. V. (1989). Longitudinal Effects of Classwide Peer Tutoring. *Journal of Educational Psychology, 81* (3), 371–383.

Greenwood, C. R., Terry, B., Arreaga-Mayer, C. & Finney, R. (1992). The Classwide Peer Tutoring Program. Implementation Factors Moderating Students' Achievement. *Journal of Applied Behavior Analysis, 25* (1), 101–116.
Gresham, F. M. (1989). Assessment of Treatment Integrity in School Consultation and Prereferral Intervention. *School Psychology Review, 18* (1), 37–50.
Gresham, F. M. (2009). Evolution of the Treatment Integrity Concept: Current Status and Future Directions. *School Psychology Review, 38* (4), 533–540.
Greve, W. & Wentura, D. (1997). *Wissenschaftliche Beobachtung. Eine Einführung* (2. Aufl.). Weinheim: Beltz.
Gustafsson, J.-E. & Balke, G. (1993). General and Specific Abilities as Predictors of School Achievement. *Multivariate Behavioral Research, 28* (4), 407–434.
Guzzetti, B. J., Glass, G. V. & Gamas, W. S. (1993). Pro-moting conceptual change in science. A comparative meta-analysis of instructional interventions for reading education and science education. *Reading Research Quarterly, 28*, 117–154.
Haag, L. & Streber, D. (2011). Tutorielles Lernen. *Empirische Pädagogik, 25* (3), 358–369.
Hagermoser Sanetti, L. M. & Kratochwill, T. R. (2009). Toward Developing a Science of Treatment Integrity: Introduction to the Special Series. *School Psychology Review, 38* (4), 445–459.
Hake, R. R. (1998). Interactive-Engagement vs. Traditional Methods. A Six-Thousand-Student Survey of Mechanics Test Data for Introductory Physics Courses. *American Journal of Physics, 66* (1), 64–91.
Hardy, I., Hertel, S., Kunter, M., Klieme, E., Warwas, J., Büttner, G. et al. (2011). Adaptive Lerngelegenheiten in der Grundschule. Merkmale, methodisch-didaktische Schwerpunktsetzungen und erforderliche Lehrerkompetenzen. *Zeitschrift für Pädagogik, 57* (6), 819–833.
Hardy, I., Jonen, A., Möller, K. & Stern, E. (2004). Die Integration von Repräsentationsformen in den Sachunterricht der Grundschule. In J. Doll & M. Prenzel (Hrsg.), *Bildungsqualität von Schule. Lehrerprofessionalisierung, Unterrichtsentwicklung und Schülerförderung als Strategien der Qualitätsentwicklung* (S. 267–283). Münster: Waxmann.
Hardy, I., Jonen, A., Möller, K. & Stern, E. (2006). Effects of instructional support within constructivist learning environments for elementary school students' understanding of "floating and sinking". *Journal of Educational Psychology, 98* (2), 307–326.
Hardy, I., Kloetzer, B., Möller, K. & Sodian, B. (2010). The Analysis of Classroom Discourse: Elementary School Science Curricula Advancing Reasoning With Evidence. *Educational Assessment, 15* (3–4), 197–221.
Hasselhorn, M. & Gold, A. (2009). *Pädagogische Psychologie. Erfolgreiches Lehren und Lernen* (Kohlhammer Standards Psychologie, 2. Aufl.). Stuttgart: Kohlhammer.
Hattie, J. (2009). *Visible learning. A synthesis of over 800 meta-analyses relating to achievement*. London, New York: Routledge.

Henke, R. R., Chen, X. & Goldman, G. (1999). *What happens in classrooms? Instructional practices in elementary and secondary schools, 1994–95* (Statistical analysis report/National Center for Education Statistics). Washington, DC: U.S. Dept. of Education, Office of Educational Research and Improvement.

Hertz-Lazarowitz, R., Baird, H. J., Webb, C. D. & Lazarowitz, R. (1984). Student-student interactions in science classrooms: A naturalistic study. *Science Education, 68* (5), 603–619.

Hessisches Kultusministerium (1995). *Rahmenplan Grundschule gemäß der 204. Verordnung über Rahmenpläne des hessischen Kultusministers*. Wiesbaden.

Hmelo-Silver, C. E., Ravit, G. D. & Chinn, C. A. (2007). Scaffolding and Achievement in Problem-Based and Inquiry Learning. A Response to Kirschner, Sweller and Clark (2006). *Educational Psychologist, 42* (2), 99–107.

Hogan, D. M. & Tudge, J. R. H. (1999). Implications of Vygotsky's Theory for Peer Learning. In A. M. O'Donnell (Hrsg.), *Cognitive perspectives on peer learning. Rutgers Invitational Symposium on Education Series* (The Rutgers invitational symposium on education series, S. 39–65). Mahwah, NJ: Erlbaum.

Hong, S.-Y. & Diamond, K. E. (2012). Two approaches to teaching young children science concepts, vocabulary, and scientific problem-solving skills. *Early Childhood Research Quarterly, 27* (2), 295–305.

Howe, A. C. & Durr, B. (1982). Using concrete materials and peer interaction to enhance learning in chemistry. *Journal of Research in Science Teaching, 19* (3), 225–232.

Howe, C. (2009a). Collaborative Group Work in Middle Childhood. Joint Construction, Unresolved Contradiction and the Growth of Knowledge. *Human Development, 52* (4), 215–239.

Howe, C. (2009b). Expert Support for Group Work in Elementary Science. The Role of Consensus. In B. B. Schwarz, T. Dreyfus & R. Hershkowitz (Hrsg.), *Transformation of knowledge through classroom interaction* (New perspectives on learning and instruction, S. 93–104). London; New York: Routledge.

Howe, C. (2010). Peer Dialogue and Cognitive Development. In K. Littleton & C. Howe (Hrsg.), *Educational dialogues. Understanding and promoting productive interaction* (S. 32–47). London; New York: Routledge.

Howe, C., Tolmie, A. K., Thurston, A., Topping, K. J., Christie, D., Livingston, K. et al. (2007). Group work in elementary science: Towards organisational principles for supporting pupil learning. *Learning and Instruction, 17* (5), 549–563.

Hox, J. J. (2002). *Multilevel analysis. Techniques and applications* (Quantitative methodology series). Mahwah, N.J: Lawrence Erlbaum Associates.

Hugener, I. (2005–2006). Überblick über die Beobachtungsinstrumente. In E. Klieme, K. Rakoczy, A. Buff, F. Lipowsky, I. Hugener, C. Pauli et al. (Hrsg.), *Dokumentation der Erhebungs- und Auswertungsinstrumente zur schweizerisch-deutschen Videostudie „Unterrichtsqualität, Lernverhalten und mathematisches Verständnis"* (Materialien zur Bildungsforschung, Bd. 13–15, Bd. 15, S. 45–54). Frankfurt am Main: Gesellschaft zur Förderung Pädagogischer Forschung.

Jacobs, J. K., Hollingsworth, H. & Givvin, K. B. (2007). Video-Based Research Made "Easy": Methodological Lessons Learned from the TIMSS Video Studies. *Field Methods, 19* (3), 284–299.

Janke, B. (1995). Entwicklung naiven Wissens über den physikalischen Auftrieb. Warum schwimmen Schiffe? *Zeitschrift für Entwicklungspsychologie und Pädagogische Psychologie, 27* (2), 122–138.

Johnson, D. W. & Johnson, R. T. (1981). Effects of Cooperative and Individualistic Learning Experiences on Interethnic Interaction. *Journal of Educational Psychology, 73* (3), 444–449.

Johnson, D. W. & Johnson, R. T. (1999). *Learning together and alone. Cooperative, competitive, and individualistic learning* (5. Aufl.). Boston: Allyn & Bacon.

Johnson, D. W., Johnson, R. T. & Holubec, E. J. (1996). Learning Together in the Science Classroom. Practical Applications. In R. J. Stahl (Hrsg.), *Cooperative learning in science. A handbook for teachers* (S. 49–73). Menlo Park, CA: Innovative Learning Publications.

Jorczak, R. L. (2011). An information processing perspective on divergence and convergence in collaborative learning. *Computer Supported Learning, 6* (2), 207–221.

Kaplan, D., Kim, J.-S. & Kim, S.-Y. (2009). Multilevel Latent Variable Modeling. Current Research and Recent Developments. In R. E. Millsap & A. Maydeu-Olivares (Hrsg.), *The Sage handbook of quantitative methods in psychology* (S. 592–613). Thousand Oaks, CA: Sage Publications.

Kenny, D. A., Kashy, D. & Bolger, N. (1998). Data analysis in social psychology. In D. T. Gilbert, S. T. Fiske & G. Lindzey (Hrsg.), *The handbook of social psychology* (4. Aufl., S. 233–265). Boston, New York: McGraw-Hill.

Kind, P. M., Kind, V., Hofstein, A. & Wilson, J. (2011). Peer Argumentation in the School Science Laboratory – Exploring effects of task features. *International Journal of Science Education, 33* (18), 2527–2558.

King, A. (1998). Transactive Peer Tutoring. Distributing Cognition and Metacognition. *Educational Psychology Review, 10* (1), 57–74.

King, A. (1999). Discourse Patterns for Mediating Peer Learning. In A. M. O'Donnell (Hrsg.), *Cognitive perspectives on peer learning. Rutgers Invitational Symposium on Education Series* (The Rutgers invitational symposium on education series, S. 87–115). Mahwah, NJ: Erlbaum.

King, A., Staffieri, A. & Adelgais, A. (1998). Mutual peer tutoring: Effects of structuring tutorial interaction to scaffold peer learning. *Journal of Educational Psychology, 90* (1), 134–152.

Kleickmann, T. (2008). *Zusammenhänge fachspezifischer Vorstellungen von Grundschullehrkräften zum Lehren und Lernen mit Fortschritten von Schülerinnen und Schülern im konzeptuellen naturwissenschaftlichen Verständnis*. Dissertation, Westfälische Wilhelms-Universität. Münster. Zugriff am 08.02.2008. Verfügbar unter https://d-nb.info/992474906/34.

Kleickmann, T., Brehl, T., Saß, S. & Prenzel, M. (2012). Naturwissenschaftliche Kompetenzen im internationalen Vergleich. Testkonzeption und Ergebnisse. In W. Bos, H. Wendt, O. Köller & C. Selter (Hrsg.), *TIMSS 2011. Mathematische und naturwissenschaftliche Kompetenzen von Grundschulkindern in Deutschland im internationalen Vergleich* (S. 123–170). Münster: Waxmann.

Kleickmann, T., Hardy, I., Möller, K., Pollmeier, J., Tröbst, S. & Beinbrech, C. (2010). Die Modellierung naturwissenschaftlicher Kompetenz im Grundschulalter. Theoretische Konzeption und Testkonstruktion. *Zeitschrift für Didaktik der Naturwissenschaften, 16*, 265–283.

Knobloch, R. (2011). *Analyse der fachinhaltlichen Qualität von Schüleräußerungen und deren Einfluss auf den Lernerfolg. Eine Videostudie zu kooperativer Kleingruppenarbeit* (Studien zum Physik- und Chemielernen, Bd. 120). Berlin: Logos.

Krüger, D. (2007). Die Conceptual Change-Theorie. In D. Krüger & H. Vogt (Hrsg.), *Theorien in der biologiedidaktischen Forschung* (1. Aufl., S. 81–92). Berlin, New York: Springer.

Krüger, R. (1975). *Projekt Lernen durch Lehren. Schüler als Tutoren von Mitschülern.* Bad Heilbrunn: Klinkhardt.

Kuckartz, U., Dresing, T., Rädiker, S. & Stefer, C. (2008). Qualitative Evaluation. Der Einstieg in die Praxis (2. Aufl.). Wiesbaden: VS Verlag für Sozialwissenschaften.

Kuhn, D. (2010). Teaching and learning science as argument. *Science Education, 94* (5), 810–824.

Langer, I. & Schulz von Thun, F. (2007). *Messung komplexer Merkmale in Psychologie und Pädagogik. Ratingverfahren* (Standardwerke aus Psychologie und Pädagogik – Reprints, Bd. 4). Münster: Waxmann.

Lendrum, A. & Humphrey, N. (2012). The importance of studying the implementation of interventions in school settings. *Oxford Review of Education, 38* (5), 635–652.

Lenhard, W. & Schneider, W. (2006). *ELFE 1–6. Ein Leseverständnistest für Erst- bis Sechstklässler.* Göttingen: Hogrefe.

Leuchter, M., Saalbach, H. & Hardy, I. (2011). Förderung des konzeptuellen Verständnisses für Schwimmen und Sinken durch strukturierte Lernumgebungen. In F. Vogt, M. Leuchter, A. Tettenborn, U. Hottinger, M. Jäger & E. Wannack (Hrsg.), *Entwicklung und Lernen junger Kinder* (S. 37–52). Münster: Waxmann.

Lipowsky, F. (2006). Auf den Lehrer kommt es an. Empirische Evidenzen für Zusammenhänge zwischen Lehrerkompetenzen, Lehrerhandeln und dem Lernen der Schüler. In E. Terhart & C. Allemann-Ghionda (Hrsg.), *Kompetenzen und Kompetenzentwicklung von Lehrerinnen und Lehrern: Ausbildung und Beruf* (Zeitschrift für Pädagogik, Beiheft, Bd. 51, S. 47–70). Weinheim: Beltz.

Lipowsky, F. (2011). Theoretische Perspektiven und empirische Befunde zur Wirksamkeit von Lehrerfort- und -weiterbildung. In W. Einsiedler, M. Götz, A. Hartinger, F. Heinzel, J. Kahlert & U. Sandfuchs (Hrsg.), *Handbuch Grundschulpädagogik und Grundschuldidaktik* (S. 398–417). Münster: Waxmann.

Lipowsky, F. & Rzejak, D. (2015). Das Lernen von Lehrpersonen und Schülern/-innen im Fokus. Was zeichnet wirksame Lehrerfortbildungen aus? In A. Grimm & D. Schoof-Wetzig (Hrsg.), *Was wirklich wirkt!? Effektive Lernprozesse und Strukturen in Lehrerfortbildung und Schulentwicklung* (Loccumer Protokoll Bildung, Wissenschaft, 26/14, S. 11–49). Rehburg-Loccum: Evangelische Akademie Loccum; Deutscher Verein zur Förderung der Lehrerinnen- und Lehrerfortbildung (DVLfB).

Lisi, R. De & Golbeck, S. L. (1999). Implications of Piagetian Theory for Peer Learning. In A. M. O'Donnell (Hrsg.), *Cognitive perspectives on peer learning. Rutgers Invitational Symposium on Education Series* (The Rutgers invitational symposium on education series, S. 3–37). Mahwah, NJ: Erlbaum.

Littleton, K. & Mercer, N. (2010). The Significance of Educational Dialogues between Primary School Children. In K. Littleton & C. Howe (Hrsg.), *Educational dialogues. Understanding and promoting productive interaction* (S. 271–288). London; New York: Routledge.

Lou, Y., Abrami, P. C. & d'Appolonia, S. (2001). Small Group and Individual Learning with Technology: A Meta-Analysis. *Review of Educational Research, 71* (3), 449–521.

Lou, Y., Abrami, P. C., Spence, J. C., Poulsen, C., Cambers, B. & d'Appolonia, S. (1996). Within-Class Grouping. A Meta-Analysis. *Review of Educational Research, 66* (4), 423–458.

Lüdtke, O., Trautwein, U., Kunter, M. & Baumert, J. (2006). Analyse von Lernumwelten. *Zeitschrift für Pädagogische Psychologie, 20* (1), 85–96.

Maheady, L. & Gard, J. (2010). Classwide Peer Tutoring: Practice, Theory, Research, and Personal Narrative. *Intervention in School and Clinic, 46* (2), 71–78.

Maheady, L., Harper, G. F., Mallette, B. & Winstanley, N. (1991). Training and implementation requirements associated with the use of a classwide peer tutoring system. *Education and Treatment of Children, 14* (3), 177–198.

Maheady, L., Mallette, B. & Harper, G. F. (2006). Four Classwide Peer Tutoring Models. Similarities, Differences, and Implications for Research and Practice. *Reading & Writing Quarterly, 22* (1), 65–89.

Martin, M. O., Mullis, I. V. S. & Foy, P. (2008). *TIMSS 2007 International Science Report. Findings from IEA's Trends in International Mathematics and Science Study at the Fourth and Eighth Grades*. Chestnut Hill, MA: TIMSS & PIRLS International Study Center.

Martin, M. O., Mullis, I. V. S., Foy, P. & Stanco, G. M. (2012). *TIMSS 2011 international results in science*. Zugriff am 17.01.2018. Verfügbar unter https://timssundpirls.bc.edu/timss2011/download/T11_IR_Science_FullBook.pdf.

Masters, G. N. (1982). A Rasch Model for Partial-Credit Scoring. *Psychometrika, 47*, 149–174.

Mayer, R. E. (2002). Understanding conceptual change. a commentary. In M. Limón & L. Mason (Hrsg.), *Reconsidering conceptual change. Issues in theory and practice* (Bd. 1, S. 101–111). Dordrecht; Boston: Kluwer.

Mayer, R. E. (2004). Should There Be a Three-Strikes Rule Against Pure Discovery Learning?, *American Psychologist, 59* (1), 14–19.
McMaster, K. L., Fuchs, D. & Fuchs, L. S. (2006). Research on Peer-Assisted Learning Strategies. The Promise and Limitations of Peer-Mediated Instruction. *Reading & Writing Quarterly, 22* (1), 5–25.
McMaster, K. L., Han, I., Coolong-Chaffin, M. & Fuchs, D. (2013). Promoting Teacher's Use of Scientifically Based Instructions. A Comparison of University versus District Support. *The Elementary School Journal, 113* (3), 303–330.
Mercer, N. (1996). The quality of talk in children's collaborative activity in the classroom. *Learning and Instruction, 6* (4), 359–377.
Mercer, N., Dawes, L., Wegerif, R. & Sams, C. (2004). Reasoning as a scientist: ways of helping children to use language to learn science. *British Educational Research Journal, 30* (3), 359–378.
Merrill, D. C., Reiser, B. J., Ranney, M. & Trafton, J. G. (1992). Effective Tutoring Techniques: A Comparison of Human Tutors and Intelligent Tutoring Systems. *Journal of the Learning Sciences, 2* (3), 277–305.
Miller, P. H. (1993). *Theorien der Entwicklungspsychologie*. Heidelberg: Spektrum Akademie Verlag.
Minner, D. D., Levy, A. J. & Century, J. (2010). Inquiry-based science instruction-what is it and does it matter? Results from a research synthesis years 1984 to 2002. *Journal of Research in Science Teaching, 47* (4), 474–496.
Möller, K. (1999). Konstruktivistisch orientierte Lehr-Lernprozeßforschung im naturwissenschaftlich-technischen Bereich des Sachunterrichts. In W. Köhnlein (Hrsg.), *Vielperspektivisches Denken im Sachunterricht* (Forschungen zur Didaktik des Sachunterrichts, Bd. 3, S. 125–191). Bad Heilbrunn: Klinkhardt.
Möller, K., Hardy, I. & Lange, K. (2012). Moving beyond standards. How can we improve elementary science learning? A German perspective. In S. Bernholt, K. Neumann & P. Pentwig (Hrsg.), *Making it tangible. Learning outcomes in science education* (S. 33–58). Münster: Waxmann.
Möller, K. & Jonen, A. (2005). *Die KiNT-Boxen. Kinder lernen Naturwissenschaft und Technik*. Essen: Spectra-Verlag.
Möller, K., Jonen, A., Hardy, I. & Stern, E. (2002). Die Förderung von naturwissenschaftlichem Verständnis bei Grundschulkindern durch Strukturierung der Lernumgebung. *Zeitschrift für Pädagogik*, 45. Beiheft, 176–191.
Mowbray, C. T., Holter, M. C., Teague, T. B. & Bybee, D. (2003). Fidelity Criteria: Development, Measurement, and Validation. *American Journal of Evaluation, 24* (3), 315–340.
Muthén, L. K. & Muthén, B. O. (2010). *Mplus. Statistical Analysis With Latent Variables User's Guide* (6. Aufl.). Zugriff am 17.01.2018. Verfügbar unter https://www.statmodel.com/download/userguide/Mplus%20Users%20Guide%20v6.pdf.
O'Donnell, A. M. (2006). The Role of Peers and Group Learning. In P. A. Alexander & P. H. Winne (Hrsg.), *Handbook of educational psychology* (2. Aufl., S. 781–802). Mahwah, NJ: Erlbaum.

O'Donnell, C. L. (2008). Defining, Conceptualizing, and Measuring Fidelity of Implementation and Its Relationship to Outcomes in K-12 Curriculum Intervention Research. *Review of Educational Research, 78* (1), 33–84.
Osborne, J. (2010). Arguing to Learn in Science: The Role of Collaborative, Critical Discourse. *Science, 328* (5977), 463–466.
Osborne, J. & Chin, C. (2010). The Role of Discourse in Learning Science. In K. Littleton & C. Howe (Hrsg.), *Educational dialogues. Understanding and promoting productive interaction* (S. 89–102). London; New York: Routledge.
Osborne, J., Erduran, S. & Simon, S. (2004). Enhancing the quality of argumentation in school science. *Journal of Research in Science Teaching, 41* (10), 994–1020.
Pauli, C. & Reusser, K. (2000). Zur Rolle der Lehrperson beim kooperativen Lernen. *Schweizerische Zeitschrift für Bildungswissenschaften, 22* (3), 421–442.
Person, N. K. & Graesser, A. G. (1999). Evolution of Discourse During Cross-Age Tutoring. In A. M. O'Donnell (Hrsg.), *Cognitive perspectives on peer learning. Rutgers Invitational Symposium on Education Series* (The Rutgers invitational symposium on education series, S. 69–86). Mahwah, NJ: Erlbaum.
Petermann, F., Metz D. & Fröhlich L. D. (2010). *Set 5-10. Sprachstandserhebungstest für Kinder im Alter zwischen 5 und 10 Jahren.* Göttingen: Hogrefe.
Philipp, M. (2010). Peer Assisted Learning in der Lesedidaktik am Beispiel Lesestrategie-Trainings. Teil 2: Zur Rolle der Lehrkräfte und der Implementierung der Verfahren. *leseforum.ch* (4), 1–16.
Piaget, J. (1952). *The Language and Thought of the Child* (2. Aufl., 1. Band). London: Routledge.
Piaget, J. (1954). *Das moralische Urteil beim Kinde* (1. Band). Zürich: Rascher & Cie A.-G. Verlag.
Piaget, J. & Inhelder, B. (1972). *Die Psychologie des Kindes*. Olten; Freiburg i.Br.: Walter.
Pintrich, P. R., Marx, R. W. & Boyle, R. A. (1993). Beyond Cold Conceptual Change: The Role of Motivational Beliefs and Classroom Contextual Factors in the Process of Conceptual Change. *Review of Educational Research, 63* (2), 167–199.
Pollmeier, J., Tröbst, S., Hardy, I., Möller, K., Kleickmann, T., Jurecka, A. et al. (2017). Science-P I. Modeling Conceptual Understanding in Primary School. In D. Leutner, J. Fleischer, J. Grünkorn & E. Klieme (Hrsg.), *Competence Assessment in Education. Methodology of Educational Measurement and Assessment* (S. 9–17). Cham: Springer.
Posner, G. J., Strike, K. A., Hewson, P. W. & Gertzog, W. A. (1982). Accommodation of a scientific conception: Toward a theory of conceptual change. *Science Education, 66* (2), 211–227.
Prengel, A. (2006). *Pädagogik der Vielfalt. Verschiedenheit und Gleichberechtigung in interkultureller, feministischer und integrativer Pädagogik* (3. Aufl.). Wiesbaden: VS Verlag für Sozialwissenschaften.

Prenzel, M. & Seidel, T. (2008). Erwerb naturwissenschaftlicher Kompetenzen. In W. Schneider & M. Hasselhorn (Hrsg.), *Handbuch der Pädagogischen Psychologie* (S. 608–618). Göttingen: Hogrefe.

Raudenbush, S. W. & Bryk, A. S. (2001). *Hierarchical linear models. Applications and data analysis methods* (Advanced quantitative techniques in the social sciences, Bd. 1, 2. Aufl.). Thousand Oaks: Sage Publications.

Rauer, W. & Schuck, K. D. (2003). *FEESS 3-4. Fragebogen zur Erfassung emotionaler und sozialer Schulerfahrungen von Grundschulkindern dritter und vierter Klassen*. Göttingen: Beltz.

Renkl, A. (2008). Kooperatives Lernen. In W. Schneider (Hrsg.), *Handbuch der Pädagogischen Psychologie* (S. 84–94). Göttingen: Hogrefe.

Renkl, A. & Mandl, H. (1995). Kooperatives Lernen. Die Frage nach dem Notwendigen und dem Ersetzbaren. *Unterrichtswissenschaft, 23* (4), 292–300.

Robinson, D. R., Schofield, J. W. & Steers-Wentzell, K. L. (2005). Peer and Cross-Age Tutoring in Math: Outcomes and Their Design Implications. *Educational Psychology Review, 17* (4), 327–362.

Rohrbeck, C. A., Ginsburg-Block, M. D., Fantuzzo, J. W. & Miller, T. R. (2003). Peer-assisted learning interventions with elementary school students: A meta-analytic review. *Journal of Educational Psychology, 95* (2), 240–257.

Rönnebeck, S., Schöps, K., Prenzel, M., Mildner, D. & Hochweber, J. (2010). Naturwissenschaftliche Kompetenz von PISA 2006 bis PISA 2009. In E. Klieme, C. Artelt, J. Hartig, N. Jude, O. Köller, M. Prenzel et al. (Hrsg.), *PISA 2009. Bilanz nach einem Jahrzehnt* (S. 177–198). Münster: Waxmann.

Ross, J. A. (2008). Explanation Giving and Receiving in Cooperative Learning Groups. In R. M. Gillies, A. F. Ashman & J. Terwel (Hrsg.), *The Teacher's Role in Implementing Cooperative Learning in the Classroom* (S. 222–237). Boston, MA: Springer US.

Ruiz-Primo, M. A. (2006). A Multi-Method and Multi-Source Approach for Studying Fidelity of Implementation. *CSE Report 677*, 1–49.

Saleh, M., Lazonder, A. W. & Jong, T. de (2005). Effects of within-class ability grouping on social interaction, achievement, and motivation. *Instructional Science, 33* (2), 105–119.

Säljö, R. (1999). Concepts, Cognition and Discourse. From Mental Structures to Discursive Tools. In W. Schnotz, S. Vosniadou & M. Carretero (Hrsg.), *New perspectives on conceptual change* (Advances in learning and instruction series, 1. Aufl., Bd. 1, S. 81–90). Oxford, New York: Pergamon.

Sampson, V. & Clark, D. B. (2008). Assessment of the ways students generate arguments in science education: Current perspectives and recommendations for future directions. *Science Education, 92* (3), 447–472.

Sampson, V. & Clark, D. B. (2009). The impact of collaboration on the outcomes of scientific argumentation. *Science Education, 93* (3), 448–484.

Schagen, I. & Elliot, K. (2004). *But what does it mean. The use of effect sizes in educational research*. Slough: NFER.

Schneider, M. & Hardy, I. (2013). Profiles of inconsistent knowledge in children's pathways of conceptual change. *Developmental Psychology, 49* (9), 1639–1649.

Schwarz, B. B. & Linchevski, L. (2007). The role of task design and argumentation in cognitive development during peer interaction: The case of proportional reasoning. *Learning and Instruction, 17* (5), 510–531.

Schwarzer, R. & Schmitz, G. S. (1999). *Lehrerselbstwirksamkeit.* Zugriff am 08.05.2017. Verfügbar unter http://www.ralfschwarzer.de/.

Shemwell, J. T. & Furtak, E. M. (2010). Science Classroom Discussion as Scientific Argumentation. A Study of Conceptually Rich (and Poor) Student Talk. *Educational Assessment, 15* (3–4), 222–250.

Siegler, R. S. & Chen, Z. (2008). Differentiation and integration: guiding principles for analyzing cognitive change. *Developmental Science, 11* (4), 433–448.

Slavin, R. E. (1995). *Cooperative learning. Theory, research, and practice* (2. Aufl.). Boston: Allyn & Bacon.

Slavin, R. E. (1996). Research on Cooperative Learning and Achievement. What We Know, What We Need to Know. *Contemporary Educational Psychology, 21* (1), 43–69.

Slavin, R. E. & Cooper, R. (1999). Improving Intergroup Relations. Lessons Learned From Cooperative Learning Programs. *Journal of Social Issues, 55* (4), 647–663.

Slavin, R. E., Hurley, E. A. & Chamberlain, A. (2003). Cooperative Learning and Achievment. Theory and Research. In W. M. Reynolds, G. E. Miller & I. B. Weiner (Hrsg.), *Handbook of psychology* (S. 179–198). Hoboken, NJ: Wiley & Son.

Stanat, P., Rauch, D. & Segeritz, M. (2010). Schülerinnen und Schüler mit Migrationshintergrund. In E. Klieme, C. Artelt, J. Hartig, N. Jude, O. Köller, M. Prenzel et al. (Hrsg.), *PISA 2009. Bilanz nach einem Jahrzehnt* (S. 200–230). Münster: Waxmann.

Stark, R. (2003). Conceptual Change: kognitiv oder situiert? *Zeitschrift für Pädagogische Psychologie, 17* (2), 133–144.

Stein, M. L., Berends, M., Fuchs, D., McMaster, K. L., Saenz, L., Yen, L. et al. (2008). Scaling Up an Early Reading Program: Relationships Among Teacher Support, Fidelity of Implementation, and Student Performance Across Different Sites and Years. *Educational Evaluation and Policy Analysis, 30* (4), 368–388.

Teasley, S. D. (1995). The Role of Talk in Children's Peer Collaborations. *Developmental Psychology, 31* (2), 207–220.

Thurston, A., Keere, K. van de, Topping, K. J., Kosack, W., Gatt, S., Marchal, J. et al. (2007). Peer Learning in Primary School Science. Theoretical Perspectives and Implications for Classroom Practice. *Electronic Journal of Research in Educational Psychology, 5* (13), 477–496.

Timperley, H. (2008). *Teacher professional learning and development* (Educational Practices Series-18. UNESCO International Bureau of Education, Hrsg.). Zugriff am 19.05.2016. Verfügbar unter http://www.ibe.unesco.org/fileadmin/user_upload/Publications/Educational_Practices/EdPractices_18.pdf.

Tolmie, A. K., Howe, C., Mackenzie, M. & Greer, K. (1993). Task design as an influence on dialogue and learning. Primary school group work with object flotation. *Social Development, 2* (3), 183–201.
Topping, K. J. (2000). *Peer assisted learning. A practical guide for teachers.* Cambridge, MA: Brookline Books.
Topping, K. J. (2005). Trends in Peer Learning. *Educational Psychology, 25* (6), 631–645.
Topping, K. J. (2010). Methodological quandaries in studying process and outcomes in peer assessment. *Learning and Instruction, 20* (4), 339–343.
Topping, K. J. & Ehly, S. W. (1998). *Peer-assisted learning.* Mahwah, N.J: Erlbaum.
Topping, K. J., Miller, D., Murray, P. & Conlin, N. (2011). Implementation integrity in peer tutoring of mathematics. *Educational Psychology, 31* (5), 575–593.
Toulmin, S. E. (2003). *The uses of argument* (Updated ed.). Cambridge, U.K.; New York: Cambridge University Press.
Treagust, D. F. & Duit, R. (2008). Conceptual change. A discussion of theoretical, methodological and practical challenges for science education. *Cultural Studies of Science Education, 3* (2), 297–328.
UN-Konvention über die Rechte von Menschen mit Behinderungen (2008) Zugriff am 20.03.2012. Verfügbar unter http://www.un.org/Depts/german/uebereinkommen/ar61106-dbgbl.pdf.
Utley, C. A. & Mortweet, S. L. (1997). Peer-mediated instruction and interventions. *Focus on Exceptional Children, 29* (5), 1–23.
Vadasy, P. F., Jenkins, J. R., Antil, L. R., Phillips, N. B. & Pool, K. (1997). The Research-to-Practice Ball Game. Classwide Peer Tutoring and Teacher Interest, Implementation, and Modifications. *Remedial and Special Education, 18* (3), 143–156.
van Boxtel, C. A. M., van der Linden, J. & Kanselaar, G. (2000). Collaborative learning tasks and the elaboration of conceptual knowledge. *Learning and Instruction, 10*, 311–330.
van de Pol, J., Volman, M. & Beishuizen, J. (2010). Scaffolding in Teacher-Student Interaction: A Decade of Research. *Educational Psychology Review, 22* (3), 271–296.
Veenman, S., Kenter, B. & Post, K. (2000). Cooperative Learning in Dutch Primary Classrooms. *Educational Studies, 26* (3), 281–302.
Veenman, S., van Benthum, N., Bootsma, D., Dieren, J. van & Kemp, N. van der (2002). Cooperative learning and teacher education. *Teaching and Teacher Education, 18,* 87–103.
Vosniadou, S. (1994). Capturing and modeling the process of conceptual change. *Learning and Instruction, 4* (1), 45–69.
Vosniadou, S. (2007). Conceptual Change and Education. *Human Development, 50* (1), 47–54.
Vosniadou, S. (Hrsg.). (2008). *International Handbook of Research on Conceptual Change.* New York: Routledge.

Vosniadou, S., Ioannides, C., Dimitrakopoulou, A. & Papademetriou, E. (2001). Designing learning environments to promote conceptual change in science. *Learning and Instruction, 11*, 381–419.
Vygotskiĭ, L. S. & Cole, M. (1978). *Mind in society. The development of higher psychological processes*. Cambridge: Harvard University Press.
Warm, T. A. (1989). Weighted Likelihood Estimation of Ability in the Item Response Theory. *Psychometrika, 54*, 427–450.
Webb, N. M. (1982). Peer Interaction and Learning in Cooperative Small Groups. *Journal of Educational Psychology, 74* (5), 642–655.
Webb, N. M. (1989). Peer interaction and learning in small groups. *International Journal of Educational Research, 13* (1), 21–39.
Webb, N. M. (2009). The teacher's role in promoting collaborative dialogue in the classroom. *British Journal of Educational Psychology, 79* (1), 1–28.
Webb, N. M. (2010). Peer Learning in the Classroom. In P. L. Peterson, E. L. Baker & B. McGaw (Hrsg.), *International encyclopedia of education* (3. Aufl., S. 162–168). Oxford: Elsevier.
Webb, N. M. & Farivar, S. (1994). Promoting Helping Behavior in Cooperative Small Groups in Middle School Mathematics. *American Educational Research Journal, 31* (2), 369–395.
Webb, N. M. & Farivar, S. (1999). Developing Productive Group Interaction in Middle School Mathematics. In A. M. O'Donnell (Hrsg.), *Cognitive perspectives on peer learning. Rutgers Invitational Symposium on Education Series* (The Rutgers invitational symposium on education series, S. 117–149). Mahwah, NJ: Erlbaum.
Weiß, R. H. (2006). *Grundintelligenztest. Skala 2 – Revision (CFT-20 R)* (4. Aufl.). Göttingen: Hogrefe.
Wendt, H., Bos, W., Selter, C. & Köller, O. (2012). TIMSS 2011. Wichtige Ergebnisse im Überblick. In W. Bos, H. Wendt, O. Köller & C. Selter (Hrsg.), *TIMSS 2011. Mathematische und naturwissenschaftliche Kompetenzen von Grundschulkindern in Deutschland im internationalen Vergleich* (S. 13–26). Münster: Waxmann.
Wertsch, J. V. & Stone, C. A. (1985). The concept of internalisation in Vygotsky's account of the genesis of higher mental functions. In J. V. Wertsch (Hrsg.), *Culture communication, and cognition. Vygotskian perspectives* (S. 162–179). Cambridge, U.K.; New York: Cambridge University Press.
Wilson, M. (2005). *Constructing Measures. An Item Response Modeling Approach*. Mahwah, NJ: Erlbaum.
Wirtz, M. & Caspar, F. (2002). *Beurteilerübereinstimmung und Beurteilerreliabilität*. Götting: Hogrefe.
Wygotski, L. S. (1964). *Denken und Sprechen* (1. Band). Berlin: Akademie-Verlag.
Zohar, A. & Nemet, F. (2002). Fostering students' knowledge and argumentation skills through dilemmas in human genetics. *Journal of Research in Science Teaching, 39* (1), 35–62.

8. Anhang

8.1 Beschreibung der Beobachtungsindikatoren der Items zu den Kernelementen tutoriellen Lernens (Handbuch für die Rater gekürzt)

Nr.	Item	Merkmale
1	Die Lehrkraft instruiert Partnerarbeit beim Experiment	Instruktion vorrangig, nicht tatsächliche Arbeitsweise vorrangig (siehe Item 5). Erlaubnis zum gegenseitigen Helfen ist nicht automatisch Partnerarbeit. In der Schule ist es normal, dass sich Kinder mal helfen.
2	Die Lehrkraft instruiert Partnerarbeit beim Arbeitsblatt	Siehe oben
3	Die Lehrkraft instruiert die Kinder für die Arbeit in den Forscherteams mit den Rollen „Berater" und „Forscher" beim Experiment	Ja, wenn die Lehrperson die Kinder über Aufgaben des Beraters/Forschers informiert bzw. dies mit den Kindern gemeinsam erarbeitet, d. h. Erwähnen oder Erklären der Rollen, Hinweise zu den Wechselzeichen auf den Arbeitsblättern etc.
4	Die Lehrkraft instruiert die Kinder für die Arbeit in den Forscherteams mit den Rollen „Berater" und „Forscher" beim Arbeitsblatt	Siehe oben
5	Die Kinder arbeiten beim Schülerexperiment in Forscherteams mit Rollen	Hier geht es nicht um bloße Partnerarbeit, sondern um die Arbeit mit abwechselnden Rollen. Die Bewertung kann sich nur an den Teams orientieren, die auf dem Video zu sehen sind. Es geht darum, ob die Kinder die Rollenverteilung beachten und ihre Aufgaben kennen, d. h. Übernimmt der Forscher die Aufgabe, den Versuch durchzuführen, übernimmt der Berater die Aufgabe, die Ergebnisse zu notieren? 0 = Findet selten statt, 1 = Findet bei den meisten Teams statt.
6	Die Forscherteams bearbeiten das Arbeitsblatt abwechselnd.	Die Bewertung orientiert sich daran, ob die beiden Kinder der Teams zusammen arbeiten, d. h. sich gemäß der Wechselzeichen abwechseln. 0 = Findet selten statt, 1 = Findet bei den meisten Teams statt.

Nr.	Item	Merkmale
7	Die Kinder, die nicht arbeiten, schauen zu, was der Lernpartner macht oder helfen.	Die Bewertung richtet sich danach, ob die nicht arbeitenden Kinder ihren Teamkollegen zuschauen oder/ und sie unterstützen, während diese arbeiten, oder ob sie in dieser Zeit Dingen nachgehen, die nichts mit dem Teamprozess zu tun haben (mit anderen Schülern reden etc.).
		0 = Findet selten statt, 1 = Findet bei den meisten Teams statt.
8	Die Kinder füllen ein Rückmeldungsblatt für ihren Lernpartner aus.	Füllen die Partner ein Rückmeldeblatt für ihren Lernpartner aus? (Kann man es sehen bzw. den Aussagen der Lehrperson/ der Schüler entnehmen?) Achtung: Wichtig ist, dass die Schüler die Rückmeldeblätter nicht für sich selbst ausfüllen!
		0 = Findet selten statt, 1 = Findet bei den meisten Teams statt.
9	Reflexionsphase (Klassenunterricht): Die Lehrperson leitet eine Reflexion über die Teamarbeit. Schwerpunkt auf dem hilfreichen Rückmelden.	Reflektiert die Lehrperson (bspw. es wird besprochen, wie die Teamarbeit gelaufen ist, ob die Rückmeldungen des Partners hilfreich waren, welche Probleme während der Teamarbeit aufgetreten sind etc.). Falls ein anderer Schwerpunkt als der des „hilfreichen Rückmeldens" zu erkennen ist, sollte dieser notiert werden.

8.2 Teamarbeitsblatt der tutoriellen Lernphase mit Experiment
(Auszug aus dem Handbuch der Untersuchungsgruppe für UE1,
adaptiert nach Möller & Jonen, 2005)

Schwimmen alle Holzwürfel?

(Material: Fichtenholzwürfel, Tropenholzwürfel)

Diese beiden Holzwürfel sind **genau gleich groß**.

1. Was ist deine Vermutung?

☐ schwimmt,   ☐ schwimmt,
☐ geht unter,   ☐ geht unter,

weil _____   weil _____

2. Probiere aus, ob sie schwimmen oder untergehen.

       Fichtenholz   Tropenholz

☐ schwimmt,   ☐ schwimmt,
☐ geht unter,   ☐ geht unter,

3. Wie erklärst du dir das Ergebnis? Frage deinen Partner, ob er der gleichen Meinung ist und warum!

8.3 Teamarbeitsblatt der tutoriellen Lernphase mit Arbeitsblatt (Auszug aus dem Handbuch der Untersuchungsgruppe für UE1, adaptiert nach Möller & Jonen, 2005)

Würfel im Wasser

> Lest euch die Aufgaben gut durch. Berater 1 erklärt, was zu tun ist.
> Forscher 1 arbeitet zuerst. Beim Zeichen ⇆ wird gewechselt

1. Max und Lena haben noch mehr Würfel gefunden. Sie sind genauso groß wie der Wasser-Würfel unten. Kreuze an!

2. Welcher Würfel ist aus dem leichteren Material? Kreise ein!

3. Weißt du, welcher Würfel schwimmt und welcher untergeht?

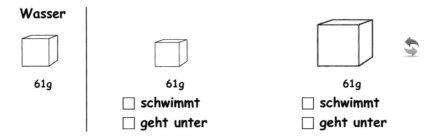

4. Erkläre deinem Partner, wie du darauf gekommen bist! Frage deinen Partner, ob er der gleichen Meinung ist und warum!

Anhang

8.4 Transkriptionsregeln nach Kuckartz, Dresing, Stefer und Rädiker (2008, S. 27), konkretisiert durch AudioTranskription.de, Dr. Dresing & Pehl GmbH, Deutschhausstraße 22a, 35037 Marburg

1. Es wird wörtlich transkribiert, also nicht lautsprachlich oder zusammenfassend. Vorhandene Dialekte werden möglichst wortgenau ins Hochdeutsche übersetzt. Wenn keine eindeutige Übersetzung möglich ist, wird der Dialekt beibehalten, zum Beispiel: Ich gehe heuer auf das Oktoberfest.
   1.1 Wortverschleifungen werden nicht transkribiert, sondern an das Schriftdeutsch angenähert. Beispielsweise wird aus „Er hatte noch sO'n Buch genannt" wird zu „Er hatte noch so ein Buch genannt" und „hamma" wird zu „haben wir". Die Satzform wird beibehalten, auch wenn sie syntaktische Fehler beinhaltet, beispielsweise: „bin ich nach Kaufhaus gegangen."
   1.2 Interpunktion wird zu Gunsten der Lesbarkeit geglättet, das heißt bei kurzem Senken der Stimme oder uneindeutiger Betonung wird eher ein Punkt als ein Komma gesetzt.
2. Pausen werden durch drei Auslassungspunkte in Klammern (…) markiert.
3. Fülllaute wie mhm, ehm und äh des werden **nicht** transkribiert.
4. Besonders **betonte Wörter oder Äußerungen** werden durch **Großbuchstaben** gekennzeichnet.
5. **Jeder Sprecher erhält eigene Absätze.** Das bedeutet, auch kurze Einwürfe werden in einem separaten Absatz transkribiert. Beispielsweise:
   B: Ich habe es dort #00:02:05-3#
   I: Wo genau? #00:02:05-9#
   B: gekauft. Im Kaufhaus um die Ecke. …
6. Emotionale nonverbale Äußerungen der befragten Person und des Interviewers, die die Aussage unterstützen oder verdeutlichen (etwa wie Lachen oder Seufzen), werden **beim Einsatz in Klammern** notiert.
7. Unverständliche Wörter werden mit (unv.) gekennzeichnet. Längere unverständliche Passagen sollen möglichst mit der Ursache versehen werden (unv., Handystörgeräusch) oder (unv., Mikrofon rauscht). Vermutet man einen Wortlaut, ist sich aber nicht sicher, wird das Wort bzw. der Satzteil mit einem Fragezeichen in Klammern gesetzt. Zum Beispiel: (Xylomethanolin?) **Generell** werden **alle unverständlichen Stellen mit einer Zeitmarke** versehen, wenn innerhalb von einer Minute keine Zeitmarke gesetzt ist.
8. Bei mehreren Interaktionspartnern (z. B. Gruppendiskussion) wird dem Kürzel „B" eine entsprechende Kennnummer zugeordnet (z. B. „B1:", „B2:").

Folgendes Zeicheninventar ist einzusetzen:

(…)	Pause
SICHER	Besondere Betonung
B: Ich habe dort I: Wo genau? B: eingekauft.	Jeder Sprecher hat eigene Absätze, auch bei kurzen Einwürfen.
(lachen), (seufzen)	Charakterisierung von nonverbalen Äußerungen, die die Aussagen unterstützen. Steht vor der entsprechenden Stelle.
(unv.) #Zeitmarke# (unv., Handystörgeräusch) #Zeitmarke#	Unverständliche Äußerung mit Zeitmarke Bei längeren Passagen möglichst mit Ursache
(Marburg?)	Vermuteter Wortlaut

8.5 Äußerungskategorien zur Beschreibung der kommunikativen Funktion (Auszug aus dem Kodierschema, z. B. ohne Kodes)

1) Aufgaben-/inhaltsbezogene Aussagen

Art der Aussage	Merkmale	Beispiele
a) Behauptung	Person trifft Aussage, die – nicht mit Argument belegt ist – einer Tatsache/ Behauptung entspricht und – sich auf den Inhalt „Schwimmen und Sinken" bezieht – selbst mit nur einem oder zwei Wörtern, wenn aussagekräftig und interpretierbar	– „Der Würfel wird untergehen." – „Das Tropenholz ist schwer." – „Ich glaube, dass es schwimmt." – L: „Welcher Würfel von beiden ist leichter?" S35: „Der"
b) Erklärung	Person trifft Aussage, die eine Erklärung für Schwimmen und Sinken oder die Lösung der Aufgabe enthält: – Berater gibt eine Erklärung für den Forscher – gemeinsame oder eigene Hypothesen werden erklärt oder begründet – Aussagen mit Argument, um seinen Standpunkt zu vertreten – grenzt sich oft von einer einfachen Aussage ab durch Begründungwörter, wie weil, deshalb, etc. – Aussagen, die lösungsorientierte und anregende Inhalte beinhalten – sie geht über bereits Gesagtes hinaus	– „Ah, schaue mal! Es ist, weil der schwerer ist als der andere Würfel." – „Der Würfel ähnelt einem ..." – „..., weil er schwerer ist als das verdrängte Wasser." – „... weil der Fichtenholzwürfel für seine Größe leicht ist." – „Und alles, was leichter ist als Wasser, schwimmt ..." – „Denkst du auch, dass der untergeht, weil der dichter ist?"
c) Wiederholung einer Erklärung	Erklärungen werden wiederholt: – bei vollständigen bzw. fast vollständigen (und sinngemäß verständlichen) Wiederholungen bzw. Mitlesen während des Schreibens – muss nicht unmittelbar nach Erklärung folgen – Sobald ein zusätzlich neuer Aspekt enthalten ist oder ein bereits gesagter Aspekt auf anderes generalisiert wird, ist dies wieder eine neue Erklärung	– Siehe oben – „Ist Tropenholz ist schweeerer, ist schwerer als..."
d) Hinweis zum Arbeitsschritt (Ziel: Unterstützung, Koordination)	Aussage enthält Hinweise oder Aufforderungen zum Bearbeitungsprozess der Aufgabe: – zur richtigen Abfolge von Arbeitsschritten – über noch zu erfüllende Aufgaben – über Arbeitsschritte, die bereits erledigt sind ➤ es wird keine Korrektur des Partners vorgenommen (>Feedback)	– „Wir müssen uns das erst erklären." – „Bevor du das machst, musst du dir erst überlegen, warum das so sein könnte." – „Das habe ich bereits gemacht."
e) Verständnisevaluation	Person teilt mit, dass sie etwas versteht oder nicht versteht oder in der Arbeit nicht weiterkommt.	– „Das kapiere ich nicht." – „Keine Ahnung." – „Ich kann das nicht." – „Ich bin mir da nicht so sicher."

f) Sonstige Aussagen	Hierunter fallen aufgabenbezogene Aussagen, die nicht in das Kodierschema passen, keinen kooperativen Wert haben und nicht interpretierbar sind wie z. B.: – während des Schreibens laut mitlesen (außer Wiederholungen von Erklärungen) – angefangene, halbe Sätze oder Worte des Partners wiederholen (außer Wiederholungen von Erklärungen) – akustisches Nachfragen innerhalb der Aufgabenstellung	– „Würfel…" – „Die für für ihre Grö… öße …" – „Was hast du gesagt?" – „Daaas Holz ist…(liest) …" – „Wart mal.(.)"
g) Aufgabenstellung	Aufgabenstellungen werden vorgelesen, gesagt oder erklärt – Hierunter fallen auch eigene Formulierungen der Aufgabenstellung	– „Max und Lena haben noch mehr Würfel gefunden …" – „Wie erklärst du dir das Ergebnis?" – „Welcher Würfel ist aus dem leichteren Material? Kreise ein" – „Welcher Würfel ist jetzt leichter? Der große oder der kleine?"

2) Fragen

Art der Fragen	Merkmale	Beispiele
a) Arbeitsprozess	Person stellt Fragen bzgl. der Arbeitsorganisation, Arbeitsaufteilung oder des Arbeitsprozesses – Gegenstück zu Hinweis zum Arbeitsprozess – Fragen zur Ausführung (wie, wo)	– „Wo soll hier das Kreuz hin?" – „Wann bist du fertig?" – „Was jetzt?"
b) Hilfebedarf	Frage, ob der Partner Unterstützung braucht – Person bemerkt, wenn der andere nicht weiterkommt und geht darauf ein, indem er nachfragt	– „Weißt du nicht weiter?" – „Soll ich dir helfen?" – „Was soll ich dir erklären?"
c) Meinung	Person fragt nach der Meinung des anderen – holt sich durch Nachfragen beim anderen Handlungssicherheit ein – möchte eine Übereinstimmung sicherstellen	– „Mache ich das so richtig?" – „Siehst du das auch so?" – „Tropenholz geht unter, oder?" – „Oder? Was meinst du"
d) Verständnis	Person fragt, da sie etwas nicht versteht – den Partner bei Unklarheiten oder Problemen bzgl. des Verständnisses zum Thema – Gegenstück zu Verständnisevaluation – häufig was-Fragen => Erklärung oder Hilfe folgt	– „Warum ist das so?" – „Häh, was heißt das so noch mal?" – „Was bedeutet das?" – „Was soll ich da jetzt hinschreiben?"
e) Lehrkraft	Person fragt den Partner, ob die Lehrkraft mit einbezogen werden soll – wenn es kein Weiterkommen in der Zusammenarbeit gibt	– „Komm, wir melden uns mal, okay?" – „Lass uns bei Fr./ Hr. … nachfragen." – „Wir wissen nicht weiter, oder?"

3) Feedback

Art der Rückmeldung	Merkmale	Beispiele
a) Korrektur	Korrigiert den Partner in seiner Handlung/ Ausführung: – Person verliest oder verschreibt sich → der Partner korrigiert sie daraufhin – ein Eingreifen ohne vorherige Rückfrage – Person weist den Partner darauf hin, was er falsch gemacht hat	– „Nein, das machst du falsch." – „Wir müssen das zusammen machen und nicht alleine." – „Nein, du sollst nichts schreiben, nur ankreuzen." – „Würfel wird mit ü geschrieben…" – „Stop. Halt. Nein …"
b) Zustimmung	Person bewertet den Inhalt einer Aussage, Frage oder Hypothese des Partners, um Bestätigung auszusprechen – bewertet seine eigene Aussage, Frage, Hypothese	– S1: „Und das schwimmt dann, oder was?" – S2: „Ja." – „Ja ich bin der gleichen Meinung." – „Ja, das wollte ich auch sagen." – „Ach so", „Stimmt", „Genau", „ok"
c) Gegenrede Gegenargument	Person bewertet den Inhalt einer Aussage, Frage oder Hypothese des anderen, um Ablehnung auszusprechen und – äußert kein Argument – oder begründet seine Äußerung mit einem Argument	Ohne Argument: – „Nein" – „Doch" Mit Argument: – S1: „Aber, weil Holz immer schwimmt." – S2: „ Nein, so kannst du es nicht sagen. Es kommt darauf an, wie schwer es ist." – „Doch, da steht es doch." Beispiel zur eigenen Bewertung: – „Geht unter, oder? Nein."
d) Lob	Person bewertet den Partner positiv (allgemein), bewertet den anderen hinsichtlich: – seiner allgemeinen Leistung positiv oder spricht ein generelles Lob aus	– „Das hast du gut gemacht." – „Super."
e) Kritik	Person bewertet den Partner negativ	– „Das war jetzt nicht so gut." – „Das hast du schlecht gemacht."
f) Abwertung	Verhaltensweisen, die eine Zusammenarbeit negativ beeinflussen, wie z. B. – verbale Aggression oder Ablehnung gegen den Partner – Person fragt um Hilfe, doch der Partner blockt ab – Person ist ungeduldig/ möchte eine schnelle Abhandlung – Person nimmt die Aufgabe nicht ernst, überredet den anderen, irgendwas anzukreuzen	– „Ich breche dir deinen Fuß, jetzt, wenn du hier nicht weg gehst." – „Mach du das mal, du hast mir auch nicht geholfen." – „So, ich habe dich jetzt gefragt und jetzt gehen wir vor." – „Pech, mir doch egal…" – „Sag einfach ‚ja'. Ist doch egal." – „Nö, ich hab keine Lust. Mach es doch selbst."

8.6 Kodierschema zur Beschreibung der Interaktionsmuster in der Peer-Interaktion (Auszug aus dem Kodierschema, z. B. ohne Kodes; Beispiele für Muster aus den Transkripten)

Kodierung der Mustersequenzen

In jeder Phase (Experiment und Arbeitsblatt) wird ein Ausgangskonzept pro Kind und eine Einigung pro Teams bestimmt. Dazu werden jeweils die als Erklärungen kodierten Äußerungen verwendet. Das kodierte Niveau wird übernommen.

Ausgangskonzept:
Als Ausgangskonzept wird die erste Erklärung zum Schwimmen und Sinken in der jeweiligen Phase (Aufgabe) genommen, zu der eine Einigung gefordert war. Kommt bei einem Kind keine Erklärung vor, so kann auch eine sofortige Wiederholung der vorhergehenden Erklärung oder eine klare Zustimmung genommen werden, z. B. bei Aussagen wie „Das wollte ich auch grade sagen". Geht aus einem Gegenargument klar ein Konzept hervor, kann dieses als Ausgangskonzept bewertet werden. Ist die Mitarbeit ganz verweigert bzw. äußert sich ein Kind gar nicht zu einer Frage, so wird das Ausgangskonzept als „fehlend" bewertet. Hat ein Kind keine Erklärung abgegeben oder geäußert die Antwort nicht zu wissen, so muss davon ausgegangen werden, dass kein Konzept zur Lösung der Aufgabe vorhanden ist (= 0). Dies könnte auch durch viele Fragekodierungen sichtbar sein.

Einigung:
Als Einigung wird die letzte verwertbare Erklärung der Phase genommen, welche aufgeschrieben oder von beiden Schülern bestätigt wird.

Als „fehlend" wird eine Einigung kodiert, wenn sich erkennbar nicht geeinigt wurde oder nicht erkennbar war, auf was sich geeinigt wurde (z. B. Aufnahmequalität, Beenden der Lernphase durch die Lehrkraft vor Einigung) oder die Einigung zu etwas erfolgte, was nicht gefragt war. Wurde von beiden Partnern keine Erklärung gewusst, so wird dies nicht als fehlend, sondern als Null kodiert.

Kodierung von Interaktionsmustern in den Sequenzen:

Allgemein gilt:
- Alle Muster werden auf Basis der vorhandenen Äußerungskodierung bewertet.
- Eine Sequenz beginnt mit der Eingangshypothese des ersten Lernpartners (oder mit dem Vorlesen der Aufgabenstellung, falls keine Eingangshypothese kodiert wurde).
- Eine Sequenz endet mit einer Einigung auf eine Erklärung (oder mit dem eindeutigen Beenden der Bearbeitung, erkennbar durch den Beginn des Rückmeldeblatts oder die Aufforderung der Lehrkraft zum Beenden der Lernphase, falls keine Einigung kodiert wurde).
- Auch wenn keine Einigung erfolgt, wird ein Muster kodiert – sobald ein Austausch stattfindet, wird dieser bewertet.
- Wenn in einer Sequenz mehrere Muster auftreten, wird das Muster, das vordergründig erscheint (der Hauptprozess) kodiert.
- Es geht um eine Analyse der Argumentationsstruktur, nicht um die Analyse der Qualität der Kooperation oder der Erklärungen!

Jede Sequenz wird kodiert in:
0) Keine Erklärung /Behauptung
- Wenn keine Erklärung oder Behauptung vorkommt
- Oder eine Verweigerung der Zusammenarbeit eines Partners wird geäußert

1) Lehrerinput
- Ein Input der Lehrkraft hat maßgeblichen Einfluss auf Argumentation oder Einigung

2) Einfache Peer-Erklärung:
- Eine Erklärung /Behauptung, die bestätigt oder ohne Gegenargument abgelehnt wird
- Ein Schüler sagt etwas vor, der andere wiederholt es
- Eine Behauptung/Erklärung wird genannt und sofort notiert

3) Elaborierte Peer-Erklärung:
- **Mehr als eine Erklärung** (ggf. mit Rückfrage oder Gegenargument)
- Solche Sequenzen werden den untenstehenden Mustern zugeordnet.
- Wenn eine solche Sequenz ohne Einigung endet, wird dies zusätzlich notiert.

Elaborierte Muster:

Argumentation (Konflikt verbal oder individuell)

Der Auslöser zum Finden einer gemeinsamen Erklärung/Lösung entsteht auf der Basis einer Irritation der eigenen bisherigen Erklärung. Es stehen sich Positionen gegenüber.
Kodestruktur: Erklärung – Gegenrede/Gegenargument

Ein Konflikt mit bisherigen Vorstellungen wird ausgelöst durch Gegenrede, Gegenargumente oder kritische Rückfragen des Partners.
    Beispiele: „Nein, warum leichter, die wiegen beide 61g?" „Wir können das doch nicht schreiben, weil wir gar nicht wissen, wie groß die sind."
    Der Konflikt kann beim Experiment auch durch eine Beobachtung ausgelöst werden, welche den bisherigen Vorstellungen widerspricht, bei einem oder beiden Schülern.
    Merkmale: Mehrfache Verständnisevaluation oder Verständnisfrage
    Beispiele: „Das kann doch gar nicht sein." „Warum geht das denn jetzt unter?" „Dann stimmt es gar nicht, dass alles Holz schwimmt?"

Eine Argumentation endet mit Zustimmung oder Wiederholung einer Erklärung des Partners oder ohne Einigung.

Tutoring

Ein Kind erklärt dem Partner den Sachverhalt; es muss dabei ggf. seine eigene Meinung durch Rückfragen des anderen explizieren.
Kodestruktur: Erklärung – Rückfrage

Merkmale:
    Erklärungen kommen immer vom selben Kind im Wechsel mit Fragekodes des anderen Kindes

Ein Tutoring endet mit Zustimmung oder Wiederholung einer Erklärung des Partners oder ohne Einigung.

Kokonstruktion

Die Partner finden durch gegenseitiges Ergänzen und Weiterspinnen ihrer eigenen Erklärungen zu einer gemeinsamen Erklärung/Lösung.
Kodestruktur: Erklärung – Erklärung

Anhang

Merkmale:
Abwechselnde Erklärungs-Beiträge der Partner

Eine Kokonstruktion endet mit Wiederholung der Erklärung oder Zustimmung.

Beispiele für typische Muster: siehe Ergebnisse (Tabellen 17-22)

Beispiele für Ausnahmefälle:

Beispiel für ein Argumentationsmuster ohne Einigung beim Arbeitsblatt

S51	Okay. //Weißt du, welcher Würfel schwimmt // und welcher untergeht? // #00:49:22-8#
S48	Ähm. //Schwimmt, geht unter // – schwimmt. #00:49:30-6#
	//Was, wenn's Metall ist? // #00:50:02-6#
S51	Das hat ja nichts zu sagen. Nur die Kilogramm. //61 Gramm ist das Wasser. 61 Gramm // ist der Würfel, also schwimmt er doch. #00:50:20-1#
	//Wenn er jetzt 62 Gramm wäre, // dann geht er unter. #00:50:21-4#.
Sx	Unverst.// 00:50:20-6#
	Das haben wir doch grade eben/ Ich zeig dir noch mal was. #00:50:34-9#
S51	//Wenn Materialien // leichter sind als genau so viel Wasser, schwimmen sie. #00:50:45-8#
	Materialien, die schwerer sind äh als //genausoviel Wasser, gehen unter. // Was glaubst du jetzt? #00:50:52-9#
S48	Äh, der geht unter. #00:50:58-9#
S51	(ruft) Das ist falsch! #00:51:02-2#
S48	Das ist richtig. #00:51:03-6#
	Hey // *(Sx)#00:51:07-8#, // der ist so DOOF! #00:51:10-4#
S51	Der sagt die ganze Zeit, 61 Gramm geht unter, obwohl 61 Gramm Wasser. #00:51:25-6#
S48	Kapiere ich nicht. #00:51:27-9#
S51	Ich sage so, der sagt so, ich sage, ich sage so, ähm, ich erkläre dann. Und dann frage ich ihn. Bist du der gleichen Meinung? Was denn? #00:51:41-9#
Sx/48/51	(lachen) #00:51:48-0#
S51	Äh, also ich glaube, die letzten Aufgaben mache ich nicht. #00:51:56-4#
S48	Fertig. #00:51:59-5#
	Der geht doch unter. Gucke doch, das ist Metall! #00:52:06-0#
S51	(ruft) //Das ist kein Metaaaall! // #00:52:10-8#.
S48	//Aber – keine Ahnung. // #00:52:09-8#
	//Das ist Metall! // #00:52:12-5#
S51	Wo steht, damit es Metall ist? #00:52:16-0#

S48	//Das sieht so aus wie Metall! // #00:52:20-6#
S51	Hey *(Sx), *(Sx), der glaubt, das wäre METALL! #00:52:51-4#
S48	Ist es auch. #00:52:53-9#
S51	Ich habe keinen Bock mehr. #00:52:57-2#
S48	Na und, es ist Metall. #00:53:02-2#
	Kacke, beide Kameras glotzen mich an. #00:53:32-8#
L	Achtung (klatscht), alle Kinder mal kurz FREEZE! #00:53:34-7#

Anmerkung. Hier wird keine Einigung gefunden, dennoch finden sich gegensätzliche Positionen, welche anhand von widersprüchlichen Erklärungen zum Schwimmen und Sinken deutlich werden. S48 argumentiert, dass der Würfel auf dem Arbeitsblatt schwimmt, weil er nicht schwerer ist als 61 Gramm (=Wasserwürfel), wohingegen S51 erwidert, dass der Würfel sinkt, da er ihn für einen Metallwürfel hält.

Beispiel für eine Argumentation gegen eine Beobachtung beim Experiment

S57	Tropenholz geht unter.
	Hallo, das kann doch nicht sein? #00:30:03-9#
S45	Ja eben! #00:30:05-0#
S57	Ja, dann kann doch nicht sein, dass jedes Holz schwimmt. #00:30:11-4#
S45	Eben.
	Ich bringe das weg. #00:30:16-1#
S57	Wie erklärst du dir das Ergebnis? #00:30:31-4#
S45	Weil der Tropenholzwürfel/ #00:31:07-3#
S57	// Weil der Tropenholzwürfel für seine Größe schwer ist. // (lacht). #00:31:17-1#
S45	// Weil der Tropenholzwürfel für seine Größe schwer ist. // #00:31:16-8#

Anmerkung. Hier widerspricht das Ergebnis der Hypothese beider Interaktionspartner. Damit gibt es eine Gegenposition zur eigenen Hypothese in Form der beobachteten Ergebnisse. Der Widerspruch wird nicht ignoriert, sondern angenommen und bewirkt eine entsprechende Veränderung der Erklärung.

8.7 Gesamte Transkripte der Beispielausschnitte zu den Interaktionsmustern (individuelle Hypothese grau hinterlegt, Peer-Erklärung fett gedruckt)

Beispiele für Tutoring

Experiment		
1	S40	Also, schwimmen alle Holzwürfel? Material: Fichtenholzwürfel, Tropenholzwürfel.
2	S40	Sag mal, *(Sx). (.)
3		//Erstens// #00:05:08-6#
4	S43	//(kichert)// #00:05:09-0#
5	S40	Was ist deine Vermutung? #00:05:11-5#
6	S43	Schwimmt alles!
7	S40	Fichtenholz. #00:05:13-6#
8	S43	Schwimmt!
9	S40	(..) Warte mal. (.) Dat. (..) #00:05:19-4#
10	S43	Fichtenholz //schwimmt//. #00:05:21-6#
11	S40	//schwimmt//. Ja schwimmt. (4)
12		Weil (.), weil das Fichtenholz/ #00:05:29-9#
13	S43	Weil Holz schwimmt #00:05:31-6#
14	S40	Weil Fichten/ hm, nee. #00:05:40-9#
15	S43	Weil Holz schwimmt. #00:05:42-2#
16		**Weil das Holz schwimmt. (...)**
17		Okay?
18	S40	(6) Hach.
19		5) *(S43)? Willst du nicht die Aufgabe machen? Oder soll ich sie machen? #00:06:02-3#
20	S43	Das ist ein AUFnahmegerät.(...) #00:06:06-2#
21	S40	Aufnahme? Frau *(L), Frau *(L) (.) Frau *(L). Ist das ein Aufnahme? (.) Cool. #00:06:27-1#
22	S40	Nee, lies selber. #00:06:49-6#
23	S40	So. TROpenholz.
24		Das ist aber bei ähm, was vermutest du? #00:07:27-7#
25	S43	Es schwimmt. (...) #00:07:29-7#
26	S40	Na ja, Holz, da muss ich ja jetzt das Gleiche schreiben. #00:07:35-5#
27	Sx	Das, was ihr eben gemacht habt, ist die untere Aufagbe. #00:07:44-6#
28	S40	Was? #00:07:45-5#
29	Sx	Nummer zwei war das, was ihr eben gemacht habt mit dem Wasser, eintauchen. #00:07:50-8#
30	S43	Das hier, radiere das noch mal weg, weil wir wissen ja gar nicht/ (..)
31		Und das auch? #00:07:56-3#
32	S40	Nee. #00:07:58-5#

33	S43	Hm? #00:07:59-3#
34	S40	Nee, das muss stehen bleiben. #00:08:00-9#
35	S40	Ah, warte mal, komm her. (radiert, 10) Komm. *(S43). #00:08:55-4#
36	S40	Also weil das/ Weil das Tropenholz/ #00:09:25-6#
37	S43	schwerer ist. #00:09:26-7#
38	S40	schw/ Ja. (..) #00:09:27-9#
39	S43	Und schreib bei das Andere, weil das Holz leichter ist. #00:09:31-6#
40		(4) Ähm, warte mal. (radiert, 10)
41	S40	Weil das/ Weil das Holz schwimmt und weil/ (.)
42		Nee, warte mal/ #00:09:53-7#
43	S43	Das Holz ist schwerer, das Holz ist leichter. #00:09:57-3#
44	S40	Welches Holz denn, ne? #00:09:59-2#
45	S43	Das ist leichter und das ist schwerer. #00:10:00-6#
46	S40	(4) Ei warum will ich denn Holz immer kleinschreiben. #00:10:15-3#
47	S40	Was soll ich hier jetzt schreiben?
48		Weil das Holz schwer ist? #00:10:46-0#
49	S43	Das Holz/ (.) Das Holz (.) schwer ist. #00:10:50-2#
50	S40	(14) Dann steht hier //probiere aus ob sie// #00:11:10-2#
51	S43	//probiere aus// #00:11:10-2#
52	S40	schwimmen oder untergehen. (7) Wie erklärst du dir das das Ergebnis? #00:11:24-0#
53	S43	Häh? #00:11:26-3#
54	S40	Unser/ Guck wir haben das ja/ (..) #00:11:37-3#
55	S43	Warte, komm wir testen es noch mal. #00:11:40-9#
56	S43	Oh. #00:12:28-9#
57	S40	Fichtenholz (7)/ Häh? (..) #00:12:39-0#
58	S43	Häh?
59		Wie erklärst du das Ergebnis? #00:12:45-6#
60	S40	Wie erklärst du DIR das Ergebnis? #00:12:47-6#
61	L	Also IHR beide euch das? Wie erklärt ihr euch das? Obwohl wir festgestellt haben, Holz schwimmt. //Was jetzt (wohl?) passiert. // #00:12:57-5#
62	S43	//Ja aber Tropenholz // schwimmt NICHT. Das geht unter. #00:12:59-5#
63		Weil das Tropenholz ist SCHWERER.
64	S40	Ah, warte mal. Weil das Tropenholz schwerer ist wie, ähm, als das Fichtenholz. #00:13:00-9#
65	S43	(flüstert) Ja. #00:13:10-4#

Arbeitsblatt		
75	S37	//Darf ich lesen? // #00:41:20-5#
76	S35	//(unv.) // #00:41:22-6#
77	S37	Lest euch die Auf//gaben gut durch// #00:41:26-9#
78	S35	//Lest euch// die Aufgabe gut durch. Berater eins, erklärt, was zu tun ist. Forscher eins arbeite zuerst beim Seichen/ #00:41:38-7#
79	S37	Zeichen. #00:41:39-5#
80	S35	Zeich/ #00:41:40-6#
81	S37	Zeichen. #00:41:41-3#
82	S35	Zeichen Wechsel, wird gewechselt. Dann wird gewechselt. #00:41:46-1#
83	S37	Ja. #00:41:47-0#
84	S35	„Würfel im Wasser." Ein Max, //Max eins. // #00:41:54-1#
85	S37	//Erste Aufgabe// ERSTE. (lacht) //Erste Aufgabe. /#00:42:01-2#
86	S35	//Ein Max. // „Max und Lena haben noch mehr Würfel gefunden. Sie sind genauso groß wie die wie der Wasserwürfel unten" kreu/ unten. #00:42:15-9#
87	Sx	*(S35) weißt du, was das für ein Ding ist, (unv.). Sprich mal rein AC/DC (unv.) dann dann wird das aufgenommen. #00:42:26-5#
88	S37	NEIN, mach das nicht. *(S35). (...) Ach. #00:42:38-3#
89		(singt) AC/DC. (lacht) (..)
90	S35	Nein, ähm, der Korb, Korkwürfel schwimmt, geht unter.
91		//Schwimmt natürlich. //(.)
92		Warte mal. (..) Jetzt bin ich dran, okay. #00:43:06-3#
93		//schwimmt //
94	S37	Ja. Ja. Wechsel. (...)
95		//Ha Ha.// #00:43:09-6#
96	S35	//Der// Gol/, der Goldwürfel, 470 Gramm. (.) Schwimmt, geht unter. (.)
97		(Geht?) natürlich unter. #00:43:18-3#
98	S37	Ja. (.) Würd ich auch (unv.).
99		„Welcher Würfel ist aus dem leichteren Material? Kreuze an." #00:43:27-3#
100	S35	(liest) Leichterem Material. Kreuze an. #00:43:29-1#
101	S37	Hmhm. Leichterem? Ähm, hää.
102		Die Größere oder der Kleinere.#00:43:33-4#
103	S35	DER da natürlich. #00:43:45-1#
104	S37	Nee.
105		Warum denn (.) wie? #00:43:48-4#
106	S35	Ei weil, guck doch mal. Er ist SO riesig und schafft es trotzdem, 61 Gramm zu wiegen. Und der ist so klein und wiegt 63 Gramm. Das ist keine Kunst. #00:43:58-7#
107	S37	Ja. (.) Okay. #00:44:03-9#
108	S35	So. Was jetzt. Ankreuzen.
109		Hier, kräck quack sowas. #00:44:09-0#

110	S37	Ich denk, hier oben oder so. (..) Ich kreuz mal hier oben an. Okay, drei. #00:44:15-8#
111	S35	Weißt du, welcher Würfel schwimmt und welcher untergeht? Wasser. (...) 61 Gramm. (..)
112		Wasser wiegt 61. (.)
113		Ja. (..) Schwimmt Wasser? (lacht) #00:44:35-8#
114	S37	Schwimmt Wasser? #00:44:36-8#
115	S35	Ja eben, das ist ja immer die Frage, schwimmt Wasser? Irgendwie (unv.) #00:44:39-2#
116	S37	Warte mal, was ist denn das? Was ist das für ein Würfel?
117		Wasserwürfel, ne?. Oder was ist das für ein Würfel? #00:44:56-1#
118	S35	61 Gramm schwer. #00:44:59-3#
119	S37	Was ist denn das für ein Würfel? #00:45:00-0#
120	S35	Ich kapier auch nichts. #00:45:01-1#
121	S37	Komm, wir holen (unv.). Frau *(L)? #00:45:06-8#
122	S35	Frau *(L), ich hab da AC/DC reingerufen (lacht). #00:45:11-9
123	S37	Wir verstehen die Aufgabe nicht. #00:45:18-4#
124	S35	Weißt du, welcher Würfel schwimmt und welcher untergeht? #00:45:22-8#
125	L	Also, //diese Menge // #00:45:27-0#
126	S35	//61 Gramm, 61 Gramm, // 61 Gramm. #00:45:28-8#
127	L	Nein, ihr müsst auch die/ Jetzt müsst ihr auf die Größe achten. DIESE Menge Wasser wiegt 61 Gramm. Was passiert denn, wenn DIESE Größe auch 61 Gramm hat? #00:45:41-3#
128	S35	Dann ist der da dichter. #00:45:44-0#
129	L	Das heißt? #00:45:46-6#
130	S35	Ähm. (..) Dass der da/ #00:45:51-5#
131	L	Das ist/ Das ist die Frage. #00:45:53-7#
132	S35	untergeht. #00:45:54-9#
133	L	Und was ist, wenn der so SO groß ist und 61 Gramm wiegt? #00:46:04-1#
134	S37	Geht unter, oder? (.)
135		Nein. #00:46:07-9#
136	S35	Dann ist er GANZ, GANZ, ähm, Luft. Dann ist er (..)/ Dann schwimmt er. #00:46:15-0#
137	S37	Okay. Kreuz mal an. #00:46:17-3#
138	S35	Hä, aber schwimmt Wasser? #00:46:20-2#
139	S37	Schwimmt Wass/ #00:46:21-9#
140	S35	Ja, das ist mal meine Frage. Schwimmt Wasser?
141		Komm, wir gehen mal fragen. #00:46:26-1#
142	S37	*(S35), komm. #00:47:41-2#
143	Sx	Piep piep. (...)
144	S35	SO'chen. #00:47:49-8#
145	S37	Oh, erkläre deinem Partner, wie du da drauf //gekommen bist.
146		Wie soll das gehen? // #00:47:55-0#

147	Sx	//Piep piep. Piep piep.// (..)
148	S35	**Dass manche Würfel dichter sind als die anderen.** #00:48:01-4#
149	S37	(..) Also. #00:48:03-9#
150		Ich habe mir gedacht, dass manche Würfel/ Hä.
151	S35	Erkläre deinem Partner wie du darauf gekommen bist. Frage deinen Partner, ob er der gleichen Meinung ist. (..)
152		Ich würde mal sagen (.)/ #00:48:22-5#
153	S37	Äh, ich würde mal sagen, ähm/ #00:48:28-4#
154	S35	Dass //Sachen dichter sind als andere. //
155		Dass die Würfel/ #00:48:32-0#
156		//Was kann man denn sagen? // Was?
157	S37	NICHT. NICHT hinschreiben, NICHT hinschreiben, NICHT hinschreiben, nicht hinschrei/ ha, ha. Du sollst MICH doch fragen, was DEINE Meinung ist und ob ICH dann ja oder nein beantworte. #00:48:52-7#
158	S35	Du weißt schon, das ist eine Miene von einem Zirkel, gell? #00:49:23-4#
159		Also, was hast du jetzt geschrieben?
160	S37	Warum musst du es aufschreiben?
161		Du musst MICH fragen, *(S35).
162		Weil ich dir //(unv. durcheinander) // #00:49:35-2#
163	S35	//ERKLÄRE // deinem Partner, wie du/ ähm. #00:49:37-7#
164	S37	Wie du da drauf gekommen bist. #00:49:43-2#
165	S35	Ich habe es jetzt unten drunter geschrieben.
166		So, bist du der gleichen Meinung? #00:49:45-8#
167	S37	Was denn? #00:49:47-0#
168	S35	So ich hab dich gefragt und jetzt gehen wir vor. #00:49:48-6#
169	S37	Würfel, ahaha (imitiert Weinen) Dass die Würfel, Würfel wird mit ü geschrieben. #00:49:56-9#
170	S35	(lacht) #00:49:58-9#
171	S37	Würfel. (lacht) #00:49:59-5#
172	S35	För/ Dass die Würfel verschieden dicht sind.
173	S37	Oh Mensch.
174	S35	Brauchst du eine Brille. #00:50:10-1#
175	S37	Äh. #00:50:11-1#
176	S35	So jung und schon eine Brille, he? #00:50:12-4#
177	S37	Ja oder nein sollen ich sagen, (unv.) Keine Ahnung. #00:50:20-7#
178	S35	Sag ja, nein. Ist scheißegal. #00:50:23-6#
179	S37	Sag einfach/ Ich sage #00:50:28-6#
180	S35	Ups. #00:50:29-7#
181	S37	Ja. #00:50:30-5#
182	S35	Du sagst ups? #00:50:32-1#
183	S37	Ich sag ja. #00:50:33-2#
184	S35	Warte doch mal. (.)
185	S37	Oh, jetzt ist/ (.)

| 186 | S35 | Klack Klack Kluck Kluck. (.)Guck mal, wie VIEL wir schon gemacht haben. #00:50:43-0# |
| 187 | S37 | Ach. Ich weiß, zusammen und einmal mit der Lehrerin. #00:50:51-4# |

Anmerkung. Als individuelle Hypothese von S37 wurde das Niveau 0 kodiert, da diese Person kaum Beiträge zur Lösung leistet und häufig Rückfragen äußert oder betont, keine Lösung zu kennen.

Beispiele für Kokonstruktion

Experiment		
1	L	Der Forscher darf die Materialien holen. (...) Und der Berater holt sich einen Bleistift bitte. #00:14:57-4#
2	S42	Ich glaube, ich brauche (unv.) ich muss ja dann eh wieder eintragen. #00:15:23-7#
3	L	So, noch ein Hinweis: *(Sx)? Noch ein Hinweis, *(Sx)! Bevor ihr was aufschreibt, soll jeder von euch beide Würfel mal in die Hand nehmen und die so abwägen. Ja? Jeder von euch. #00:15:58-7#
4	S42	Kann ich auch mal? #00:16:11-9#
5	S35	Also das wiegt ein bisschen mehr für mich. #00:16:17-0#
6	S42	(flüstert) Die sind ja (unv.) #00:16:23-1#
7	S35	Ja, aber/ #00:16:25-0#
8	S42	Oder ist das wieder mit der Dichte? #00:16:29-0#
9	S35	Ja, also ich find das, dass der schwerer ist. #00:16:32-5#
10	S42	Echt, der ist (dichter?) wahrscheinlich. Aber ich glaube (unv.) #00:16:38-6
11	S35	Ich finde, dass der schwerer ist. #00:16:42-0#
12	S42	Okay. Dann tun wir vermuten (...) der #00:16:49-8#
13	S35	Ich würde sagen, der (schwimmt?) #00:16:54-7#
14	S42	Der schwimmt, würde ich auch sagen.
15	S42	Weil er leicht ist. #00:17:02-5#
16	S35	Weil er leicht ist (lacht), wie ein leichtes Holz. Also #00:17:12-0#
17	S42	(schreibt) Weil es ein leichtes Holz, weil es ein leichtes Holz ist. #00:17:31-1#
18	L	Ihr sprecht immer miteinander, ne? Ihr erklärt bloß? #00:17:40-6#
19	S42	Okay, #00:17:42-8#
20	S35	Warte, den hatten wir doch schon. #00:17:45-2#
21	S42	Ach nein, der da. #00:17:48-4#
22	S35	Also ich würde sagen, der schwimmt (ein bisschen?) schwimmt. #00:17:55-7#
23	S42	Ich würde auch sagen, der schwimmt. #00:18:00-3#
24	S35	Mal gucken, was (unv.) #00:18:02-0#
25		Musst du erst mal sagen. Tropenholz hatten wir noch nie.
26	S42	Also schwimmt oder geht unter?
27		Ich würde sagen, schwimmt. #00:18:08-8#

28	S35	Ich auch. #00:18:11-4#
29	S42	Schwimmt, weil. #00:18:15-3#
30	S35	Er nur ein bisschen schwerer ist als der und das ist klar, dass der schwimmt. #00:18:23-5#
31	S42	(schreibt) Weil er (unv.) #00:18:29-6#
32	S35	Soll ich es mal ins Wasser tun? #00:18:33-6#
33	S42	Bisschen, noch nicht. (...) (schreibt) #00:18:39-8#
34	L	Eigentlich müsste ja *(Sx) schreiben. Der *(Sx) ist nämlich (unv.) #00:18:49-2#
35	S42	Okay, tu mal reintauchen. #00:19:01-0#
36	S35	Erst (nach unten?) #00:19:08-3#
37		Okay, schwimmt.
38		Und der? (...)
39	S42	Frau *(L), schwimmt der oder geht der unter?
40		Weil der tut irgendwie ein bisschen, ein bisschen geht der hoch, aber wirklich nur ein ganz kleines bisschen. #00:19:29-1#
41	L	Der ist aber unter Wasser. Der ist doch unten am Boden. Aber ihr könnt es natürlich aufschreiben, was ihr beobachtet habt, was da so/ #00:19:35-8#
42	Sx	Frau *(L), können wir ein weißes Blatt haben? #00:19:41-7#
43	S35	Mach einfach //noch mal paar // #00:19:44-6#
44	L	//Für die Erklärung? // #00:19:44-5#
45	S42	Für die Erklärung //(unv.) // #00:19:45-8#
46	S35	//paar so Striche //, (fahr die noch mal nach) (unv.) #00:19:50-9#
47	S42	Also so. #00:19:52-4#
48	S35	Okay. #00:20:08-0#
49	S42	Frau *(L), guck mal. Also, hier schreiben jetzt noch, dass der Tropenholzwürfel ein ganz kleines bisschen schwimmt. //Oder?// #00:20:25-1#
50	L	//Nein//, schwimmt ist, wenn der ganz oben ist. #00:20:26-6#
51	S35	Er hebt sich ein bisschen //vom Boden ab //. #00:20:30-2#
52	S42	//Er hebt sich ein // bisschen vom Boden ab. #00:20:32-1
53	L	Vom Boden ab, ja, das könnt ihr aufschreiben, wenn ihr das so beobachtet habt? #00:20:35-8#
54	S35	(unv.) #00:20:38-4#
55	L	Ja, genau. Die könnt ihr zurückbringen und das Wasser stellen wir so seitlich. #00:20:43-7#
56	S42	Der Tropenholzwürfel hebt sich ein bisschen vom Boden ab. #00:21:02-8#
57	S35	Er hebt #00:21:06-8#
58	S42	**(schreibt) Hebt sich vom Boden ab. Der Tropenholzwürfel hebt sich ein bisschen vom Boden ab. #00:21:47-1#**
59	S35	Frau *(L), wir haben es. #00:21:52-9#
60	L	Ja, dann bleibe bitte sitzen. Wir vergleichen dann. #00:22:03-2

Arbeitsblatt		
75	L	Jetzt geht es los, ich hänge die Lösungsblätter auf. Bitte/ #01:16:37-0#
76	S57	Kor-Würfel, was ist das? #01:16:38-7#
77	S45	KORK-Würfel. //Der Kork. // #01:16:42-2#
78	S57	//Schwimmt. // #01:16:43-3#
79	S45	Goldwürfel. #01:16:48-7#
80	S57	(mit verstellter Stimme) Geht unter. (.) Goldwürfel. (lachen) #01:16:52-2#
81	S45	//Den würde ich gerne haben. // #01:16:54-6#
82	S57	//Welcher Würfel // ist aus dem leichteren (.) Material? Kreise ein. 61, 61. #01:17:05-0#
83	S45	Das da, das da! #01:17:08-2#
84	S57	//(Seitenwechsel?) // #01:17:10-6#
85	S45	// Wenn der schon so viel ist. // #01:17:11-2#
86	S57	(Partner?)-Wechsel eigentlich dann. #01:17:14-4#
87	S45	(lachen) (…) #01:17:16-7#
88	S57	Weißt du, welcher Würfel schwimmt und welcher untergeht?(.) // Wasser/ // #01:17:27-2#
89	45	// Weißt du // welcher Würfel schwimmt und welcher untergeht? #01:17:32-0#
90	S57	Der da, ist doch klar!
91		Wart ma, ba, ba, ba #01:17:35-4#
92	S45	Der da. #01:17:38-1#
93	S57	Wasser. 61. #01:17:41-4#
94	S45	Der schwimmt. #01:17:43-1#
95	S57	61, schwimmt, geht unter? #01:17:46-4#
96	S45	Geht unter. #01:17:47-2#
97	S57	Geht unter. #01:17:50-8#
98	S45	Der ist doch auch schwer für sein Gewicht.
99		(..) Erkläre deinem Partner, wie du darauf gekommen bist. (..)
100		Was? #01:18:00-5#
101	S57	Ey, *(S45), du musst das machen, ne? #01:18:05-9#
102	S45	Ähm, also (.), weil DER ist ja zu KLEIN, #01:18:15-9#
103	S57	Ja. #01:18:17-2#
104	S45	und der ist schon ziemlich groß, und also muss der jetzt ziemlich leicht für sein Gewicht sein. Und, ähm, hier (.), da / (.) Wenn zum Beispiel jetzt das Wasser auch 61 wiegt. Und der ist ja auch ziemlich groß. Und sein Gewicht ist sehr leicht. Also muss es SO sein.
105		(..) Frage deinen Partner, ob der der gleichen Meinung ist und warum. #01:18:40-0#
106	S57	Äh, ja, weil / (.) weil das ist ja auch wirklich so. (.) Weil, ähm, das kann ja nicht sein, dass der schwimmt. 61 Gramm und so ein kleiner Würfel. Und der 61 Gramm und so groß. #01:18:55-1#
107	S45	Das geht nicht. #01:18:56-1#

108	S57	Ja, und bei DEM, da ist es ja, ähm, KLAR, dass der aus dem leichteren Material ist, weil der ist KLEIN und wiegt 61 und der ist GROSS und wiegt 61 Gramm. #01:19:17-5#
109	S45	Ja. Eben. #01:19:18-8#
110	L	Schön. Dann macht Kontrolle/ #01:19:22-9#
111	S57	Man! (unv.) #01:19:25-6#

Beispiele für Argumentation

Experiment		
1	S43	Ich würde sagen, Fichtenholz schwimmt, oder? #00:08:11-0#
2	S46	Warte, wir müssen als Erstes vermuten. #00:08:17-1#
3	S43	(unv.) Fichtenholz schwimmt. #00:08:17-4#
4	S46	Nein, nicht vermuten. Als Erstes müssen wir fühlen und gucken, was schwerer ist. #00:08:27-2#
5	L	Ihr dürft beide erst mal fühlen. Das könnt ihr erst mal machen. Und dann ist //der Forscher natürlich der Forscher,// ne? #00:08:33-8#
6	S43	//Was meinst du?// #00:08:32-8#
7	L	Aber, //damit ihr wisst, worum es geht.// #00:08:37-3#
8	S46	//Das ist schwerer.//
9		Das ist schwerer, oder? #00:08:56-6#
10	S43	Ja, fast gleich. #00:09:01-9#
11	S46	Ja, fast #00:09:05-7#
12	S43	Das ist aber einen Tick schwerer. #00:09:12-0#
13	S46	Okay, Vermutung Fichtenholz schwimmt. #00:09:15-4#
14	S43	Und warum? #00:09:17-0#
15	S46	Weil #00:09:23-0#
16	S43	Weil das alles Holz ist und weil es immer schwimmt? #00:09:28-5#
17	S46	(unv.) #00:09:30-4# aber wir wissen nicht, ob das schwimmt, das geht unter. #00:09:31-2#
18	S43	Wetten wir, dass es schwimmt? #00:09:35-9#
19	S46	Wir wetten nicht.
20		Weil Holz immer schwimmt. #00:09:42-8#
21	S43	Guck mal, hier steht doch, der Tropenholzwürfel ist schwerer. Das steht hier doch.
22		Der Tropenholzwürfel ist schwerer? #00:09:54-2#
23		Schreib, weil halt Holz immer schwimmt.
24	S46	Nein, warte, da müssen wir ein bisschen überlegen.
25		Ja, weil Holz immer schwimmt.: (zu einem anderen Kind)
26		(*(Sx)?), du darfst nicht schreiben. #00:10:33-4#
27	Sx	(unv.) #00:10:34-8#.
28	S46	Was? Ja. #00:10:37-9#
29	Sx	Wir dürfen nicht mit anderen reden. #00:10:40-3#.

30	S46	Ja. #00:10:42-3#
31	Sx	Wir müssen es erst mal sehen. #00:10:44-7#
32	S46	Nicht abgucken! #00:10:49-8#
33	L	Mhm (...) Dieser, welcher, der Fichten schwimmt? Mhm. Weiter. #00:11:21-2#
34	S43	Können wir ja auch schon mal ausprobieren? #00:11:23-0#
35	L	Ihr könnt jetzt schon machen oder ihr könnt jetzt noch beim Tropenholz überlegen. #00:11:29-6#
36	S43	Dann machen wir es schon mal. (unv./Hintergrundgeräusche) #00:11:29-7#.
37	S46	//Das wird// Ja. (unv.) #00:11:30-9#.
38	L	//Ihr wisst// (unv.) #00:11:35-3#? So. #00:11:35-4#
39	S43	Da haben wir vermutet. (Hintergrundgeräusche) (...)
40	S46	Guck mal, wie weiß.
41	S43	Tropenholzwürfel, wette ich, #00:12:00-3#
42	S46	soll ich mal tauchen, geht unter. #00:12:04-1#
43	S43	Hey wir müssen, geht unter? Okay. #00:12:08-6#
44	S46	Nein, schwimmt.
45		Darf ich mal zeigen? #00:12:16-8#
46	S43	Was? #00:12:20-3#
47	S46	Dass es schwimmt. #00:12:24-8#
48	S43	Mach.
49	S46	Nein, ihr müsst die Wahrheit hinschreiben.
50		Weil Holz immer schwimmt. #00:12:29-5#
51	S43	Aber, (...) (Hintergrundgeräusche) Ok, weil er für sein Gewicht leicht ist.
52		(...) Okay. Da kommt,
53	S43	Ja, schreib es.
54	S46	Weil Holz immer schwimmt. (...) #00:13:02-5#
55	S43	Nein, es will nicht schwimmen. Geht unter. #00:13:06-1#
56	L	Ja? An der (unv.) #00:13:09-4#, da muss ich jetzt mal gucken. #00:13:12-1#
57	S46	Ich weiß es nicht. #00:13:17-4#
58		Du hast mich nicht überzeugt, das geht unter.
59	S43	Und was. (...) NEIN, geht unter, will ich. (...)
60		Und weil der untergeht, da musst du alles wegradieren. #00:13:44-5#.
61	S46	Das da? #00:13:49-4#
62	S43	Ja, weil Holz eben NICHT schwimmt, wenn das unter geht. #00:13:57-6#
63	L	(ruft) Schreibt die Erklärung bitte auf. #00:14:04-7#
64	Sx	Wo? #00:14:05-7#
65	L	Nicht nur unten da, bei der Nummer drei. Nicht nur sprechen, sondern auch mal schreiben, ja? #00:14:15-5#
66	Sx	Also unter dem schreiben? #00:14:15-8#

67	L	Ja. #00:14:18-6#
68	S43	Nein, er geht unter. #00:14:21-0#
69	L	//Ja, das schreibt mal so // #00:14:21-8#
70	S46	//Der hier schwimmt. // #00:14:23-0#
71	S43	Au ja, nicht weil Holz immer (unv./Hintergrundgeräusche) #00:14:26-8#.
72	L	Schreibt die auf. #00:14:30-4#
73	Sx	Und wohin denn aufschreiben? #00:14:31-2#
74	L	Da unten drunter. Und wenn da keine Linien sind, schreibt die aber mal so AUF, warum das so ist. (...) #00:14:50-4#
75	Sx	Da steht, ERKLÄRE. Da steht nicht schreiben. #00:14:54-6#
76	L	Schreibt mal so auf der Hand da drunter. #00:15:00-2#
77	S46	Das andere, schätze ich mal, das geht unter. (Hintergrundgeräusche) #00:15:12-9#
78	L	Erst so tief, da (unv.) #00:15:13-0#, dann gucken, ob es wieder hochkommt, genau. Sagen da, da hast du. (es klopft) (...) #00:15:32-1#
79	S46	ausprobieren #00:15:35-3#
80	S43	Okay, drück runter. #00:15:37-1#
81	L	Wir haben ja gesagt, //heute gucken wir mal auf das Neue. // #00:15:45-5#
82	S43	//JA! // #00:15:42-2#
83	S46	//Er geht unter! Ja!// #00:15:45-6#
84	S43	//Er geht unter. // #00:15:47-3#
85	L	Und jetzt überlegt mal, warum? #00:15:52-4#
86	S43	Haben wir schon. #00:15:52-4#
87	L	Es ist doch Holz? #00:15:53-1#
88	S43	Weil er für seine Größe schwer ist. (...)
89		(lachen) Das gibt es doch nicht. (L: (lacht) ja) #00:16:02-9#
90	Sx	Können Sie mal herschauen? Der geht ja UNTER. (Hintergrundgeräusche) #00:16:09-4#
91	L	Ihr sprecht mit dem Partner, ja? #00:16:15-0#
92	Sx	Das sagen wir ja. #00:16:16-6#
93	L	*(Sx), wir sprechen mit dem Partner, ja? (...) (lachend) *(Sx). (...) #00:16:30-2#
94	L	So, wenn ihr mit dem Arbeitsblatt fertig seid und auch unten eine Erklärung gefunden habt, dann ist das Lösungsblatt wieder hinter der Tafel. #00:17:00-7#
95	S46	//Schwimmt. // #00:16:58-1#
96	L	Da müsst ihr nur jetzt ein bisschen aufpassen, ja? Nicht dass ihr da alles runterwerft, ja? Einfach mal schauen, nachlesen, genau #00:17:11-6#
97	S43	Okay und wir #00:17:20-2#
98	S46	Warte, schwimmt. #00:17:23-4#
99	S43	Ich weiß. #00:17:21-8#

100	S46	//Wie erklärst du dir, manches Holz// ist zu schwer und manches ist zu leicht, also leicht #00:17:34-0#
101		//Wie erklärst du dir, dass (unv. Durcheinander #00:17:29-5#)//
102	S43	Für seine Größe leicht und für seine Größe schwer. Okay. #00:17:38-3#
103	S46	Schreib es hin. #00:17:42-1#
104	S43	Nein, sollen wir nicht. #00:17:46-2#
105	S46	Erklären. #00:17:48-3#
106	L	Schreibt es einfach hin. #00:17:47-8#
107	S43	Echt? #00:17:49-0#
108	L	Das, was ihr denkt. Unten, einfach mal in einem Satz oder so. Das muss jetzt nicht so ganz. #00:17:59-0#
109	S43	Aber wir haben doch, ja, unsere Vermutungen waren beide richtig. #00:18:02-5#
110	L	Okay, aber trotzdem, deine Erklärung kannst du trotzdem abgeben, wenn du es schon so genau weißt. #00:18:10-9#
111	S46	//Manches // #00:18:12-1#
112	L	//Warum das so // ist, das hast du ja oben schon. #00:18:15-1#
113	S43	//(unv. Durcheinander #00:18:17-7#)
114	S43	Weil manches Holz leicht und manches ist schwer. Darum sinkt manches Holz #00:18:22-1#
115	S46	Weil manches von (unv.) #00:18:28-7#. (…) Nicht mal die Wasserspa/, Oberspannung kann es halten. #00:18:42-3#
116	L	So. #00:18:44-0#
117	S43	Guck, so, es taucht das nicht auf. Warte. #00:18:52-6#
118	S46	Das gibt es doch nicht. #00:18:58-0#
119	S43	(unv.) #00:19:05-6#
120	S46	Mann, was soll ich jetzt schreiben?
121		(…) Weil manche Dinge #00:19:21-2#
122	S46	Weil manche, weil manches Holz ist zu schwer f/ und sinkt. #00:19:32-9#
123	S43	**Nein, weil Fichtenholz für seine Größe leicht ist. Und Tropenholz für seine Größe schwer ist.** #00:19:44-8#
124	S46	Ja. #00:19:46-3#
125	S43	Oho, darf ich viel schreiben. #00:19:50-2#
126	L	So, wenn ihr fertig seid, die Kinder, die fertig sind, dann räumen die Forscher die Sachen, die Holzklötze, wieder zu. #00:20:09-7#

Arbeitsblatt		
24		Also ich lese dann mal vor.
25	S46	Würfel/ Lest euch die Aufgabe gut durch. Beratet erst eins. Erklärt was zu tun ist. Forscher Eins arbeitet zuerst. Beim Zeichen wird gewechselt. Würfel im Wasser. Max und Lena haben noch mehr Würfel gefunden. Die sind genauso groß wie der Wasserwürfel unten? Unten. Kreuze an. Der Korkwürfel. (.)
26		Schwimmt oder? #01:06:28-7#
27	S37	Schwimmt. Schwimmt. #01:06:32-8#
28	S46	GOLDwürfel. #01:06:35-9#
29	S46	Boah, wie soll der denn schwimmen?
30		(4) //Welcher Würfel// #01:06:47-8#
31	S37	//Welcher Würfel// #01:06:47-8#
32	S46	ist aus dem leichteren Material? Kreuze an. (..)
33		Ach so. Jetzt musst du vorlesen. #01:06:58-8#
34	S37	Welcher Würfel ist aus dem leichteren Material? Kreuze an. #01:07:04-8#
35	S46	Der Große. (..)
36		Aber wie soll ich das ankreuzen. #01:07:11-1#
37	S37	Beide sind gleich. (..) Na. #01:07:17-2#
38	S46	Der ist doch aus einem leichteren Material, weil der ist doch so fett. Und der ist so klein. #01:07:22-3#
39	S37	Nein, die wiegen doch beide 61 Gramm, also kann ja einer nicht leichter sein als der andere. Weil beide genau gleich wiegen. #01:07:30-8#
40	S46	Nein, welcher ist aus dem leichteren Material, nicht welcher ist leichter. (3) #01:07:38-1#
41	S37	Ich mach den da rein. #01:07:41-2#
42	S46	Weil der ist aus dem leichteren Material, der ist ja größer. Und wenn DER größer wäre, dann müsste er ja auch mehr wiegen. (..)
43		(liest vor) Weißt du welcher Würfel schwimmt und welcher untergeht? Wasser. #01:07:53-4#
44	S37	Wasser. #01:07:55-8#
45	S46	Wo war noch mal die Grenze? 45. Nee. #01:07:59-3#
46	L	Wenn ihr bei einer Aufgabe nicht weiter wisst, geht der Berater zu den Tippkärtchen und holt sich das (richtige?) Tippkärtchen für die Aufgabe. #01:08:20-8#
47	S37	(flüstert) 65. (..) 65. 65 (.) ist die Grenze. (5)
48	S46	Geht unter oder?
49		Weil der ist ziemlich/ #01:08:32-2#
50	S37	(..) Nein der schwimmt. #01:08:37-2#
51	S46	Nein, der ist für seine Größe/ #01:08:43-8#
52	S37	Doch, bei fümun/ bei 65 #01:08:46-0#

53	S46	Aber er ist doch für seine Größe sauschwer. (.) Also geht der unter. (..)
54		Hallo? #01:08:47-8#
55	S37	Ja stimmt. #01:08:54-0#
56	S46	Der schwimmt. Weil er für seine Größe leicht/ (5)
57		Jetzt bist du wieder dran, (.) zum Lesen. #01:09:03-7#
58	S37	Äh erkläre deinem Partner wie du darauf gekommen bist. #01:09:13-9#
59	S46	Wie bist du darauf gekommen? (7) Wie bist du darauf gekommen? #01:09:22-6#
60	S37	Der klei/ der kleine Würfel ist für seine Größe sehr schwer/ #01:09:37-8#
61	S46	Und der Große/ #01:09:39-2#
62	S37	**und deswegen geht er unter. Und der Große ist für seine Größe sehr leicht, und deswegen schwimmt er.** #01:09:48-6#
63	S46	Also ich bin der gleichen Meinung. (.) Fertig. #01:09:52-8#
64	S37	Hach wir haben fertig. (…)
65		Was machen wir, wenn wir fertig sind?

Abbildungsverzeichnis

Abbildung 1: Zuordnung der Aspekte zu Dimensionen von Umsetzungsgenauigkeit 55
Abbildung 2: Vereinfachtes Angebots-Nutzungs-Modell der Lehrerfortbildung (Lipowsky & Rzejak, 2015) 59
Abbildung 3: Questioning-and-Argumentation-Modell (Osborne & Chin, 2010, S. 97) 86
Abbildung 4: Interventions- und Erhebungsdesign im IGEL-Projekt 105
Abbildung 5: Veranschaulichung der Kodierung von Äußerungen in der Peer-Interaktion 128
Abbildung 6: Modell der Peer-Interaktionsmuster beim Finden einer gemeinsamen Erklärung (in Anlehnung an das Questioning-and-Argumentation-Modell, Osborne & Chin, 2010, S. 97) 133
Abbildung 7: Beispiel für ein Multiple-Choice-Item zur Erfassung des konzeptuellen Verständnisses nach UE1 (adaptiert von Hardy et al., 2006; Kleickmann et al., 2010) 139
Abbildung 8: Beispielitem zur Erfassung der naturwissenschaftlichen Kompetenz, (übernommen von Bos et al., 2007; Martin et al., 2008) 140
Abbildung 9: Beispielitem des CFT 20-R (Weiß, 2006) 141
Abbildung 10: Beispielitem des ELFE 1–6 (Lenhard & Schneider, 2006) 141
Abbildung 11: Beispielitem des Sprachverständnistests (adaptiert nach Elben & Lohaus, 2001). Instruktion: Jetzt kommt die Reihe mit dem Gesicht. Wo ist hier der „Fühler"? (---3 Sec---) Macht ein Kreuz auf den „Fühler" 142
Abbildung 12: Modell zur Berechnung der Wirksamkeit tutoriellen Lernens auf das konzeptuelle Verständnis bei UE1 und UE2 146
Abbildung 13: Modell zur Berechnung der Wirkung der Umsetzungsgenauigkeit tutoriellen Lernens auf das konzeptuelle Verständnis innerhalb der Untersuchungsgruppe bei UE1 und UE2 149
Abbildung 14: Prozentualer Anteil der Erklärungen in der Peer-Interaktion der 20 Lernpaare in den beiden tutoriellen Lernphasen 158

Tabellenverzeichnis

Tabelle 1:	Deskriptive Ergebnisse zur Selbsteinschätzungen der Lehrkräfte	107
Tabelle 2:	Deskriptive Ergebnisse von Variablen wichtiger Lernvoraussetzungen in beiden Gruppen	108
Tabelle 3:	Deskriptive Ergebnisse zu Variablen wichtiger Lernvoraussetzungen der Schülerinnen und Schüler in Lernpaaren mit Tonbandaufnahmen und ohne Tonbandaufnahmen in der Untersuchungsgruppe	109
Tabelle 4:	Geplanter Ablauf der dritten Doppelstunde in UE1(Kontrollgruppe)	118
Tabelle 5:	Geplanter Ablauf der vierten Doppelstunde der Untersuchungsgruppe in UE1	118
Tabelle 6:	Geplanter Ablauf der vierten Doppelstunde der Untersuchungsgruppe in UE2	119
Tabelle 7:	Items der Beobachtungscheckliste zur Umsetzung der Kernelemente tutoriellen Lernens	121
Tabelle 8:	Anzahl bzw. Anteil in Prozent der kodierten konzeptuellen Verständnisniveaus aller Erklärungen zum Schwimmen und Sinken in der Peer-Interaktion beider tutorieller Lernphasen	137
Tabelle 9:	Deskriptive Ergebnisse der Variablen auf Individualebene in beiden Gruppen in UE1	147
Tabelle 10:	Deskriptive Ergebnisse der Variablen auf Individualebene in beiden Gruppen in UE2	148
Tabelle 11:	Prozentuale Umsetzungsindizes tutoriellen Lernens der Untersuchungsgruppe in UE1	152
Tabelle 12:	Prozentuale Umsetzungsindizes tutoriellen Lernens der Untersuchungsgruppe in UE2	152
Tabelle 13:	Zusammenhang der Umsetzungsindizes der Unterrichtseinheiten mit Kontextmerkmalen der Klassen	153
Tabelle 14:	Anteile der Äußerungen in der Peer-Interaktion der 20 Lernpaare in beiden tutoriellen Lernphasen	155
Tabelle 15:	Häufigkeit der Äußerungskategorien in der aufgabenbezogenen Peer-Interaktion beider tutorieller Lernphasen	156
Tabelle 16:	Häufigkeit der Interaktionsmuster in beiden tutoriellen Lernphasen	159
Tabelle 17:	Beispiel für ein Tutoring-Muster beim Experiment	160
Tabelle 18:	Beispiel für ein Tutoring-Muster beim Arbeitsblatt	161
Tabelle 19:	Beispiel für ein Kokonstruktionsmuster beim Experiment	162
Tabelle 20:	Beispiel für ein Kokonstruktionsmuster beim Arbeitsblatt	163
Tabelle 21:	Beispiel für ein Argumentationsmuster beim Experiment	165

Tabellenverzeichnis

Tabelle 22:	Beispiel für ein Argumentationsmuster der Arbeitsblattphase	166
Tabelle 23:	Veränderungen vom individuellen Ausgangskonzept zum Konzept der Peer-Erklärung beim Experiment	167
Tabelle 24:	Veränderungen vom individuellen Ausgangskonzept zum Konzept der Peer-Erklärung beim Arbeitsblatt	168
Tabelle 25:	Deskriptive Ergebnisse, Interkorrelationen und Intra-Klassen-Korrelation der Variablen auf Individualebene	172
Tabelle 26:	Ergebnisse der Mehrebenen-Regressionsanalyse zur Prädiktion des konzeptuellen Verständnisses durch tutorielles Lernen in UE1	172
Tabelle 27:	Deskriptive Ergebnisse, Interkorrelationen und Intra-Klassen-Korrelation der Variablen auf Individualebene	173
Tabelle 28:	Ergebnisse der Mehrebenen-Regressionsanalyse zur Prädiktion des konzeptuellen Verständnisses durch tutorielles Lernen in UE2	173
Tabelle 29:	Deskriptive Ergebnisse, Interkorrelationen und Intra-Klassen-Korrelation der Variablen auf Individualebene	175
Tabelle 30:	Ergebnisse der Mehrebenen-Regressionsanalyse zur Prädiktion des konzeptuellen Verständnisses durch die Umsetzungsgenauigkeit tutoriellen Lernens in UE1	175
Tabelle 31:	Ergebnisse der Mehrebenen-Regressionsanalyse zur Prädiktion des konzeptuellen Verständnisses durch die Umsetzungsgenauigkeit tutoriellen Lernens in UE2	176